By Yinlidong Zhangfeng Lishuzhen

职务犯罪
审讯信息论

ZHIWU FANZUI SHENXUN XINXI LUN

尹立栋　张　峰　李树真／著

中国检察出版社

图书在版编目（CIP）数据

职务犯罪审讯信息论 / 尹立栋，张峰，李树真著. —北京：中国检察出版社，
2017.2
ISBN 978-7-5102-1827-9

Ⅰ.①职…　Ⅱ.①尹…　②张…　③李…　Ⅲ.①职务犯罪-审理-研究-中国　Ⅳ.
①D924.393.4

中国版本图书馆 CIP 数据核字（2017）第 014072 号

职务犯罪审讯信息论

尹立栋　张　峰　李树真　著

出版发行：中国检察出版社

社　　址：北京市石景山区香山南路 111 号　（100144）

网　　址：中国检察出版社（www.zgjccbs.com）

编辑电话：(010)68658769

发行电话：(010)88954291　88953175　68686531
　　　　　(010)68650015　68650016

经　　销：新华书店

印　　刷：河北省三河市燕山印刷有限公司

开　　本：710 mm×960 mm　16 开

印　　张：25

字　　数：459 千字

版　　次：2017 年 2 月第一版　　2017 年 2 月第一次印刷

书　　号：ISBN 978-7-5102-1827-9

定　　价：68.00 元

序

　　审讯是突破职务犯罪案件最重要的途径之一，具有其他侦查手段不可替代的作用，可以决定整个案件以后的走向。而职务犯罪又是特殊主体即国家工作人员利用自身职务的便利进行的犯罪活动；职务犯罪嫌疑人通常具有较高的学历和智商，丰富的专业知识和较强的职业技能，这都决定了职务犯罪相较一般犯罪审讯活动具有更高的难度。随着经济转型和社会发展，特别是近年来互联网和信息化技术快速发展，国家法治不断进步和对司法领域人权保护的要求不断提升，民众的人权意识和法制观念也明显提高，职务犯罪也呈现出高科技化、高智能化、手段多样化、形式隐蔽化的趋势，这都给职务犯罪审讯带来了极大的挑战。如何在新形势下高效开展职务犯罪审讯工作成为当下自侦部门检察官非常关注的问题。不少专家和学者对此进行了有益的探索，也涌现出了一些成果。尹立栋、张峰、李树真三位同志所撰写的《职务犯罪审讯信息论》一书，就是其中很具有代表性的一部著作。

　　尹立栋同志是浙江省嘉兴市人民检察院检委会专职委员，从事职务犯罪侦查工作近三十年，先后担任基层院反贪局局长、嘉兴市人民检察院反渎局局长、反贪局局长，具有十分丰富的职务犯罪办案经验，对职务犯罪审讯有着深刻理解。更难能可贵的是，尹专委在繁忙的工作之余，还非常善于总结办案经验，研究办案规律，已出版个人专著 3 部，在《人民检察》、《中国检察官》等期刊发表论文数篇。张峰同志是浙江省嘉兴市人民检察院检察员，硕士研究生，具有较强的科研能力，2016 年被最高人民检察院评为全国检察调研骨干人才，是检察实务研究的后起之秀，已先后在《人民检察》、《山东社会科学》、《江西社会科学》、《检察日报》等报纸期刊上发表论文 20 余篇。李树真同志是嘉兴学院文法学院法律系教授，诉讼法学博士，在刑事诉讼法的研究方面具有很深的造诣，主持教育部与浙江省社科规划办课题 2 项，出版专著 2 部，成果丰硕，而且李教授非常关注检察机关的自侦工作发展，对职务犯罪侦查的研究具有浓厚的兴趣。他们三个人的合作可谓理论与实务结合、教学与实践互补，为课题的研究打下了坚实的基础。

　　本书以实现从"硬审讯法"向"软审讯法"的转变为出发点，以信息论作为抓手，以信息论与职务犯罪审讯工作相融合为主要内容，以规范化、科学化审讯为目标展开了全面、系统的论述。本书给我留下的深刻印象有以下四个方面：

一是独特的视角。虽然各地职务犯罪侦查机关都为寻找新时期职务犯罪审讯的路径展开了各种积极有益的探索，学者们也从理论上进行了探讨，但是完全运用现代信息理论解释和解决职务犯罪的审讯问题尚属首见。现代信息理论不仅改变了人们的生活方式，也为人们认识和解释客观事物提供了全新的视角。本书的作者认为，传统的通过强迫式的心理施压手段使得审讯对象被动供述犯罪事实的所谓"硬审讯法"已经不能符合现代的司法理念和要求，而信息论又为"软审讯法"的实现提供了解决路径和理论支撑。作者敏锐地发现了二者的契合点，并以此构建了职务犯罪审讯信息论。

二是完整的体系。本书提供的是以信息论为基础的关于职务犯罪审讯的一套完整的体系。在书中，作者完全用信息论的理论和方法全面阐述、分析、解决从职务犯罪审讯前的准备、对审讯环境的要求，到审讯中审讯人员的注意事项、审讯的方法策略、各方心理的把控，再到审讯的预估和评测等，涉及职务犯罪审讯的方方面面。这些内容相互衔接，彼此呼应，有机融合，可谓自成一体。

三是实用性突出。综观全书，虽然也有对信息论的相关原理、职务犯罪审讯理论的探讨，但主要还是紧密围绕职务犯罪审讯中的关键环节和遇到的具体问题展开研究。作者结合自己的实践经验，试图以信息论这个全新的视角去揭示职务犯罪审讯的规律和特点，提供"软审讯法"的具体解决方案，有效应对新形势下职务犯罪审讯的新挑战。这不仅是对职务犯罪审讯理论的探索和发展，更提供了一个职务犯罪审讯策略和方法的新思路、新尝试。

四是严谨的治学态度。全书资料翔实，密切结合司法实践，综合运用了比较、借鉴、实证等多种方法，进行充分、细致的论证，说理性强，内容生动，不仅总结经验，阐明道理，还富有创新的精神，展现了严谨的学风和科学的态度。

司法实践的不断进步离不开司法理论的创新探索。《职务犯罪审讯信息论》不仅是一本具有创新精神、理论内涵丰富的著作，更是一本实用的指导和操作工具用书。其中很多观点、思路、方法都有其独到的见解，并可直接指导职务犯罪审讯实践。本书对于提高职务犯罪审讯人员的理论水平和办案能力具有重要作用。

在此，我也衷心希望《职务犯罪审讯信息论》一书能为我国职务犯罪审讯工作和反腐败大业做出积极贡献。

是为序。

缪树权

2016 年 9 月 17 日

前　言

随着社会法治的进步，司法文明对刑事侦查、审讯活动提出了更高的要求。

法学理论界普遍认为传统的强制审讯对象生理和心理的审讯方法存在着诸多问题，提出了从"硬审讯法"向"软审讯法"转变的观念，却又无法为侦查实务界提供一套卓有成效的软审讯实用方法。这就需要侦查实务界进行实践的探索，况且这种自我的修复必须经历漫长的经验积累和总结提高。

为了实现从"硬审讯法"向"软审讯法"的转变，各地职务犯罪侦查机关都对此展开了积极有益的探索，有些地区总结出了人性化办案的方法，但仅凭人性化办案并不能解决审讯中的所有问题。事实证明，审讯活动离不开心理施压，这是一个千古不变的定理，任何人都不可能在不受到任何外力的压迫下就主动地自愿承认自己所犯的罪行。实现"软审讯法"的关键在于如何适度地降低或调节对审讯对象的心理施压力度。

综观当今审讯实践，师傅带徒弟是一种传承审讯经验的主要途径，由此亦形成了一些适合当地实际的审讯经验。同时也带来了一些问题：一是传统的审讯思维根深蒂固，侦查人员普遍满足于既往取得的成绩和习惯做法，不愿意主动、大胆地创新新方法。二是一地、一个单位的审讯经验具有局限性，无法被其他单位轻易地效仿和复制。三是缺少一套完整、系统的审讯方法。

形成一套完整、系统的审讯方法，既要有理论依据予以支撑，又要有丰富的司法实践予以证明，信息论原理为我们实现"软审讯法"带来了理论上的启迪。

信息充斥于人们的周围，无处不在。对于人类社会而言，信息的重要性日益激增，我们所处的时代也被称为"信息时代"。甚至现代科学认为，信息与物质、能量并列构成客观世界的三个基本要素。人们对于信息能够切身感知，但与物质、能量相比，其概念又具有模糊性。1948 年 10 月，被誉为"信息论之父"的申农在《贝尔系统技术学报》上发表了论文"A Mathematical Theory of Communication"（通信的数学理论），标志着信息论的诞生。信息论首先在通信科学中得到研究和运用，此后不断地渗透到自然科学、经济学、人文科学等各个学科。

信息论同样对于职务犯罪审讯活动具有指导意义。一方面，人们都是根据自己所观察和掌握的信息采取策略行动的。在职务犯罪审讯活动中，审讯人员所掌握的信息大多是指向职务犯罪可能存在的信息，在对职务犯罪事实信息的掌握上与审讯对象相比处于绝对的劣势地位。这就需要我们思考，审讯人员如何运用自己手中掌握的优势信息去攻击审讯对象的心理软肋，去换取审讯对象供述自己的犯罪事实，使之成为审讯双方共知的信息。另一方面，审讯对象基于趋利避害的心理需要，抗审成为审讯活动的常态，这与通讯信息传递中信宿无条件接受信源发出的指令性信息是相悖的，它会阻断审讯双方之间的信息传递。但是，审讯对象最终仍会供述犯罪事实，与审讯人员建立起某种程度的合作关系，这取决于审讯人员采取何种审讯策略，排除信息阻塞因素，使审讯对象逐渐对审讯人员产生信任。只有在审讯双方之间建立起信任的关系，才能促使审讯对象自愿、如实地供述犯罪事实。

为了提高审讯的成功率，从信息论原理出发，审讯人员务必领悟审讯活动的真谛。

首先，应当加强初查工作。初查活动是职务犯罪侦查活动特有的先发优势，审讯人员掌握的信息主要来自初查活动，只有通过精细化初查，作为信源的审讯人员才能强化自己在审讯活动中居于信息优势地位，始终掌握审讯活动的主动权，立于不败之地。

其次，审讯环境自然地形成了审讯双方信息交流、反馈的传输系统，与通信系统信息传递的模型相似。然而审讯人员掌握的审讯信息在犯罪事实方面与审讯对象相比处于劣势地位，为了获得审讯活动的成功，审讯人员务必做到知己知彼，想方设法在其他辅助审讯活动开展方面掌握优势信息，使得审讯人员始终处于信息传递的优势高地，让信息从审讯人员的高处流向审讯对象的低位，刺激审讯对象的心理产生供述的动机。

再次，审讯对象在审讯活动中始终具有对抗审讯的心理，容易造成审讯双方信息交流的阻塞。审讯信息的传递就是消除信息的不确定性，减少信息交流过程中的干扰信息，在审讯双方之间建立起一种信息无障碍交流，构建相互信任、相互合作的形态，使得审讯对象心甘情愿地供述自己的犯罪事实。

复次，为了达成审讯双方最终合作的稳态，审讯人员务必适当降低心理强制的力度，善于调节审讯对象的心理压力，符合适度心理限制的原则，任何过度的心理施压、变相的刑讯逼供等行为对于建立审讯双方之间融洽的信任关系都是极其有害的，应当自觉地予以排斥。

最后，审讯对象面临审讯活动的一般心理变化轨迹是有规律可循的，他们通常首先尝试积极抗审的行为，妄图在心理上全面说服、压制审讯人员，逃脱被法律追究的后果，显然这是无法得逞的，然后审讯对象会从积极抗审的姿态转入消极抗审的状态。此时是审讯活动的关键，审讯人员通过各种审讯技巧的运用，激发起审讯对象的供述临界心理，最终获取其口供。

审讯人员的审讯策略都是根据审讯对象的心理变化规律和具体的行为反应信息适时采取的。在本书的最后一章，我们借鉴莱德九步审讯法的经验，结合我国职务犯罪审讯的特点，提出了软化犯罪嫌疑人心理的一套程式化审讯方法，以此从信息交流的角度对职务犯罪审讯活动作出诠释。

目　录

第一章　审讯信息导论

第一节　信息论概述

信息论是研究信息的本质和运动规律的科学理论。现代意义上的信息论是从通信科学中产生和发展起来的，它是一门具有高度概括性、综合性、应用广泛和带有方法论意义的科学。

一、信息与信息传递

客观世界的构成包括物质、能量和信息三大要素。信息作为客观存在的一界，有其特殊的存在形式，从一定意义上讲，信息是物质的普遍属性。我们生活在一个信息无处不在的世界，整个生活都是基于信息的处理。信息成了社会学、政治科学和所谓的信息社会经济学中的一个重要概念，因此，我们首先要知道信息是什么。

（一）信息的概念

人们从不同领域、不同角度给出的信息定义和概念的论述不下百种，但仍然存在很大差异甚至相互矛盾，并且不断有人提出新的观点和看法，长期争论的存在本身也说明信息概念的深刻性和复杂性。分析已有的众多解释，可以区分出三个不同层次的对信息概念的界定：一是人们日常经验理解的层次；二是实用信息科学的层次；三是哲学的层次。①

1. 日常经验理解的信息概念

在人们的日常生活中，在一般的资料文件中，信息指的就是具有新内容、新知识的消息、新闻、情报、资料、数据、图像、密码以及语言、文字等所揭示或反映的内容。如果将上述定义中的消息做广义化的理解，将其他形式的信

---

① 有关信息概念的分类参见李国武：《关于信息概念的研究述评》，载《重庆邮电大学学报（社会科学版）》2012 年第 1 期；［美］马克·布尔金：《信息论——本质·多样性·统一性》，王恒君、稽立安、王宏勇译，知识产权出版社 2015 年版，第 1－3 页。

息载体都看作消息，信息则可以定义为：信息是消息中的新内容。

据《辞源》解释，信息就是消息。考证我国"信息"一词最早的文字记载出现在唐代诗人李中的《暮春怀故人》诗中："梦断美人沉信息，目穿长路倚楼台。"而从国外来看，"信息"这个词是一个由动词（to inform）形成的名词，而这个动词是在15世纪从拉丁语词语"informare"借用来的，这个拉丁词的意思是形成、给……形式。在文艺复兴时期，词语"to inform"的含义在本质上被扩展了，它变成了最重要的技术和科学术语之一。定义信息最普通的方式之一就是把它描述为一个或多个被人们收到的陈述或事实，并且这些陈述或事实对接收者有着某种形式的价值。在美国的《韦伯字典》里，信息是"用来通信的事实，在观察中得到的数据、新闻和知识"。在日本的《广辞苑》里，"信息是所观察事物的知识"。在英国的《牛津字典》里，"信息就是谈论的事情、新闻和知识"。

当今社会，"信息"这个古老的字眼频繁地出现在我们的报刊、文件、广播、电视之中，信息时代、信息社会、信息经济、信息资源、信息技术以及冠以各个专门名词的信息（如商品信息、市场信息、人才信息、科研信息等）成了热门话题。在信息论看来，信息现象充满天地之间，我们面临的是一个以声音、形态、色彩、气息、电波、光线、元素等构成的大千世界；在自然世界与人类社会、无机物与有机物、生命现象与非生命现象之间，都存在着信息的发射、传播与接收的过程。

2. 实用信息科学中的信息概念

在一般的实用信息科学中，关于信息的定义也是五花八门。虽然目前的各种定义还未得到统一和普遍公认，但是有两种说法是最具影响力的，其他一些定义或多或少都可以由这两种说法通过演绎而获得。

一种说法认为，信息是消除了的不确定性。这是根据通讯信息论的创立者申农的理论对信息所作的一个界定。其含义是：通讯前，消息接收者对发送消息的内容存有不确定性的了解，收到消息后，消息接收者原有的不确定性就会部分或全部消除了。所以，信息就是消除了的不确定性。在这里，消除了的不确定性是一个相对意外程度的量，所以有人也说"信息是两次不定性之差"。

另一种说法认为，信息即负熵。控制论的创始人维纳曾集中对信息的负熵含义进行了阐释，在物理学中（与热力学第二定律相关）熵值是标志系统的不确定性程度或混乱度的概念。不确定性的消除就意味着熵值的减少，所以，信息就可以被称为负熵。由此又派生出了"信息是系统组织程度（或有序性、秩序性）的标志"等说法。"信息是负熵"，能作为信息的定义吗？众所周知，负熵是熵的对偶范畴。而熵这个概念最早是由克劳修斯在对热力学第二定律作定量分析时提出的，他认为在孤立系统中发生的实际过程总使该系统的熵增加，或自然过程朝着熵增加的方向变化。后来，波尔兹曼对熵首先提出了微观解释。科学家们认为，在由大量粒子（原子、分子）所构成的系统中，熵就代表这些粒子之间无规则排列的程度，或者说代表这个系统"乱"的程度。系统越"乱"熵就越大，系统越有秩序熵就越小。普里戈金说："所谓熵，就是对'分子无序'的度量。由此，熵增加的定律就是逐步无序的定律。"美国著名的科普作家阿西莫夫说："我们可以把熵看作是衡量宇宙中存在的无序程度的一个量。"和熵相对的是负熵。明确提出负熵这个概念的是薛定谔。但是在他之前，波尔兹曼在对熵作微观解释时，已经包含有负熵的思想。负熵是个量，而量不等于质。熵是一个量值，和熵相对的负熵同样是个量值。负熵是一个数量概念，这在学术界是公认的。薛定谔说："'负熵'……本身是有序的一个量度。"在信息论诞生以后，负熵是作为对信息的一种量度。

维纳曾经说过：信息量……实质上就是负熵。无论负熵是对有序的量度，还是对信息的量度，反正负熵是个量值。认为信息等于负熵，也就是把信息说成是一个量值。我们知道，任何事物都有质和量两个方面，信息也不例外。在信息论中，研究信息的量确实是非常重要的，但是对信息量的研究不能代替对信息质的探讨。量和质虽然有内在的联系，但并不是对等的。

3. 哲学中的信息概念①

信息的哲学探讨是从认识论的高度揭示信息的产生、发展和变化的规律及存在的基本形态。哲学层次的信息概念揭示着信息的本质，但它不能直接引用在各具体学科之中，因为它已脱去了具体学科的特性和实用性。而有着各自学科特性的信息概念虽不能揭示信息的本质，却在特定的领域内充当着重要角色。它们使得信息表现得更为具体和多样化。生活层次的信息概念虽然是通俗化的，但追究起来它们仍是信息在生活领域中的某种表现形式，与前两层概念有着密切的联系。

一般认为，信息是标志物质间接存在性的哲学范畴，它是物质存在方式和状态的自身显示，也是关于事物运动状态与规律的表征。从这种表述的含义分析，我们可以得出以下几点结论：（1）事物或物质的存在方式和运动状态是信息赖以存在的基础。如果没有它们就无信息可言。（2）信息不是物质存在方式和运动状态本身，而是物质存在方式和运动状态属性的自身显示，以及对这些属性的表征。（3）物质世界具有自身显示信息的功能，人类具有表征物

---

① 有关哲学论意义上的信息概念参见李康、杨介林：《信息概念简论》，载《电化教育研究》1997年第2期。

质世界信息的功能。（4）信息成为联接主观世界与客观世界的桥梁和纽带。

哲学上是这样划分信息形态的：把物质世界自我显示的信息称为"自在信息"；把人类对物质世界自我显示的信息进行表征的结果称为"自为信息"；把人类通过思维对"自为信息"进行加工创造后得出的信息称为"再造信息"。在物质世界的运动和相互作用中永恒地产生着"自在信息"，这对具有感知和思维能力的人类来说就有了用之不竭的信息本源。人类通过自己的感知和思维等活动表征和加工着"自在信息"，源源不断地产生着"自为信息"和"再生信息"。为了便于人类的表征和加工活动，为了便于对"自为信息"和"再生信息"的储存、处理和传递，人们创造了各种语言、文字、符号、数字、信号、图像等载体，它们成为"自为信息"和"再生信息"的一种外在标志，也成为某些学科信息概念的核心。

（二）信息传递的特点

根据信息传递系统的模型运行，我们可以从中认识到以下特点：

1. 信息传递的物质性。信息传递必然要借助于某种符号系统，利用某种传递通道来进行。同时，信息传递的符合系统或传递通道往往结合得非常紧密，采用某一种符合系统通常就有其相适应的传递通道，即适合于这种符合系统传递的传递通道。

2. 信息传递的实义性。信息传递中不单单是"物"即信息载体的传递，其着眼点是信息内涵本身的传递，是为信息利用服务的。信息载体的传递是信息传递的外在躯壳，信息内涵的传递、交流才是其实质所在。

3. 信息传递的双向性。这种传递并不代表原有信息的丧失，而是一种共同创造的活动。信息传递抛开一切具体类型和过程来看，其实质是信息的传输和交换，其中信息的传输是指信息从某一特定时空向另一特定时空的流动和位移，信息的交换则充分显示了信息传递在传体和受体之间双向作用的特征。

4. 信息传递的目的性。信息传递具有其具体的过程和方式，但其交流的主要目的并不在于过程和方式本身，而是通过具体的过程和方式极大地促进信息的利用和再生，即信息本身功能和作用从一次到多次到无数次的发挥。信息传递的结果和效益是其目的之所在，而结果和效益又与过程和方式不可分割。

（三）信息传递的规律[①]

世界上并不存在绝对孤立的封闭系统，系统的物质、能量和信息的交换、

---

① 有关信息传递的规律参见蒋永福、李集：《信息运动十大规律》，载《情报资料工作》1998 年第 5 期；丰成君：《论信息交流（一）》，载《情报科学》1989 年第 3 期。

传递形式多样且复杂，但也存在着特殊的规律性。

1. 表征律。信息是事物属性的反映，是系统运动状态的表征。任何系统的信息均可表征到别的系统中去，这样就形成了信息的传递和流动。没有表征就没有信息，没有信息当然也就没有表征，信息的传递过程也就是信息的表征过程，或者说是信息表征的位移过程。根据这一定律，任何具有相互联系和相互作用（直接的或间接的）的系统之间，均可有信息的传递。例如，海水潮汐包含了月球位置的信息，地震活动包含了地球板块运动的信息。

2. 守恒律。任何被表征系统的信息发出后，自身的信息量并不减少，这一点完全不同于物质交流系统。对于一个系统来讲，其信息无论被表征多少次，其信息量始终保持不变，信息的这种守恒性质，奠定了信息的可多次利用和共享的基础。例如，对于一个红球，它总是不断地释放信息，每次释放都表明"球是红的"。这一信息被多次表征后，"球是红的"仍然保持不变。对于表征系统如人，他多次观察与一次观察所获得的信息都是"球是红色的"，"球是红色的"这一信息保持恒定不变。

3. 发散—聚合律。事物是普遍联系和相互作用的，因此每一个被表征系统的信息必然同时或连续表征到多个表征系统中去。所谓"一传十，十传百"就是指信息的这种多路表征或连续表征的特征。这种系统之间信息的多路表征或连续表征现象，就称为信息的发散律。信息发散的相反过程——聚合现象，也是一种普遍现象。这就意味着一个系统必然要接受多个系统的信息，即要对多个系统进行表征。这样一个系统所表征的就不是某一个系统的信息，而是很多个被表征系统的信息。这种多个被表征系统的信息同向聚合到同一个表征系统的过程，称为信息的聚合律。信息的发散—聚合律即任何一个系统既把自身信息多路表征到多个系统，又必然多路接受来自多个系统的信息。

4. 递减律。信息在传递的过程中，往往会遇到种种障碍，包括信道障碍、信宿障碍。由于这些障碍的存在，被表征系统的信息往往不能充分无遗地传递到表征系统，而是在传递过程中普遍出现速度上的减缓、量上的减少、强度上的减弱、质上的失真等现象，信息流量过程越长，信息减少越严重。

5. 势差律。信息的传递可以看作是信息的流动，而任何一种流动，必须有势差才行。就像水的流动要有落差，电的流动要有电势差一样。信息势差是指信源与信宿状况之间的不等之差。从势能传递的角度看，在没有人为干扰的情况下，信源处的势能总比信宿处的势能高，即信息总是从信源处流向信宿处，换句话说，信源处的信息量总比信宿处的信息量大，信息能够流动，必须以信源与信宿之间存在状况差异为前提。例如，教师之所以能够给学生讲授知识，是因为教师和学生之间在知识量上存在差异，即教师在所教授学科领域掌握的知识量比学生掌握的知识量大。

6. 选择—匹配律。选择是人类普遍的心理与行为表现，在人的信息行为中，选择心理也伴随始终。这种选择心理主要受实践需要视野、期待视野、传统文化观念以及原有知识结构等因素的影响与制约。例如，人们一般只注意选择那些符合自己实践需要的信息，而不关心那些不符合自己实践需要的信息；一般只注意选择那些合乎自己兴趣的信息，而对那些自己兴趣范围之外的信息表现出漠不关心。可以说，在人的信息行为中，普遍存在着选择注意、选择理解和选择记忆那些同自己的认知模式相适合、相匹配的信息的倾向。

7. 相对律。信息的存在是客观的，但接受者对信息意义的理解则往往是因人而异，具有明显的主观性。也就是说，信息的存在本身是客观的、绝对的。所以，即使是同一信息，不同的人由于各自的认知模式不同而对其理解往往千差万别或大相径庭。"有一千个观众就有一千个哈姆雷特"的现象便是一个典型例证。面对同一信息，有的人认为非常有意义，而有的人则可能认为毫无意义。

8. 记忆律。信息的记忆律是指个体对其经验的信息的识记、保持和通过再现而形成表象的记忆活动。在人的认识过程中，首先是对信息的识辨，然后才可能通过进一步的加工操作，将识辨了的信息转化为记忆的内容储存起来。现代记忆理论认为，为了使某一信息在记忆中得到巩固，主体必须以适当的方式对它进行加工。这种加工要求有一定的时间，这个时间称为痕迹巩固时间。这种记忆过程中的痕迹巩固一般依赖着对要记忆信息的复杂编码过程的多次重复与再现，而这种经过复杂编码经多次重复与再现之后被长久保存下来的就是长时信息记忆。长时的信息记忆储存一般要保持数月，甚至数年。

审讯对象对于自己实施的犯罪过程亦有一个记忆的问题，一般而言，犯罪行为使人有一种负罪感，这种负罪感会使审讯对象加重对犯罪事实的记忆，尤其是其首次实施的犯罪事实和其中数次犯罪情节较为严重的犯罪事实，犯罪记忆会更加深刻。但是，职务犯罪呈现的连续作案、作案持续时间长的特点，又会使审讯对象对犯罪的次数、细节问题产生记忆模糊的现象，这需要审讯人员在审讯中加以甄别。另外，审讯对象为了减轻其负罪感，有时还会对某些特定的犯罪事实进行强迫式的"忘却"，这也需要审讯人员在审讯中根据犯罪的客观事实和客观证据予以妥当地提示或提醒，唤起审讯对象的记忆，作出客观的供述。

信息世界纷繁复杂，信息运动的规律也不仅仅限于上述几个方面，尽管信息与交流从一开始只流行于通讯技术领域，但在今天已发展成为涉及多学术领域的认识范畴。信息论作为一种方法论，在各个应用领域迅猛扩展并发挥着越来越重要的作用。

二、信息论

20 世纪中期，信息论、控制论、系统论等理论相继问世，开始挑战传统的科学框架，而信息论和"比特"信息单位也越来越成为社会的关键词汇。科学史证明，任何一个科学概念的产生与突破，终将带来科学的发展和社会的进步，随着信息论的发展和当代科学技术的相互渗透，信息论被广泛应用于生物学、医学、仿生学、语言学、经济管理以至社会科学领域。

（一）信息论的概念[①]

信息论是一门应用数理统计方法来研究信息处理和信息传递的通讯理论，因此又被称为通讯信息论，首先在通讯工程中得到广泛的应用，为信息科学奠定了初步的基础。

信息论是研究信息的产生、获取、变换、传输、存储、处理识别及利用的学科。狭义上的信息论为美国学者申农早期的研究成果，以编码理论为中心，主要研究信息系统模型、信息的度量、信息容量、编码理论及噪声理论等。广义上的信息论又称信息科学，主要研究以计算机处理为中心的信息处理的基本理论，包括评议、文字的处理、图像识别、学习理论及其各种应用。信息论认为，正是由于信息流的正常流动，特别是反馈信息的存在，才使得系统按照预定目标实现控制。

（二）信息论的形成与发展[②]

学科名称的起源与变迁是学科历史与发展的重要组成部分。从 17 世纪到 19 世纪，由于牛顿力学的巨大影响，机械唯物论在科学领域中占据统治地位。从 19 世纪开始，客观世界中存在的不确定性和偶然性引起了物理学家们的注意，他们开始把统计学引入物理领域。1865 年，克劳修斯在研究卡诺定理的基础上给出了克劳修斯不等式，首次引入了"熵"的概念及其数学表达式。1871 年，麦克斯韦在《热的理论》一书中提出建立信息和热熵、能量之间的关系，他是将信息引入科学的第一人。

到了 20 世纪 40 年代，随着雷达、无线电通讯、电子计算机和自动控制研究领域的相继出现和发展，人们对信息通讯问题进行了大量的研究。1948 年，

---

① 有关信息论的概念参见李国武：《申农与信息科学的创立》，载《西北大学学报（自然科学版）》2011 年 10 月，第 41 卷第 5 期。

② 有关信息论的形成发展参见刘廷元：《信息科学和信息学：历史与发展、区别与统一》，载《中国基础科学》2005 年第 6 期。

维纳在《控制论》中，把人、动物和机器的控制和通讯过程统一起来，认为信息的实质是负熵。就在维纳发表《控制论》的同一年，申农发表了著名的《通信的数学理论》，这两个文献后来被认为是信息论的经典著作。在1948年以后的十余年中，申农对信息论的发展做出了巨大的贡献。在1973年出版的信息论经典论文中，申农是49篇论文中12篇论文的作者。迄今为止，信息论的主要概念除了通用编码外几乎都是申农首先提出的。此外，申农还证明了一系列的编码定理。这些编码定理不但给出了某些性能的理论极限，而且也是对申农所给基本概念的重大价值的证明。由于申农的这一系列贡献，他被认为是信息论的创始人，信息论作为通信技术基础理论的意义已经有了重大发展。

申农创立的信息论首先是在通讯研究领域进行一次方法论上的变革：一是运用理想化的方法简化通讯系统，并在此基础上建立起通信系统的一般模型；二是把概率通过国际的数学方法引入到通讯系统的研究中。申农明确提出对通信系统的理论研究，不但有技术上的问题，而且有方法论上的问题。

从20世纪50年代开始，信息论在学术界引起了巨大的反响，信息论的方法和理论已经深入到工程科学、生命科学、社会科学等许多领域，其地位一直也未被其他学科所取代。

（三）信息论的研究原理

申农认为，通讯的基本问题就是精确地或近似地在一点复现另一点所选择的信号。为此，申农提出了一个"通讯系统的随机模型"。首次从理论上阐释了通讯的基本理论问题。申农认为，通讯就是两个系统之间的信息传递。[①]

根据信息论的基本原理，当前信息传递系统主要由信源、信宿、信道、编码器、译码器等几个部分构成。信源是指信息的源泉或产生待传送的信息的实体，如电话系统中的讲话者，对于电信系统还包括话筒，它输出的电信号作为含有信息的载体。信宿是指信息的归宿或接收者，在电话系统中就是听者和耳机，后者则把接收到的电信号转换成声音，供听者提取所需的信息。信道是传送信息的通道，如电话通信中包括中继器在内的同轴电缆系统，卫星通信中地球站的收发信机、天线和卫星上的转发器等。编码器在信息论中泛指所有变换信号的设备，实际上就是终端机的发送部分，它包括从信源到信道的所有设备。译码器是编码器逆变换设备，把信道上送来的信号转变成信宿能接收的信号。从人文角度研究出发，这一模型的结构也可以简化为三个部分：信源、信

---

① 参见李国武：《申农与信息科学的创立》，载《西北大学学报（自然科学版）》2011年10月，第41卷第5期。

道和信宿。①

1. 信源

信源简单来说就是信息来源，也就是信息的发出者。信源是信息过程的起始环节，它规定着信息传输的内容。客观存在的事物作为信息源，在一定相互作用的关系中发出表征有关事物状态和属性方面的信息，并且经过信道传递给信息的接收者。从认识论的角度来看，信源发出的信息不仅要具有真实性，而且还要符合人的认识的目的性。信源所发出的信息，一方面为了使认识主体接收到与人的认识需要的信息，这就不能离开主体对客体的能动作用。通过主体对客体的有效改造，把客体的内在属性和规律暴露出来，并将认识的对象转换成主体能够接收的信号或符号。如果没有主体改造客体的活动，没有将客体的信息转换成信息信号的实际能力，信源想要发出符合人的认识目的的真实信息，这是根本不可想象的。

2. 信道

信道是信息传输的媒介或工具。由信源发出的信息信号，借助于作为信道的物质载体的传输能力，把它传递给信宿，所以信道也是信息传输过程的中介环节。它的重要作用正如人们生产物质产品需要有生产工具一样，没有信道这个中介，信源和信宿的两极就无法联结起来，信息过程也就不存在了。在通信或控制工程学等领域的物理系统中，传输信息的信道直接依赖于它的物质载体的物理性质，它决定着信息传输的效率和信道容量的大小。以不同物质为载体的信道，其传输信息的性能是不同的。人的认识过程的信息通道，它不是纯粹物理性质的，还包括人体的感觉器官和大脑神经系统等生理机制。相对于人的心理活动来说，认识主体的生理机制具有直接性，因为它是信息传递必须经过的窗口和通道。

3. 信宿

信宿是指信息运动过程的终端环节，信息传递给予的对象即信息的接收者。信宿在整个信息过程中处于至关重要的地位，信息传输的价值、意义、作用等，都需要由信宿来接收并加以利用的实际情况来判定。信源发出的信息再真实，传递信息的信道能力再强，若不被信宿所接收和利用，那么表征事物状态和属性的信息还不是现实的信息，而是潜在的信息。从控制论的角度来看，信宿环节所要考察的是包括信息获得对接收者的实际意义，信宿接收信息的实际意义在于能够形成某种指令，对控制系统施加影响。

从认识论的角度而言，人是信宿的直接承担者。既然人是信宿，那么就具

---

① 参见徐龙福：《作为认识论的信息概念》，载《江汉论坛》1987年第2期。

有物质系统所不具备的特性。其中最显著的特性之一，表现在人是在有目的、有意识的水平上接收、处理和利用信息的。认识主体按照自身的需要，在自由自觉的意识支配下，有目的地加工信息，抛弃多余的信息，获取有用的信息。这样，主体接收信息就是一个积极、主动的创造性过程。

综上，这一系统模型的运行原理是：消息从信源发出，经发送机将消息转变为信号，输入信道，经过信道译码器，信号被接收机译码还原，将信息传输给信宿。同时，信息的传输必定要经过信道，信道中总有噪声干扰，所以信宿所获及的全部消息并非原来从信源中发出的消息。信源是信息的来源，信道是信息的传播媒介和载体，信宿是信息的接收者，信息的传递就是依靠这三个部分来实现的，通过信息的传递最终实现不确定性的减少或确定性的增加。

第二节　审讯信息论概述

信息论是一种研究复杂运动形态，把握事物的复杂性、系统性和整体性的必不可少的科学方法，但是从事职务犯罪审讯的人员，却忽视了对信息论及技术应用的研究，这不能不说是一种遗憾。

一、职务犯罪审讯的特点

职务犯罪审讯是指检察机关为了查明犯罪事实，依法要求犯罪嫌疑人、被告人或其他相关涉案人员如实供述、陈述案情的侦查活动。

审讯是职务犯罪案件办理过程中必不可少的证据收集措施和方法，作为在诉讼活动中的语言交流行为，贯穿于整个诉讼活动，既包括侦查阶段的审讯，也包括审查逮捕、公诉阶段的审讯，还包括审判阶段核实案情的审讯。侦查阶段的审讯是为了提取和收集证据，而其他阶段的审讯更多地侧重于核实、确认证据。提取和收集证据的过程类似于"从无到有"，而核实、确认证据则更多地是"去伪存真"，本书所讨论的职务犯罪审讯属于侦查阶段的审讯，是一个主动收集和提取证据的过程。职务犯罪审讯作为检察机关参与刑事诉讼的程序，是刑事犯罪审讯的重要组成部分，既遵循刑事诉讼审讯的一般规律，又有着其自身的特有逻辑。

（一）职务犯罪侦查的特殊性、艰巨性

由事到人是公安机关办理刑事案件的一般侦查模式，与此不同，检察机关办理的职务犯罪案件的侦查模式常常是由人到事。二者相反而行，但目标一致。职务犯罪具有智能性和复杂性，且举报线索很少能直接反映经济犯罪问题，常伴有举报人的主观臆测，实践中难以查证举报线索反映的问题也在所难免。因而我们要通过借助初查程序，遴选举报材料，从中找出有价值的线索，集中力量深入查处犯罪，做到有的放矢，避免司法资源的浪费。尤其是对于贪污、渎职类犯罪案件的查处，法律关系和因果关系变得越来越复杂，必须借助于对法律法规的全面把握和运用相关的专门知识鉴定才能作出判断。

（二）言词证据的重要性

刑事诉讼法规定的证据种类有以下八种：（1）物证；（2）书证；（3）证人证言；（4）被害人陈述；（5）犯罪嫌疑人、被告人供述和辩解；（6）鉴定意见；（7）勘验、检查、辨认、侦查实验等笔录；（8）视听资料、电子数据。虽然这八种证据不可能在每一个案件中都会出现，但总体而言，在普通刑事案件中，上述不同种类的证据出现的比例要远远大于职务犯罪案件。比如故意伤害案件中一般都会涉及物证、证人证言、被害人陈述、犯罪嫌疑人、被告人供述和辩解、鉴定意见、检查笔录等证据种类，而在职务犯罪案件尤其是贿赂类犯罪案件中，没有行贿人的证言、犯罪嫌疑人的供述、辩解，案件是无法启动立案程序的，其他的物证、书证相对于口供来说多为间接证据，无法单独完成作为证明犯罪事实的关键性因素。

职务犯罪案件的证据较为单一，突出表现为言词证据。而言词证据具有主观性，很容易受到各种因素的影响而发生变化，在职务犯罪侦查实践中，普遍存在着"先供时翻"的现象。这就需要考量口供的真实性、客观性，审讯工作就显得尤为重要。

（三）"硬审讯法"向"软审讯法"演变的必然性

在世界各国的刑事司法历史中，审讯方法大概都经历了"由硬变软"的发展过程。在很长一段时期内，司法官员和侦查人员审讯犯罪嫌疑人、被告人的方法都是很"硬"的，其基本特征就是刑讯逼供。例如，中国封建社会的诉讼原则之一是"断罪必取输服供词"和"无供不录案"，于是，审讯人员便发明了各种各样强迫被告人供述的方法。

刑讯逼供作为查明案情的审讯方法，确实有着令侦查人员和司法人员难以抗拒的魅力。虽然许多国家都在法律中规定禁止刑讯逼供，但在司法实践中仍然存在着大量的秘密刑讯和变相刑讯。

到了20世纪中期，一些国家的审讯方法已经开始由肉体折磨转向精神折磨。例如，美国的审讯人员就开始使用各种被俗称为"第三级"审讯法的"软刑讯"方法，包括"疲劳审讯法"和"水板审讯法"。前者的做法是长时间的轮番讯问且不允许被审讯人睡觉，甚至不让被审讯人喝水、吃饭和上厕所。后者的做法是把被审讯人的身体以仰卧的姿势固定在一块长木板上，然后用持续的水流冲击其面部。虽然这种方法不会直接造成严重的身体损伤，但是会让被审讯人感受到痛苦和死亡的威胁。此种审讯方法仍然属于硬审讯法的范畴，因为它仍然是要通过精神折磨来强迫被审讯者供述。自 20 世纪 70 年代以后，在美国学者英博、雷德等教授的推动下，美国联邦调查局就极力倡导使用软审讯法。所谓软审讯法是指建立在心理科学和行为分析基础之上的审讯方法，是在分析被审讯人的心理特征和行为特点的基础上，通过语言或其他人体行为来说服犯罪嫌疑人如实供述的方法。

根据心理学原理，面对某种可能使自己被指控犯罪的审讯，任何人都会产生一种本能的逃避和掩饰心理，没有一定的外部压力，审讯对象是不会作出不利于自己的陈述的。但是这种外部的压力并不一定非得依靠刑讯、强迫的手段才能获得，其实审讯本身就可以使审讯对象产生心理压力，审讯室的环境对审讯对象也是一种心理压力，"软审讯法"与"硬审讯法"的主要区别在于：它不是通过使用强迫的方法让犯罪嫌疑人供述，而是以"软"的方式说服犯罪嫌疑人，让其自愿供述。随着司法的文明化、法治化日趋完善和成熟，非法证据排除规则的确立、同步录音录像、律师在侦查阶段的辩护参与都对审讯活动提出了更专业、更规范的要求，因此，"软审讯法"具有很重要的现实意义，尤其是针对职务犯罪案件的审讯有着重要的借鉴意义。

二、信息论在职务犯罪审讯中的应用

作为刑事诉讼侦查活动，职务犯罪审讯是审讯人员在初查的基础上，通过运用已经掌握的辅助性材料和其他情报信息，对审讯对象进行询问、质证，从而通过口供的突破获得实质性的证据材料，印证和固定侦查方向，证明犯罪事实的客观存在，追究刑事责任的活动。简言之，审讯的目的就是要获得真实的信息，发现犯罪事实。申农在《通信的数学理论》一文中指出："信息是用来消除随机不定性的东西"。信息的实质是消除不确定性，从信息论的角度来看，审讯是一项扩大信息、借鉴信息的工作。

（一）信息的传递系统与审讯的环境是相似的

根据信息论基本原理，当前信息传递系统主要由信源、信宿、信道、编码器、译码器等几个部分构成。这一模型的结构也可以简化为三个部分：信源、信道和信宿。信源是信息的来源，信道是信息的传播媒介和载体，信宿是信息的接收者，信息的传递就是依靠这三个部分来实现的，通过信息的传递最终实现不确定性的减少或确定性的增加。

审讯的场景属于相对封闭的空间，同样也形成了一个信息传输系统，正好符合信息传输空间的要求。审讯人员是信源，审讯对象是信宿，而讯问的方式（包括言语、行为等）就是信道。审讯的过程就是审讯人员通过语言组织不断地向审讯对象输入含有特定指令的信息，并接收审讯对象的反馈信息。根据反馈信息，审讯人员再一次组织信息发送，如此循环，从而实现口供的突破。当然，审讯的环境是相对闭合的，相对于机器传递信息的编码指令来讲，干扰信息更多，作为信宿的审讯对象具有对抗性，从最初的绝对排他性逐步发展到相对性、配合性的过程，审讯人员调整信息指令发送的难度更大。

从信息论的角度讲，信源发出指令后，接收信息的机器均是无条件接收，然后对信息经过分析、编码后再根据指令作出相应的信息反馈。比如卫星拍照，控制器发出信号，卫星接收信号后根据指令进行操作，然后卫星将拍照的信息再反馈给控制器进行分析。

（二）信息传递的目的与审讯的目的是一致的

信息传递的前提在于信息要具有有用性、价值性，信息论的目的就是要减少不确定性，通过信源发出的消息经信息通道传出后，尽可能准确、不失真地在接收端复现。信息系统最后所接收到的信息量应等于通信前后"不确定性"的消减量。信息系统的有序性越高，所获取的信息量就越大，不确定性就会越少。当然，信息传递的过程中也会有噪声，这样就会导致在特定的时间内真实信息的有效性减少，增加不确定性。因此，要正确处理好有效信息和冗余信息（指发出者无法自由控制的信息）的关系，保持适当的平衡，以消除信息传递过程中的噪声，确保信息的有效接收和反馈。

职务犯罪审讯过程中，作为信源的审讯人员为了突破审讯对象，不断通过讯问这个信道向审讯对象发出指令信息，由于审讯人员与审讯对象所处的不同立场决定了审讯对象不会轻易地如实供述犯罪事实，审讯对象在接收到审讯人员的指令信息后，往往会经过思考、斟酌，基于趋利避害的本性，认识到犯罪行为的法律后果，就会选择对抗，甚至作出虚假的供述。审讯的过程就是为了获取真实的信息，查明犯罪事实，而为了达到这一目的就需要审讯人员在审讯的过程中不断调整讯问的方式方法，转变审讯对象的对抗，完成审讯对象从对抗到悔罪再到认罪的转变。从这个意义上讲，审讯过程从对抗性、不一致性到接收性、反馈性与信息论中获取确定性是一致的。

（三）信息传递的平台与审讯的基础是同质的

信息传递系统的平台是机器，机器相对于控制来说，都是平等的且相互依存的。整个信息传递系统是闭合的，处于一种同位交流的状态，在程序的控制下，是自由、无限制、无束缚的传递。

职务犯罪审讯作为一种诉讼活动，既要保障审讯对象的合法权益，又要查明犯罪事实追究其刑事责任。这一特点决定了审讯的实践往往是一场斗智斗勇的过程，而获取审讯对象的信任则是审讯的前提和基础。只有信任，才会产生审讯过程中的信息交换；只有信任和尊重，才能保障审讯过程中的信息传递畅通；也只有信任，才能排除审讯对象真实供述的障碍。审讯人员与审讯对象通过建立相互之间的信任关系，可以减轻审讯对象如实供述后对不利后果的感知程度。当然，建立信任的前提是审讯人员经过初查，对所收集到的情报信息材料进行分析研判。

职务犯罪审讯的过程就是寻求信源（审讯人员）和信宿（审讯对象）之间的平等、自愿关系，研究达成双方此种关系的途径（信道），相互沟通、相互信任直至相互依存，最终实现双方信息客观、顺畅、真实的交流反馈，从而使审讯对象在自愿的前提下供述犯罪事实。

（四）信宿反馈的客观性与审讯对象的理性是契合的

信宿的反馈具有客观性。首先信宿是一种客观物体或存在，其次整个信息系统具有可传递性、可激活性，作为一种物质载体，信宿是静态的，但一旦信息不断地循环、传播，信宿的反馈就会按预设目标具有针对性。再有就是信宿的再生性，通过信息的传递、使用，信宿对信息的接收量，不仅不会消耗，反而会产生"增量"，从最初反馈进而发展到二次、三次反馈，如此循环往复。

职务犯罪的审讯对象参与到职务犯罪侦查的概率和次数很少，他们在一生中可能只有一次机会成为具体案件的参与人，具有"一锤子买卖"的特征，所以通常会降低审讯对象同审讯人员合作的积极程度，能不供述就不供述，能少供述尽量少供述，但是这并不妨碍审讯对象具有理性化的特点。

审讯对象的行为选择也是建立在对现实条件和各种因素的综合考量基础之上的，审讯人员对案件事实和证据的掌握情况、法律规定的如实陈述义务的压力、现实的刑事诉讼强制措施的适用等都可能现实地影响到审讯对象的策略选择，所以在综合考量的基础上进行供述是一种理性的选择。

实践中，职务犯罪的审讯对象通常都能够理性地供述自己的犯罪行为，这也是一个现实。审讯对象一般都受过良好的教育，长期的职业生涯使其对生存的社会环境、文化背景有着更全面和更深刻的认识，其对自身利益的得失更加敏感。虽然因权力和个人利益的错位走上了职务犯罪的道路，但在是否仍具有正常人的理性这一点上是毋庸置疑的。理性本身具有不同的层次，而且对不同的主体而言，其判断标准也会有较大差异，常人视为不理性的行为，在特定的主体那儿可能会被认为是理性的行为。审讯对象选择职务犯罪是一种个体理性的选择，在职务犯罪侦查或后续诉讼过程中交罪、悔罪也是一种理性的选择，是个体理性向集体理性或社会理性的回归。这就需要审讯人员利用科学的审讯、合理的心理施压、法律许可的利益诱导、强制措施的现实性、结案时的从轻处罚结果等来促使审讯对象交罪、悔罪，实现其由个体理性向集体理性的正常回归。

当然，我们必须认识到：信息的发送是有序列、有规律的，而信息的接收、反馈也是平稳的、常态化的，这种规律性的系统运行来源于信宿对信源发出指令的服从与信赖。职务犯罪审讯的理想模式就是审讯对象对审讯人员发出的信息给予真实反馈，但在司法实践中，审讯对象在审讯过程中往往都会经历一个由对抗、戒备、畏罪、动摇到悔罪交代的过程，这个过程是建立在审讯人员与审讯对象正常交流的基础之上，根据信息论原理，这个基础就是信任和依赖。在相对闭合的审讯空间里，作为信宿的审讯对象唯一可以信任、依靠的对象只能是而且也唯一是审讯人员，在对抗的语境下，审讯人员获得审讯对象的信任是审讯突破的科学路径，而获得真实、客观的信息也应当是建立在信任、信赖的基础之上。审讯中的刑讯逼供行为只能破坏彼此之间的信任、信赖基础，不利于双方有效的沟通，刑讯逼供阻断了有效沟通的途径，获取的信息也是不稳定、不客观的，审讯的目的就很难达到。因此，从信息论的角度看，审讯的本质客观要求在审讯的过程中应当严格禁止刑讯逼供等违法行为。

信息传递系统中的信源发送是由机器根据设定的指令自动发送的，审讯过程中作为信宿的审讯对象则不会主动接收审讯人员所发送的信息，甚至通过反馈错误信息、谎言与审讯人员进行对抗、博弈。这就需要作为信源的审讯人员要控制信息源头，注重信息发送量的叠加性，通过层进式、叠加式的信息量发送来引导审讯对象增加自我心理强制的压力，产生释放的动机，选择如实供述，正确反馈信息，达到信源的信息指令发送的预期目的。

三、审讯信息传递原理

职务犯罪审讯信息的传递与交流是从审讯人员为起点，通过审讯人员的语言、行为等一系列交流媒介将信息传递给审讯对象并得到反馈的过程，审讯信息的交流也是由信源、信道、信宿组成的，审讯信息的传递运行机制如下图所示：

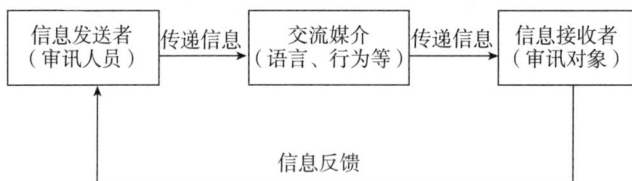

图1-2-1 审讯系统（审讯室）信息传递环境

（一）审讯信息的特点

信息论在职务犯罪审讯中的应用既要符合信息论的一般规律，也有审讯所特有的属性，职务犯罪的特殊性、隐蔽性决定了首次审讯（是指初查后期的线索突破程序，尚未进入到立案阶段）的重要性。在线索突破前收集到的信息具有以下特点：

1. 指向性

职务犯罪案件的证据多以言词为主，相应的能够直接证明犯罪事实的物证、书证很少，因此，在审讯前，侦查人员很难收集到诉讼法意义上的证据，更多地体现为一种信息，职务犯罪初查的目的就是要广泛收集各类信息，确定是否有犯罪事实需要追究刑事责任，或者为审讯提供前瞻性的基础材料，因此审讯前的信息收集具有指向性，要围绕初查的目的而展开信息的收集。这种信息的指向性主要体现在两个方面：一是获取可能存在职务犯罪行为的情报信息，达到侦查人员内心确认有犯罪事实客观存在的要求；二是获取推动线索转化成案的辅助类情报信息。

不同于诉讼法意义上的证据，审讯前收集的信息具有抽象性，特别是一些辅助类的信息，并不能直接或间接地证明犯罪事实，在这个问题上还要科学区分和界别违纪、违法与犯罪的界限。

2. 盖然性

审讯前初查收集到的信息具有盖然性。"在英美哲学传统中，盖然性与确定性相对，意味着认知未获得确定性知识之前的中间状态。首先，既然盖然性是确定性的认知中间状态，那么盖然性就意味着认知意义上的不确定性，易言之，盖然性并不属于知识的范畴；其次，盖然性虽不属于知识的范畴，但它毕竟与确定性挂上了钩，它的指向是确定性，因而盖然性有可能通过某种方法改造为确定性，易言之，盖然性有成为确定性知识的可能。"[①] 初查不能采用限

---

① 参见张斌：《英美刑事证明标准的理性基础——以"盖然性"思想解读为中心》，载《清华法学》2010年第4期。

制人身、财产权利的强制措施，一般不得接触初查对象，这些限制都决定了审讯前收集到的信息更多地呈现出"什么可能是什么"、"什么可能有什么"的状态，这些收集到的信息从表面看或许与待查的线索毫无关联，但从长远看可能是存在某种实质性的关联，也可能这些信息与待查线索确实没有关联，但从更大范围看则有着某种关联性。

当然，这些信息的盖然性仍然是在精细化初查、合理推论、合理判断的基础上所产生的认识状态，不同于主观的随意性，也不是一种主观臆断，而是建立在侦查人员内心确信的基础之上。

3. 包容性

基于审讯前收集信息的指向性、盖然性，也就决定了信息内容上的包容性，这是由初查的目的所决定的，初查要求内容的广泛性、丰富性，凡是有关初查对象的一切信息都可以是初查内容，而初查内容最终形成的不是完整指控犯罪的证据链，只是情报信息链，情报信息则存在真伪共存的特性。

审讯前的信息收集包罗万象、来源广泛、信息量大，难免夹杂、充斥着一些与实际情况不符甚至是虚假的情报信息，这些都需要在审讯前做足工作，对真伪共存的信息进行分析研判、认真筛选。有些信息可能在审讯前就被证实，有些信息还需要延伸到审讯甚至后续侦查工作中去证实。从审讯策略和案件深挖拓展方面来看，真伪待证的信息也不应当轻易舍弃，有时也会收到意想不到的效果。

（二）信息论在审讯中的应用原则

1. 信源的相对稳定性

在职务犯罪审讯过程中，审讯人员保持相对稳定性是极为重要的。职务犯罪审讯过程中，审讯对象对于审讯所保持的准备对应状态被称为"定式心理"，这种心理应对状态具有稳定性，也具有普遍性。审讯对象心理定式的稳定程度会随着审讯的进程不断被加固，不易改变，而转化这种心理状态，就需要审讯人员不断地通过发送指令信息来捕捉所需要的有价值的反馈，这个过程在法律规定的时间范围内必须具有持续性、不间断性，保持审讯的相对稳定性是基础。首先，拥有大功率的信源是保障信源稳定性的基础，审讯人员的能力、水平越高，他所发出的信息指令的能力就越强大，这是成正比的。其次，保证信源发出信息指令的唯一性，只能是唯一的审讯人员。审讯人员一般由两名以上检察人员组成，审讯人员之间要相互协调、默契配合，绝不可你问你的，我说我的，产生自相矛盾的讯问，使讯问对象无所适从。再次，审讯人员应当相对稳定，巩固审讯定式心理。审讯人员一旦确定下来后，在审讯过程中不宜频繁更换，否则会强化审讯对象的定式心理，不利于审讯工作的突破。最后，审讯人员的讯问思路必须保持连贯性，不能东一榔头，西一棒槌，而应当始终围绕核心问题制定讯问的完整线路，持之以恒，最终完成审讯任务。

2. 发送信息的有效性

审讯的过程就是信息传递的过程，审讯人员要想获得预期价值信息的反馈，首要任务就是保证发送信息的有效性。首先，审讯前的准备工作要立足于对初查所收集到的情报信息进行认真仔细的分析研判，确定审讯的方向，明确需要获取哪些证据。其次，通过发出可以令审讯对象认可的信息，直接影响审讯对象的防御体系，通过对审讯对象反馈的信息进行分析研究，去伪存真，及时调整和修正指令信息，逐步缩小并最终消除偏差达到预期目的。最后，在整个审讯过程中，尤其要注意排除信息传递过程中的干扰信息，确保审讯人员发出信息指令的权威性、准确性，清除与审讯无关的多余信息，这既需要审讯人员与其他侦查人员之间互相配合、分工明确，也需要审讯人员对供述的形成具有规律性的认识。

3. 信息传递的可控性

审讯方式就是信道。审讯人员的职责在于保持信息传递通道的畅通，发送强大的信息量，吸收有益的反馈信息，剔除冗余信量，清理信息通道，及时调整审讯思路，使信息的传输自始至终处于可控的范围内。信息发送、反馈的循环反复是一个信息交换的过程，审讯人员既要及时调整组合讯问方式，发出修正信息，又要控制审讯对象信息反馈达到预期目标。审讯的过程就是审讯人员与审讯对象双方较量的过程，审讯人员与审讯对象均有各自的心理意图、措施，并通过讯问这一过程得以实现。审讯对象有意反馈的错误信息始终影响、干扰着审讯人员，双方动机之间的矛盾冲突决定了审讯人员必须要克服各种消极因素，主导审讯过程，限制审讯对象的思维，控制审讯对象的反馈路径，纠正审讯对象的错误信息，使得审讯对象按照审讯人员设定的方向进行信息反馈，阻断审讯对象的干扰信息，促使审讯对象的信息反馈沿着供述的状态发展。审讯过程中的信息传递可控性是审讯规律性的司法实践总结，也是控制方式信息传递的运用。

第二章　职务犯罪审讯信息的储备

第一节　审讯信息的归类

信息是引导人们采取行动和策略的重要因素，人们都是根据自己所掌握的信息，并对其进行客观分析以后，再做出进一步行动的。

审讯活动是动态的运动，审讯活动的艰巨性、复杂性决定了审讯人员务必在审讯前掌握一些有利于突破审讯对象口供的信息。事实证明，审讯人员掌握的信息量越大，就越有利于推动审讯活动的进程，尽快地获取审讯对象的口供，或者使其交代更多的犯罪事实。

审讯活动究竟需要掌握哪些信息是一件非常微妙的事情。应当讲，一切有利于审讯活动开展的信息都是审讯人员渴望掌握的信息。从这层含义分析，审讯信息的含量是庞大的，难以对其进行具体的分析。但是鉴于职务犯罪审讯的自身特点，我们仍然试图对职务犯罪审讯所需的信息进行一些归类性探讨，以期对审讯活动有所裨益。

一、审讯对象的基本信息

审讯活动是针对审讯对象这个特定的自然人展开的，审讯活动的开展自然首先要对审讯对象这个特定人的基本情况有所了解，主要包括以下内容：

（一）审讯对象的个人信息

每个人都有其个人成长的特定印记，了解审讯对象的个人信息是审讯活动必须具备的前提条件。

1. 审讯对象的个人履历

个人履历可以分为两大部分。一部分是指个人的基本情况，包括姓名、性别、出生日期、政治面貌、籍贯、身份证号码、身高、体重、长相等具有个人特点属性的内容，该部分内容主要是为了锁定该人确实系审讯对象，当然也能从其年龄、籍贯、政治面貌和长相中窥视其性格特点。另一部分是指审讯对象个人的从业经历，包括职业。

对于职务犯罪审讯活动而言，身为国家工作人员的审讯对象的履历情况是非常重要的信息内容。审讯对象的履历记载着其从参加工作以后的大概情况，包括审讯对象的职业、职权、职责范围、职务升迁等重要信息，能折射出审讯对象可能实施职务犯罪的大致时间段和可能实施犯罪的严重程度。

2. 审讯对象的社会关系

此处的社会关系泛指审讯对象在日常生活、工作中与他人进行沟通交流，从抽象上形成的社会交往网络。它是亲戚圈、朋友圈、同事圈、生活圈、工作圈等相互交织而构成的立体网络。显然，国家工作人员的职务犯罪行为也是在这样一张社会关系网络内运行的。了解职务犯罪审讯对象的社会关系网络，对于职务犯罪审讯活动是极为必要的，可以从中分析发现可能隐藏的共同犯罪嫌疑人、行贿人或者利益相关知情人。尤其要密切关注与审讯对象在工作、业务或私下往来中关系密切的人员，他们往往是突破案件的关节点。

3. 审讯对象的个人活动轨迹

个人活动轨迹就是个人日常生活和工作时地理或者空间上活动的区域和地点。个人活动轨迹包括三个层面：一是境外的活动轨迹；二是国内的活动轨迹；三是本地的活动轨迹。活动轨迹包括两个内容：时间和地点，即什么时间出现在什么地点。正如前所述，活动轨迹的三个层面使得作为初查内容的活动轨迹包括以下三个方面的信息：

（1）个人出入境信息

社会在发展，生活在富裕，公民个人出境的现象越发普遍。尤其是近些年，具有较高职级的领导干部出境考察的机会比较多，子女出国留学的现象也比较普遍。国家工作人员借着出境的"契机"，有的与相关人员或者企业代表一同出境，利用在境外的机会实施受贿行为；有的则在出行前接受所谓"旅游开销"的贿赂，有的则等到回国后将在国外的消费在相关人员或者企业处"报销"。因此，掌握初查对象的出境情况不容忽视。实践中，可以通过武警边防部门或者机场边境通行部门对公民的出入境记录进行调取。对于个人出入境信息的分析也应当做到单独与群体结合的方式进行，既要掌握个人在什么时间去了哪些境外地点，又要对多人的出入境信息综合分析，即初查对象的某次出入境是因公还是因私、是否有同行的人员、同行的人员是谁，有否存在可疑的涉案行贿人。

任何的合法出入境行为都会在公安部门留下出入境信息，因此出入境信息是较为真实、全面和准确的。如果与其他信息结合分析时发现其他信息反映的情况与出入境信息反映的情况有冲突，就基本可以断定其他信息出现错误的概率较大。

（2）个人国内活动轨迹信息

个人国内活动轨迹主要是指个人从本地出行到国内其他地区的情况。国内出行可供乘坐的交通工具种类较多且不受任何限制。因此，该方面的信息查询量大，且难以全面掌握。较为确切的国内出行信息主要依赖于公安部门登记的航班信息和住宿信息。

航班信息和住宿信息在公安部门留底是因为根据我国相关法律法规规定，乘坐飞机以及住宿时需要出示身份证。公安部门出于治安管理需要，对于出示身份证后乘坐飞机与住宿进行记录。另外，随着我国高速铁路的迅猛发展，乘坐高速铁路出行越发频繁，由于乘坐高铁购票需要实名制，高铁出行信息也将成为今后初查工作的关注点。

航班信息中清晰载明了初查对象乘坐航班的时间、目的地、班次以及乘坐同一班次航班的人员。住宿信息载明了初查对象住宿时间、地点、到达和离开酒店的时间、同屋住宿的人员以及同一时段在该酒店入住的其他人员。掌握航班信息和住宿信息能够了解到初查对象曾经去过国内哪些地方、与何人同行。实践中，有的初查对象与相关企业经营者一同出行，出行费用由企业埋单，往往一些职务犯罪行为也在出行期间发生；也有的初查对象与相关企业经营者为了掩人耳目，刻意不同时出行，而是分别前往同一地区汇合。要关注和发现初查对象与相关企业经营者在外地的活动轨迹交集，就应当结合航班信息和住宿信息进行综合分析，同时还可以借助通信详单中的地区代码和基站代码判断是否存在这样的活动轨迹交集。

（3）个人在本地区活动轨迹信息

个人在本地区活动轨迹主要是指个人在本地日常生活中上班、下班后、节假日的活动情况。个人本地区活动轨迹可以帮助侦查人员了解初查对象工作、生活的规律，有助于全面了解被调查人的个人情况。例如，某初查对象每天下班后至晚九点之前电话较为频繁，且显示基站往往不同，而晚九点以后电话明显减少，且基站较为固定，与第二天清早显示所在基站相同，表明了初查对象下班后应酬较多，经常不回家吃饭，一般要到九点之后回家，九点后较为固定的基站应该是其住处的基站代码。在规律性之外，本地区活动轨迹出现异常也是侦查人员关注的焦点。例如，某初查对象每天下班后应酬较多，而当地检察机关在对其外围人员展开公开调查后，每天下班应酬明显减少，基本都是回家吃饭。偶尔有几次在晚餐后与相关企业经营者有电话联系，之后显示二人出现在同一基站范围内。表明初查对象可能近期受到检察机关查办案件的影响，刻意减少了外出应酬，而在风声如此紧的情况下，仍与相关企业经营者在非用餐时间碰面，很有可能是在碰头进行串供。

4. 审讯对象的个人通讯信息

个人通讯情况主要是指中国移动、中国联通、中国电信三大通讯运营商网络下的固定电话和移动电话的机主身份信息和一定时期的通话、短信详单，即通讯详单。随着初查精细化要求不断提升，个人通讯成为初查活动中的一项必修项目。侦查部门通过通讯运营商、技术侦查部门提供初查对象的通讯信息用于分析线索已经成为初查活动中的一项基本工作。

上述部门提供的通讯详单包含了大量的内容，如对方号码、通话时间、通话时长、归属地、地区代码、基站代码、短信发送时间等。侦查人员可以根据实际需要对通讯信息进行各式各样的分类统计及分析。例如，可以针对对方号码进行分类汇总，列出某段时间内本机与对方号码之间联系的次数多少，以反映相关号码与本机联系的密切程度，一般通话或者短信通讯发生在某一天的哪几个时间段，从而帮助建立初查对象的社交网。又如，利用通讯信息中的 LO-CAL 字段和 CELLID 字段，可以借助相关软件查询到上述两个字段所代表的通信基站方位，从而对本机号码进行定位。再如，通过多个号码的通讯详单比对碰撞，可以找出多个号码之间共同联系人、共同出现的地点，从而对多个初查对象的社交网进行综合分析，更方便侦查人员梳理某一群体的社交网情况。

通过通讯详单可以关注到重点号码，发现可能存在的其他涉案人员（包括多点行贿嫌疑人），随后可以通过重点号码查出号码的机主资料，以及进一步获得重点号码的通讯详单。初查中，对于个人通讯情况的掌握就是通过这样一种不断拓展滚动的方式不断延伸初查的。

通讯信息本身就包含了许多非常重要的信息，可以直接反映线索的相关情况，同时通过对通讯信息的有效分析，也可以为下一步初查工作起到指导作用。可以毫不夸张地说，当前实际工作中，对于个人通讯信息的利用和分析水平的高低直接影响着初查工作质量的高低。因此在实际初查过程中，应当勤于利用、善于利用个人通讯情况。

5. 审讯对象的健康状况

在审讯前，了解职务犯罪审讯对象的身体健康状况是极为必要的。作为国家工作人员这一特定主体，审讯人员在审讯前充分掌握职务犯罪审讯对象身体是否健康、有无疾病、疾病的严重程度、是否会影响审讯活动的进行、甚至有否精神方面的疾病，有利于审讯人员根据其健康状况采取相应的人性化办案策略，防范安全事故于未然。

（二）审讯对象的财产与家庭信息

1. 审讯对象的财产情况

资产情况是初查内容中十分重要且不可缺少的一项必查内容。将资产情况作为初查必查内容之一，并不是说一定要从资产上找到违法所得或者贪污贿赂的赃款。在基层检察机关查处的一般贪污贿赂案件中，违法所得或者赃款数额几乎无法通过对个人资产情况的初查反映出来。甚至在大案、重大案件中，违法所得或者赃款也不一定能够在个人资产中体现出来。但资产情况仍然是初查必查的基础性情报信息，在与其他基础情报信息相结合进行研判分析中发挥着无可替代的作用。

资产情况包括银行资金情况、股票交易情况、基金交易情况、债权债务情况、对外投资情况、房产交易情况、车辆买卖情况等。初查中，侦查人员对于资产情况的把握应处于动态形式，也就是说不仅要了解当前资产的持有情况，而且更要对曾经持有以及交易资产情况加以重点关注。对资产在一段时间内的变化动态中寻找进一步初查的方向。资产情况不仅包括对初查对象个人及家庭资产情况的初查，有时候也要对相关可疑的涉案企业和人员的资产情况进行初查。

（1）银行账户

谈到资产情况，首先想到的便是银行资金情况。银行账户查询在整个资产情况初查甚至整个案件初查中占有举足轻重的地位。任何人可能没有股票、基金或者其他形式的投资，可能没有房产及车辆，但几乎不可能没有银行存款或者交易记录。银行信息如同个人的身份信息一样，成为整个初查工作中的重要基础性情报信息。对于银行账户的初查应当从以下几个方面进行：

①账户交易流水。在银行账户查询方面，职务犯罪初查的查询与其他司法查询的关注点不同。一般说来，法院查询个人或者单位账户主要关注账户余额，主要目的是冻结账户乃至凭借生效判决对账户中的余额予以划拨。这种查询是对账户状态的静态查询。而检察机关在职务犯罪线索初查活动中的银行查询则更关注重账户交易流水账，主要目的是通过掌握银行账户的动态交易，分析账户资金往来以及账户持有人的资金运作习惯。这种查询是对账户状态的动态查询。因此，对于侦查人员来说，历史交易明细远比账户当前余额更显重要。

②长时间交易动态。在没有具体已知可疑受贿事件的前提下，银行账户查询往往是从开户以来或者稍微早于其可能涉嫌贪污受贿时期开始直至当前这样一个时间区间。这个时间区间相对比较长，目的是通过对银行账户较长时期的交易流水分析，宏观上掌握账户持有人的资金往来发展规律。一般说来，这种规律呈现出渐进式增多的趋势。这与其职务升高、收入增加、经营活动增多有着密切关系。一旦在这个过程中突然出现资金往来骤增、骤减或者异常情况，这个时期必定存在一定的原因，当然原因也是多种多样的，也可能是合理原因

也可能是不合理原因、甚至是有权钱交易的不合理原因。对于这种异常时期侦查人员应当予以重点关注。

③交易信息的逐步延伸。银行查询不仅仅是对相关账户交易流水查询，这只是银行查询的第一步。由交易流水可以引申出初查信息查询、原始凭证查询等更为具体、精确的信息。各家银行的查询系统也是不断升级更新换代的，但不管哪一种查询系统查询到的交易流水，必定含有账户信息、交易时间、借贷类型、交易金额、交易余额等重要内容，上述摘要能够比较直观地反映出相关账户中具体时间的某笔交易发生金额是多少。除此之外，一些以前不被侦查人员重视的交易的柜员号、流水号往往能在关键时刻发挥作用。通过交易的柜员的柜员号、流水号可以准确地调取交易的原始凭证，也能够反映出交易发生的网点进而分析交易经常发生的区域。如果有必要，还能通过某交易的柜员号、流水号追踪到该笔交易前后相邻的多笔交易，成为查找大额来源或者去向不明资金的一种方法。

（2）股票账户

股票账户的交易情况也是侦查人员在初查中应当重点关注的内容。股票账户中的资金属于总资产中的一部分。众所周知，股票投资具有一定的风险。炒股的人因为股票的盈利性质而将资金投向股市，然而在近些年中国股市萎靡的大背景下，实际交易往往与盈利预期相悖。有的初查对象因为沉迷于炒股而苦于无处寻得资金来源，进而通过贪污、挪用公款、贿赂等方式觅得赃款投入股市，炒股及其亏损成为了导致职务犯罪的诱因。有的初查对象是利用炒股将自己收受的赃款进行"漂白"，通过股市交易掩盖资产的非法来源，炒股成为了掩盖犯罪的手段。因此，对于作为现代社会较为普遍的投资形式——炒股，应当在初查中予以重点关注。

对于股票账户的查询，同样要坚持动态掌握的原则。主要是对账户的交易情况以及资金进出情况予以查询。2007年以前，个人在证券公司开设个人股票账户后，可以直接向本人在某证券公司的个人股票账户中转入转出资金。对于这一时期的股票账户资金往来情况，需要到某个具体的证券公司查询。2007年，中国证监会出台了关于股票账户资金银行第三方托管的规定后，股票账户的资金进出则必须通过与股票账户同名的银行账户转入转出，从这个时间节点之后，股票账户中的资金进出也可以从个人银行账户的交易流水中予以反映，从银行和证券公司处都可以查询到相关的资金进出情况。一般来说，通过证券公司查询相关股票账户的资金以及交易的情况最为明确和具体，有的证券公司查询交易明细时还能提供交易时的计算机 MAC 值，由此可以辨别股票账户到底是由何人在实际操作。司法实践中，嘉兴市人民检察院侦查部门就是利用查询 MAC 值的方式发现了该市某位处级领导干部利用他人的股票账户操作交易，而该账户中的资金系受贿而来。

在不知道初查对象是否存在股票账户或者股票账户开设在哪个证券公司时，可以先在中国证券结算交易有限公司处查询相关人员是否存在股票账户以及账户开设在何处，同样可以查询到账户交易的历史明细以及当前股票持有情况。需要说明的是，中国证券交易结算有限公司只能查询股票交易的情况，对于股票账户资金的往来情况是无法查询的，需要到相应的证券公司查询。

（3）基金投资

个人资产还有一种普遍的理财形式——基金。在 2007 年前后，伴随股市持续走高，很多人选择基金理财形式，往往在这些年份中，基金投入的资金量较大。随着之后股市行情急转直下，基金理财也受到较大的负面影响。之后对于个人投资的吸引力明显减弱。因此，查询基金投资重点关注的是股市较好年份的基金投资情况。进行基金交易可以是通过银行委托交易，也可以通过证券公司委托交易。二者一般都可以从相关银行账户交易信息中予以反映。

（4）民间投资及个人债权、债务

个人民间投资及债权、债务情况与银行交易信息、股票信息、基金信息有较大的不同。第一，前者大多是个人在私下里与相关企业或个人达成的协议，具体内容不为外界所知，后者则是通过相关的金融机构进行的交易，内容明确、具体。第二，因为前者是民间的来往，不存在相应的机构供侦查人员去查询，无法获取这方面直接的情报信息，而需要通过其他渠道，例如通过银行账户交易往来的分析、甚至通过私人关系打听相关情报信息；后者因为是与金融机构的往来，可以通过正常的查询程序查询到相关信息。第三，因为前述两方面的区别，导致了获取民间投资及个人债权、债务信息的真实性往往没有后者高，且情报信息的内容也没有后者具体、明确。另外，不能排除通过非正式渠道获取的情报信息存在虚假信息的可能。第四，初查对象游离于金融机构之外的资金因难以被外人所察觉，往往成为违法所得钟爱的流转渠道，成为发现贪污受贿犯罪事实的最直接的方式之一；后者因为有金融机构的介入，出于隐藏违法所得、掩饰犯罪事实、逃避司法机关的调查等目的，初查对象放入金融机构的资金通常以合法收入为主，这些资金的运作一般无法直接证明贪污贿赂等犯罪事实。

（5）房产信息

如果要回答我国近十年发展最迅猛、交易最火爆的行业，相信房地产业是不二之选。房地产行业因为行情的火热，房地产企业从中攫取了大量利润，刺激了各类企业和个人纷纷不断投入房地产行业。因为丰硕利益引发的激烈竞争，为官员的贪污腐败提供了巨大的温床。很多的腐败源于房地产又沉淀于房地产，大多腐败官员不约而同地将资金权钱交易的利益转化为可保值增值的房地产投资。实践中，有的腐败官员直接收受房产，有的用违法所得购置房产，加之一般房产价值较高，因此弄清初查对象房产信息是发现可疑资产的另一个重要途径。初查中，一般都可以查询到初查对象及其家庭房产持有情况，包括现在持有的房产情况和房产交易历史情况。有些地区的房产管理部门还可以提供房产预售合同查询。也就是说，在购得房产后，购房者与房产开发商签订房产预售合同。按照我国现行规定，预售合同也会在房产管理部门备案，而实际交房后，预售合同变更为房屋买卖合同，购房者缴纳契税和办理房产证后，权属关系发生正式变更，才由房产管理部门出具房屋产权证。大多数情况下，在房地产管理部门查询到的房产信息是已经出具房产证的房屋信息，而仅签订预售合同还没有办理房产证的房屋，因权属关系尚未正式变更，一般查询不到。实际情况是有的初查对象正是利用这点作掩护，将涉及违法所得相关的房产不予办理房产证而实际持有。因此，在有条件的情况下，侦查人员对于房屋预售合同情况也要予以查询。

只有弄清初查对象房产交易、办理房产证的房产以及尚未办理房产证的房产，才能全面掌握初查对象的房产情况。实际情况还要复杂得多，有些房产在外地购置甚至在国外购置，就无从查询。在初查中就应当狠下功夫，通过走访、了解相关知情人，收集和获取此类情报信息。从这一点更加证明，有丰富侦查经验、广泛人际关系的侦查人员更能胜任初查工作。

（6）车辆信息

车辆信息作为资产组成部分在初查实践中也应当予以关注。车辆既包括配备的公车，也包括非公途径使用的私车。

初查对于公车的关注度较低，通常只是了解是否违规配备公车、配备标准是否超标、是否存在公车私用等情况。一般仅涉及违规违纪问题。如果不与其他相应信息结合，对于查办案件的意义不大。初查对于私车的关注度较高，通常要了解初查对象及家庭成员私家车辆信息，包括车辆的数量、车辆号牌、车辆购买及交易情况。通过查询私家车辆信息，可以进一步查询购置车辆资金的来源，以及延伸了解与车辆相关的其他信息。

实践中，常有初查对象及家庭成员名下拥有多辆轿车，且购置价格不菲，且同一时期内还购置了多处房产，明显与其家庭日常收入严重不符，侦查人员可以顺藤摸瓜，进一步追踪，最终发现初查对象利用违法所得购置车辆的情况。还有的初查对象及家庭成员名下并无任何车辆登记信息，长期无偿使用相关人员或企业提供的车辆作为私用。根据我国法律及相关司法解释，该种情况也应当认定为受贿行为。另外，通过掌握初查对象的车辆信息，如车牌号码，通过公安部门的相关系统可以查询车辆行驶的轨迹，有助于了解初查对象在特定时期的活动轨迹。

2. 审讯对象的家庭成员情况

现实中，国家工作人员通过家庭成员直接或者间接实施职务犯罪行为，以及通过家庭成员隐匿、转移违法所得，甚至通过家庭成员逃避处罚的情况时有发生。为了对初查对象进行全面的初查，对其家庭成员情况的初查就成为了必需。

家庭成员情况包括家庭成员组成及其基本情况。如前所述，家庭成员的组成一般可以从公安部门人口信息系统查询同户人员中获得，同户人员以配偶、子女、父母居多。通过公安部门的人口信息系统查询是最为直接的方法。同时应当关注与初查对象关系密切或者联系密切的近亲属。

对家庭成员情况的初查精细度要求较初查对象个人情况的初查精细度要相对较低，必需的内容包括：姓名、性别、出生日期、身份证号码等。在职业状况信息方面，一般家庭成员的职业情况只需掌握到大致从事何种职业即可。对于配偶、子女，由于其关系的特殊性，对其初查的精细度要高于一般家庭成员，对于他们的职业状况还应当对其履历进行了解，对其配偶、子女的个人经历也应当尽可能多的了解。关键是了解家庭成员与初查对象之间的紧密关系程度，有否值得特殊关注的事项，为审讯突破铺垫伏笔。

（三）审讯对象的性格特质信息

每个人都有其固有的脾气、性格。脾气、性格是与生俱来的，也会受环境刺激适当调节。审讯对象的脾气、性格在受到讯问的不断刺激下，自然也会有所反应，反应的强弱由审讯对象的心理变化所决定，当然审讯对象固有的脾气、性格会起很大的辅垫作用。

从现时的职务犯罪审讯实践来看，对于审讯对象的脾气、性格等方面的心理信息的了解，都是在审讯开始的试探摸底阶段完成的，这显然大大地延长了审讯的时间。从专业的角度分析，职务犯罪的侦查前置了初查这一环节，了解审讯对象脾气、性格等方面的信息完全可以在初查过程中予以解决。尤其是当审讯对象进入审讯室时，审讯人员与其是初次见面，显然应该引起审讯人员的反思与检讨。

1. 审讯对象的气质特征

气质是人的个性特征，是指在人的认识、情感、言语、行动中，心理活动发生时力量的强弱、变化的快慢和均衡程度等稳定的动力特征。主要表现在情绪体验的快慢、强弱、表现的隐显以及动作敏感或迟钝方面，具有稳定性的特点。气质包括人的脾气、性格、禀性等，是由遗传决定的，在心理学上主要包括胆汁质、多血质、粘液质和抑郁质四种典型类型。

（1）胆汁质

根据公元前 5 世纪古希腊医生希波克拉底的看法，人体内有四种体液：血液、粘液、黄胆汁、黑胆汁。每种体液所占比例的不同决定了人的气质差异，其中黄胆汁占优势的人就属于胆汁质。

胆汁质的人属于兴奋而热烈的类型，胆汁质的人的主要心理特点有：坦率热情、精力旺盛、容易冲动；脾气暴躁；思维敏捷；但准确性差，情感外露，但持续时间不长。

胆汁质的典型表现：胆汁质又称不可遏止型或战斗型。胆汁质的人的气质特征是外向性、行动性和直觉性。具有强烈的兴奋过程和比较弱的抑郁过程，情绪易激动，反应迅速，行动敏捷，暴躁而有力；在语言上、表情上、姿态上都有一种强烈而迅速的情感表现。

胆汁质类型的审讯对象在审讯中往往会采取强烈抗审的姿态，这与其情绪冲动、情感外露、脾气暴躁、性格好斗的特点相吻合。

（2）多血质

人体内的每种体液所占比例的不同决定了人的气质差异，其中血液占优势的人就属于多血质。多血质的人的主要心理特点有：活泼好动，善于交际；思维敏捷；容易接受新鲜事物；情绪情感容易产生也容易变化和消失，容易外露；体验不深刻等。

多血质又称活泼型，多血质的典型表现是：敏捷好动，善于交际，在新的环境里不感到拘束。在集体中精神愉快，朝气蓬勃，愿意从事合乎实际的事业，能对事业心向神往，能迅速地把握新事物，在有充分自制能力和纪律性的情况下，会表现出巨大的积极性。兴趣广泛，但情感易变，如果事业上不顺利，热情可能消失，其速度与投身事业一样迅速。

多血质的审讯对象在审讯中的表现往往是能说会道、思维敏捷，容易与审讯人员形成交流，对抗中经常会采取狡辩、反驳。

（3）黏液质

黏液占优势的人属于黏液质。黏液质的人的主要心理特点有：稳重，考虑问题全面；安静，沉默，善于克制自己；善于忍耐；情绪不易外露；注意力稳定而不容易转移；外部动作少而缓慢。

黏液质的典型表现是：这种人又称为安静型，在生活中是一个坚持而稳健的辛勤工作者。由于这类人具有从兴奋过程向均衡迅速转变的抑制能力，所以行动缓慢而沉着，严格恪守既定的生活秩序和工作制度，不为无所谓的动因而分心。黏液质的人态度持重，交际适度，不作空泛的清谈，情感上不易激动，不易发脾气，也不易流露情感，能自治，不常显露自己的才能。这种人长时间坚持不懈，有条不紊地从事自己的工作。其不足之处是有些事情不够灵活，不善于转移自己的注意力。惰性使其因循守旧，表现出固定性有余而灵活性不足；从容不迫和严肃认真的品德；以及性格的一贯性和确定性。

黏液质类型的审讯对象属于性格内向的人。他们对抗审讯沉着冷静，心理反应变化程度不大，审讯人员很难发现其生理上的微表情变化，是审讯中最难对付的审讯对象。

（4）抑郁质

黑胆汁占优势的人属于抑郁质。抑郁质的主要特点有：行为孤僻、不太合群；观察细致、非常敏感；表情忸怩、多愁善感；行动迟缓、优柔寡断；具有明显的内倾性。

抑郁质的典型表现是：为人小心谨慎，思考透彻，在困难面前容易优柔寡断。

抑郁质的审讯对象属于胆小怕事类型，在审讯中往往体现出极强的戒备心理和畏罪心理，对付此类审讯对象的讯问策略是鼓励为主。

2. 审讯对象的脾气特征

从人的个体独立性分析，人的性格脾气可以分为独立型、顺从型、反抗型三类。

（1）独立型

独立型的人能够意识到自己的存在，做事多考虑自己，有主见，独立性较强，不容易受外部环境的影响，多数按照内在的标准、价值观去行事。

具有独立型性格的审讯对象在日常工作、生活中我行我素，家长作风严重，在审讯中较为理性，不会轻易地相信审讯人员问话中所引导的含义，只有当他们真正地体会到审讯人员是在帮助他们的时候，才会供述自己的犯罪事实。

（2）顺从型

顺从型的人更多地参照别人的观点，自己的想法容易受到他人观点的影响，应变能力较差，此类审讯对象在审讯实践中实为少数。对于此类审讯对象，审讯人员应当以心理疏导为主，适当地调节好心理施压的力度，只要审讯人员措施得法，此类审讯对象往往会在较短的时间内主动地供述犯罪事实。

现实中，处于独立型和顺从型两个极端的审讯对象较少，多数审讯对象处于两个极端类型的中间，审讯人员就是要通过适度地调节审讯对象的心理施压程度，说服其顺从审讯人员的观点，供述自己的犯罪事实。

（3）反抗型

反抗型的人更多地参照别人的观点，自己的观点往往根据别人的观点相反地提出，所以这种人一般要在知道别人的观点之后才会说出自己相反的意见。

审讯中，具有反抗意识的审讯对象实为多数，他们通常都是根据审讯人员的问话而予以否定。根据审讯对象的反抗表现就轻易地将其归纳为反抗型性格的人实为不妥，只有那些具有强烈抗审反应容易形成审讯僵局的极少数的审讯对象，才是审讯人员应当高度重视的群体。在日常生活中，这部分人通常表现为"认死理"、"爱钻牛角尖"，俗称"刺头"。

3. 审讯对象的情绪特征

一个人的性格情绪特征，经常影响着个体活动情绪状态的心理特征。性格的情绪特征主要表现在五个方面：一是情绪反应的速度，是指人对来自外界刺激是否很快产生情绪反映；二是情绪的强度，表现为情绪对人的行为活动的感染度、支配度，以及情绪受意志控制的程度；三是情绪的稳定性，表现为情绪的起伏和波动的程度；四是情绪的持久性，表现为情绪对人的身体和生活活动的影响所存留的时间是长久的还是短暂的；五是主导心境，表现为不同的心境在一个人身上的稳定表现情况。根据知、情、意三者在性格中何者占优势，可以把人们的性格划分为理智型、情绪型和意志型三类。

（1）理智型

理智型的人，通常以理智来评价、支配和控制自己的行动。作为以国家工作人员为主体的职务犯罪审讯对象，通常具有较高的认知理性，审讯人员就是要尽可能让审讯对象感知犯罪事实已经暴露，审讯人员已经掌握有充分的犯罪证据这一事实，以此筑牢审讯的基础，促成审讯对象理性地选择供述自己的犯罪事实。

（2）情绪型

情绪型的人，往往不善于思考，其言行举止易受情绪左右。此类审讯对象在审讯中容易表现得情绪激动，审讯人员应寻找到其心理刺激的兴奋点，攻其软肋，找到突破其供述的心理突破口。

（3）意志型

意志型的人一般表现为行为目标明确、主动积极。此类审讯对象一旦让其树立起强烈的抗审意识，通常就会成为极难攻破的审讯对象。审讯人员务必采取积极的策略，抓住其心理动摇的时机，予以强烈攻击，及时转化其抗审心理。

4. 审讯对象的性格特征

根据人的心理活动倾向于外部还是内部，可以把人的性格分为外向型和内向型两类。

（1）外向型

有些人心理活动明显表露在外，既倾向于外部世界，这些人被称为性格外向者。外向型通常好活动、好交往，活泼而开朗。在感知上能主动观察，速度较快，带有概括性，反应敏捷；在想象力上，想象具有宽度，想象内容多为积极的、阳光的；在思维上，善于提问，思维比较发散，具有弹性；在记忆上，短期的记忆占优势，记忆具有独立性；在处事方式上，行动力较强，做事速度较快；在思想上，能够看到事物乐观的一面，具有积极性，善于创造内在刺激。性格外向的审讯对象容易将其应讯的心理表现在外部，他们通常不会斤斤计较，有时候回答问题快捷而不经过大脑，这些都是审讯人员可以利用以智取的有利条件，也是审讯人员通常感受到外向型审讯对象较容易对付的事实。

（2）内向型

极端的内向型性格表现为好静、少动、不善交际、动作缓慢、反应能力较差、情感脆弱、有自卑感、对环境冷漠、有强迫动作倾向、易于发展为焦虑和忧郁病症。但是，他们智力较高，语言能力强，处事谨慎，善于深思熟虑。对于内向型审讯对象，审讯人员应当根据其客观表现，注意区分胆小型和沉默对抗型。胆小型的审讯对象趋于审讯室的天然压力，表现的畏首畏尾，只要审讯人员适当地施加一点压力，就能刺激其供述自己的犯罪事实。而具有强烈抗审意志的内向型审讯对象则表现为长时间的沉默，此类审讯对象虽然在数量上极为少见，却通常是审讯人员应当予以重点关注的对象。

5. 审讯对象的生活规律

获取审讯对象在工作中的行事作风和生活中的规律是分析、探究审讯对象性格、气质的重要途径，这往往是侦查人员在初查活动中容易忽略的重要信息。假设侦查人员能够耐心地在初查中了解、观察初查对象的作息时间、行为举止、工作作风，那么在审讯中就等于告诉审讯对象，"审讯人员对你已经进行了长期的秘密调查，掌握了充分的犯罪证据"。如果审讯人员不经意间发现了他的某些不为人知的小秘密，还能够起到震慑的作用。

二、犯罪事实方面的信息

审讯的目的是揭露犯罪，审讯人员假如已掌握了犯罪事实的证据，那么审讯活动就会不费吹灰之力。然而职务犯罪的隐蔽性告诉我们在绝大多数的案件突破前，审讯人员只能通过初查获取审讯对象可能涉案的指向性信息，这部分指向职务犯罪可能存在的信息主要包括以下信息：

（一）利用职务便利方面的信息

职务犯罪是与国家工作人员本人的职务、职权密不可分的，从形式上主要表现为滥用职权、玩忽职守、权钱交易、损害国家、单位和人民群众的利益。因此，查处职务犯罪势必要从犯罪嫌疑人的职务入手。

1. 审讯对象的任职情况

审讯人员首先要掌握的是审讯对象在何单位、部门任职，担任职务时间以及晋升、转岗、调离原职务的起止时间。

任职的单位、部门的性质可以基本框定审讯对象的大致工作职责、职权范围，从而估算审讯对象可能涉嫌职务犯罪的严重程度和严重的极限。超越其单位和本人职权的行为可能就与其职务犯罪不相关联。

审讯对象的任职情况直接指向本人的具体权限和权限范围。这里尤其要引起重视的是审讯对象有否存在受委派、外借到其他单位工作的情况，这是审讯人员常常忽视的漏洞。

此外，对于受委托从事公务的人员，审讯人员务必在审讯前厘清受委托的关系，这是形成疑难复杂案件的"症结"所在。

2. 审讯对象的任职权限与范围

了解审讯对象的任职情况、具体的工作职责、权限范围、履职情况是查处职务犯罪的核心内容，是区分利用职务便利，还是利用工作便利、个人关系的关键所在。实践中，存在某些证据瑕疵、质量不高的案件，甚至是无罪案件，均出现在利用工作便利而非利用职务便利的关节点上。深入了解审讯对象的任职情况、履职情况能够帮助审讯人员在审讯过程中做到有的放矢、切中要害。尤其在审讯滥用职权、玩忽职守等渎职侵权类案件中尤为重要，能够直接锁定审讯对象在职责范围内的作为、不作为行为与造成的严重后果之间的因果关系。

3. 是否在具体的事项上行使了审讯对象的职务

审讯对象是否利用了自己职务上主管、负责或者承办某项公共事务的职能和所形成的便利条件，这是指向职务犯罪可能存在的核心问题。一般而言，只有行使了自己的职权，才有可能形成权钱交易的关系，当然，实际是否行使，并不妨碍职务犯罪的成立。

4. 与潜在行贿者的关系

我们一再强调，在审讯职务犯罪对象之前，审讯人员在绝大多数情况下掌握的只是可能涉嫌职务犯罪的一些指向性信息。而这种指向性信息一方面来源于审讯对象的职务权限，另一方面更主要的是来源于潜在行贿人与审讯对象之间的"亲密"关系。某人与审讯对象是否属于正常的亲属关系、同学关系、朋友关系等个人关系，还是存在着相互之间的工作关系或者业务关系，这种工作关系和业务关系是否超出了正常的范围，其"亲密"关系越异乎寻常，就越有可能指向权钱交易的职务犯罪。同时也反衬出审讯对象利用了职务上形成的便利条件，他们双方之间具体表现出来的"亲密"关系往往是审讯人员在审讯中可以利用的审讯主题。

（二）为他人谋取利益方面的信息

努力获取犯罪嫌疑人为他人谋取利益方面的指向性信息是初查的主要内容，获取到犯罪嫌疑人为他人获取利益方面的信息也是衡量线索是否能够开展突破审讯工作的重要标尺，是审讯人员必须在审讯前仔细分析、研判的重要功课。

1. 是否存在请托的事项

请托的事项是查明犯罪事实的载体，请托事项的大小、难易程度往往决定着权钱交易的犯罪严重性。从山西大量的严重腐败犯罪来看，煤矿行业是重灾区，谁拿到煤矿的实际开采权，就预示着某些人将要腰缠万贯，巨大的利益酝酿着严重腐败犯罪。在房地产疯涨的阶段，谁能拿到开发的地块，地块的好坏与价格决定着房地产的丰厚利润，从中就可以窥测出可能隐藏的职务犯罪的严重程度。是否存在请托的事项可以从正反两个方向获取信息。

正向获取请托事项的信息可以顺着审讯对象曾经履职的具体情况，按照履职的时间顺序或者履行职务的具体事项的重要程度予以筛选。反向获取请托事项信息的方法则可以从潜在的行贿方予以获取，例如行贿人的请托事项是否在审讯对象的职权范围以内，抑或其难度是否需要审讯对象超出自己的职权范围为其滥用职权。根据行贿企业生产、经营、建设、发展历程中的特定事项，也可以从中窥测其是否存在向审讯对象请托的事项，这些内容均是审讯人员在审讯前应当仔细研判并掌握的重要信息。

2. 谋取利益的性质

谋取的是什么利益，是正当利益还是不正当利益，抑或是非法利益，这涉及到犯罪嫌疑人的加重情节，也决定着行贿人的行贿行为是否能够构成行贿罪。审讯对象在履职过程中是否存在着超越自己的职权范围，有否滥用职权，为他人谋取正当或不正当利益，是审讯人员通过研判直接获取审讯对象可能存在职务犯罪的指向性信息的重要途径。提前分析、掌握此类信息有助于审讯人员迅速摧垮审讯对象的抗审心理。

审讯人员还需要判断审讯对象为他人谋取利益属于请托事项的那个阶段，虽然是否意图为他人谋取利益、是否正在为他人谋利、是否已经为他人谋取了利益，或者谋取的是正当利益还是不正当利益并不影响案件的定性，但是属于请托事项的哪个阶段仍然决定着犯罪的社会危害性。这对于审讯技巧的运用是有实际的参考价值的，假设请托事项尚处于企图为他人谋取利益阶段，权钱交易的严重程度是有限的，可以想象一旦为请托人完成了请托事项以后，犯罪嫌疑人将获得更多的好处。利用此信息，审讯人员就能以帮助审讯对象的第三者调查人员的身份出现，告知审讯对象如果审讯人员不及时阻止其犯罪，将来的后果会更加不堪设想。

3. 造成后果及损失情况

对于实施职务犯罪以后造成的后果和损失情况，审讯人员也应当清晰地予以分析。这些决定着职务犯罪的严重程度。如果造成的后果和损失情况足够明晰，那么在审讯中将会给予审讯对象心理上强烈的刺激，彻底粉碎其抗审心理，使其专注于造成的后果和损失情况，而不自觉地自愿供述其实施犯罪的过程。

（三）侵占、收受财物方面的信息

侵财类职务犯罪在职务犯罪中占据着极大的比例。发现和掌握审讯对象是否存在侵占、收受财物的指向性信息，是审讯人员的第一要务。从某种程度上讲，查处职务犯罪，绝大多数情况下都将归结为审讯对象侵占、收受财物的多少，这是侵财类职务犯罪最终的落脚点。

1. 犯罪的动机、目的

了解和掌握审讯对象实施犯罪的可能动机和目的，是揭露其犯罪的有力武器。犯罪嫌疑人是由于亲情所累、迫于工作压力实施了滥用职权行为，还是麻木不仁、疏于管理而实施了玩忽职守的失职行为；受贿人是迫于家庭困难、受现实不良环境的影响，还是攀比、投机等心理作祟，抑或是敲诈勒索、索取贿赂；行贿人是基于潜规则、人情往来，还是为了谋取利益，迫于受贿人的刁难而不得不行贿，抑或系为了谋取不正当利益，多次恶意"围猎"受贿人。尽可能详细地掌握审讯对象的犯罪动机和目的，将为审讯主题的展开提供良好的审讯信息。

2. 实施犯罪的时机信息

详实的初查为审讯人员了解、分析审讯对象可能作案的时机提供了基础性的参考资料。

首先需要考虑的是审讯对象在实施职务犯罪时所持的心理状态：是出于"别人拿得，我也能拿"的从众心理，还是误以为"朋友关系"、人情往来，不认为是犯罪的误认心理；是出于"别人拿了，我不拿就是傻瓜"的吃亏心理，还是有权不用、过时作废，临退休了捞一笔的弥补心理；是出于碰到机会不捞白不捞的投机心理，还是自认为自己的作案手段高明，不会被发现的自信心理；是基于亲属、朋友、同学托自己办事，情面难却的情面心理，还是出于家庭困难，遇到紧急情况手头拮据的救急心理；是基于自己位高权重，为他人谋取了巨额利润，反观自己收入平平的居功心理，还是对社会现象看不惯，心存阴暗的报复心理，等等。了解和掌握审讯对象作案时的工作、生活环境和心理状态将为审讯技巧的运用提供丰厚的信息素材。

其次要分析实施职务犯罪的可能时间、地点和次数。职务犯罪的实施时间通常框定在犯罪嫌疑人从履行职务的期间段范围以内。通常而言，春节、国庆、中秋等节假时节是行受贿犯罪的多发阶段，还有生日、生病、婚庆、晋升、寿礼、乔迁、出国等关键时间点也是行贿人籍此送礼的大好时机，尤其是犯罪嫌疑人为请托人履行专项公务完成前后的节点，更应引起审讯人员的高度关注。

至于实施犯罪的地点，贿赂犯罪往往会在当事人的办公地点、行车途中、家庭住宅以及酒店、茶室等特定公共场所完成，特殊的时候，也会在出国考察、出外旅游的时间段完成。鉴于以上分析，结合通话记录查询，审讯人员还可以大胆地推算出审讯对象的大致作案次数。

综合考虑审讯对象职务的高低、权限的范围、履行公务事项的大小与潜在行贿人"亲密"关系以及为请托人谋取利益特定事项的难易程度，参照犯罪嫌疑人家庭财产的实际状态，估算出审讯对象可能涉案的严重程度，为制定审讯计划、确定审讯的预期目标埋下伏笔。

再次，审讯人员在做审前准备时，还要注意分析现有的材料，在信息中挖掘信息，预测受贿的时间是在事前还是事后，有无其他人在场的可能性，有否审讯对象亲近的人，诸如夫妻、子女、秘书、司机等人员牵涉案中等情节，以便为审讯中打"亲情牌"奠定基础。

最后，审讯人员还应重点关注有无再生证据可以利用。行受贿人之间、犯罪嫌疑人之间有否在实施犯罪前予以通谋，有否在实施犯罪后进行再次商量；有否在犯罪事实暴露后或即将暴露时进行串供；有否存在转移赃款、隐蔽证据的可能。据此为审讯活动的开展提供有价值的"炮弹"。

此外，有些案件中还会出现介绍贿赂犯罪，或者出现联系请托事项的中介人。他们虽然不能完全揭露实施职务犯罪的全过程，但是也能从一个重要的侧面佐证职务犯罪的客观存在。

3. 赃款赃物的去向信息

在审讯前，尚未获取审讯对象口供的情况下，要想获取赃款赃物等去向信息实为困难。尤其是基层检察院查处的犯罪数额较小的侵财类案件，每次贪污、受贿的数额不过几百、几千、几万元，时常会在日常生活中不经意间花销掉，很难挖掘到赃款赃物的去向。但是，事必留有痕迹，对犯罪嫌疑人贪污受贿的赃款赃物可以从以下信息中去挖掘：

有些犯罪嫌疑人勤俭持家，把贪污、受贿的钱财累积起来用于购买手机、电脑等家用电器或金器、饰品等高档消费品。如果在传唤的同时，采取同步搜查的措施，就能从其住宅、办公室等场所起获到相关赃物。同步搜查的功效主要在于秘密、及时，在犯罪嫌疑人尚未察觉之时，已经采取迅雷不及掩耳之势直捣黄龙，能够在起获赃款赃物的同时，发现和缴获其他指向犯罪的证据。在审讯中，对于审讯对象来讲，是致命的震慑。

有些审讯对象将贪污、贿赂的钱款用于购买房产、商铺、汽车等固定资产。虽然获取的购买房产、店面、汽车等信息也无法直接反映出赃款赃物的去向，但是查明购买房产、店面、汽车的款项往来、权属登记变更情况，仍然会对审讯活动有所启发，一旦审讯对象作出相应的供述，立即就有相应的资料予以佐证。

有些犯罪嫌疑人大肆敛财，积累一定财富后就会进行理财或投资证券股票、投资企业收取回报，或与亲近的人合伙做生意。以此隐匿赃款赃物的去向。通过查询资金账户的款项往来，审讯人员能够从中发现一些蛛丝马迹，为审讯活动打下扎实的基础。

三、有效刺激审讯对象心理反应的信息

审讯活动实质上是针对审讯对象的心理发起的一场心理博弈战，审讯人员除了收集前述一些涉及职务犯罪的指向性信息和审讯对象的基本情况信息以外，还应当获取另外一些能够有效引起审讯对象反应的心理刺激类信息，以扭转审讯对象的抗审心理。

（一）情感刺激信息

消除审讯对象的抗审心理，增强审讯对象的供述动机，既需要对其心理进行施压，也需要对施压的力度作适度的心理调节，情感因素往往能够起到决定性的润滑剂作用。

1. 有效影响犯罪嫌疑人的情感因素

亲情是影响一个人情感最为重要的因素，父母可以为子女的利益不顾一切，正所谓"可怜天下父母心"。假设贿赂交易时子女在场，审讯时恰逢子女升学考试、就业、结婚等重大事项发生，或者赃款赃物的去向与子女有关，那么为避免子女受到伤害的需求就会成为审讯对象的第一需要，审讯对象宁可自愿归罪也不愿看到伤害子女的事情发生。

尊敬老人、夫妻相爱是一种美德。国家工作人员享有较高的社会地位，上有双老要赡养，父母多病常常为子女所赡养。有些案件中父母的养育之恩、尽

孝的良心发现也会触动审讯对象的情感。夫妻也是对方挂怀的对象，有些案件中夫妻双双涉案是常事，为了减轻、规避对方的罪责，审讯对象就会甘愿加重自己的罪责，向审讯人员自愿供述自己的犯罪事实。

在审讯前，审讯人员应当详细了解案情，同时挖掘情感因素，为审讯工作做好准备。现实的情况却是侦查往往将初查的重心聚焦于犯罪事实信息，且不说初查仅仅只能获取可能涉嫌职务犯罪的指向性信息，而审讯的决定性因素往往是情感与心理因素。在初查实践中，了解审讯对象的心理、情感方面的信息显然是不够的，通常的情况是根本未作了解，这种现象值得侦查人员反思。

2. 有效影响行贿人心理的情感因素

贿赂犯罪案件的突破存在着两次突破的现实，第一波审讯行贿人时，由于审讯人员难以掌握其行贿事实的证据，比之第二波审讯受贿人时，已经掌握有部分行贿人供述的行贿事实而言，审讯的难度更大。因此，收集和掌握一些能够有效刺激行贿人心理反应的信息尤为重要。

能够有效影响行贿人心理的情感因素范围庞大，通常在实践中可用的信息包括：行贿人个人或家庭遇到重大事项或变故之时；企业经营状况不佳或者需要做重大策略调整之时；经营过程中的重要关节，如发放工资之日、签订重大合同之时、贷款到期前后等；重大工程项目的关键时节，如工程招投标、签订合同、付款、结顶、竣工等。另外，欲谋取的利益是否已经得到、是否谋取的是非法利益等信息，都会在审讯中对行贿人的心理产生强烈的刺激和影响。

3. 其他能够影响审讯对象的心理因素

职务犯罪审讯错综复杂，能够影响审讯对象的心理因素是十分广泛的，除以上一些特殊因素以外，诸如审讯对象的兴趣爱好、历史观点取向、专业知识、时事政治等各种因素，在某些职务犯罪案件审讯中都会对审讯对象的应讯心理产生程度不同的影响，审讯人员应当根据自己的经验予以取舍。

（二）案外背景信息

某市检察机关顶着压力，排除干扰，依法查处了市主要领导的近亲属，随后检察工作受到了一定程度的干扰和影响，而该名领导也在一个月后换届时正常调离。排除干扰依法办案的精神是必须保持的，但试想如果本案能在几个月后再行查处是否更有利于检察机关更好地开展工作呢？在侦查实践中，初查的地位相对于立案后的侦查是非常薄弱的，从某种意义上讲，初查尚没有进入到正式的立案后的诉讼程序，初查所收集的情报信息相比立案后获取的证据而言，其价值对案外人来讲显得微不足道，如此初查就相当于没查。由于外部的干扰阻力过大，会使得有些线索尚未启动突破前就不得不停止运作，甚至永远"藏在深山，束之高阁"，这种情况时有发生。因此，在初查中结合初查的进展情况，查明线索所处的案外背景信息是非常重要的。主要体现在：一是了解和掌握案外背景信息能够使我们知己知彼，能进能退，做到胸有成竹，心中有数，不打无准备之仗。二是能够正确衡量阻力大小、干扰程度，从而作出正确的分析研判，及时争取党委、人大、政府和上级检察机关的有力支持，减轻阻力，顺利查处案件。三是能够为我们厘清思路，制定最合适的突破方案打好基础，从而适时地选择最有利的时机顺利突破案件。

案外背景信息主要包括以下三项内容：

1. 收集初查对象的家庭背景、朋友活动圈、关系网等信息。例如，某基层检察院在初查中发现初查对象的电话记录本中首页记载着数十位公安经侦干警的电话号码，这一信息就充分说明其有较强的反侦查能力和抗审能力，事后的审讯过程也充分证明了这一结论。

2. 了解和掌握初查对象职务升迁履历，关键是延展关注其历任领导的情况以及与其的关系紧密程度。

3. 了解和掌握初查对象所在单位或所处区域的当前状况。了解和掌握初查对象所在单位或所在区域当前有否重大政治事件（如换届选举、重大人事任免等）或其他重大事项（如重大项目招商、建设等），有助于将办案可能造成的负面影响降到最低，达到政治效果、社会效果和法律效果的高度统一。

掌握案外背景信息不仅能够有效地降低办案中遇到的阻力和干扰，而且能够对审讯活动起到极大的推动作用。在审讯中，通过对案外信息的详解，打消审讯对象有"靠山"的幻想，正面评价审讯对象的功过是非，体现检察机关公正、文明办案的形象。

第二节　审讯信息收集的途径

职务犯罪案件的突破，很大程度上取决于首次审讯。就贿赂犯罪而言，首次审讯是突破贿赂犯罪线索的唯一途径。根据刑事诉讼法的规定，我国的刑事诉讼程序是从立案开始的，鉴于职务犯罪的隐蔽性等特点，职务犯罪线索都具有不确定性，仅仅凭借一封举报信或者凭借侦查人员的经验自行推断发现的线索均是无法直接立案的，这就需要在立案前对职务犯罪线索进行大量的调查，以期证明职务犯罪事实客观存在。从这层含义设想，职务犯罪初查活动的目的就是为审讯活动提供质量更高一些的情报信息。初查活动是为开展审讯工作服务的，职务犯罪审讯信息收集的途径就在于初查活动。

一、进一步认识初查

初查，是我国职务犯罪侦查活动长期实践总结出来的结晶。从发现线索起，每一起案件的立案都需要经历初查这一过程。并且侦查人员始终掌握有初查的主动权，对什么线索开展初查，如何开展初查，初查的进展程度，是否满足线索突破的条件，需要在什么阶段开展审讯活动，这一系列侦破案件的主动权始终牢牢掌握在侦查人员手中。只有当侦查人员认为，通过初查活动收集和获取了足够多的信息以后，才会开展突破、审讯工作。

（一）初查奠定审讯基础[①]

在职务犯罪初查中，绝大多数线索的初查都无法获取能够证明犯罪事实确定存在的直接证据，获取的大都是证明职务犯罪可能存在的指向性信息。也就是说，职务犯罪案件的突破、立案需要审讯，只有突破了审讯对象的口供，才能根据其供述获取其他能够证明其犯罪事实客观存在的证据。但是，职务犯罪审讯活动是艰难的，要想攻克审讯对象的口供，需要审讯人员掌握有能够攻克审讯对象口供的相应信息，这些审讯所必须具备的信息都来源于初查活动。初查活动质量的高低决定着审讯的难易程度。

1. 初查缩小个案信息相对不对称

在初查开始之前，侦查人员与初查对象之间的信息拥有量是绝对不对称的，初查对象拥有其对犯罪事实的完全了解，而侦查人员仅知道举报信或自行了解的极少量信息，且掌握的信息尚处于完全模糊的状态。初查的过程就是通过了解初查对象的基本情况、犯罪事实等方面的信息，来尽可能地缩小双方之间对信息拥有量的差距，形成信息相对不对称的局面。如果对未经初查的线索就贸然启动突破程序，那么线索的突破成功率就会降低。反之对确定的初查对象进行精细化初查，那么对线索的突破成功率的把握就会加大。尤其当侦查人员在初查中已经查明初查对象的部分犯罪事实，且有证据证明的情况下，那么就会在这部分已经查明的犯罪事实方面形成完全信息的状态。况且在秘密初查的状态下，由于初查对象无从知晓侦查人员究竟掌握的是哪部分犯罪事实，从而使其陷入信息不对称的劣势地位，此时再予线索突破将易如反掌。

2. 仔细初查形成窝串案信息的绝对不对称

侦查实践中存在这样的常见现象，查处窝串案中审讯、突破的强度相比查处个案时反而来得顺利。这是因为，就单个查处个案而言，侦查人员与犯罪嫌

---

① 参见尹立栋、李树真、张峰：《职务犯罪侦查博弈论》，中国检察出版社 2016 年版，第 184 - 185 页。

疑人之间所拥有的信息量是不对称的，由于初查一般情况下无法获取直接证据，此时信息不对称的优势就会偏袒于犯罪嫌疑人一方，审讯、突破的难度就会相应增加。

犯罪嫌疑人在实施职务犯罪时仅仅从自身的安全出发，考虑自己的犯罪行为如何不被发现，但其意想不到的是由于多向受贿、多头行贿的贿赂犯罪特点，其他行、受贿人的暴露也会揭露其犯罪事实，使其深陷其中。此时，就特定的犯罪嫌疑人个人而言，他只知道自己犯罪的信息，并不知道其他犯罪嫌疑人的犯罪信息以及严重程度。反观侦查人员通过初查的深入开展，则对窝串案的全案信息掌握颇多，从而在与犯罪嫌疑人的博弈中处于信息不对称的绝对优势地位。由于犯罪嫌疑人不得不跳出个案中的个体利益考虑自己在窝串案群体中的收益最大化，从而使查处窝串案变得相对容易。

3. 深入初查减少职务犯罪"黑数"

初查的功效一方面体现在针对既定初查对象形成信息不对称的优势，另一方面还在于促进案件线索的滚动深挖。职务犯罪是隐蔽性极强的犯罪行为，未被查处的职务犯罪"黑数"客观存在，通过深入初查可以挖掘出隐蔽的更深的职务犯罪，努力减少职务犯罪"黑数"。掌握能够影响审讯对象心理活动的信息，是审讯人员取得审讯成功的关键。

由此可见，审讯需要信息，初查的目的旨在实现审讯信息不对称的最大化，使审讯人员掌握绝对的优势信息，或者在某些方面掌握绝对的优势信息，以此削弱审讯对象抗审的信心。

（二）深入开展初查活动，收集尽可能多的情报信息[①]

普通刑事案件的案发具有即时性的特点，审讯人员对于审讯活动的开展不具有主动性，一旦犯罪嫌疑人被发现或者被抓获，审讯活动就得即时展开，审讯人员对于审讯活动的开展所需的信息的掌握是有限的。而职务犯罪审讯则不同，职务犯罪审讯活动的开展是根据初查活动的进展程度随机决定，只要审讯人员认为审讯的时机不佳，或者审讯活动所需的信息尚欠不足，均可以推延突破的时间，待到初查所获取的信息足够满足审讯之需时再选择传唤进行审讯。因此，深入开展初查活动，务必把握好以下几点：

1. 信息引导初查

当前，职务犯罪更加隐蔽、智能和复杂，犯罪分子对抗调查的能力越来越强，同时《刑事诉讼法》和新《律师法》的出台实施，使职务犯罪侦查工作

---

① 参见尹立栋、李树真、张峰：《职务犯罪侦查博弈论》，中国检察出版社 2016 年版，第 184 - 185 页。

面临着巨大的影响和挑战。为适应新形势下查办案件的需要，最高人民检察院提出"信息引导侦查"的工作思路，要求各地检察机关转变办案理念，创新侦查模式，加大信息化建设，利用情报信息引导职务犯罪侦查。

同理，初查信息化概念应借鉴"信息引导侦查"理念，从"信息引导侦查"理念中提炼而来。侦查是大概念，职务犯罪侦查的实质在于初查之中，因此，信息引导侦查在很大范围和意义上来讲，就是信息引导初查。初查信息化属于科技强检的范畴，是指全面收集利用信息资源，借助信息化手段和信息化平台，快速、高效地整合分析各类有效信息，从而服务于初查活动及后续侦查活动全过程的新型调查活动。

2. 充分发挥发散性思维

有的侦查人员认为初查活动是可有可无的，只要自己的审讯能力足够强，初查的质量好坏无所谓。这种僵化的思想是当前对初查工作不够重视的主要原因。事实上，初查工作繁重且枯燥乏味，少有人心甘情愿、竭尽全力而为之，关键还在于怎样调动广大侦查人员的主观能动性和自觉性。

发散性思维是侦查人员必备的推理能力、应变能力、想象能力等综合素质的结合体。通过发散性思想的运用，使得侦查人员更宜从现有的信息中发现既存的线索信息，从忽隐忽现的线索中去伪存真发现有用的信息；从已知的信息中或者信息的比较中再生新的信息；在广阔的线索海洋中剔除盲点，使原本已经无望的线索起死回生，另辟捷径。从而不断获取信息，达到信息量的最大化，以备审讯的不时之需。

3. 精细化初查

精细化初查是深入分析研究案件线索、准确把握初查的方向、重点、步骤和时机，综合运用多种手段调查取证，及时收集、固定和保全证据，为立案侦查打下坚实基础的先期活动。初查的成败直接关系到案件的成败，侦查重心前移就需要重视初查的质量和效率，尽量通过秘密的外围调查充分收集可靠证据和涉案信息，力争将关键证据固定在立案前。对案件线索所涉及的有关情况或事实，特别是关键细节要查清查细，要围绕犯罪构成要件研究线索成案的可能性，要在保证初查质量的前提下，提高初查效率，全面、客观收集、固定和运用证据，构建完整、稳固、多层次的证据体系，实现由传统粗放式向精细化初查的转变。精细化初查主要体现在以下几个方面：

（1）初查的度要深

评价精细化初查的标准就是要做到初查的"度深"、"面广"。度深是指在针对初查的重点目标上要深挖细查，尽可能挖掘重点对象的所有涉案信息，既包括初查对象犯罪事实方面的指向性信息，也包括初查对象的个人基本情况信息，只要涉及有利于突破既定初查对象的一切涉案信息都应当力争去努力获取，尽可能地缩小侦查人员与既定初查对象之间对犯罪事实拥有信息量不对称的差距，使侦查人员处于不败的博弈境地。

（2）初查的面要广

仅仅针对既定初查对象而展开的深入调查还不能完全满足精细化初查的要求。初查的面要广是指在初查的过程中，还要始终坚持情报引导初查的理念，顺藤摸瓜，发现更多的初查对象，不断收集更多的情报信息，使侦查人员掌握全案绝对的信息优势，去对抗犯罪嫌疑人对己方个案掌握的信息优势，从而在博弈中取得胜利。

（3）善于经营线索

"经营"一词，在现代用语中常常出现在经济领域。但本词原意实为经度营造，出自《诗·大雅·灵台》"经始灵台，经之营之"。引意为筹划营谋。对线索的经营就是对线索的筹划营谋。所谓线索的经营就是在线索的初查过程中，在广泛收集各类与职务犯罪有内在联系的情报信息的基础上，不断扩大初查范围，增强初查的深度和质量，发挥侦查人员的主观能动作用，充分运用初查谋略，对大量收集到的原始情报信息进行保存、整理、分析、研判、筛选，并作进一步的加工处理，从而促使其成为有价值的资料证据，为侦破案件打下扎实的基础，并在长期谋划的过程中择机创造条件，扩大战果。

对于一时不易即时展开初查的线索、疑难复杂类型线索、存在"共性犯罪"特征的线索以及区域型线索都要树立起长期经营的理念。

（三）进一步重视审讯辅助信息的收集

审讯的基础是犯罪事实客观存在，而职务犯罪的审讯在大多数情况下，只能是掌握犯罪事实可能存在的指向性信息，这部分指向性信息只是审讯人员对犯罪事实客观存在的一种内心确信，不是证据本身，审讯活动借此作为基础展开，但是在许多情况下，仅凭这些犯罪事实的指向性信息是无法突破审讯对象口供的，就像足球比赛一样，尚欠临门一脚。

从满足审讯活动需要的角度出发，审讯信息可以划分为有关涉嫌犯罪事实的指向性信息（包括有证据证明的犯罪事实）和有效刺激审讯对象心理的辅助性信息两大类。

1. 涉嫌犯罪事实的指向性信息

收集和获取涉嫌职务犯罪的指向性信息是初查活动的主要任务，由此可以使侦查人员形成犯罪事实客观存在的内心确信，使得审讯活动得以开展，并为审讯活动的顺利进行铺垫基础。此类信息的强弱能够左右抗审能力较差的审讯对象放弃自己的抵抗，迅速地供述自己的犯罪事实。而对于抗审能力越强的审讯对象而言，仅凭一些可能涉案的指向性信息显然是不够的，他们常常抱着怀疑和戒备的心理，否认审讯人员掌握有充分的犯罪证据，从而誓死抵抗，尚需要其他能够对其心理产生有效刺激的信息予以辅助，进而克服其供述障碍，作出有罪的供述。

2. 有效刺激审讯对象心理的辅助性信息

不可否认，涉嫌职务犯罪的指向性信息是审讯活动得以开展的基础前提，它也能够对审讯对象的心理产生适度的有效刺激。客观上，审讯活动就是审讯双方心理冲突、博弈的心理活动，涉嫌职务犯罪的指向性信息并不是证据本身，它有时会起到决定性作用，而有时又无法击破审讯对象的抗审防线，此时就需要其他一些能够对审讯对象心理产生有效刺激的，且与犯罪事实存在某种程度联系甚至本无关系的心理信息予以辅助，合力突破审讯对象的口供。从一定意义上讲，能够有效刺激审讯对象心理的辅助类信息较之涉嫌犯罪事实可能存在的指向性信息尤为重要，它是攻克审讯对象抗审心理的"敲门砖"。因此，审讯人员务必转变观念，从重视犯罪事实信息的收集转变到收集犯罪事实信息与收集有效刺激审讯对象心理的辅助类信息并重的实用方法上来。

综观审讯、初查实践，侦查、审讯人员对于犯罪事实的调查是极为重视的，而对于收集能够有效刺激审讯对象心理活动的辅导类信息则认为可有可无，尤其是有关审讯对象脾气、性格等心理信息的收集更是严重缺失，这是审讯人员通常感觉24小时审讯时限不够用的主要症结之一，值得引起广大侦查人员的重视和改进。

二、收集审讯信息的法定方法

收集审讯信息，主要是依靠初查活动获取的。关于初查收集和获取信息的方法，《人民检察院刑事诉讼规则（试行）》第173条列举了相关措施。这些措施不具有强制性，不得限制初查对象的人身权利和财产权利，这是职务犯罪初查活动与侦查活动的本质区别。概括起来有以下几种方法：

（一）向有关部门调取资料

调取资料是初查获取信息的主要方法之一。通过向有关部门调取相关资料，能够发现涉案对象的个人信息以及相关情况。

1. 公安机关

公安机关由于其自身的办案需要和巨大的科技信息投入，其数据库中所包含的信息是相当可观和丰富的。侦查人员可以了解到初查对象及其家庭成员的户籍信息（身份证号码）、婚姻状况、住宿情况、是否受过刑事或行政处罚、有无出入境情况、车辆持有及买卖记录、有关通讯联络号码、暂住地址等情报信息和资料。

2. 党委部门

通过从纪委和组织部门等调取资料，侦查人员可以清晰地收集和获取有关人员的出生地、个人履历、职务任免、近亲属及主要社会关系、个人生活重大事项（婚姻状况、子女出国及就业及婚姻状况、出国、购房等）、有无上缴贵重财物、奖惩情况等情报信息和资料。

3. 边检部门

相较于公安机关的出入境管理部门，边检部门对于有关人员的出入境记录的资料更为齐全，只要提供准确的身份信息，便能查到具体的出入境地点、时间、航班记录等情报信息。有必要的话，可以通过进一步向相关航空公司查询，得知该航班内乘客的具体身份信息，从中收集与初查对象经常一起出国的人员信息，也可以通过对不同人员的出入境记录进行比对，从中发现共同出国人员名单，实践中有些人员会提前或推迟几天与初查对象在国外汇合。

4. 工商部门

工商部门的信息库中保留着最为详细的有关公司、企业或者个体工商户的资料，包括正在经营的、已歇业或注销的。如公司、企业或者个体工商户的开立、股东和股份情况、注册资本、实际资金投入、经营状况、住址、经营范围等情况以及公司、企业或者个体工商户负责人身份及经历、财务人员名单和通讯号码、年检资料（其中包括一定的财务报表资料等）、各种经营要素的变更（尤其是经营范围、负责人名字、股东和股份、注册资本等变化更为关键）等情报信息和资料。

5. 建设部门

建设部门一般下属四大系统：一是住房保障系统，主要负责房产登记、预售、转让、房产资料保管、保障房的建设、公有房屋的维护等；二是市政园林系统，主要负责市政工程的质量管理、市政公司资质和人员的管理、园林绿化的管理和建设、城市乡镇的环卫保洁卫生等；三是建设管理系统，主要负责建筑企业资质和人员的管理、建设工程的质量和安全、建设工程的评比、建设工程招投标的管理等；四是城市规划系统，主要负责城市及乡镇的建设规划的制定和调整等，当然还有许多其他工作，在此就不一一列举了。

6. 交通部门

交通运输部门主要分为航管、公管、运管、工程质量安全监督等部门。通常侦查人员在此可以获取相关公司在交通条线上是否承建过航道、道路、桥梁养护，交通设施和设备，监理、设计等工程；具体的项目经理（实际的老板与项目经理在许多情况下并非同一人，一般交通质量监督站的同志会比较清楚。另外，较大的交通工程一般都存在专业性分包的情况，专业分包人的情况他们通常也是清楚的)，是否具有从业的公司资质和资格；具体运输路线的实际承包人；出租车牌照数量的制定以及拍卖和发放；公路运输处罚情况，如无证经营、超载超限等情况；具体交通工程的质量状况，评比获奖情况；交通工程招投标政策的具体制定；交通公司具体资质的申请、批准和升级等情报信息和资料。

7. 税务部门

侦查人员接触最多的税务部门是征管、稽查机构。从征管部门可以了解到相关公司、企业或者个人的经营状况、经营规模和交纳税款情况；从稽查部门可以了解到相关公司、企业或者个人是否接受过税务稽查，以及是否因偷漏税款被税务机关进行过行政处理，以及相关的财务资料中反映的生产成本、经营和财务费用等是否合理等情报信息和资料。必要的时候，还可以商请税务部门协助调查，进一步获取所需的情报信息。

8. 审计部门

加强与审计部门的合作非常重要，审计部门需要对领导干部或国有投资的公司进行不定期的审计，以适应党风廉政监督的要求。一般的审计报告通常会包括该部门或公司的财务收支状况、具体的流向、相关经济业务单位的名称地址、业务量的次数和金额等。如果能联系到具体的审计人员，还能了解到有关资金来往的相关单位负责人或者业务员姓名、联系方式等，以及一些在审计报告中可能因某些原因不便直接写入的敏感内容，如财务违规违法现象等。

9. 土管部门

从土管部门可以了解到相关土地的收储、登记、转让、买卖、变更、土地款的交纳等基本情况。如土地使用人、使用土地的性质及其变化原因；土地拍卖及成交情况、土地测绘、土地评估和价格等；矿产资源的管理和使用监督、矿产资源以及权属及其变化等；土地违法及处罚情况等情报信息。

10. 民政和档案部门

通过民政和档案部门，可以清晰地了解初查对象本人的婚姻状况及其变化，全面的个人履历和社会关系（近亲属）；非营利组织机构和社会团体的基本概况。

11. 公共资源交易中心

目前政府设立的公共资源交易中心（招投标中心）涉及绝大部分政府办公用品的采购招标，交通、市政、建设、绿化、航道等工程招投标，以及各种产权交易、药品采购、土地交易等基本情况，对于交易的价格、参与人、评委评分程序及评分方案的制定、评分情况都能掌握原始的资料。但司法实践中侦查人员在初查中直接去公共资源交易中心调取资料，很容易打草惊蛇，暴露初查的真实意图，建议以预防部门的名义出现或者商请纪委或者其他部门予以合作，以分类或者分年的方式进行大规模的调取较为妥当；如果在公共资源交易中心内部有较为可靠的人士帮助，则能了解到一些在招投标环节中存在的潜规则。

12. 其他部门

侦查人员在初查过程中需要联系的部门是相当多的，主要是依据案件线索反映内容的不同，根据证实职务犯罪事实是否可能存在的特定需要，因人因事、因地因情而随时变化，如初查中涉及在企业技改、科技补贴中弄虚作假，骗取国家政府补贴的，就需要到经信委和科技局或者发改委等相关部门，物色相对可靠人士调取相关资料；如初查中涉及农业条线上骗取国家种粮、农机、特色农业、农业能源等补贴、农资销售等环节的经济问题，就需要到农业部门寻找相对可靠人士调取相关资料；如需要了解反映水利综合评价，水利设计、建设、监理、水利公司相关资质的申请、发放和升级等方面的腐败现象，则需要在公共资源交易中心（招投标中心）或者水利系统寻找相对可靠人士调取相关资料；如需了解在环保条线上环境评估、环保工程的质量验收、排污总量的申请和批准、环境污染事故的处理等环节的经济问题，就需要到环保部门找寻相对可靠人士调取相关资料。凡此种种，此处无法全部罗列，关键在于必须围绕着犯罪构成的要件去分析和研判，在不暴露真实初查意图的情况下，寻找到最佳的部门或者相关责任人员获取侦查人员所需要的资料，要坚信再难的锁总有一把钥匙能够打开。在必要的时候，也可以通过档案部门深入查询。

（二）查询

职务犯罪初查中的查询，是指人民检察院根据工作的需要，依法查询初查对象的存款、汇款或与线索有关单位的存款、汇款的一种调查活动。

1. 银行查询

司法实践中对初查对象及涉案人员在银行的资产、资金动态情况进行充分的查询是初查活动中的重要工作内容。

一般情况下，侦查人员需要先将被查询人员的身份证号码（新、旧身份证号码）整理归类，制作成不同的人员清单，经当地的人民银行或银监部门允许可进行预先查询，预先查询能够查询到初查对象在一定区域内开户或销户的情况，以及账户的代码、个人贷款及信用情况等；如果未经允许的话，侦查人员只能将本地区所有银行分类分区域进行划分，实行专人负责原则，分别去各自负责的银行进行查询，通常可以查询到以下内容：根据初查需要，查询一定时间内的被查询人员在该银行所有的本、外币活定期存款及其交易流水记录，本、外币信用卡交易流水记录（包含正在使用的或者已经销户的账号），是否有银行保险箱服务、购买理财产品情况等。

通过查询，通常银行会给侦查部门提供一份清单，内容基本涵括了被查询人员活、定期存款和信用卡的余额和交易流水，以及清单中所反映的银行操作员代码（可追查到具体的银行临柜人员），交易银行机构组织代码（可追查到实际的交易网点所在行），现金、转账交易、批量交易等，交易金额，是否有银证转账交易，是否有 ATM 机或 POS 机或者网上交易记录，是否拥有列入余额宝等网上账户，是否开通网上银行交易，是否具有区域外银行账号（银行一般只提供本区域内的交易明细，对于区域外的交易只能提供账户），是否购买过理财产品，是否拥有银行保险箱。

2. 证券查询

现今社会公民对股票证券方面的投资已经相当普遍，初查中对此领域的查询也是了解初查对象和涉案人员的资产情况必不可少的程序。

通常侦查人员只要将有关人员准确的身份证号码（新、旧身份证号码）提供给本区域内某家大型的证券公司，一般都能查询到相关人员是否开立过股票账户，在什么地方哪家证券公司开立的账户，然后再循此信息，到相应的证券公司进行查询。通常情况下只能查询到初查对象和有关人员开立股票账户的基本情况、交易情况，如资金进出状况、买卖股票的品种、交易的地点（证券公司内还是网上交易、大厅交易还是电话指令交易）、股票现今的价值金额、盈利或者亏损的情况等，以及是否是本人亲自操作交易等。如果确实必须严格保密，在当地证券公司查询不到的，则可以去上海证券交易所或者深圳证券交易所有关查询部门进行股票开户和交易的查询，其缺点在于只能反映在他们各自交易所上市公司的股票购买和交易情况，不能完全反映全貌。通过查询，主要是发现资金进出的异常情况，发现可能存在职务犯罪的蛛丝马迹，如果发现存在巨额亏损的现象，这往往是引发职务犯罪的动因。

3. 保险查询

鉴于目前公民对人身保险方面的投资也越来越普遍的现状，侦查人员也必须将保险业务（尤其是人身保险）的查询纳入视野之中。

基本的程序是将有关人员准确的身份证号码（新、旧身份证号码）提供给本区域内的各家人身财产保险公司，以判明被初查的相关人员是否进行过人身财产方面的投资，如保险人、被保险人、受益人的具体情况、具体的险种、保险金额、期限、持续时间、缴款方式、是否支取等。这些情报信息的获得，都将对摸清初查对象的资产大有益处。

目前个人进行期货方面的投资还是比较少的，即使有也是通过公司或者机构的名义出现，因此这方面的查询在此就不加详述，具体应综合各方面的材料进行分析和判断，确有必要时可以再对此方面的内容进行查询。

4. 通信查询

现今社会，电话、手机已经成为人们日常工作生活中的必需品，任何一个人想要完全与现代通讯产品绝缘几乎成为不可能。通讯内容涵盖着人们工作、生活、学习等各方面的情报信息，同时也包含了各种各样可能存在的涉嫌违法、犯罪的情报信息。在初查活动中，虽然法律明文规定不得使用技术侦查的手段，但是，对于一般通讯的查询仍然是侦查人员开展初查活动的重头戏。

通讯分为固定电话和移动电话，固定电话分为电信和铁通公司等，移动电话有电信、移动、联通、铁通等公司，只要侦查人员提供准确的身份证号码（新、旧身份证号码），上述公司都会将相应的通话清单以及机主资料等信息交给侦查部门。内容主要包括：在相关公司是否拥有固定或者移动电话，一定时间内相应固定电话或者移动电话的通话记录，是否拥有宽带或者无线网络服务，是否经常使用QQ、微信、飞信等通讯形式，是否经常收、发短信等。这些内容都将为初查工作提供有价值的情报信息，比如通信号码所有人的主要社会关系，主要关系密切人、活动轨迹、兴趣爱好等等。通过收集以上情报信息，还可以继续延伸查询，发现更多的涉案对象和利益相关知情人员，从而促进线索的滚动深挖。

鉴于基层院管辖区域的特殊性，查询工作时不时地会发生泄漏初查行踪甚至泄漏初查目标的现象，这是由于基层院管辖区域相对狭小，国家工作人员"人头熟"、交际圈较广等因素造成的。为了尽可能避免此类情况的发生，在查询工作实际操作过程中，侦查部门可以采取集中查询的方法，将初查工作中需要查询的内容集中起来。统一查询，采取对多人同时查询的方法，掩盖初查的重点目标。比如将需要进行银行查询的5—6名初查对象的内容集中到银行查询，即使被初查对象发现，也会分散其注意力，造成不知其中深浅的假象。

查询和调取资料虽然是法律规定的初查中允许采用的两种不同的方法，既有各自的用途和侧重，但又相互联系、密不可分。到部门调取资料时，首先就离不开查询工作。而查询有关情报信息后，对相关重要结论资料又存在着调取资料的需要。

（三）走访、询问知情人

初查工作的重心一般是以查询、调取资料的方法收集和获取文字形式存在的情报信息为主，这是"初查必须秘密进行"、"一般不得接触初查对象"这两条法律规定所限制的结果。文字形式的情报信息固然重要，但是言词形式的情报信息也同等重要，这是不言自明的事实。限于初查的规定，在初查中收集和获取言词形式的情报信息只有走访和询问两种方法。

走访是指前往访问或者拜访。它没有固定的走访对象，走访目标也是不明确的。通常是经过大范围的摸索从中发现和收集涉案的言词类情报信息。走访所收集和获取的言词类情报信息虽然有时也可以用笔录的形式加以固定，但其不具备刑事诉讼法意义上的证据要求，不能直接作为证据使用，只有在立案后进行转化才能作为证据使用。

而询问则不同。从严格意义上讲，询问是刑事诉讼法规定的询问证人的专用方法，属于立案后侦查程序中使用的。而《人民检察院刑事诉讼规则（试行）》却赋予检察机关在初查过程中享有询问的权力，需要注意的是，初查中的询问不同于立案侦查中的询问，其不能限制人身自由等权利。

采取走访还是采用询问的方式主要在于所接触的对象不同而有所区别。走访是一般性的访问，走访对象主要是初查对象的同事、邻居、朋友等熟悉人员，访问的内容一般都不会涉及初查对象可能涉及到的犯罪事实或者犯罪情节，通过他们一般都是收集与初查对象有关的工作职责、经历、职权范围、生活习惯、性格脾气、业务爱好、家庭情况、收入财产情况、反常现象等情报信息。走访的形式具有不确实性，有时走访对象在访谈中处于目的性不明的状况，如在对初查对象的同事访谈中，侦查人员可以不告知访谈目的，在闲聊中有意无意地了解初查对象所在单位的情况和初查对象本人的有关情况。走访工作有时可以随时随地在任何适当的场合进行，比如在朋友聚会时，遇到既与初查对象熟悉又与侦查人员认识的访谈对象的，就可以通过聊天的方式获知侦查人员想获知的某些情报信息。走访更多的时候体现为漫无目的性，与公安机关刑事侦查中的走访相似，为了寻找目击证人而多方打听、多方了解相关人员，以期寻找到真正知道犯罪事实或者某些犯罪情节的证人、利益相关知情人、行贿人。从广义上讲，在街头巷尾随意听到的路人交谈中涉及到的涉案情报信息也应当归入走访的内容。

《人民检察院刑事诉讼规则（试行）》中规定走访的对象是知情人，然而并没有对知情人做出界定。侦查实践表明，此类知情人与询问对象所指的知情人有着本质的区别，起码在知情的程度上存在天壤之别。《人民检察院刑事诉讼规则（试行）》中所指的询问对象指向的知情人才是真正意义上的知道犯罪事实或者知道某些犯罪情节的知情人。初查工作实践中，侦查部门往往将这类询问知情人的工作放置在立案前的线索突破阶段。由于突破程序穿插于立案的前后，立案时间又有适当的伸缩余地，所以立案前的询问知情人（包括询问利益相关人或询问行贿人）自然就转化成了立案后的询问证人（包括利益相关知情人和行贿人），从而回避了立法中并没有规定的突破程序的存在，符合了初查中一般不得轻易接触初查对象、在初查中获取证明有犯罪事实存在的证据而应当立案的规定。

走访和询问是初查工作中的重要方法，所取得的言词类情报信息不仅能支撑文字材料信息的真伪，也为初查工作的深入开展指示着方向，两大类情报信息的紧密结合，综合分析，最终能够为得出正确的初查结论打下扎实的基础。

（四）勘验、检查与鉴定

《人民检察院刑事诉讼规则（试行）》第173条规定："在初查过程中，可以采取询问、查询、勘验、检查、鉴定、调取证据材料等不限制初查对象人身、财产权利的措施。"

勘验、检查是指侦查人员对于与犯罪有关的场所、物品、尸体、人身进行勘查和检验的一种侦查行为。勘验和检查的性质是相同的，只是对象有所不同。勘验的对象是现场、物品和尸体，而检查的对象是现场、物品和人身。

勘验、检查的方法一般在渎职侵权类职务犯罪线索的初查中较为常见。通过现场勘验、尸体勘验等方法，侦查人员能够更好地厘清事实，证实反映的职务犯罪事实是否存在，以及该职务犯罪后果的造成与初查对象之间是否存在因果关系。

勘验、检查的方法在贪污贿赂类职务犯罪线索的初查中则极少使用。确有必要时，可以对初查对象或涉案人员经手的财务资料、档案进行勘验、检查；可以对贿赂犯罪的行贿地点进行确认等。

鉴定是指司法机关为了解决刑事办案中某些专门性问题，指派或聘请具有专门知识的人运用科学技术手段对这些问题进行鉴别、判断。刑事鉴定的种类繁多，渎职侵权类线索中的初查经常会使用刑事技术鉴定，贪污类线索初查中经常会涉及司法会计鉴定。确有必要时，对于物证、书证、痕迹进行鉴定也经常出现在职务犯罪初查活动中。

三、收集审讯信息的实践方法

在长期的职务犯罪侦查实践中，检察机关越来越重视初查工作，凸显出初查活动的重要性。然而迄今为止，对于初查的认识和本质的揭示仍然是远远不够的。事实上，初查活动的途径总体上应当由三大部分内容构成，即向内借助于科技手段，构筑信息化初查平台；向外加强走访工作，拓展信息收集的渠道；综合分析研判已经获取的情报信息，发现和制造再生信息。

（一）构筑信息化初查平台

当前，各级检察机关对于侦查信息化建设高度重视，从高检院开始，层层力推侦查信息库建设。但是由此也产生了一些片面的认识，有些侦查信息库建设搞得好的检察院甚至提出了"能够做到初查不出门"的观点，显然忽视了初查的本质。客观地讲，信息库建设只能是收集"公共信息"，或者说为收集"公共信息"提供更加快捷的途径，它并非是初查的全部内容。所谓"公共信息"，就是指那些原先储存于其他国家机关、企事业单位中的信息，是依据初查权限，原本通过调取、查询等方法可以获取的，对职务犯罪案件侦查突破工作有所帮助的信息。当然，这部分信息是原先储备着的，是通过网络平台等先进科学技术可以予以提前获取的信息，也包括储存于公共网络系统中的一切信息，只要它对职务犯罪侦查工作有用。

客观地评价信息化初查，它的主要作用有以下几个方面：

1. 信息化提升专业化初查平台

将原先需要侦查人员花费大量人力、物力才能获取的"公共信息"资源，通过网络连接等科学技术的运用，使之成为侦查人员即时可以获知的信息资源，是专业化初查发展的必然方向。信息化夯实初查基础，为专业化初查提升了平台。

2. 信息化初查为迅速发现犯罪信息提供捷径

提高初查的信息化水平，能够收集到范围广泛的情报信息，并且信息化程度越高，涉及的面越深入，发现犯罪线索和犯罪信息的概率就越大。这种便捷的初查方法不仅能够极大地提高初查的效率、节约司法成本，而且能够更加快捷地发现犯罪的涉案信息，起到情报信息引导初查活动深入开展的作用。

3. 迅速框定犯罪的严重程度

毋庸置疑，随着侦查信息化平台建设的不断深入发展，它能为初查活动提供收集情报信息更加快捷的平台，获取广泛的涉案信息，从而提高发现犯罪信息的能力，锁定犯罪事实及其严重程度。对于犯罪事实越为严重的案件线索，信息化建设的作用越为强大，例如发现某国家工作人员的财产状况明显超过其正常收入时，就可以迅速锁定其可能涉嫌犯罪的严重程度。同时，信息化侦查平台建设也将为遏制和预防职务犯罪构建起一道坚实的屏障，以此告诫国家工作人员遵纪守法，远离职务犯罪。但是，同样可以预见，随着侦查信息化平台功效的发挥和扩散，对于仍然想实施职务犯罪的人来讲，他们的作案手段将更加趋于隐蔽和复杂。

现实是基层检察机关查处的大多数案件，犯罪事实较轻。犯罪数额较小，作案手段也就相对地更为隐蔽，信息化侦查很难发现此类线索的犯罪指向性信息，对于此类线索的初查更应侧重于走访调查获取相关信息。对于基层检察院而言，在当前侦查信息化平台尚未完全建成之际，侦查人员应当更加注重外围走访调查，节省调取、查询的时间，用于收集涉案对象心理信息等方面的初查内容。

（二）向外走访拓展收集信息的途径

侦查信息化只能解决"公共信息"的收集问题，职务犯罪的复杂性、隐蔽性特点决定了职务犯罪初查活动不可能仅仅凭借侦查信息化平台就予完全解决。更多的犯罪信息，尤其是涉及初查对象的心理方面的信息属于隐蔽性信息的范畴，需要侦查人员通过走访调查等方式予以收集。

初查必须坚持"两条腿"走路，一方面通过侦查信息化平台的建设迅速收集"公共信息"，提高初查效率。另一方通过走访与调查，获取涉案对象的隐蔽性信息，从而为审讯活动筑牢扎实的基础。拓展初查信息获取的实用方法主要有以下几种：

1. 重点初查法

针对初查中的重点涉案对象直接展开初查活动是侦查人员的第一反应，是最直接、最简单的初查方法。其初查要领也容易掌握，只要紧盯重点初查对象不放，方向正确，目标正确，穷追不舍，总能把初查中想要弄清的问题、事实查清楚。

2. 联想初查法

初查活动都是围绕收集和获取情报信息展开的。就情报信息而言，其反映的内容有时是单一的指向某个具体事实，有时又不确定地指向多个可能存在的涉案事实。比如群众举报某业务员甲存在向某医院药剂科主任王某行贿的事实。这一情报信息的内涵仅单一的指向王某一个对象，通过侦查员的分析研判，不难得出这样的结论：这一情报信息的内涵是否仅仅单一的指向王某呢？是否在该院还存在向张某、李某行贿的可能呢？再从这一情报信息外延分析、联想：业务员甲有无可能在本市其他医院从事药品经营活动，是否存在向其他医院的医务人员行贿的可能呢？从侦查实践来看，这种联想完全是现实的、实际的，也取得了丰硕的成果。

情报信息联想的初查方法既实用又符合初查实际，它要求我们不能就情报而获取情报，不能就信息而单一地获取信息，而是要求在仔细分析现有情报信息的基础上，深入挖掘其内涵价值和外延指向价值，用情报信息的多面指导性引领初查工作向前发展。情报指向哪，我们就查到哪，信息涉及什么地方，我们就初查到什么地方，始终坚持情报信息引领初查活动的开展。

情报信息联想总体上包含三层意义：一是情报信息的内在指向；二是情报信息的外延引领；三是双重、多重情报通过其内在的关联性集中指向某一事实或某一涉案对象。比如说第一份情报信息证实了某国家机关工作人员有滥用职权的行为，这份情报信息也内在指向其可能涉嫌受贿犯罪；第二份情报信息是群众反映其有包养情人的事实，这就有可能说明初查对象存在着实施职务犯罪的动机；第三份情报信息是有材料证明其财产情况明显超过合法收入，这份情报信息一方面进一步指向其涉嫌受贿犯罪，另一方面外延引领证明多名行贿人存在的可能，可以进一步拓展更多的受贿嫌疑人；第四份情报信息客观反映可能存在多名行贿人，这份情报信息进一步指向其内在的含义证明其可能涉嫌贿赂犯罪。通过以上四项情报信息的综合连接，说明该国家机关工作人员已经存在重大的受贿嫌疑，从而达到初查的目的。如此不仅查明了该国家机关工作人员存在涉案嫌疑的可能，而且使线索的外延得到了进一步的拓展。

3. 效仿初查法

初查中，收集和获取情报信息不可能按部就班，依次进行，往往呈现为多种情报信息蜂拥而至，或者几个情报信息零星降临。无论是哪种情况，情报信息的指向性都是错综复杂，有的相互关联紧密，有的相互关联存在不确定因素，有的相互之间又没有实质的内在关联性，这就对侦查人员提出了较高要求：

（1）加强对情报信息的分析比较工作。分清每一个情报信息的真实价值，从而选择进一步收集和获取情报信息的最佳途径和方法。

（2）加强情报信息之间的对照，将不同指向的情报信息加以归类，理清线索的发展方向。

（3）借鉴其他方法，增强初查方法的实用性。包括两个方面：一是借鉴以往自身初查工作中好的方法和经验，提高初查的效率；二是借鉴兄弟单位的办案经验，选择最佳的初查途径和方法，比如到兄弟单位学习探讨，获取查办行业系统案件的经验做法，可以为我所用，使自己在初查同类案件线索时做到有的放矢，不走弯路。

4. 链接初查法

随着科技信息时代的来临，手机已成为人们日常生活中的必备品，手机的功能、作用也越来越多样化、智能化。这种信息具有定人、定时、定位和定关系的特性，可以通过收集和获取通话和短信信息，完成对通话和短信的时间、次数、密集度的分析，也可以通过通讯基站分析出通话的位置变化。查询和收集通讯信息是初查活动中一种常见的初查方法，由于侦查部门和侦查人员对其作用的认识程度不同，所体现的目的性和作用也不一样。应当加强对此种方法的研究，挖掘其潜在的最大功效。

（1）从初查对象的通信信息中可以发现许多情报指向，如可以从中发现潜在的利益关系人或行贿人；社交关系网，是否存在潜在的特定关系人；生活规律、活动轨迹等信息。

（2）从查询的涉案利益当事人或行贿人的通信信息中，可以进一步发现和联想到更多的初查对象或初查重点等。以此类推，不断延伸，扩大初查的范围和内容，是初查活动获得理想成效的较为实用的初查方法。

应当说，通讯信息链接法是一种创新的初查思路，是科技强检在侦查活动中的具体体现，无论是在初查活动中还是在审讯突破和追逃等方面都能够发挥其独特的作用。

5. 滚动初查法

初查一条线索，办成一个案件，不能说明什么。初查一条线索，挖出一串、一窝、一群职务犯罪案件才显初查的真本领。滚动初查法一直是侦查实践中积极提倡的侦查方法，它强调的是在突破阶段要注意深挖，促进案件侦查工作的滚动式发展。这种不注重在初查中发现，而只依靠突破阶段的强攻硬取，即使深挖出一件、两件，甚至一窝、一串案件，其依靠运气所占的成分较多，冠之于"主动深挖"有些勉强，主动性不够。从这个意义上讲，称之为顺便"带"出一些案件尚可。

滚动式初查，特别强调其主动性、目的性。应当在初查活动中就牢固树立"滚动深挖"的理念。在初查一条线索、重点初查一个对象的基础上，主动出击，通过收集和获取广泛的情报信息，发现和锁定更多的初查线索和更多的初查对象，这才是"滚动深挖"的真实含义所在，也是发现集约型线索的快捷方法。

初查的策略选择不仅要根据线索的内在价值，达到精细化初查的要求，还要充分挖掘线索的外在含量，拓展初查思路延伸初查，实现线索初查的最大成效。

6. 倒置初查法

倒置初查的方法是逆向思维在初查实践中的具体运用。事实证明：国家工作人员收受贿赂必然以行贿人行贿的相应事实作为基础，没有行贿人的行贿，就不可能存在受贿犯罪。贿赂犯罪案件的突破，在现实中存在着两次突破的问题，一般以先行突破行贿人为基础，然后再行突破受贿嫌疑人。从中不难发现其关键问题所在，据此我们何不转变固有的初查思维，将从重点收集获取初查对象的涉案情报信息，转移到重点收集和获取行贿人或者重点涉案关系人身上来。其有益之处体现在以下几个方面：

（1）通过收集和获取涉案关系人或行贿人的详细情报信息，更有利于我们清楚分析案情，判明是否存在犯罪情节或犯罪事实。

（2）通过收集和获取涉案关系人或行贿人的详细情报信息，有利于首先完成第一次突破工作，为第二次突破犯罪嫌疑人奠定扎实的基础。

（3）一般情况下，行贿人多头行贿的事实客观存在。通过收集和获取行贿人的详细情报信息，有利于扩大初查范围，发现更多的受贿对象，取得更大的办案成果。

7. 跟踪初查法

通常来讲，定点定人跟踪对于侦查部门来说在司法实践中运用得并不多，相对于公安部门，检察机关不仅没有强大的技术装备、人员、信息等支持，而且所要办理的案件性质又不太一样，法律规定的办理程序和要求也大相径庭，所以经常被侦查部门所忽视。跟踪一般包括初步的接触或者有针对性的定点跟踪。在某些特殊状况下，在条件允许的范围内，侦查部门在初查活动中运用定点定人跟踪的方法，经常会收获意想不到的效果。结合一些成功的办案实践，以下情况可以使用定点定人跟踪：

（1）初查对象具有固定爱好

对于初查对象有固定爱好的，侦查人员可以在初查对象经常出没的地方，采取隐蔽的方式进行一定的监视和跟踪。以掌握参与活动的人员范围、活动的起始与持续时间、活动结束之后是否另有"节目"等情况。诸如进行赌博、钓鱼、高尔夫活动时，侦查人员完全可以据此采取必要的监视和跟踪，甚至可以在不暴露身份的前提下参与其中。

（2）初查对象参与活动的节点

一般来说，跟踪的机会经常会出现在重大工程的招投标等场合，当甲方安排参与招投标评比的专家全部到位，在某个特定时间和地点进行招投标活动时，原则上规定甲方重要人员和专家不允许外出与投标方的有关人员进行私下接触。但现实中有时却并非如此，侦查人员在条件允许的情况下，对甲方拥有决策权的有关人员或者有重大影响力的专家实施必要的跟踪，密切监视相关人员有无违反规定、纪律的个人私下活动，有无在招投标评比这样的特殊时间、地点与投标方有关人员的秘密接触。鉴于评比活动的时间有限，地点一般都会相对集中在宾馆或者冷僻的度假村等场所举行，相对来说有益于对特定人员实施短时间和较小区域的定点定人跟踪监视。

（3）重大节假日的个人活动

通常国人最为看重中秋和春节等节假日。初查对象在这些特殊的时间段与哪些人在什么场所进行怎样的私人活动，都是初查过程中必查的重点内容之一。除了根据手机查询信息进行必要的排查分析之外，掌握现实的照片和视频资料加以佐证，这在今后正式接触初查对象时对其心理产生的震撼和冲击力无疑是巨大的。

另外，现今由于公车改革，自驾和代驾逐渐流行，通过公安机关的路面监控系统，很容易掌握到具体车辆的活动位置。侦查人员据此可以在具体的酒店、会所或者住宅等附近进行蹲守，注重发现与初查对象一起出现的人员特征、关系的亲密程度，结合其他情报信息，可以从中发现更多的涉案人员。

8. 化装初查法

线索反映初查对象在经济往来过程中可能涉嫌收受回扣、好处费，对于此类线索，初查中可以采用化装侦查的特定方法。前提是侦查人员根据已有情报信息的分析，对该行业或者领域的某些潜规则已经有所了解。为了证实自身的内心确信，通过伪装一定的身份与特定的业务人员进行接触，技巧性地获取有关是否存在回扣和回扣比例等明确承诺的情报信息，并且加以秘密摄像或者录音。具体情形类似于记者的偷录暗访，此种录音或者视频资料的获得对于揭穿审讯中有关涉案人员的无理谎言，彻底击垮其心理防线能够起到一招制敌的作用。例如，2005 年某区检察院接到举报称：该区某局副局长在负责向邻县家具厂采购办公桌椅的过程中，按照总价 10% 的比例收受回扣，有涉嫌受贿犯罪的嫌疑。该检察院决定以化装初查的方式试探虚实，遂派员前往邻县家具厂"洽谈业务"（事先征得某事业单位负责人同意后，印制了该负责人的名片）。侦查人员在与负责销售的副厂长"洽谈业务"的过程中得知：该厂确实向该区某局供应过办公桌椅，并许诺可以提供 8% 至 10% 的好处费，如要更高的比例则可以另外商量。侦查人员对全过程进行了秘密录音，并在获知这一重要情报信息后迅速借故离开。当天下午下班前，另一组侦查人员则请该副厂长到检察院协助调查。调查初期，该副厂长拒不交代，当化装侦查的侦查人员出现时，该副厂长当即傻了眼，稍作犹豫后便立刻交代了行贿事实，该案线索得以迅速突破。

侦查实践中采取化装侦查的方法时应当注意以下几个方面：

（1）必须按行动的具体要求选择合适的侦查人员

化装初查在具体的实施过程中，必须根据具体行动的特质选择特定的侦查人员，如需要扮演商人进行商贸谈判的，就需要选择年长一些，社会阅历相对丰富，应变能力相对较强的中年干警参与比较妥当；如需要扮演技术类的商务营销人员的，如电子软件类、机械化工等，就必须安排对这些特定领域有些了解，有少许专业背景的干警参与其中；如需要扮演一定层次行政领导的，最好安排确实有一定职务，气质和形象都比较符合的干警参与办案，并辅之所谓的办公室主任、秘书、司机之类的角色加以配合。如此等等，必须一切从实际出发，根据具体任务的特点确定最适合的干警去完成任务。

（2）行动的任务必须尽量符合单一的原则

化装侦查毕竟不是检察机关侦查部门经常使用的一种特殊的初查手段，绝大多数干警也没有经过类似的专业化训练，基本上就是依靠自身的侦查经验和生活工作阅历等来完成规定的初查任务。因此除了在执行任务前要进行精心谋划，反复演练外，任务的本身就要设计得简单扼要，避免复杂化以免难以具体操作。对于需要秘密使用的技术设备等，也要本着简单实用的原则，尽量减少操作的难度和复杂性，增加照片或者视频资料的可辨识度。

（3）安全第一的原则

化装侦查由于是不暴露身份秘密地获得一些初查信息的特殊手段，是在陌生的地域与陌生的人进行的私下接触。但是再周密的计划有时也不能完全涵盖可能的所有变化，而所有的安排必须充分考虑侦查干警的人身安全永远是第一位的。因此在现场参与行动的侦查干警一切都要根据当时的实际情况变化来选择判断采取最恰当的行动，不能秘密摄像的就秘密录音，实在无法录音时也只能作罢，不必一味强求干警必须完成原定的全部任务。而且，在外围也必须安排好其他干警作为策应，一段时间内保持通讯联系，如有意外或者任务完成则立即离开，速战速决，及早返回，以免引起不必要的麻烦。

在知道具体行贿嫌疑对象时，通过化装侦查的方法还能达到调虎离山、诱敌深入的目的。比如约请行贿嫌疑对象，特别是约请外地的行贿嫌疑对象在征得其同意后到可以控制的地点（如咖啡厅、宾馆等地）"洽谈业务"，无论业务能否谈成、情报信息能否获取，都应及时出示相关证件，请其到检察院协助调查，以起到震慑的作用。当然，将其请到检察院后，应当及时通知其家属或者所在单位，告知其去向。

9. 眼线初查法

眼线，也称为特定知情人，不同于"卧底"，是检察机关为了初查工作的实际需要，经严格排查并挑选为侦查部门提供有益于初查工作开展的情报信息的有关人员。一般是指与初查对象比较熟悉，或者对发案单位比较熟悉的人员，比如领导的秘书或司机、单位的财务人员等。现阶段检察机关在查处职务犯罪案件中，由公民实名或者匿名举报经初查最终成案的比例，通常只占侦查机关立案总数的20%左右，更多的则是侦查部门通过在办理案件过程中的滚动深挖和依靠自己主动发现线索。至于举报成案率低的直接原因，主要是目前权钱交易发生的行业、系统或者地域，如果不是核心圈内的人员，对于某些能够直接或者间接证明存在着利益输送的犯罪事实通常是无法知道的，也是没有渠道获取的。他们只能对自身听到或者看到的一些表面的某些不正常现象作出反应，而对于实际状况究竟怎样事实上一无所知。因此在长期的办案实践中，许多地方的检察机关有意或者无意中都相继自觉、不自觉地形成了为办案工作服务，签协了一些了解特定行业、系统潜规则或者政治生态及权力运作规律的特定的知情人员。有些检察院还形成了一定的规章制度，如信息员、联络员等。但是这种模式因为是在明处，很大程度上限制了特定知情人员的主观发挥程度，因为某个领域只要有案件发生，在目前我国各种信息保密制度不够完善、保障制度尚不够健全的情况下，信息员承受的压力可想而知，要想推广这种做法的难度也较大。实际办案中发挥作用较大的还是侦查部门中一些经验丰富的侦查人员在长期工作中通过工作和私人关系建立起来的一些秘密的沟通渠道。

采用眼线侦查法，其中最关键的是物色特定知情人，而实践中物色特定知情人必须强调以下几点：

（1）长期培养

特定知情人之所以能够为侦查部门提供一些对初查工作至关重要的情报信息，前提是建立在充分信任对方的基础之上的，并且这种信任是双向的、互动的，又是十分私人化的，不能大张旗鼓、公开化。而信任又是一种需要时间来检验的东西，一时的交往有时是无法看清一个人的真实内心世界的，因此必须是侦查人员有意识地在某些行业或者区域内精心选择和确定的，而不能是为了某个特定案件的需要加以临时物色，如同学、亲戚、同乡等；可以是在侦查工作中结交的政治过关、真诚可靠的朋友，如建设、工商、税务等部门的机关干部，可以是以往办案中的污点证人，如侦查部门以往处理过的或依法未作处理的，有违法违纪污点可以利用的涉案人员；可以是某些特定行业的从业人员，他们可以触类旁通地了解到该行业的潜规则；也可以是同业中的竞争对手。侦查人员在侦查过程中，应当择优选择，宁缺毋滥，并与之保持长期的正当交往，一旦启用，就会源源不断地提供各类重要的涉案情报信息。

（2）反复考验

物色特定知情人必须严格保密，侦查人员启用特定知情人协助开展收集和获取情报信息，必须报经检察长同意。秘密启用特定知情人有助于收集和获取侦查人员按正常途径无法收集到的涉案情报信息；有助于初查工作的深入扩展；更有助于线索突破程序的突然启动。它对案件最终交付公诉和审判都将起到不可估量的作用。

启用特定知情人必须先易后难地进行。首先让其做一些比较简单的工作，收集较为容易获取的情报信息，比如收集某行业外在的规律性信息等。其次是逐渐培养其收集情报信息的能力，由外及里地收集难度较大的情报信息。再次是在反复培养的过程中，增进其收集情报信息的能力，获取初查中侦查人员难以收集到的情报信息，循序渐进，不能操之过急，促使其从被动式地接受任务到自觉地主动提供情报信息和线索的转化。

启用特定知情人必须对其进行反复考验。一是考验其对这项工作的认知程度。比如知情人员是否愿意接受；其开展这项工作的积极性如何；是否有能力接受此项任务等。二是考察其政治觉悟，对待朋友是否能够做到忠诚。三是考验其是否能够严守保密纪律，口风是否严实，有否出卖初查信息的可能等。实践中，可以先让其参与一些成案价值不高的线索的初查工作，考量其所提供的情报信息是否能证明一直是真实和有用的，方能将初查中侦查人员最想了解的情报信息托付其去完成。

启用特定知情人应当为其保守秘密，收集涉案情报信息的前提完全是出于自愿；侦查人员应当根据其能力的大小，不易勉强托付其自认为困难的任务；侦查人员应当设身处地为特定知情人着想，保障其政治安全、人身安全。特定知情人不同于"卧底"，"卧底"肩负着使命和职责，而特定知情人只是出于一种自发的协定。难以收集的情报信息即使勉强能够获取也绝不能冒险，万一发生危险的事情，会给其造成不必要的伤害。

（3）严密传承

对于特定知情人员来说，以中国目前人情社会的现状，通常状况下，只要不涉及自身，一般不用去担心讲述的内容是否具体，考虑最多的倒是这些信息一旦泄露必然不会被社会大众所认同。因此侦查人员必须充分考虑到特定知情人的合理顾虑，对于信息源也要严格保密，不得扩散；有时还需要创造一定的社会气氛，让普通大众感觉到侦查人员是通过其他的渠道获取这些情报信息的。鉴于检察机关部门间人员流动的工作需要，侦查人员必须调离岗位时，应当向侦查部门负责人说明情况，做好某些比较重要的特定知情人员的处置和交接工作，否则有些初查工作就会受到较大影响。

另外，不应当将特定知情人看得过于神秘。实践中侦查人员向有关亲戚、朋友等熟人了解某些情报信息实质上就是物色特定知情人的雏形。特定知情人利用其自身的认知能力，或对周围环境熟悉的便利，将情报信息提供给侦查人员，是其作为公民应当享有的举报、控告的权利；或者利用其职务所处的便利地位协助侦查人员收集和获取情报信息，并未对犯罪事实或者犯罪嫌疑人造成颠覆性的伤害，是其崇高的道德、责任的体现，前提均是出于自愿。

10. 捞针式普查法

也可称"穷途末路法"。许多基层检察院经常会出现线索缺乏的尴尬情况，这显然与现阶段我国职务犯罪高发、频发的实际情况不相符合，究其原因主要是由于侦查人员发现线索、收集和获取情报信息的能力不足造成的。到了"穷途末路"时，会产生盲目初查、盲目办案的现象，到头来仍然是竹篮打水一场空。

大海里捞针难于上青天，无方向、无计划是侦查无果的根源所在。侦查人员静下心来，耐心分析当地办案的现实状况，选择职务犯罪易发多发的行业、系统进行普查式初查，从中发现、捞起一把"针"来，不失为"穷途末路"时的一剂处世良方，从而开辟出职务犯罪侦查工作的一片新天地。

在初查活动中，初查的方法不能一以贯之，单一使用。方法与方法之间也无好坏之分，应当相互融合、相互贯通，在使用一种初查方法中往往穿插着多种初查方法的同时使用，合理使用初查方法，更有利于初查工作的顺利推进。初查方法枚不胜举，在此，仅以十法一窥全貌。

（三）综合研判，制造再生信息

综合起来，收集情报信息的途径与方法，无外乎通过信息化等平台广泛收集"公共信息"和走访调查获取隐蔽性信息两个方面。而体现情报信息的内在价值则取决于侦查人员对情报信息的进一步分析研判。

1. 针对具体信息，确定其内在价值

通过调取和查询或者信息化平台收集涉案的情报信息，已经成为当前侦查人员获取情报信息的程序化方法。现实中，侦查人员重收集信息而轻于对情报信息的分析是普遍存在的现象。如果不对收集来的情报信息作深入的研判，那么这些信息就犹如一堆废纸。初查需要侦查人员具备双重性格，既要具备积极肯干，走出去收集信息的外向型性格，又要具备静得下心来，仔细分析研判信息的内敛型性格。

分析信息，首先要对已经收集到的信息进行逐一的甄别。剔除无用的信息，储蓄将来或许有用的信息，从而挑选出确实有价值的信息，以备审讯、突破案件之需。

2. 通过分析，挖掘信息的延伸价值

信息对于策略的选择具有指导性，一条具体的信息即反映了这条信息的既定属性，往往能帮助侦查人员发现更多的信息，这需要审讯人员具有更加敏锐的判断、推理、联想能力。比如通过电话通信查询，发现了一名可能涉案的行贿对象，单一的通话记录只能说明该行贿人可能存在，此时这条信息的附加指向就是需要对该名行贿人予以进一步初查，只有通过进一步初查，根据此信息的指向坚持情报引导初查的理念，才能进一步发现其他信息，从而锁定该行贿人的行贿事实客观存在，增强审讯人员对犯罪事实客观存在的内心确信。

3. 综合分析已知信息，扩大信息的实际价值

一份具体的信息，有时并不能说明什么问题，综合对比多条信息，汇总起来才能体现这些信息的价值所在。查获犯罪嫌疑人拥有一套住房，并不能说明他涉嫌犯罪，而如果查获犯罪嫌疑人拥有多套住房，或者拥有更多的资产，那么这些信息的汇总就能说明该犯罪嫌疑人的资产情况已经明显超过其正常的收入，说明其可能涉嫌职务犯罪。如果发现有多名潜在的行贿人，再进一步收集犯罪嫌疑人与这些潜在行贿人的亲密关系的信息，更能增强审讯人员对犯罪事实客观存在内心确信的程度。事实证明，侦查人员一方面要努力提高收集信息的能力，另一方面更在于提高自己对信息的分析研判能力。

初查是为案件突破、首次审讯服务的。实践中，审讯人员通常也是负责初查的侦查人员，务必做好审讯前的准备工作。假如审讯人员与初查人员不是同一人时，审讯人员在充分听取初查人员汇报的基础上，既要不耻下问、追根刨底问清案情，确定信息的真实价值，又要发挥自己的想象能力，延伸拓展信息可能遗漏的价值取向，在必要的时候，采取进一步初查的手段，挖掘更为深层次的信息。

第三章　职务犯罪审讯信源研究

信息的传输起始于信源，又决定于信源。

在审讯活动中，审讯人员必然率先发出信息，通过语言和非语言行为，包括肢体语言等信息传递载体，将信息发送给审讯对象，等待审讯对象作出信息反馈之后，依据自己所掌握的信息，综合对反馈信息的分析判断，再次向审讯对象发出信息指令……如此往复，形成审讯信息的循环传输系统。

审讯信息在审讯双方之间相互传输的过程之中，作为信源的审讯人员始终占据着主导地位，对于审讯活动的成败起着决定性作用。同时，审讯人员发送信息又会受到审讯对象抗拒心理及其审讯环境自然信息因素的影响，研究审讯系统信源的强弱，势必从研究审讯室这一特殊系统环境开始。

第一节　科学设置审讯室的固有信息

审讯是依法进行的诉讼活动，在羁押式法律框架下，审讯环境具有闭合性的特点。在特定的审讯环境中，审讯信息的传递只能在审讯人员和审讯对象这两者特定主体之间进行，不可能受到诸如律师介入等第三者主体的影响，但是不可避免地会受到审讯室自然环境因素的影响。

在审讯室的布置上，由于缺少统一的规范和装修标准，在具体布置的颜色、面积或者摆设等方面都五花八门。审讯室布置的原则，总体上应当符合安全性高、保密性好、针对性强等要求。

安全性高要求能有效防止审讯对象自杀、自残、伤人或者逃脱，目前审讯室的设计尤其都突出注重安全性，在审讯室软包以及安全措施上也都较为完备。

保密性好就是要求审讯室应当具有隐蔽性和隔绝性，审讯室要求具有较高的隔音措施，不受外界噪声的影响，也不易将审讯内容泄露出去。审讯室的位置应当不为外界所窥测，既是出于安全性能的考虑，也是为了审讯人员能够更好地掌控审讯室氛围的需要。特别是审讯对象所处的视线，即由审讯室内向外观察的可见范围应当狭小，除非是审讯策略需要，在一般情况下不能使审讯对象观察到审讯室以外的环境。

　　针对性强是指在审讯室布置过程中，应当采取一定的策略，针对不同类型的审讯对象布置各有侧重的审讯环境。例如针对审讯对象的不同性格，利用红色、橙色布置刺激性格较为内敛的审讯对象，利用黄色、蓝色等浅色影响性格较为冲动的审讯对象；较小面积的审讯室针对抗审心理较重的审讯对象，面积较大的审讯室针对抗审心理较弱的审讯对象等等。特征化环境的布置应当是在保证审讯室安全、保密的基础上进行的。

　　科学地设置审讯室，有助于审讯活动中信息的交流与反馈。审讯人员为了实现在审讯过程中始终处于主导地位，还可以通过自身或对审讯环境的改变来调节审讯气氛，目的在于通过综合运用来完成审讯任务，达到查明犯罪事实、追究刑事责任的目的。

一、审讯室的颜色

　　视觉是人进入环境的第一感觉，而色彩对视觉具有最直接的影响。生活中的不同色调能在心理上产生不同的感受反应，例如红色、橙色给人热情和温暖的感受，具有较为明显的神经刺激作用，蓝色、绿色给人平和、安静的感受，对人的神经刺激作用较低。颜色的作用在我们看不到的潜意识中发挥着心理影响。

　　（一）色彩的作用

　　色彩令人们心理上产生隐形作用，它看不见、摸不着，却实实在在地透露着信息，影响着人们各方面的感官。

　　1. 色彩具有时间感

　　色彩能让人的时间感产生错觉，红色能让人感觉时间过得比实际时间更加漫长，而蓝色则让人觉得时间过得比实际时间短。灯光也有相同的作用，荧光灯因为颜色偏青、偏白，能让人觉得时间过起来较快；而白炽灯则因为偏黄、偏暖，让人感觉时间过起来较慢。这就是为什么在办公场所大都使用荧光灯，它能让人们感觉工作起来时间过得较快，不易疲劳。使用让人感觉时间过起来较慢的颜色容易让人在工作中产生焦躁情绪，而在客厅、卧室则使用偏黄、偏暖的的灯光颜色，能让人们感觉时间过起来缓慢，产生生活节奏较慢的舒适感觉。

　　在职务犯罪案件的审讯中，现有法律规定的 24 小时的审讯时间限制往往不够使用，有些基层检察院采取变相拖延正常审讯时间的方法来延长审讯时间，以期达到审讯的预期目的。如果既想不违反法律规定，又想"延长"审讯时间的话，那么不妨对审讯室做一些设计。审讯对象面对的是诸如红色等暖色调，使其心理上产生时间过得真慢的感觉，仿佛"延长"了心理时间，而审讯人员则面对蓝色、绿色等冷色调，能够提高审讯效率，提高审讯人员的斗志和热情，从心理上将 24 小时当成 48 小时使用。

2. 色彩具有空间感

在一定空间内布置不同的色彩，能让人对空间大小和远近距离产生不同的感受，这就是色彩带来的空间感。最简单的例子就是在服装颜色的选取上，我们常常说"黑色显瘦"，此处所谓"显瘦"就是黑色在视觉上有一种空间收缩作用。一般来说，红色、橙色这样的颜色，色系偏暖，明度较高，这样的颜色看上去会使物体体积更大。黑色、藏青色等颜色，色系偏冷，且明度较低，颜色较为厚重，看上去会令物体的体积偏小。颜色的空间感不仅体现在对物体体积大小的影响上，还体现在空间距离的远近上。较深的颜色看起来向远处延伸，更为遥远，而明亮的浅色则让人感觉向前突出，距离更近。通过不同深浅和明度颜色的搭配，在平面上打造出立体的效果就是利用了颜色所体现出来的不同距离感而产生的效果。

3. 色彩具有重量感

色彩的重量感是指不同的色彩能使人感觉物体的重量与实际不同。颜色较浅的色彩能使人觉得物体分量较轻，而颜色较深的色彩则能使人觉得物体的分量较重。例如相同重量的行李箱，白色的箱子就比黑色的箱子给人的感觉要轻。我们穿衣服时也有这样的感受，特别是冬天，裤装的颜色往往会比上身衣服颜色更深，这是因为黑色上衣和白色裤子的搭配给人一种"头重较轻"的感觉。即颜色越浅，则感觉到的分量越轻。另外，颜色的明亮程度和鲜艳程度不同也对物体的重量感有影响。颜色的鲜艳程度越低、明亮程度越低，人们感受到的重量就越重。

4. 色彩具有温度感

色彩的温度感最直接的体现就是我们对于冷色调和暖色调的分类。红色、橙色等色调能让人联想到火焰、阳光等，使人有一种温暖、炎热的感受；而蓝色、绿色、灰色等色调，让人联想到的是海洋、雪地等，使人有一种凉爽、寒冷的感觉。夏天的饮料广告往往会加入大量的蓝色、浅黄色、白色元素，例如雪碧广告中大量的水、冰块等蓝白色布景让人觉得"透心凉"。而冬天的广告往往出现大量的红色等暖色调，让人觉得温暖。

（二）色彩与心理

色彩反应心理也影响心理。色彩对性格的影响，一方面是利用不同的颜色产生的作用来对一个人的性格和心情产生影响；另一方面也可以通过对个体偏好颜色的差异分析一个人的喜好和性格特点。

1. 通过不同的色彩分析了解心理

在对儿童的心理状况进行评估时，我们常常看到的方法是让儿童画一幅画。儿童对彩色画使用色彩的取舍，往往能反映出儿童的心理状态，从而采取相应的心理干预措施。这说明对颜色的喜好能够反映一个人的心理。多数儿童倾向于使用色彩鲜明、明快的颜色来表达内心，因为他们向往自由、无忧无虑。红色、蓝色、橙色、紫色、黄色……他们往往会在一副作品中集中多种色彩。与此为对比，当一个儿童在作画中过度使用其中一种色系，例如过度使用黑色或者红色时，往往需要引起对其心理状况的关注。

2. 利用不同的色彩改变沟通模式

对待不同的人也可以通过选择不同的色彩来改变不同性格人之间的相处模式。有些人易冲动、性格活跃、注意力不容易集中，如果要和他们谈话，适宜使用环境多为蓝色、绿色等较为让人稳重的色彩，在需要引起对方注意之处使用红色搭配。而相对于较为内向性格的对象，他们安静、内敛，活动起来注意力能较为集中，但思维活跃程度不高。这时候则需要谈话环境多为亮色系，例如有较多橙色、红色，搭配其他偏蓝绿色，使整体环境能有效促进对象的精神和感官，不会过于沉闷。

3. 巧妙利用色彩传递信息

我们去面试或者参加特别重要的会议，常常会选择深蓝色或者黑色的西装。除了礼仪需要外，蓝色及深色能够给人一种稳重、干练、成熟的感觉也是非常重要的原因。蓝色西装与红色领带的搭配，能够显示稳重、大方之余，还能够恰当的吸引他人的注意力。而如果大面积地使用红色，在过度吸引了旁人目光后，恐怕很难让他人的注意力长时间集中，因为红色大面积、长时间地使用，容易让人感到烦躁、疲劳，适得其反。

（三）审讯室的颜色选择

既然色彩能有那么多不同的效果，在审讯室的布置上，要充分利用色彩所传递出来的信息，将其与审讯人员和审讯对象的心理状态联系起来。审讯室的色彩布置整体上应当是单调、严肃、压抑的，不宜过于花哨，但一定程度上也要考虑色彩给人的心理感受，根据审讯对象和审讯人员所处位置的不同，布置不同的色彩。

1. 审讯室的墙面颜色

（1）审讯对象面对的墙面颜色。从心理上来说，要促使审讯对象抗审心理的尽快转变，要在各方面向其施加压力。因而审讯对象所面对的颜色应当是能给予其压力的，使其感到焦躁不安的颜色。例如红色、紫红或偏红、偏橙等暗色调，这些颜色的信息能够使审讯对象出现焦躁心理，产生时间过得"较慢"的错觉，审讯对象便会感觉处在审讯室中的时间更加"难熬"。并且透明度低的暖色还具有一种紧迫感，能让审讯对象感受到来自于审讯室环境的压抑感。如果使用暗红或者褐色等颜色，因其色彩较为厚重而使审讯对象感受到颜色的"重量"更重，又能给审讯对象的心理增加压力。但色彩的运用是审讯的辅助手段，并不是主要因素，因此运用也要适当，例如为了给审讯对象增加压力，过度使用鲜艳的红色则可能适得其反，因为鲜艳的红色很快就会使审讯对象注意力无法集中。面对审讯人员的问话和传递出来的审讯信息无法正确收集和反应，反而可能导致审讯效果的降低。

（2）审讯人员面对的墙面颜色。参加会议时，超过两个小时时间的会议就会使参会人员赶到厌烦、疲惫。审讯人员长时间坐在审讯室中，也会出现此类情绪，并且由于审讯室的特定环境，单调、压抑，还会使审讯人员的负面情绪更加明显。因此，审讯人员所面对的应当是以降低其压力、释放烦躁情绪为作用的颜色。审讯人员所面对的颜色宜使用较为清新、柔和的冷色调，例如淡蓝色，能够使审讯人员心理上更为轻松、舒缓，能够保持良好的审讯状态和清晰的思路；绿色，能够起到神经镇定和镇痛的双重作用，这些颜色所传递出来的信息都能使身体放松。同样，从颜色反映出来的空间感信息来说，透明度较高的、偏冷色调的颜色具有一种向前延伸感，面对这类颜色能够降低审讯人员身处审讯室带来的压抑感，与审讯对象所面对令其焦虑的色彩相比则始终处于心理状态的优势。

2. 辅色调的颜色

审讯对象视线中的颜色除了墙面以外，还有桌椅、审讯台等其他物品的辅色调。这类物品的颜色不宜过于张扬，以显得稳重为宜，表现出情绪的内敛。但可以用黄色、橙色等色彩涂抹于桌椅角落等面积较小的地方，一方面不失庄严、严肃，另一方面又能给予审讯对象以适当的神经刺激作用，过于沉闷的环境不利于审讯对象神经、感官等各方面感受的刺激，不利于审讯信息带来影响的扩大。因此，与审讯室整体颜色相协调的色彩应当以橙色、黄色、棕色为宜作为辅色调。

3. 审讯人员着装的颜色

在审讯对象视线中，除了墙面和审讯台以外，还有很重要的便是审讯人员的着装。审讯人员体现出来的特点，应当是稳重、深邃的，体现出职业的专业性和法律的权威性，并且能够使审讯对象将注意力集中在其身上，因此审讯人员的服装应当与之相匹配，目前基层检察院年轻干警普遍居多，年轻人爱美，穿一件艳丽时髦的衣服参与审讯显然与审讯室严肃的气氛格格不入，显得滑稽。在颜色搭配上，蓝色或者深蓝色的衣服，能显得稳重且严肃，同时，在长时间的审讯工作中，审讯人员还应当能够吸引审讯对象的注意力。这些都与人们在正式的商务场合的着装有一定的相似之处，与会者往往着深蓝色西服，而发言者则会在深蓝色西服内搭配颜色较亮的领带，例如红色领带，以吸引大家的注意力。但大面积的红色，例如一件红西装，则恐怕无法使与会者将注意力正确集中到发言者的发言上面了，反而分散了应有的注意力。因此，审讯人员可以着蓝色或者深蓝色服装，必要时搭配颜色较为突出，如红色的领带，检察制服恰好迎合了审讯场所的需要，建议审讯人员着制服参与审讯工作。

4. 审讯室的灯光

审讯室的灯光也是影响审讯室环境的一个重要因素，也应当与色彩相对应。在生活中，人们往往在办公、学习等场所布置荧光灯，因为荧光的色彩能让人觉得时间过得稍快，使工作、学习时间不再"难熬"，而在卧室、客厅等房间往往会用色调温暖的照明设备，起到一种节奏减慢的错觉，营造出温馨的气氛。就审讯室而言，灯光的颜色不宜太过柔和，柔和的暖色调的灯光虽然会使时间过得"较慢"，但这种灯光往往亮度不高，还会营造类似卧室一样温馨的气氛，给审讯对象产生一种隐藏在暗中的安全感。审讯室可以利用白炽灯、钨丝灯的色调效果达到令审讯对象感受到时间漫长的错觉，这种灯亮度较高，同时白炽灯的色调又显现出较为压抑和严肃的感觉。无论何种颜色的灯光，审讯室的灯光也不能太暗，太暗不利于审讯人员仔细观察审讯对象的表情变化，还会让审讯对象有一种较为隐蔽的错觉，使其抗审心理和侥幸心理加重，分散了审讯对象的注意力和审讯带来的压力。要用明亮的灯光使审讯人员能够清晰地观察到审讯对象的面部表情变化、行为四肢动作等信息，同时灯光要聚焦在审讯对象的前上方，使审讯对象感受到自己完全暴露在审讯人员眼皮底下，无处可躲，以利于消除其逃避打击的侥幸心理。坊间流传，审讯室中都是用探照灯等高强度灯光照射犯人的眼睛，使其睁不开眼、睡不着觉，这显然违背人权保障要求，属于刑讯逼供的行为，应当严格禁止。

二、审讯室的空间

空间大小以及空间内物品的摆放所展现出来的信息也能给所处其中的人员带来心理上的变化，审讯室的空间设计，宜从审讯室的形状、面积大小、内设桌椅板凳等物品的摆放等不同角度考量给审讯对象带来的影响。一些细节可能看上去并不起眼，却在潜移默化中影响着审讯对象和审讯人员双方的心理变化。

（一）私人空间理论

人与人之间存在一种空间效应，即当有人闯入我们身体周围一定范围内时，会让我们感觉到不自在，甚至有威胁感，这时候人们做出的各种反应就属于"私人空间效应"。在电梯这样一个狭小的空间里，人与人之间的距离非常近，人们相互进入彼此的私人空间内，大部分人几乎不由自主地抬头，将眼睛盯着跳动的楼层，希望快点逃离这个狭小的空间，这就是他人侵入我们私人空间时会让我们产生不舒服的感觉。在公共场所选择座位时，例如在车厢内，人们往往会最先选择两端距离最远的座位，最后才会去选择中间的位置。因为两端的位置只有一边有人靠近，我们的私人空间相对较宽敞。私人空间看不见、摸不着，每个人所承受的空间大小也与个人性格、经历、人与人的亲密程度相关。相对来说，女性比男性的私人空间范围更大；内向性格的人比外向性格的人私人空间范围更大；在心情低落时比平时的私人空间范围更大一些。但总体来说，人们对一般接触对象的私人空间大小都在 0.6 米至 1.5 米。

与私人空间理论相对应的还有一种人际交往距离理论。当人与人之间进行沟通交流时，私人空间始终影响着人们的交流方式。例如陌生人初次见面，进行礼貌性的握手时，两人双脚站立的位置往往在 0.5 米到 0.6 米，双方仅仅会通过略微弯腰来相互接近。而较为亲密的人见面握手时，往往双脚站立距离较近，通常不需要通过弯腰的方式接近对方。另一种情形，当人们相互挑衅时或发生争执时，往往会向对方靠拢，展现出一种进攻的姿态，因为侵入到他人的私人空间内常常展现出一种轻蔑、冲动甚至威胁。这样的表现也可以运用到审讯工作中。审讯室中，审讯人员占据主导地位，可以通过私人空间效应，制造一种"威胁"、"压制"审讯对象的作用。可以通过审讯室的面积和审讯台、座椅等布置来控制审讯人员所处位置，形成空间上的主导和"进攻"态势。相反，审讯人员欲想与审讯对象建立起一种亲密、信任的关系，就应当在无意间不引起审讯对象警觉的状况下尽量接近审讯对象，营造出一种亲善的交流环境。

（二）审讯室的面积

从私人空间的概念上来看，审讯室的面积应当有利于审讯人员侵入到审讯对象的私人空间领域内，过于宽敞的审讯室会使审讯对象有种宽松、通透的氛围感，不利于审讯对象形成被压制的心理状态。审讯室的面积应当根据审讯的不同需要予以确定。一般来说，私人空间前后最小距离在 0.6 米左右，因此留给审讯对象的前后距离一般不应超过 0.6 米。审讯对象座位占据前后 0.5 米至 0.8 米的距离，在特定的空间中，审讯对象前后占据约 2 米的距离。留给审讯人员的前后距离应当大于审讯对象，审讯人员前后留出约 1 米或者大于 1 米的距离，即从审讯对象到审讯台距离约在 0.6 米以内，从审讯对象到审讯人员距离在 1 米左右，审讯人员后面的空间可留出 1 米或者 2 米及以上的距离，加上审讯人员座位的前后宽度为 0.6 米至 0.8 米，总体来说，审讯人员前后空间共应保证在 3 米或者以上。所以审讯室的前后长度应当在 5 米左右。审讯室的左右宽度应当控制在给予审讯对象左右宽度各不超过 1 米，考虑到审讯人员也与审讯对象享有同样的审讯室宽度，在宽度上，总共不超过 3.5 米左右为宜。因此，审讯室的面积一般在 15 平方米左右。但这是审讯室的一般大小，具体可分为以下几种：

1. 强化审讯室

强化审讯室，适用于强攻、特审的审讯工作，往往针对案件情况紧急、案情涉及重大或者审讯对象抗审能力强的案件展开，在严格依法审讯以及保障审讯对象法律所赋予的权利的前提下，通过审讯技巧、审讯环境、审讯谋略的配合运用，促使审讯对象尽快由抗审向供述转变。对于案件有特殊需要的强攻、强化审讯室，应当控制面积在 10 平方米左右，不超过 15 平方米。审讯对象所拥有的私人空间狭小，审讯人员与审讯对象之间的距离在 1 米左右，甚至更近，能给审讯对象带来一种被逼至角落的危机感，使审讯对象处于紧张的态势。我们常在英美剧里看到这样一种审讯室，面积狭小，只放置简易的审讯桌椅，审讯对象被逼挤在墙角的座位上，而审讯人员进入该审讯室时，一般是站着审讯的，具有居高临下的优势，给审讯对象造成强烈的压迫感，但这种过于狭小的审讯室显然是不适用于针对职务犯罪审讯对象的审讯工作的。10 平方米左右的强化审讯室，配合审讯室内放置的审讯台、板凳等位置，有利于进行特审、强攻的审讯工作取得更好的效果。

2. 一般审讯室

一般的审讯室，面积应当控制在 15 平方米左右，稍大于特审的审讯室。一般类型的犯罪嫌疑人通常抗审心理并非特别强烈，审讯室环境营造无须像强化审讯室那样非常压抑、紧张，因而面积可适当放宽。但为使审讯人员和审讯对象之间保持 1 米至 1.5 米的距离，其面积依旧要控制在 15 平方米左右。在此面积内审讯人员可以灵活掌握留给审讯对象的空间范围，做到压制与放松相结合。而过于宽敞的审讯室毫无压力可言，容易使审讯对象分散注意力。

3. 证人询问室

对证人的询问，在审讯室的面积大小和布置上，应当区别于审讯中的讯问。在询问证人的过程中，要力求便于沟通、打消证人顾虑，因而应当营造一种较为随和、敞亮的询问环境。将询问室的面积控制在 20 平方米左右。太小的询问室使询问人员和证人之间的距离太近，容易给证人造成压迫感、紧张感。过大的询问室容易使询问人员和证人之间距离过远，不利于一定情况下适当的增加证人压力，又不利于沟通交流。在 20 平方米左右的空间内，使证人和询问人员之间保持 1.5 米至 2 米的私人空间距离，给予证人相对安全的感觉，也可使询问人员细致观察证人陈述时的种种细微反应和情绪变化。询问人员有需要时可以走近证人身边，给予其一定的压力，但这种压力随着证人的进一步配合可以逐步降低。通过较为灵活的空间和距离变化，以促进询问工作的顺利开展。

（三）审讯室的摆设

审讯室的布置除了可以在色彩、面积大小上做出区分以外，还包括审讯台、座椅等物件摆放位置的布置。审讯室的摆设要求干净、整洁。实践中，有些侦查部门在前一次审讯完毕后，凌乱的审讯室未经打扫的状况下就开始下一次的审讯工作。这样的审讯环境大大降低了审讯的严肃性和在审讯工作中所体现出来的专业性，降低了审讯活动本该具有的"威慑力"。同时，凌乱的房间也会使审讯人员感觉到烦躁不安。在实践中对审讯室布置的安全性较为注重，而对审讯室内其他物件摆设的位置、大小等要素缺乏统一的标准，五花八门。实际上，空间大小和位置不同，对心理也有着潜移默化的影响，因此有必要根据审讯需要对审讯台、座椅等位置、大小进行一定的科学规划。

1. 审讯台的布置

审讯台是审讯室内最主要的"装备"之一，是进入审讯室后能够看到的最醒目的摆设。在审讯工作中，审讯对象和审讯人员在审讯台的两边展开交锋，因而审讯台的布置绝不能随意摆放。

第一，审讯台的位置要向审讯对象延伸，处于审讯对象正对面。审讯室面积控制在 10 平方米到 15 平方米的前提下，审讯台宜向审讯对象所处位置延伸，并且处于审讯对象正对面，使其处于审讯对象一抬头就不得不正视的位置。就审讯人员在整个审讯室所处的位置来看，应当处于主导地位，控制整个审讯室约 2/3 的面积，留给审讯对象小于 1/3 的区域。当人与人之间的距离小于 0.6 米至 1.5 米时，就会产生一种不自在感，会产生"私人空间效应"。因而审讯台的摆放要向审讯对象一处延伸，即审讯台的台面向审讯对象一侧弧形自然延展。演唱会的舞台设计有时采用 T 型设计，T 型设计舞台的益处在于使歌唱者能够进入广大听众的"私人空间"之中，融入观众，发挥其主导性。审讯台前面的弧形外延不宜过长，最宽处控制在 20 至 30 厘米之间，使审讯台与审讯对象的距离压缩到 0.6 米以内，暗示审讯人员一方已经侵入到审讯对象的私人空间之内，并且使审讯对象所处位置前后均较为封闭狭窄，以便突出审讯人员在审讯室的主导地位和审讯对象在审讯室中所处的不利地位。

第二，审讯台的大小以能够并列坐下两名审讯人员为宜，有时也可考虑同时并列坐下三名审讯人员。台面能够放下电脑、纸质材料即可。台面应当整洁、不放电话等无关杂物。因为凌乱的桌面带来的干扰都将有损审讯的严肃性，若确实需要电话指挥的，可利用蓝牙耳机等方式进行指挥。审讯台的高低以审讯人员舒适为宜，整体应当处于审讯对象前上方，使处于较低位置的审讯对象和处于较高位置的审讯人员形成对比，使审讯对象在心理上始终处于下风。审讯台前方还应有遮挡板，遮挡板的高度一般应在 10 厘米以下，防止审讯对象窥探审讯人员的一举一动和相关案件材料，揣摩审讯人员的心理和审讯目的，使审讯人员置于一个较为安全、隐蔽的位置。另外，从安全方面考虑，应当去掉方形桌角或者用软布包边。

第三，对证人或者相关知情人等特定的询问对象进行询问时，有条件的不妨尝试使用三角形的审讯台，以减少询问人员和询问对象之间的对立性，达到进一步获取信任和交流的目的。且与询问人的距离上，应当留给证人相对宽敞的空间，缓解证人的紧张情绪，使其放下顾虑，更利于证人或者相关知情人进行陈述。

2. 审讯室内坐凳的摆放

审讯室内的坐凳也不宜随意摆放，应当按照一定规律摆放。第一，审讯对象在审讯中的座位位置整体不应过宽，防止审讯对象出现脱逃、伤害等事故，保障安全。同时为配合审讯台延伸至审讯对象私人空间内的距离要求，位置要相对靠近审讯台，并挨近墙角，审讯对象离审讯台的距离在 0.5 米左右，不超过 1 米，而审讯对象背后距离墙面的距离也应当控制在 0.6 米左右，不超过 1 米，以次空间的限制，相对压制审讯对象，但不能让审讯对象依墙而坐，否则会让其心理产生依靠感。第二，审讯对象的座位高度应稍低于审讯人员的座椅，且也低于一般生活中的座椅的高度，生活中的座椅高低设计较为舒适、放松，审讯的座椅低于一般高度使审讯对象无法处于舒适的状态。第三，审讯对象的座位以坐凳的形式为佳，因为坐凳无靠背、无扶手，能有效反映出审讯对象焦虑、紧张等情感在肢体行为和坐姿中的反应。为安全考虑，坐凳应尽量固定于地面，防止成为凶器。实践中，从安全因素考虑，审讯室一般使用座椅，还在座椅上加了横于疑犯胸前的木板，将审讯对象锁于座椅内，此种设计虽不能明显地体现出审讯对象的行为反应，但也能显示出审讯对象所处的不利法律地位，仍有可取之处。

证人的座椅应当有适合的高度，与询问人之间应当处于一种较为平等的位置上，便于进一步的沟通交流。若是三角形询问台，则证人位置可以放置在询问人员侧边。还可以尝试使用椭圆形或者圆形询问台，更有利于加强询问人员与证人之间的沟通交流，这样的设置与圆桌会议的原理相同，以此建立一种非直接对立的关系，有利于在谈话中降低对立性，提高证人对于询问人员的信任程度。

另外，审讯室的座位安排还包括审讯人员的座椅及座次安排。审讯人员的座椅参照办公座椅，高度要适宜，但在高度上要略微偏高，可以在装修时将审讯人员控制的包括审讯台在内的范围内整体从地面上抬高 10 厘米，以便在视线上高于审讯对象，占据博弈的"有利地形"。一般来说，参与审讯工作的两名审讯人员也有讯问上的主次之分，主审人员坐在审讯对象的右手一侧，副审人员坐在审讯对象的左手一侧。

3. 门的位置

一般审讯室为了安全起见，往往会将门开设在审讯人员的背后。但现在审讯室的安全工作往往已经较为全面和专业，在审讯室外也设置了防止审讯对象逃脱的一道或者多道的门禁系统，且都有审讯人员和司法警察共同看守或由司法警察专职看守，安全性能都较高。将门开设在审讯人员背后，存在两个缺点。一是不利于审讯人员全神贯注工作。门意味着与外界相连，意味着背后发生情况的不确定性和随时有人"入侵"的情况，在平时生活中，如果背向着门，我们会不自觉地回头张望，心理会有不安定的感觉，审讯室中审讯人员也是如此，开在背后的门会让审讯人员心理产生一种不安定和忐忑，稍有响动就会不经意回头张望，分散了审讯人员的注意力。二是不利于指挥人员传递信息。对审讯对象而言是正对着门的开设方向，能够一眼就看到门口所发生的情况，当指挥人员需要进入审讯室、召唤审讯人员，或者在审讯室门口向审讯人员传递一些手势信息时，都会被审讯对象抢先一步尽收眼底，使审讯人员反而处于被动地位。

因此，门的位置应当开设在审讯对象背后。一方面可以令审讯对象感到不安、紧张，产生对门外未知情况带来的巨大心理压力，产生一种恐惧感；另一方面，也可以使审讯人员与指挥人员更好地进行交流沟通，例如当指挥人员需要审讯人员走出审讯室，只需要在门口招手即可，指挥人员的行为动作便不会被审讯对象所知晓，能够更好地起到"幕后指挥"的作用。当然，在需要时可以开着门进行审讯，一般情况下，为防止门口无关人员走动带来的影响，或者防止出现其他安全事故，应当将门关上进行审讯。

（四）审讯室的陈列

审讯室除了必须放置审讯台和座椅等物件外，还可以在墙面适当陈列有关内容，既起宣传教育作用，也起警示震慑作用。一方面，可以在墙面陈列一些坦白从宽或者抗拒从严的真实案例，根据墙面的宽度，一般陈列 3 至 5 幅为宜。纸质的案例带来的警示效果更直观，往往优于"坦白从宽，抗拒从严"的口号本身，也优于审讯人员口述宣讲案例。所展示的案例要贴近本地实际，并非全部要求社会影响大的大要案，大要案固然具有深远的教育、影响意义，但若展示的案例属于近期发生在身边的、且与审讯对象具有同类性、可比性，将会对审讯对象起到更好的教育借鉴作用。另一种方法是在审讯室两侧墙面或者审讯人员背后墙面陈列功勋、荣誉等奖状、证书、奖品，即包括该侦查部门所获得的荣誉，如年度被评为某级先进集体、因办理某个要案而荣获记功等，充分体现该侦查部门整体办案实力；也可展示参加本次审讯工作的审讯人员的个人荣誉，如该审讯人员记功、获奖、被评为某级优秀侦查员等，以此展现该审讯人员的个人能力和形象，借此提升审讯的权威性。在心理上给审讯对象施加压力，凸显出审讯人员带来的法律威严感和对审讯对象的震慑力，消除审讯对象的侥幸心理，提升审讯对象对审讯人员的信任度、依赖度。

审讯室陈列的资料并非越多越好。所陈列的资料太过丰富，其可读性反而不强，还会分散审讯对象接受审讯的注意力，使其能够思考对策、调节压力。故陈列材料应当内容适中，并可根据需要将案例式陈列的审讯室和展示型陈列的审讯室予以分类。展示材料的语言应当简练明了，并配置图片，重点突出，放置于审讯对象一眼就能看到的位置，使审讯对象能够清晰的接收到审讯工作所要传递的正面信息。

（五）遥控指挥

遥控指挥主要是指挥人员在审讯活动进行过程中，对于审讯中遇到的问题制定相应的审讯策略并及时传达给审讯人员，可以对审讯人员的行为进行矫正和指导。在审讯过程中，一方面指挥人员可以通过审讯室边上的单面镜或者通过视频监控观察审讯室中的进展情况，另一方面指挥人员还需要将审讯工作进展情况与案件整体侦办过程相结合制定审讯策略。因此审讯指挥人员不可能在审讯室中进行现场的指导，在审讯对象面前进行现场指导也是不合时宜的。遥控指挥便是解决指挥人员指导审讯的惯用办法。

1. 电脑指挥

电脑指挥是指指挥人员不直接进入审讯室，而是通过电脑利用文字进行指挥。审讯室中的电脑显示屏不为审讯对象所窥视到，屏幕上的文字指挥保密性好，且易操作。借助电脑还能有效记录整个指挥过程，并且文字指令可辨识程度较高，意义明确。对审讯人员来说，可以随时向指挥人员反映情况和问题，以便于及时从指挥人员手中获取所需要的更多信息和指令。但文字上的传输较为耗时，且不够灵活，打字也会分散审讯人员的注意力。

2. 语音指挥

语音指挥主要是通过耳机和麦克风进行指挥。指挥人员在指挥室中通过麦克风将信息和指令传递到审讯人员耳中。语音指挥能够第一时间做出反应，具有及时、灵活的特点，并且在技术上也容易做到。但语音指挥不具有可记录性，且呈单向性，可辨别性不如文字清晰，当审讯人员对指令存有疑问或者欲寻求帮助时，不能反向向指挥人员传输信息，只能被动接受指导。即使可以在审讯人员身上装麦克风向审讯指挥人员反向传递信息，但在审讯室中，当着审讯对象的面向指挥人员反映问题和求助都是不合适的，都会令审讯对象窥测到审讯人员的审讯意图。

3. 远程指挥

远程指挥主要是通过网络系统，使指挥人员可以在异地观察到审讯活动的情况并进行指挥。这在一定程度上解决了办案的地域限制。指挥人员和审讯人员、审讯对象分别在检察院和看守所同步实时完成审讯活动；不同层级的检察机关可以在不同地区同时完成案件承办。远程指挥毕竟不能身临其境观察到审讯室内的动静，即使通过视频观看到了审讯活动，也是局限的、平面的，不如在审讯现场看到的直观和全面，具有局限性，指挥效果也会降低。但其优点在于指挥人员能够及时掌握审讯活动的基本面貌，了解审讯进程，就审讯中出现的情况给与及时指导，并且能结合案件的整体侦查工作作出决断。

三、审讯室的类型

审讯室大小有限，在颜色布置上也并非需要全部体现上述色彩，试想一间集合了红色、蓝色、橙色、黄色等多种色彩的审讯室恐怕也很难再保有审讯室本该有的严肃、稳重了。综合前文叙述的各种颜色元素和陈列布置，审讯室大致可以分为以下几种：

（一）一般审讯室

一般审讯室大小在 15 平方米左右。宜使用暗红色或者红褐色布置审讯对象面对的墙面；宜使用浅黄或者米白等色调布置审讯人员所面对的墙面颜色；利用橙色、黄色作为辅色调布置审讯室中的陈列和摆设。灯光可以使用白色调的节能灯。这样一方面有效利用深色作为"压抑"色调，利用浅色和透明度较高的颜色作为舒缓审讯人员心理的"明亮"色调，另一方面也使整个审讯室显得明快、严肃。但是，如果遇到的是极易冲动、性格偏激、注意力难以集中的审讯对象，他们思维过于活跃，如果再用具有神经刺激作用的红色、橙色作为"清醒色"，很可能适得其反，这类人也需要用墙壁颜色为浅色调、蓝绿色或者米白色等元素来进行调节，使其更好地将注意力集中在审讯活动本身，更好地接收审讯人员所传递的信息。映入审讯双方人员眼帘不同的色调可以在靠近审讯对象处（审讯对象一般在整个审讯室 1/3 处）渐变过渡，因为太过突兀的色彩变化会使整个审讯室丧失严肃性。墙面可以有序悬挂若干案例或者功勋的陈列材料。审讯人员相关功勋和工作业绩以及侦查部门的表彰、奖励的陈列，一般可以悬挂在审讯对象正对面的墙壁上，起到一定的警示教育作用。从重、从轻警示案例的陈列，宜布置在审讯室两边墙面。在审讯对象的左手边墙面陈列相关从轻处理的案例，在审讯对象的右手边墙壁陈列相关从重处罚的实际案例。

（二）强化审讯室

这类审讯室因其特殊需要，面积在 10 平方米左右或者更小。墙面可以利用对比较为鲜明的颜色。在审讯对象所面对的墙面颜色，可以利用大面积的鲜艳红色、褐色，增加压力；而审讯人员所面对的墙面利用颜色较浅、透明度较高的蓝绿色，使颜色对比效果和心理效果都显得更加明显。两种色彩可以在靠近审讯对象处渐变过渡，避免颜色分割太过于突兀。强化审讯室面积较小，若颜色分割太多、太明显，对于审讯人员而言也容易出现负面效果。灯光可以使用亮度较高的白炽灯或者钨丝灯，使整个审讯室的颜色显得更为压抑。本身由于面积较之于一般审讯室更小，色彩的运用起到的效果在狭小的空间内将更为明显。墙面不悬挂任何物品，摆设也应当极其简单，不给审讯对象以任何分散注意力或者思考的物品，增加审讯室内的紧张气氛。

（三）证人询问室

一般来说，询问证人或知情人的目的，是消除其心理压力，使证人或知情人放下包袱，如实地向询问人员讲述案件情况。因此询问室的布置可以相对轻松。墙面颜色可以利用浅黄、浅蓝的颜色使整个房间显得明亮和宽敞，降低压抑感。辅色调可以使用红色等彩度较高的颜色提高对询问对象的神经刺激。灯光宜使用相对柔和的象牙白色，色调干净、明亮，可以使询问人员清楚地观察到询问对象的行为、表情变化，又不显突兀、刺眼。这类询问室墙面不适宜悬挂前述从重、从轻等案例陈列材料，但可适当悬挂办案人员功勋和荣誉的宣传材料，增强知情人员或证人对办案人员的信任度。同时有条件的可利用三角形或者圆形询问台增强双方人员之间的交流，降低对抗性，使整个询问环境更接近平等交流场合。

审讯室环境布置的选择并非绝对，要灵活掌握，根据审讯对象的性格需要、案情需要以及条件限制等各方面的因素予以考量，随机应变。当需要与审讯对象进行谈话、交流，营造"促膝长谈"的氛围时，则在座椅安排上，可以利用较为舒适的座椅，座位高度也可以与审讯人员相当，营造出较为缓和的环境，促进交流。实践中审讯室大都为长方形审讯室，但有条件的可以尝试利用椭圆形审讯室，以适用于审讯兴奋型、活泼型气质的审讯对象，他们较为直率、外向，反应快、易冲动。[①] 再如有条件的审讯室还可以在墙面一侧增加单

---

① 陈闻高、邓翔：《模拟审讯室的设计》，载《江西公安专科学校学报》2007 年第 4 期。

面透视镜，电影中我们经常会看到国民党的监狱审讯室中会配置单面透视镜。指挥人员能够在另一间房间直接观测到审讯室内的全部情况，虽然现代科技发达，能够运用视频录像的方法观察审讯室内的动向，但通过视频录像的感官是平面的、局部的，而通过单面透视镜来观测则是立体的、全面的、直观的，能够使指挥人员洞察审讯室内的一切情况，包括审讯对象细微的表情变化，从而掌握审讯进展的程度，还可以及时调整审讯策略和方向。另外，鉴于职务犯罪审讯对象的认知条件，他会从内心猜测、感知到镜子后面的情形，有一双无形的第三双眼睛在对他进行全面观测、窥视，仿佛已经让其无处可遁，侧面和后面的窥视将对审讯对象增加更为强烈的心理压力。除此之外，设置单面透视镜还能为培养年轻干警尽快成才提供舞台，能让他们身临其境地集体学习，组织讨论，尽早成为审讯专业化人才。

以上的设想是一般情况下审讯室应当符合的布置要求，审讯室的布置在原则上应当充分考虑让审讯人员控制审讯主动权，但也要根据审讯活动实际需要灵活掌握。实践中可以设置多种类型的审讯室，以便在针对不同类型审讯对象时予以选择。

四、传统审讯室的反思与现代审讯室的逐步建立

传统审讯室的设置是建立在心理、生理压迫等基础之上的，如下图所示：

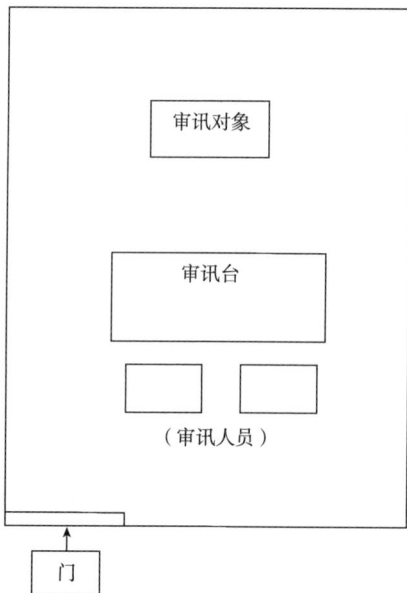

图 3 - 1 - 1

　　审讯人员位居于宽大的审讯台上，衬托出审讯人员代表着国家、人民的利益，象征着正义的一方，而审讯对象则位于审讯台前，凸显其对抗的劣势地位。这与当前法制潮流朝着保障人权、疑罪从无、不得自我归罪、硬审讯法向软审讯法转变等方向发展显得有些格格不入。

（一）传统审讯室设置的反思

　　人们观念的转变需要有较长时间的准备期，审讯人员习惯于传统的审讯思维，其适应现代的审讯方法也需要有一个逐渐适应、磨炼和转变的过程。在这个过程中，传统的审讯室既有其可取之处，又急需予以调整。

　　1. 审讯对象一进入传统审讯室，审讯双方既定的位置自然地会形成相互之间冲突、对抗的心境。对审讯人员而言，在这样的审讯环境中，他会自觉不自觉地陷入高高在上的优势心理地位，对审讯对象采取一定的心理施压手段。

　　在依赖刑讯的封建社会，对审讯对象施以身体或生理的刑讯逼供成为惯用的审讯方法，审讯对象自然地会处于弱势的心理地位，害怕受到肉刑而自我归罪。随着民主与法制思想的进步，刑讯逼供行为已为法律所禁止，但是心理施压甚至心理强迫的惯性思维仍然是当今审讯活动的主要方法。在疑罪从无、平等交流等现代法制思想尚未完全植入审讯人员的观念或者审讯人员尚未完全掌握新的审讯技能之前，这种传统的审讯室的使用仍然大有用武之地，且对审讯对象会产生较好的供述效果。

　　2. 审讯台的设置自然地隔离了审讯人员与审讯对象，在审讯双方之间人为地制造了障碍，阻断了审讯双方的信息交流。对于反感于不公平待遇的审讯对象来讲，他会即刻产生反感审讯人员的心理反应，这在审讯不构成行贿罪的行贿人时，表现得尤为突出，他们通常会在心里想：我又没有犯罪，凭什么你们高高在上，对我横加指责。而对于那些"官本位"思想较为严重的职务犯罪嫌疑人而言，他们会自动降低自己的受审姿态，对其心理的刺激显然是有益的。但是，对于抗审能力较强的审讯对象而言，过宽、过大的审讯台的隔离，使之有机会凭借审讯台当作天然的屏障，将注意力发散到其他地方，以此逃避审讯人员的审讯主题。

　　3. 根据对审讯对象座椅的规定，审讯对象的座椅是固定的，无法移动，并需在座椅前加上一块盖板横挡在审讯对象的胸前，这从安全角度分析显然无可厚非。但是，审讯活动脱不了心理活动的范畴，固定式的座椅限制了审讯对象的行动范围，它对于审讯人员仔细地观察审讯对象的心理反应显然是极为不利的。

（二）现代审讯室的设置

现代审讯的观念应当是不完全依赖于心理施压尤其是心理强迫的，美国学者理查德·A.利奥仍然将目前这种心理强迫的审讯方法视同为"三级审讯法"。

人类的活动离不开心理活动，审讯活动作为人际间最复杂、最痛苦的心理活动，我们无法在审讯中彻底杜绝心理施压，但对于心理施压的力度应当适度降低，审讯的手段不在于一味地进行心理施压，应当着重于心理调节，以此促进审讯对象的心理认知，转变其抗审的态度，作出交罪、悔罪的自愿供述。

从信息论原理出发，人们的交际活动都是根据自己所掌握的信息决定的，而这种活动得以成功在很大程度上取决于人们相互之间的平等地位和信任程度。为了推进审讯双方的相互交流，现代审讯室的设置可以如下图所示：

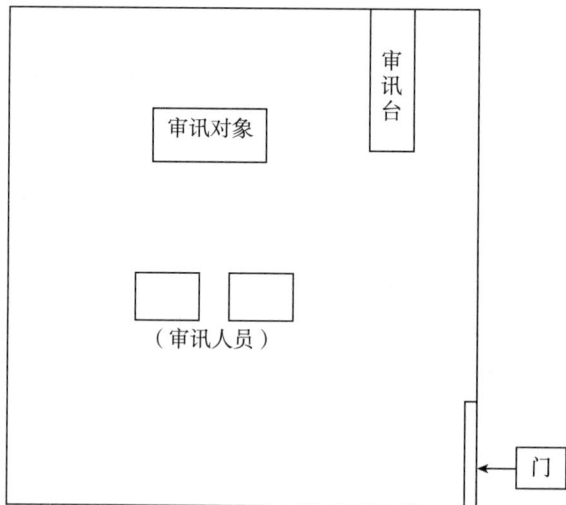

图 3 - 1 - 2

如图 3 - 1 - 2 设置审讯室的益处和作用表现在以下几个方面：

1. 审讯人员与审讯对象之间相距 0.5 米至 0.6 米，符合人际交流的正常范围，相互之间没有审讯台的阻隔，使得审讯双方之间能够平等相处，更能促进审讯双方的信息交流，使审讯对象从内心深处引起共鸣，逐渐使得审讯对象对审讯人员产生信任，最终形成较为稳固的合作状态。

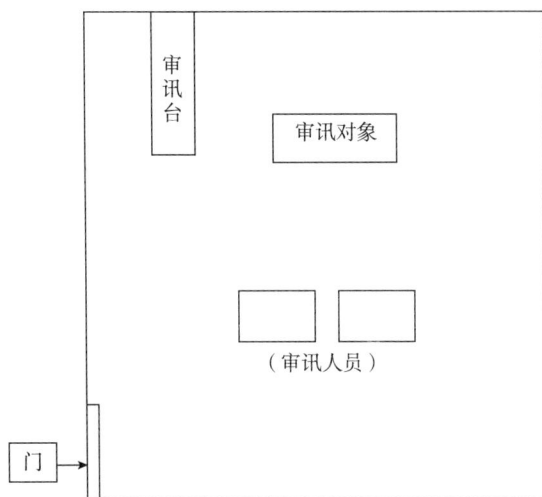

图 3 - 1 - 3

2. 审讯人员掌握着谈话的主动权，对于距离的掌握可以根据审讯的实际需要予以调节，在必要时可以移到座椅，更加贴近审讯对象，形成"促膝谈心"的场景，使审讯对象从内心感知到审讯人员的真诚。

3. 审讯室的布置简洁、干净。没有多余的摆设，更容易促进审讯对象集中注意力，专注于审讯人员提出的审讯主题，没有任何杂物使得其能够分散注意力，有助于提高审讯效率。

4. 审讯台不宜过宽、过大，可以置放于审讯室左上方或右上方一侧，丝毫不会影响审讯双方之间的信息交流。审讯之初，审讯人员可以将本案的卷宗材料置于审讯桌上，审讯桌上不宜放置其他与审讯无关的任何物品，以免分散审讯对象的注意力。当审讯对象开始供述以后，此审讯桌可以为笔录制作人员提供不时之需。

审讯室是审讯双方进行信息交流的舞台。在当前的形势下，一方面审讯人员尚未从传统的审讯思维中解放出来，另一方面审讯对象又威慑于传统的审讯方法。在实践的审讯中，我们可以同时设置传统的审讯室和便于信息交流、无审讯台阻隔的审讯室，以便于对心理感受不同的审讯对象并存、交替使用。

第二节　巩固审讯人员信源基础

审讯活动是审讯人员与审讯对象之间进行的一种心理博弈，就如拳击场上两名拳击手之间展开的搏击一样，力量强大的一方势必占据优势，最终战胜对手获得胜利。审讯人员始终掌握有审讯活动的主动权，但是审讯人员的能力不足，仍然无法制服对方，让审讯对象供述自己的犯罪事实。根据信息论原理，信源是信息系统中控制信息传递全过程的总开关，就如水龙头一样，龙头一开，信息就会像自来水般哗哗直流，龙头的松紧，决定着信息传递信号的强弱。因此，审讯人员自身的能力水平尤其重要，他决定着审讯信息传递的节奏，调节着信息量的输出，对于能否对审讯对象产生有效的心理刺激，从而改变审讯对象的抗审态度，自愿如实地供述犯罪事实，起着决定性的作用。

一、审讯人员应当具备的条件[①]

每个审讯人员的审讯方式和策略各有不同，不同的案件适用不同的审讯方法，但优秀的审讯人员肯定都具备一些共同点，即高尚的品质、综合的能力和严谨的作风。司法实践中获得审讯成功的方式有两种：一种是说服，一种是压服。压服对于审讯对象来讲只是暂时的，一旦脱离特定的审讯空间和环境，就会压而不服，出现反复。因此审讯人员采取上上之策只能是选择说服，说服意味着要与审讯对象进行沟通、交流，审讯对象对审讯人员的信服来源于审讯人员的办案水平和能力，信服于审讯人员的个人品质，是一种内心上的征服。

（一）审讯人员应当具备的品质

1. 政治素质

一名优秀的审讯人员必须是一名合格的检察官，理应具备良好的政治素质。

（1）坚定的政治立场

忠于党、国家和人民，体现了检察官鲜明的政治立场，我国宪法规定了中国共产党的核心领导地位，检察人员要以对党忠诚的态度维护党的领导，确保检察机关以正确的方针政策和政治思想依法独立行使检察权。同时，作为一名合格的检察人员要维护国家和人民的利益，担当起国家所赋予的神圣使命。

（2）坚定的法律信仰

检察官是国家法律的捍卫者，离开了宪法和法律，检察官的行为就会失去准则，审讯工作也可能出现"逼供"、"诱供"等既不利于查清案件事实，也不利于树立检察机关形象的现象。忠于法律要求审讯人员有对法律的信心，无论审讯工作遇到何种困难，坚信依法办事一定能查清事实的法律信仰。审讯工

---

① 有关审讯人员具备的条件参见尹立栋：《职务犯罪审讯控制论》，中国检察出版社2015年版，第14－25页。

作常常会遇到难以预料的困难，但恰恰是这些困难考验了检察干警的法制信仰，因此，在心中树立牢固的法制精神更是审讯人员应当具备的条件。

（3）大局意识和服务意识

大局意识要求检察人员在案件办理过程中要有服务当地经济、服从经济建设为中心的大局意识。在审讯工作中则要求审讯人员要有配合案件整体查处的意识，有为群体审讯战斗打好配合战的意识。任何审讯活动都不是孤立的，都仅是查清案件事实的一部分工作，因此审讯人员必须要有全局意识和服务意识，不搞小团体，不为凸显个人成绩而影响整体的办案效果。

2. 道德素质

在审讯实践中，往往由于受到法律时限的制约，审讯人员会出现脾气暴躁、毫无审讯章法，动辄以暴力、威胁等非法手段试图得到其想要的结果，这是为法律所不允许的。审讯人员必须尊重人权，保护犯罪嫌疑人的合法权益，道德素质成为了审讯人员的必备条件，道德素质不仅调整审讯人员的外在行为，还调整审讯人员的动机和内心活动。处在职务犯罪侦查战场的最前线，面临着腐蚀和诱惑的严峻考验，一个没有崇高道德素质的审讯人员很难想象他在"糖衣炮弹"面前不会迷失方向，面对着丑陋的社会阴暗面，心理失衡的状况难免会滋生，因此，崇高的道德素质是审讯人员应具备的条件之一。

3. 业务素质

政治素质、道德素质是一名检察人员胜任审讯工作的首选，而必备的业务素质是审讯能力的综合体现，审讯能力的强弱将直接影响审讯的质量。业务素质精湛与否决定着审讯的成败。

（1）法律素质

对于检察人员来说，精通法律是其必须具备的执业素质。一名合格的审讯人员应具备的法律素质应当包括以下几个方面：

①法律知识。精通法律知识是检察人员的本职，审讯人员在对检察业务相关的法律知识熟知的基础上，尤其应对职务犯罪的构成要件的相关法律知识有更为深入的认识，在审讯过程中才能做到具有针对性。有时候，审讯对象虽然"讲清了事实"，但夹杂着一些辩解，这些辩解会使所谓的事实处于似罪非罪的状态，审讯活动就是要认清事实的真伪，使事实符合法律的规定，形成足以证明构成犯罪的事实。

②证据意识。证据是刑事诉讼的灵魂和基础。审讯人员应当充分认识到证据的重要性，注重证据的关联性和证据的可采性，在审讯工作中注重扎实供述内容与初查已获证据的关联性，以利于审讯人员及时作出判断，调整审讯策略，也有利于审讯人员根据审讯对象的供述，引导其供述出与其犯罪行为相关

联的证据去向，为案件突破和侦查进一步明确方向。

③程序意识。检察人员严格遵守程序法的规定本身就是在实现法律的任务，在审讯过程中亦是如此。特别是在审讯程序越来越规范的背景下，审讯人员应当树立起程序意识以确保审讯过程和口供取得的合法性，以程序合法夯实审讯取得证据的合法性，并在职务犯罪审讯对象和社会公众面前展示检察公信力。

（2）综合文化素质

审讯人员的综合文化素质，并不是指审讯人员应当对科技、金融、税务、建筑等各方面知识都有所掌握，这是不切实际的。但审讯人员在审讯开始前对案件已经有了初步的分析研判，对审讯工作可能涉及的行业领域有了初步的了解，此时，应当将针对该特定行业的规范、程序、专业技术等问题作一个基本的掌握。如果对审讯对象供述的专业性知识一无所知，那么讯问也将会无从下手，甚至会给审讯对象轻视审讯人员的机会和有机会逃避侦查的侥幸心理。例如对工程建设方面的职务犯罪审讯对象，对于与其犯罪行为相关联的会计知识、建筑工程、建材装修等相关知识都应有基本的常识性认识。有这样一个案例，审讯对象为了逃避法律追究，在是否利用职务便利上大做文章，其收受某建筑公司贿赂20余万元，却谎称为该建筑公司设计了100多个大小工程，此20多万元系其劳务所得。经查证，此100多个所谓工程设计，最大的工程也只有几千元，最小的只有几百元，合计加起来也不满15万元。共计15万元的工程量能有多少设计费，从而揭穿了其谎言。又如针对金融行业职务犯罪审讯对象，对于与其职务犯罪相关的税务知识、金融知识、证券融资等知识都要有一个充分的准备。文化素质是审讯工作得以顺利进行的重要方面，只有了解了不同职务犯罪的具体发生过程，才能在讯问过程中找到突破点和可疑点，也才能震慑审讯对象。

（二）审讯人员应当具备的能力

心理学认为，能力是直接影响活动效率，并使活动顺利完成的个性心理特征。在审讯过程中，"没有人可以隐藏秘密，假如他的嘴巴不说话，那么他则会用指尖说话。因为当人的大脑进行某种思维活动时，他的大脑会支配身体的各个部位发出各种微细的信号，这是人们不能控制而难以意识的"。这就需要及时的捕捉信号，从而发现问题的本质，这与审讯人员的个人能力是分不开的。

1. 语言能力

审讯人员具有较高的语言能力，是审讯工作开展的利器。语言能力是指一个人语言的思辨能力、说话的表达能力和在语言交流中的应变能力。包括语言的流畅程度，用词用语的准确性，语言是否能与语境、功能和目的相适应等多方面的内容。相同的意思通过不同的语言组织说出来效果将有很大的差别。从语言的气势上来看，审讯人员说话流畅、毫不犹豫将会在审讯对象面前呈现出一种充满信心、底气十足的面貌；相反，审讯人员话说一半卡壳或者冷场，则大大降低了审讯气势，也会使审讯对象对审讯人员的能力产生怀疑。从用语的内容上来看，审讯根据阶段不同，需要试探、讯问、教育或表示理解等多种语言的转换。在生活中，一个用语方式一成不变的演讲者会令听众感到麻木、无趣、厌烦，审讯也是如此，采用一成不变的用语方式，审讯对象从感知上也会对审讯人员的话语感到麻木、注意力不集中，审讯语言作用难以发挥。因此，审讯人员要有丰富的用语经验和语言词汇储备，才能在审讯节奏的变换和控制中游刃有余。另外，审讯人员的语言能力还包括听取语言的能力，即语言敏感性。如何判断审讯对象的供述是否属实，除了要严格以法律、以证据为判断依据以外，对语言的"第六感"也必不可少。是否话中有话、是否有所隐瞒、是否还有其他未被检察机关掌握的案件信息等都需要审讯人员有高度的语言敏感性。

2. 逻辑思维能力

逻辑思维能力包括对事物的观察、分析、推理、判断、概括等综合能力。作为一名审讯人员，首先，要有对法律规定和刑法具体罪名的逻辑思考能力，这种能力必须建立在熟知法律知识、有良好的法律素养的基础之上，才能将法律中的各类逻辑关系熟练运用。例如在处理法律关系中常常用三段论推理这样一种演绎推理方法，便是对逻辑思维能力最常见的训练。其次，要有对整个案件事实发生、发展情况，以及案件所展现各类证据的逻辑思考，使审讯工作牢牢地围绕案件事实展开，获取的口供和证据环环相扣，为后续案件的办理打下基础。最后，还要对审讯对象的前后供述有逻辑判断，通过审讯对象的供述找出逻辑漏洞，让审讯对象的虚假供述不攻自破，通过审讯对象自己的供述揭穿谎言。要培养逻辑思维能力，全面地认识事物的内部与外部之间、某事物同他事物之间的多种多样的联系，不断拓展自己的想象力和发散性思维，在审讯中不断地演绎、归纳和推理，才能使审讯人员全面掌握各方面的案件信息。

3. 临场反应能力

审讯工作中遇到的审讯对象可能存在狡诈、冲动、顽固、内敛等各不相同的类型，审讯人员要在不同类型的审讯对象和随时变化的审讯氛围中当即作出判断和决策，就需要高度的反应能力和当机立断的魄力。尽管职务犯罪的审讯一般都是群体作战，需要紧紧围绕核心，统筹安排，统一指挥，但在审讯室这个特定的环境中，能够影响审讯对象行为和左右审讯工作进展的还是在现场的审讯人员。因此需要审讯人员有临危不乱的勇气和快速的反应能力，能够在短时间内作出判断和决策。一般来说，审讯活动中的审讯对象都会经过积极抗审阶段、防御相持阶段、动摇怀疑阶段和最终供述阶段，审讯人员在不同的审讯阶段都要积极地作出应对措施。实际审讯工作中，这四个阶段不可能划分得非常清晰，而是不断地交织演变，这就更需要审讯人员具有较高的临场反应能力。在审讯对象防御心较重时对其进行"赞美"，对其作出的贡献进行客观评论，以期在心理上进行接近；在审讯对象开始动摇时，通过对其行为表示一定的理解，同时又惋惜其行为确实是触犯了法律，表达出其行为虽属一世英名中的人生污点，但尚可争取宽大处理的意思，助推其动摇的心态；在悔罪供述阶段也不代表审讯对象就会心甘情愿地如实供述自己的全部犯罪事实，一般来说人都有趋利避害、避重就轻的心态，此时审讯人员也绝不可掉以轻心，要以积极鼓励、运用证据，或者以已经掌握犯罪事实来促使审讯对象彻底放弃侥幸心理。临场反应能力还体现在审讯人员的语言、肢体行为，以及审讯人员彼此间相互配合等各个方面，需要不断地学习和锤炼。

4. 联想能力

联想是指通过感知或者回忆某一事物连带想起其他有关事务的心理过程。在审讯活动中，丰富的联想力对审讯人员来说是不可缺少的重要基本条件。审讯对象由于心理活动的变化，在接受讯问时，经常会说出一些莫名其妙的话、做出一些莫名其妙的动作来，如果我们通过联想，把它们连接起来，这些莫名其妙的语言和动作就会成为真实的信息反应。提高自己的联想能力，必须对客观事物的因果关系进行积极地联系，追根溯源，这样才能在关键的信息来临之际，不至于麻木不仁，错失良机。

5. 专注能力

注意力是心理活动对一定对象的指向和集中，缺少注意的感知就可能出现"听而不闻、视而不见"的现象，缺少注意的思维就会胡思乱想，注意力是保证心理活动能够顺利进行的必要条件。审讯人员在审讯过程中的注意力是审讯活动成功的基本保证，审讯人员的注意力分配和注意力的转移直接影响着审讯的效果。在审讯过程中如何调节和掌握注意力的分配与转移？认知心理学提出了注意力的过滤器理论，他们把注意力看作一个控制系统，主要负责对一定量的信息进行加工处理，过滤器犹如一个开关，当人在同一时间内面临大量的信息时，过滤器就作出某种选择，让一些信息通过，并阻断其他信息。首先，审讯人员应当发挥注意力的过滤器功能，利用信息之间的相互关系，鉴别、筛选犯罪信息，剔除与犯罪无关的信息，组织不同类型的干扰信息渗入，保证与犯罪有关的信息"线路"畅通。依靠审讯人员有效注意的心理活动，以及审讯活动的任务和目的作出临场反应。其次，必须加深对审讯目的和任务的理解，了解其艰巨性和复杂性，加强专注度的培养。再次，时刻提醒自己注意正在进行的审讯活动，特别是当注意力处于动摇或者需要特别关注的时候。当其他信息输入时，应尽快地放弃，迅速地把注意力恢复到原来的对定向信息加工的状态上来。最后，要用坚强的意志与内外干扰信息作斗争，清除内心杂念。牢记24 小时的审讯时限对审讯工作的重要性，尤其是首次审讯是突破职务犯罪案件的关键，力争做到聚精会神。

（三）审讯人员应当具备的作风

无论是在审讯活动中承担何种任务，都是一个集体，需要拥有集体的力量，才能在工作中乘风破浪，不断进步，审讯人员的作风建设显得尤为重要。

1. 敢于办案

工作中侦查人员要敢于办案，关键在于要求侦查人员在审讯中没有不敢啃的"硬骨头"。职务犯罪案件查办的困难，可能来自于涉案对象本身。如果涉案对象职位较高，对其查办可能会在当地产生较大的影响，审讯人员难免有所顾虑。

要通过细致的初查工作和翔实的材料，为案件办理打下扎实的基础，也为审讯人员打下心理基础。审讯人员确信存在犯罪事实，是审讯人员心理确信的最低要求，不仅要让其内心确信存在犯罪事实，还要使侦查人员在心中产生足够的信心。

同时，职务犯罪案件查办的困难，可能会受到来自于案件办理过程中在证据收集、案件突破、法律适用等方面遇到的困难。此时就需要审讯人员具备坚定的信心，遇到审讯"瓶颈"，能通过团队协作与审讯谋略的巧妙运用克服困难，推动案件查办顺利开展。

2. 严守纪律

职务犯罪侦查过程中，一旦行贿人员被检察机关先行传唤，犯罪嫌疑人、利益关系人就会四处打听消息，利用各种手段"围猎"。能否做好保密工作、严守纪律，关系到案件查办的成败。从某种意义上说，严守纪律就是办案的生命线。

秘密初查、秘密侦查、严守保密纪律是职务犯罪侦查工作本质的需要。一方面秘密初查极其重要，办案中遇到的最大阻力主要来自立案前的初查阶段。初查工作是无形的线索向有形的线索逐渐迈进的过程，初查活动虽然能获得大量的涉案信息，却又往往无法获取实质性的证据材料。因此，过早地泄露初查行踪、初查意图就会平添办案的阻力。另一方面，首次审讯阶段已经处于半公开状态，但必须对案件的犯罪事实、情节、细节、数额等具体因素予以保密，尤其是对认定犯罪性质的关键环节或尚未到位的重要证据予以保密，确保侦查工作的有序进行。

3. 增强团队配合意识

无论个人在审讯活动中承担何种任务，整个审讯活动都是一个集体，需要团队配合，才能在工作中乘风破浪，不断进步。在案件办理过程中，不同的审讯人员对案件审讯的方案或案件侦查方向都会有自己的设想，但不能因为对集体的安排有不同意见而擅自行动，擅自行动不仅不利于群体作战的管理，更可能因为走漏风声、泄露侦查方向、贻误侦查战机而导致严重的后果。

一个侦查人员所具备的品质是有限的，即使在侦查人员、审讯人员素质越来越高的背景下，也不可能做到上知天文、下知地理，但作为一个集体，每个人都有自己熟悉的领域和精通的专业，此时一个集体就会呈现出极高的专业素养，不仅仅是法律业务，也包括各行各业的专业知识。在审讯或侦查工作中，每个人工作的内容往往相互交织，因此要利用好团队的力量。特别是审讯工作遇到瓶颈时，应当更多注重团队协作，相互信任，才能补己之短，使集体效益达到最优。

4. 营造集体威信

这里的威信是指一个办案集体在当地或某一领域具有的震慑犯罪的能力。通过大案要案的办理，通过检察人员个人魅力的展示，通过优秀事迹的传播等，能够在一定区域内让社会知晓办案集体的"作战实力"，方能体现出检察人员的魅力和通过查处职务犯罪树立起震慑犯罪的极大威信。威信除了来自对犯罪的震慑，也来自对社会的服务能力。在办案过程中，尽可能降低对社会公众生活的打扰，消除一些不必要的影响，对涉案或相关企事业单位的经营给与法律允许范围内的便利等都能够树立良好的团队形象，也能在老百姓中间树立起检察人员高素质、高品格的威信，从而降低侦查、审讯的难度。

（四）审讯指挥人员应当具备的独特品质

警察、消防和军队中的指挥员在整个部署系统中都占据主导和支配地位，审讯工作也不例外，指挥能力实际上就是指挥员驾驭实战行动，控制、协调整个审讯实战行动的综合能力。审讯活动的指挥人员除了当然需要具有一般审讯人员的品质外，他们承担着更加重要的任务，自然也需要具备更高的素质。

1. 协调控制能力

指挥人员集力量调控、作战指挥、信息收集、方案决策等一系列职责，在诸多人员各事项中，需要做好部门间、人员间以及不同工作之间的协调工作和对大局的控制，特别是在办案力量有限，而办案数量不断增加的现实背景下，如何有效调配办案力量，达到集中最优化配置就需要较高的协调技巧和丰富的经验。在职务犯罪侦查中，一般不会单单对一个审讯对象进行审讯，往往会对多名涉案对象同时开展同步审讯，这就要求指挥人员不仅要协调好各组的力量配比，还要及时掌握各审讯组在审讯中发现的新情况、新动向，合理传递各审讯组之间的审讯信息，随时调整各审讯组的审讯策略、审讯方向，使审讯工作做到相互协调、相互配合。同时，指挥人员还要随时做好应对突发性事件的准备，在突发性事件发生时做到不慌乱，并且准确做出判断和采取应对措施，防止事态失控，特别是案件侦查方向，要牢牢掌握在作战人员手中。因此，协调控制能力是指挥人员的"指挥棒"，控制着整个团队的有序前进。

2. 信息分析能力

在侦查实践中，审讯工作往往与外部的侦查是同步进行的，审讯中出现的情况、发现的问题需要外部侦查力量的及时核实。同样，外部侦查获取的新的证据材料也需要经过指挥人员的综合分析，及时运用到审讯工作中去。短时间内收集来的无论是内部审讯的信息还是外部侦查获取的证据并非全部有用，甚至信息量过大反而会淹没一些有用有效的信息来源。不同的信息间往往存在着错综复杂的联系，这就需要指挥人员必须具备较高的信息分析能力，从信息中辨析出哪些是有效信息，从有效信息中捋出头绪，理清思路，提高侦查和审讯效率。面对审讯对象，通过信息分析能够有效地辨明审讯对象的供述是否属实，及时拆穿审讯对象的虚假供述，有效地占据审讯优势，获得审讯的最终成功。因此，信息分析能力是审讯人员的"方向盘"，决定着整个审讯和侦查的方向。

3. 果断决策能力

审讯工作一旦开始，往往会收集到许多难以意料的信息，出现一些计划之外的变故。此时，就需要指挥人员作全盘统筹考虑，在短时间内当机立断地做出决策。指挥人员较一般审讯人员而言，承担着更重的责任，对审讯中出现的问题要果断地做出调整，尤其是遇到难题、风险决策时，不能瞻前顾后，使审讯人员无所适从，要明确继续工作的方法和步骤。案件办理成功与否很大程度上取决于指挥人员是否承担起了最大的责任。所以指挥人员要有坚定的信心和在紧急时刻做出决策的魄力，在关键时刻，指挥人员必须做好审讯人员和侦查人员的坚强后盾，绝不能推三阻四、犹豫不决，要有下定决心的决策勇气。勇气不是单纯的蛮勇，而是指有勇有谋，是在科学分析的基础上的勇气，单有冲劲和魄力是不够的，扎实的实务能力、丰富的办案经验和对侦查团队的充分信任，都是指挥人员果断、勇气的来源基础。

4. 掌握全局的能力

指挥人员要对案件查办的整体做出决策，应当具有较高的掌握全局的能力。在职务犯罪案件侦查过程中，一些策略往往会牵一发而动全身，一个环节把握不准可能危及案件的整体侦查效果，一个细节处理不到位也可能导致意外事件的发生。因此，作为指挥人员在做出决策时，要能够预见到决策对于其他案件侦查工作的影响。同时，审讯工作或者其他侦查工作都会随时出现新案情、新证据，指挥人员要在第一时间掌握案件发展的具体情况，随时掌握审讯最新方向，这些都要求审讯人员具有掌握全局的能力。

5. 关心和体谅下属

侦查工作中，指挥人员分配工作任务、提出工作要求时也要关心、体谅下属，因为侦查工作需要团队协作，要充分展现指挥人员的人格魅力，才能使团队具有高度凝聚力。指挥人员的人格魅力除了在工作上要具有高超的业务能力以外，也要有体恤、关心下属的工作外的魅力。指挥人员经验较多，阅历丰富，也更能体会到下属可能出现的困难和不良情绪，此时的关心和体谅能够为干警解决困难和排遣不良情绪。基层检察院长期奋战在职务犯罪侦查第一线，连续作战是家常便饭，再加上经验不足的年轻干警居多，审讯中出现一些不到位的问题是难以避免的，指挥人员不应横加指责或者批评居多，而是应当身先士卒，以实际行动帮助解决审讯中存在的实际困难，梳理出有效方法、方案，解决难题，使整个团队更加具有积极向上的活力和聚集力。

二、审讯人员心理特征与负面心理矫正

审讯活动充满着博弈，实质上是审讯双方之间进行的心理对抗，心理承受能力越强的一方将取得审讯活动的最终胜利。因此，审讯人员不仅要具有一定的先天的禀赋，还要具有超强的心理素质。

（一）审讯人员应当具有的心理特质

审讯的目的是查明犯罪事实。在审讯人员事先掌握犯罪证据的前提下，通过以证促供的方法，迫使审讯对象供述犯罪事实，以期达到供证相符，证明犯罪事实客观存在的目的。然而，在职务犯罪审讯活动中，审讯人员在绝大多数案件的审讯前都无法掌握确凿的证据，因此，审讯人员只能通过有效心理刺激的方法，驱使审讯对象自愿如实供述犯罪事实，以此作为指引寻找证明犯罪的证据，达到查明犯罪事实客观存在的目的。鉴于审讯对象在审讯中均存在着程度不同的抗审心理，使得审讯活动更加趋向于艰巨、复杂，审讯人员只有具备充分的心理素质才能予以应对。

1. 必胜的信心

审讯人员必须要具备坚韧不拔的必胜信心。审讯犯罪嫌疑人是一场攻心斗智的较量，也是一场复杂的心理战。从职务犯罪审讯的对象来看，职务犯罪嫌

疑人高智商、高学历，具有一定社会地位，手握一定权力，拥有广泛社会关系。这些人为了逃避法律的惩罚，总是千方百计、不择手段地与审讯人员进行对抗。因而审讯人员无论审讯什么样的对象，首先都要做好充分的思想准备，了解掌握相关的法律规定。必胜的信念来源于审讯人员的决心、耐心、细心、恒心，这些是审讯工作得以成功的重要保障。

决心是必胜信念的来源。首先决心来自于审讯人员对审前初查材料的全面掌握和仔细分析研判，从而达到内心充分确认犯罪事实客观存在，并且做好充分的准备工作。有些指挥人员在实际办案过程中，基于保密的考虑，只将部分材料交给审讯人员，使审讯质量大打折扣，削弱了审讯人员的决心。其次，决心来源于指挥人员的坚定意志。审前动员和审讯活动中的鼓舞士气尤其重要。最后，决心来源于参战人员之间的相互影响。团队的共同决心至高无上，审讯骨干的失望情绪，尤其是指挥人员的犹豫不决会像瘟疫一样蔓延，会使审讯工作陷于被动，应当予以克服和压制。

耐心是必胜信念的基础。审讯活动的艰辛决定了审讯人员必须耐得住性子、沉得住气，通过耐心地讲法、说理，耐心地倾听、驳斥，不急不躁地、循序渐进地开展审讯工作，从而促使审讯工作有条不紊地朝着有利于突破口供的方向推进。然而在审讯实践中经常会出现这样的情况，审讯人员鉴于审讯对象的狡辩，或者出于对审讯对象的同情，或者相互对峙、久攻不下之时，审讯人员会产生失望的情绪，经常性地走出审讯室排解烦躁的心情，甚至走到指挥人员身边汇报："这个人没啥弄头、没啥花头，放了算了。"这种情绪不仅会感染指挥人员，甚至会影响到其他审讯人员的士气。因此无论在顺境时，还是在逆境时，耐心应当始终贯彻于审讯活动的全过程，不到指挥人员宣布审讯结束之时，誓言永不放弃。

细心是必胜信念的体现。审讯工作不是粗犷式的体力活，而是斗智斗勇的脑力劳动。审讯人员必须在激烈的对抗中细心观察、仔细分析，从审讯对象的一言一行中发现矛盾、利用矛盾，寻找可能的突破口。只有细心才能窥视出审讯对象的心理变化，适时地攻击审讯对象的心理软肋，取得审讯的成功。

恒心是必胜信念的保障。审讯经验告诉我们，遇到相互对抗的时候越是困难就越要坚持。审讯人员稍一松劲，审讯对象都会像泥鳅一样滑脱，使审讯活动复归原样。"冷饭好烧，热饭难炒。"可想而知，审讯人员想要重新组织力量，调整火候突破口供，要比前段时间所花的功夫更为困难。遇到审讯僵持的关键时候，其实也是审理成功的曙光即将闪亮的关键时刻，只要再努力一点，再坚持一下，审讯对象供述的话匣子就会打开，最终交代其全部犯罪事实。

必胜的信念是会传染的，在对多名审讯对象进行同时同步审讯的情况下，当某一审讯对象先行交代的消息传播到其他审讯室时，参与审讯的全体审讯人员的斗志就会被极大地鼓动起来，犹如集体打了强心针一样，立刻投入到新一轮猛烈的攻势中去，审讯对象也会旋即土崩瓦解，不长时间就会全线告破，这是反复实践得出的经验。反之，信心丧失、情绪失望就会在参战干警中相互传染，应当尽力阻止。

2. 紧盯目标，刨根究底

毛泽东在莫斯科大学面对数千名中国留苏学生和实习生，曾经说过这样一句名言：世界上怕就怕"认真"二字，共产党就最讲认真。认真二字是指导人们做好任何事情的首要原则，审讯人员务必保持认真的心理状态，并且将其付之于实际行动。

审讯活动是艰难的，尤其是针对抗审心理越强的审讯对象，锲而不舍的精神最难能可贵。为了探求职务犯罪事实真相，对于审讯对象的抗审心理和欲以隐蔽的犯罪事实，审讯人员必须具有"打破砂锅问到底"的心理准备，揭露其谎言，遏制其抗审心理，挖掘其犯罪事实。

3. 克服困难的坚强意志

审讯中很少有审讯对象会主动地坦白自己的犯罪事实，遇到困难和阻力是审讯人员需要面对的家常便饭，这是对审讯人员意志与毅力的严峻考验。审讯中经常会出现这样的现象，面对审讯对象的强烈抗审，年轻的经验不足的审讯人员往往会打退堂鼓，使审讯双方陷入长时间无话可说的尴尬境地。事实上审讯人员心理打鼓、信心不足的时候往往也是审讯对象内心忐忑、欲供不供的挣扎阶段，经验丰富的审讯人员会自觉地不断告诫自己：坚持，再坚持一会儿。事实证明，胜利最终会偏护于坚持的一方，实践证明，许多审讯对象都是在这个关键时刻败下阵来。

遇到审讯中的难题，审讯人员需要时刻保持清醒的头脑，充分发挥自己的创造力，寻找解决困境的方法。

（二）审讯人员易产生的负面心理

审讯人员产生负面心理的原因是多方面的，个人因素、集体因素及环境的不良影响都会使审讯人员心理产生负面情绪。究其根源主要有以下原因：第一，审讯准备不足。审讯工作的顺利进行是建立在审讯人员对案件证据及事实情况充分掌握的基础之上的，如果审讯人员在审讯前没有全面掌握案情，准备不足，就容易在审讯中卡壳。一旦遇到审讯僵局就无法顺利推进，就更加容易产生疲劳、失望等负面心理。第二，审讯经验不足。审讯人员的审讯策略、真伪判断以及审讯直觉力等都是建立在广泛积累经验的基础之上的。在审讯经验不足时，遇到审讯中的突发情况往往手足无措，审讯策略的运用也较为生疏，审讯工作的开展自然会比有经验的审讯人员更加艰难。第三，缺乏专业心理培训。目前我国审讯人员缺乏专门的心理培训，对如何调节自身心理情绪、如何应对审讯中的负面情绪均没有专业人员和培训机构予以疏导。这一现状导致了审讯工作"后备不足"，审讯人员身后仿佛缺少了坚强的后盾，审讯心理问题得不到很好的预防和矫正。第四，外界不良干扰。外界环境的不良干扰既包括一些不必要的噪声、气味，也包括一些不必要的人员参与和进入审讯室。外界干扰分散了审讯人员的注意力，容易打断审讯思路，使原本就"难熬"的审讯时间更加漫长，难以投入。

每个人的心理承受能力都有一定的限度，当承受的压力达到或者接近审讯对象心理承受的极限值时，审讯对象就会如实供述其犯罪事实。而审讯人员心理承受的负面压力达到极限时，审讯也只能以失败告终。审讯过程中审讯人员心理压力和审讯对象心理压力是一对此消彼长的关系，审讯人员处于心理优势时，说明对审讯对象施加的压力达到了预期效果；当审讯对象心理优势高涨的时候，反过来就会削弱审讯人员的心理承受能力。

调查显示，公务员中有 29.3% 的人存在心理问题。在所有心理疾病患者中，有 10% 是公务员，远高于其他职业，这是由于公务员在工作中长时间处于快节奏、连续作战、工作标准高、工作内容重复、害怕犯错心态焦虑等状态而产生，并且受社会文化背景和传统观念的影响，很多心理问题被误解为思想问题而导致就医意识不足，就医意愿较低。而作为与犯罪作斗争的侦查人员和审讯人员，更是面临着巨大的压力。在案件办理过程中，一个小小的错误或纰漏很可能会导致对案件关键信息的疏漏、对案件侦查方向的错误引导，给审讯工作带来较大的困难，更有甚者自身还可能会因为疏忽或犯错而被追究相关责任。特别是一些身居要职的岗位，需要统筹整个案件办理，也要承担更多的责任，时刻考验着办案人员的能力、魄力和抗压心理。同时侦查或审讯在时间上往往具有紧迫性和被动性，侦查人员连续作战频率高、强度大，其工作环境常常与犯罪嫌疑人和社会不良面接触，这些都大大增加了心理受不良影响的概率，出现心理不良情绪和心理问题的比例也会更高。审讯人员在审讯过程中往往会产生以下负面心理情绪：

1. 急躁心理

一场会议要是持续时间稍长，我们便会出现不耐烦、注意力难以集中的急躁心理。而审讯人员在封闭的空间内坐上数小时、甚至数十个小时之久，也会出现急躁心理，既希望审讯工作快点结束，但又无法集中注意力在审讯工作上，有可能导致审讯人员无法很好地控制自己的情绪和讯问的语气态度，过分急躁也会使审讯对象感觉到审讯人员的忙乱，这将影响审讯工作的质量。急躁心理产生的原因在于对审讯成功的渴望。初查结束后好不容易等到突破工作的开始，急于求成而遇到审讯对象的强烈抵抗，束手无策，没有更好的解决办法，甚至看到指挥人员无奈而着急的脸色都会使审讯人员产生急躁心理。

2. 麻痹心理

麻痹心理来自于对一个较为熟悉的环境或者事物的长时间接触后，对事物的神经刺激作用表现得不敏感，出现思维局限和反应上的迟钝。审讯人员在长时间接触审讯对象，特别是较为顽固的审讯对象时，在不停地重复相同的行为模式或者长时间集中讯问某一犯罪事实后，可能会对审讯对象表现出来的行为所蕴含的信息、将要供述的反应、供述中所呈现出来的纰漏、与其他犯罪事实或犯罪人的关联性等信息产生麻木感，出现思维定式，无法快速做出反应和联想，从而影响审讯效果。

3. 失望心理

失望是每个人在行为受阻或者目标受挫时产生的心理状态，审讯人员的失望心理有可能是对审讯对象供述的内容或案件事实与自己的心理预期有差距而出现，也有可能是对审讯进展不如意而对自己或作战群体产生失望。在审讯实践中，失望心里随时出现、随处可见，年轻干警经验不足，一遇到困难或者阻碍就会心里打鼓，总想着"怎么还不开口交代问题啊"。即便是经验丰富的审讯骨干，在遇到顽固抗审，久攻不下的状态时，也会产生失望心理。失望心理的出现打击了审讯人员的斗志和信心，而对团队的失望则会带来配合不协调、工作消极等更为严重的影响。审讯人员出现失望心理是非常正常的，因为审讯工作本身的特点就注定是艰苦且艰难的，任何审讯工作都不可能水到渠成，都会出现困难和瓶颈，重点在于及时进行排遣，重新调整状态。

4. 怀疑心理

怀疑心理既可能是针对案件事实的，审讯人员在审讯无法取得进展时，开始对审讯对象的供述失去真伪判断能力，很大程度是被审讯对象的狡辩、虚假供述所迷惑，从而怀疑初查工作取得的证据或已经查清的案件事实。怀疑心理还可能是审讯人员的自我怀疑，对自身能力、审讯策略或审讯方向产生一种不自信的自我怀疑。在审讯遇到"瓶颈"时，对案件情况进行重新梳理和分析，对审讯策略进行重新审视和调整非常必要，审讯人员必须重新坚定自己的内心确信，并对自身能力作出充分肯定。

5. 疲劳心理

审讯工作消耗大量的体力和精力，审讯人员从生理到心理都会产生疲劳感。首先在生理上，数个小时的审讯让审讯人员感到体力消耗较大，注意力和思维能力也会在生理疲劳后有所下降，最后产生心理疲劳感，力不从心。基层检察院干警单调的工作环境和机械的工作内容，也会让审讯人员的工作热忱和兴趣降低，甚至产生厌倦、百般无聊、心烦、抑郁等各种症状，严重的还会出现头晕、头痛的生理反应。心理疲劳除了会影响工作质量，还会对审讯人员的身体健康产生影响。审讯工作的特殊性使得心理疲劳感的产生不可避免，但审讯人员要积极应对，主动调整，尽量降低疲劳感带来的影响。

6. 同情心理

人是有感情的动物，审讯人员也并非没有情感，在面对一些情况特殊的审讯对象时，也会产生同情、侧隐的心态。例如看到有些犯罪嫌疑人因为家庭贫困，为子女上学或家人看病而走上犯罪的道路；有些犯罪嫌疑人为人老实、和善，也确实做了不少好事，因为一时糊涂或法律观念淡薄毁了大好前程等都会令人心生同情。出现这样的心态非常正常，也并不必然会影响审讯工作的正常开展。但也不排除因为同情而出现"法外开恩"的情况。审讯人员可以在法律允许的范围内给予审讯对象一定的便利，也可以在办案工作之外给予其家人一定的帮助，但绝不能因为同情心而在案件办理过程中"法外开恩"。

7. 自责心理

这种心理主要来自于审讯人员对于办理了较为熟悉的犯罪嫌疑人的案件时，产生的对自己的一种责怪心理。例如坐在审讯室中的是曾经熟悉的同学、是曾经敬仰的领导或者是给予过自己教导的前辈。都可能使审讯人员在审讯此类人员时，对自己的行为有一种不近人情的自责心理。另外，审讯人员在面对熟人说情、关照时表现出来的铁面无私也会在审讯人员心中产生自责感。这种自责心理的产生在一定程度上使审讯人员的职业认同感和价值感降低。法律面前人人平等，实际上审讯人员只能按照法律程序办事，产生这样的自责心理需要及时调解和疏导。

8. 负罪心理

负罪心理是一种长期性的、累积起来的心理情绪。在某一案件中可能并不会单独体现负罪心理，而长期从事职务犯罪侦查工作的办案人员，把大量的犯罪分子送上法庭、送进监狱，不仅"伤害"了犯罪分子本人，还会连带影响到犯罪分子的家庭甚至一个家族。另外，受到一些不良势力的影响，会觉得是一种"损人"、"作孽"的行为，久而久之职业荣誉感下降。负罪心理会造成工作积极性降低，面对审讯对象"手下留情"，对工作取得成绩的自我认同感下降。负罪心理在诸多负面心理中最为隐蔽，不仅出现在审讯活动中，其影响范围也更广，在其他侦查工作中，也容易受到负罪心理的影响。其危害性也极大，因而需要予以长期的关注和引导。

（三）审讯人员负面心理的矫正

目前我国逐渐对公务员的心理状况有了更多的重视，而面对侦查、审讯人员这样一个特殊群体的心理状况还缺少全面的情况掌握和措施应对。针对审讯人员在侦查、审讯中出现的一系列负面情绪，由于缺乏心理辅导和矫正的专业人员和方法，现阶段审讯人员只能通过与领导谈心谈话和自我调节两种方式来缓解侦查、审讯工作所带来的负面影响。因此，有必要对审讯人员进一步做好心理辅导工作，审讯人员自身也应积极应对。

1. 审讯人员的自我矫正

第一，增强新鲜感。审讯的进展是缓慢的，在最初的新鲜感过后，审讯人员很容易因为倦怠而走神，或目光游离，或哈欠连天，甚至会开小差。这时就需要审讯人员关注审讯对象的心理变化、态度表现，不断通过初查所收集获得的信息，调整审讯方向、思路，开辟新的路径。

第二，激发创造力。在审讯活动中，创造力对审讯人员来说是不可缺少的重要基本条件。审讯对象由于心理活动的变化，在接受讯问时，经常会说出一些莫名其妙的话、做出一些莫名其妙的动作来，如果审讯人员能够通过创造力把它们连接起来，通过自己的感觉和知觉来了解犯罪嫌疑人的内心世界，并且通过自己的感觉和知觉去发现审讯对象的心理变化，掌握审讯主动权，这些莫名其妙的语言和动作就会成为真实的信息反应。

第三，调节集中注意力。心理学研究表明，一个人注意力的集中与转移的强度是有一定限度的，15—25 岁是注意力最强、最持久的时期，在此之前呈上升态势，在此之后呈下降趋势。因此，要特别注意在讯问开始后的 4 小时以后，审讯人员应交替进行，注意缓解思维阻滞的现象。特别是审讯对象比审讯人员更加年轻、精力更加充沛时，则更要"避其锐气"。还要做好审讯室的布置工作，特别防止无关信息对审讯工作的干扰，如噪声、光线、杂物等。

第四，注意细节语言。审讯工作越是往后，越要注意审讯对象透露出的细节性、模糊性话语。因为随着审讯工作的深入，审讯对象也会出现疲劳、麻痹的心理状态，与刚进入审讯室的高度防备心理相比逐渐降低，抗审心理也逐渐下降，此时在交流过程中，会不经意透露一些重要信息。因此，审讯人员要特别注意敏感词汇，例如一些与时间点相关的词，一些与自己曾经任职相关的讲述，这些都是审讯对象准备开始供述的迹象。此时，审讯人员要拓宽思路，牢牢抓住可能出现的案件线索信息。

第五，注意休息，活动放松。在办公室办公时，长时间保持坐姿令人疲惫，审讯人员在一段时间久坐后，要适时站立活动放松，既是调整身体机能的需要，也是使大脑放松的需要，在不影响审讯节奏和进展的前提下，也可以中途进行轮换休息，适当地到室外活动。但在审讯室中站立活动要注意不能影响审讯工作的部署和影响审讯人员与审讯对象之间的抗衡状态，更不可对审讯环境的安全保障造成威胁。在审讯之余也要注意休息，为审讯工作的开展保证充足的精力。

第六，加强团体协作。在审讯工作中，每个人都会遇到上述的负面心理问题和疲劳问题，此时团队协作的办案能力就要发挥积极的作用。作为办案中的个体，在遇到困难和问题时要积极向领导同事求助。作为战斗团体，及时调整审讯配备的人员，做好协作工作，要组织好审讯的后备保障工作。在审讯人员出现负面情绪的苗头时，开展谈心谈话来做好审讯人员的情绪疏导工作，及时了解工作以及生活上的困难，打消干警的后顾之忧，提高团队协作能力。

2. 建立完善的心理疏导机制

审讯人员产生上述负面心理后，审讯人员的心理状态要么依靠与领导的交流来调整，要么通过自我力量来调节。实际上，一些严重的心理问题或者是长时间积累下来的"慢性"心理疾病，是需要训练有素的职业心理咨询师通过心理咨询或心理治疗工作介入的。现有的审讯人员负面心理的调解方式虽然有一定的作用，但其效果与专业心理咨询相比相去甚远，与目前国外一些已经为警察等执法人员建立的心理救援机制相比，我国亟须建立专业的心理咨询机制。

审讯人员职业的特殊性需要对审讯人员心理状态进行评估，建立专业的心理素质测试系统。在案件办理过程中，应进行心理状况的测试建档并跟踪记录，随时了解审讯、侦查人员的心理变化情况。可以通过电话心理咨询、网络心理咨询等提供专业心理咨询师或治疗师，及时帮助审讯、侦查人员调整心态、排解困惑、疏通心结。有条件时，逐步建立起非职业和职业心理咨询制度。可以由一些未受过系统培训和职业训练的、非职业的、业余的心理咨询人员进行心理咨询工作。通过非职业的心理咨询制度，使来访者把成功和进步归于自身的努力，加强来访者自我调节的自我效能感，非职业的心理咨询师通过"一种和善的人类关系"会在咨询工作中取得不错的成绩，但是在应对有特殊问题的来访者时却不能合理处理。[①] 此时则需要通过职业心理咨询制度，提供专业化的治疗和矫正。心理咨询师需要非常专业的训练和实践经验，在与求助者的一系列会见和接触过程中，分析心理问题和寻求解决方法，这种专业化极高的心理咨询工作往往能在有限的时间和次数内获得较好的效果，随着心理问题逐步引起重视，心理咨询越来越广泛地被社会关注，针对审讯、侦查人员的职业心理咨询制度应当尽快建立并予以完善。

---

① 吕金鹏：《警察心理咨询模式初探》，载《武汉公安干部学院学报》2009 年第 2 期。

三、强化审讯人员的信源功能

（一）审讯力量的现状

1. 审讯人员缺乏专业化训练

职务犯罪侦查人员多为近年来招考的大学生，法律专业知识丰富，接受过系统的法学教育，具有扎实的法律功底。但审讯是一场复杂的心理战，仅仅依靠法律、法规的宣讲是不够的，审讯人员必须准确把握审讯对象的心理特点和发展变化规律，选择有针对性的审讯方法。同时，审讯又是一种信息交流，集法律性、政策性、科学性和艺术性于一体，是一种特殊的语言交流形式，这些都需要掌握和熟练运用。而新进的审讯人员既缺乏审讯知识的了解，又没有接受过审讯方面的专业化训练，不懂得审讯策略，出现审讯失败的情况也就不足为奇了。

职务犯罪审讯是沟通、交流的过程，考验的是人的沟通能力和应变能力。近年来检察机关招考的大学生往往是从大学直接进入到机关，缺少社会阅历和经验，在人际沟通能力方面存在不足，而在上世纪八九十年代进入检察机关的人员多以社会招考、复转军人为主，都已经具备了一定的人生阅历，社会经验丰富，具有良好的沟通能力，一到职务犯罪侦查岗位就能很快适应审讯工作。

2. 审讯人才流失严重

职务犯罪侦查部门的编制有限，人员流动性大，多为新进人员，中间力量流失严重。实际情况往往是一个10余人的职务犯罪侦查部门，只有2—3名侦查骨干，肩负着整个部门的侦查重任，他们不仅要负责线索的初查、审讯的重任，还要负责立案后的取证办案任务，堪称职务犯罪侦查的"全能运动员"，繁忙的工作现状决定了即使是侦查骨干也很难符合初查专家、审讯专家、办案专家的专业化、精细化要求。如果一个职务犯罪侦查部门能有3—5名侦查骨干就已经称得上是"兵强马壮"了，而他们一般也早已担任本部门的正、副职，其余干警上升的空间不足，很难有进取的动力。审讯人才的储备是要经过培养、实战训练的，但往往一个优秀的审讯人员刚刚被培养出来，由于本部门职位的限制而只能调整到其他部门提拔重用，从而导致人才流失。

3. 缺乏系统性培养锻炼

司法实践中的"老带新"就是在办案过程中新同志在老同志的指导帮助下，直接上手参与办案，这种实战培训是必备的。但是对于新同志的培养锻炼并不仅于此，当前，关于掌握犯罪心理学方面的知识培训缺乏系统性，关于审讯对策、策略、方法、谋略等方面运用的培训缺乏系统性。新进同志只对基本的法律知识熟悉，对于大量的行政法规、部门规章、财务、审计、税务等方面的知识则掌握得不全面。尤其是新进同志往往是学校一毕业就走进检察机关，缺乏社会知识，对于行业、系统的潜规则等并不了解。

4. 缺少一套程式化审讯方法

"传帮带"是实践总结出来的方法，是检察机关侦查部门团队精神的充分体现，也是检察机关恢复重建以来30多年来侦查工作赖以维系的好经验。但是这种以老带新的传承方式决定了老同志的侦查水平和能力直接影响着年轻同志的侦查质量和效果。传统审讯方法是以施加压力为主，以增强审讯对象的紧张与焦虑，利用审讯对象求生、求轻的本能对压力产生服从或屈从，有的则以利益作为诱因，使审讯对象利益屈从。尚未形成一套完整的、动态的、可操作的审讯方法体系。

（二）合理配置审讯人员

审讯过程犹如战场上短兵相接。处于职务犯罪侦查的最前线，审讯人员与审讯对象之间展开面对面的较量。在此战场上，审讯人员的能力水平将得到充分的展现。鉴于目前基层检察机关侦查部门的实际状况，经验丰富的老同志较少，年轻干警不断增加，且普遍没有经过专业化培训。怎样调动侦查人员的积极性，尽快适应复杂多变的审讯环境、把握审讯中的主导作用，是我们应该研究的问题，笔者试从以下几个方面进行分析：

1. 根据性格选择审讯人员

人的性格有内向型和外向型之分，审讯人员也不例外。外向型性格的人心理活动倾向于外部世界，经常对客观事物表示出关心和兴趣，不愿苦思冥想。这些人心直口快，活泼开朗，善于交际，感情外露，待人热情、诚恳，且与人交际时较随和，不拘小节，适应环境的能力较强。他们参与审讯的优缺点比较明显。第一，新鲜感强。审讯刚开始时均是未知数，性格外向的审讯人员往往跃跃欲试，积极申请主战，希望第一个突破口供。第二，斗志昂扬。性格外向的审讯人员情感外露，易于冲动，是施加压力的"好手"。第三，不耐久战。性格外向的审讯人员面对面交锋实力强，软磨硬泡功夫欠缺，久战不下就会耐不住性子，实战中如果遇到顽固抵抗的审讯对象就会手足无措，经常会溜出审讯室呼吸新鲜空气，借此舒缓郁闷心情。

性格外向的审讯人员一般适合于审讯的前半场，他们能够很快地越过试探摸底阶段，而进入对抗相持阶段。他们的长处就在于对抗中的面对面交锋，善于抗争，不畏强暴，勇于施压，在硬碰硬中削弱审讯对象企图对抗的心理，使审讯进入常态。实际工作中，各个基层院都会涌现出"三板斧"的审讯好手，不管三七二十一，先接我三招试试。这种精神值得提倡，是年轻干警首先应当学会的审讯基础。刚上阵的年轻审讯人员经验不足，常常有怯场的心理，在审讯中表现出金口难开，"哑巴"一个，仅仅作为主审人员身边的陈列摆设。有时还"小动作"不断，不仅无助于审讯工作，还会起到相反的干扰和破坏作用。"三板斧"精神真正是年轻干警进入审讯室必修的第一课，是提高审讯水平的垫脚石，一个侦查部门如果长期形成这种精神，势必会锤炼出一支扛得住任何风险的高水平的侦查队伍。

内向型性格的人感情思维倾向于内部世界，珍视自己的内在情感体现，感情比较深沉，对内部心理活动的体现深刻而持久。这类人智力较高，语言能力强，处理问题谨慎，善于深思熟虑。性格内向的审讯人员精于"盘庄"，耐力足，善于斗心斗智。一般宜于审讯活动后半场进入，更有利于发挥他们的长足，审讯经过相持对抗阶段的高强度正面交锋后，恢复到常态。审讯对象的锐气已经消耗，内向型审讯人员可以利用自己的耐心进行教育说服；利用自己的智慧与审讯对象说法明理；利用自己的机敏发现矛盾、叠加矛盾、各个击破；利用自己的恒心对付沉默型软抗犯罪嫌疑人，寻找突破口，扩大战果。

2. 根据审讯对象的性格选择审讯人员

对于性格外向的攻击型审讯对象，在相持对抗阶段一般表现为高强度对抗，使用斗志高昂的外向型审讯人员较为适宜，可以利用审讯人员的斗志、毅力抗击审讯对象的疯狂攻击，从气势上压过一头，迅速减弱或击垮审讯对象的抗审心理；如遇人员调配不周，需要选用性格内向型审讯人员进行审讯时，可以利用审讯人员性格内向与审讯对象性格外向的强烈反差，采取不紧不慢、慢条斯理的审讯策略来击碎审讯对象的强硬顽抗，让审讯对象产生"有理"无处说、有火无处发的尴尬、别扭心态。使审讯的思路和轨迹沿着审讯人员的习惯方向发展，从而消除其抗审心理。

对于性格内向型审讯对象，由于该类人一般以软抗的方式对抗审讯，拟使用内向型审讯人员为宜，采取消耗战、耐心战的方式，软磨硬泡，发现其软肋，予以击破的策略，以此实现以软对软、与软制软的目的；如遇审讯人员调配不周时，使用性格外向型审讯人员也不失为一策，通过性格外向型审讯人员落地有声、步步紧逼的猛烈攻势，一般情况下能够使意志相对薄弱、抗审能力稍差的审讯对象加速抗审心理的崩溃，提前交代问题，收到原先不曾想到的效果；如果遇到性格内向、抗审能力极强的审讯对象时，使用外向型审讯人员则有力所不及的感觉，犹如双拳猛击棉花，处处不能受力，故使用外向型审讯人员对付性格内向型审讯对象，一般考虑安排在审讯活动上半场为宜。

实践表明，外向型性格的审讯人员善于正面出击，针锋相对，集中火力，各个击破；而内向型性格的审讯人员则老谋深算，筹谋规划，层层盘剥，全线击破。而造就一名优秀的审讯专家正是集两者于一身的"双面手"，需要压制审讯对象的嚣张气焰、施加压力时，能够不畏强攻，横刀立马；需要对付阴险狡诈、负隅顽抗的审讯对象时，则能善用策略，未雨绸缪。

在基层检察院办案过程中，有些审讯人员因为审讯对象的口供在自己审讯时突破而沾沾自喜，有些审讯人员更是喜欢评功摆好，更有个别审讯人员在自己参与审讯时使尽力气，而在协助他人参与审讯时则视如旁人。这些消极现象在各地办案实践中或多或少地存在，应当加以克服，殊不知职务犯罪无论是审讯还是侦查都离不开侦查部门的集体力量。审讯对象之所以轮到你时才开口，是因为其他审讯人员前期审讯工作的铺垫和辛勤的努力。即使是你独立完成的审讯，也有其他同志在初查中所付出的努力，或是内审外调给予你的全力配合，更是领导、指挥人员的辛苦和指导的结果。是金子总会闪光，只有潜心专研、踏实努力的人，最终其审讯、侦查才能才会为大家所公认。

3. 从年龄分析选择审讯人员

就审讯一个审讯对象而言，在 24 小时的审讯期限中，由一个审讯组全程负责审讯是最有效的方法。而事实上，基层检察机关在查办职务犯罪案件时，就一个案件而言，就要前后审讯多名审讯对象。如果是查办窝案串案，则连续加班十天半个月是常有的事。为此，有些侦查部门采取"两班三运转"的方法，即两个审讯小组轮流替换，每个审讯小组各负责 8 小时的审讯时间。也有些侦查部门采用"两班双运转"的方法，即两个审讯小组轮流替换，每个小组各负责 12 小时的审讯时间。实践表明，采取"两班双运转"的方法比采取"两班三运转"的方法更容易取得较佳的战绩。两者的区别在于，"两班三运转"的方法交替过于频繁，每组审讯时间短，总共 8 小时，掐头去尾所剩时间不多；审讯人员休息时间也只有 8 小时，回家来回去掉路上的时间也所剩无几，不利于审讯人员休息；而"两班双运转"的方法每组审讯人员的时间有 12 小时，中间休息时间也延长到了 12 小时，这样既有利于审讯工作的开展，又能确保审讯人员的休息时间。目前，法律规定要留给审讯对象适当的休息时间，因此，"两班三运转"的方法更不可取。

另外，法律虽然规定要给予审讯对象适当的休息时间，但如何合理安排休息时间要具有科学性。一般来说，夜间的审讯往往比白天的审讯更容易出成绩，这是在安排审讯对象休息时间时需要考虑的因素。

就审讯人员的年龄而言，目前基层检察院办案力量普遍不足，以老带新是常态，根据审讯人员年龄分析，年轻人虽然经验尚浅，但斗志、激情饱满，宜安排在下半夜以前，率先登场，以锐气冲击审讯对象的抗审心理，另外下半夜时间也有利于年轻审讯人员休息。如果安排年轻审讯人员参与下半夜审讯，年轻人白天睡不着觉，又不会合理安排休息，连续加班就会出现体力不支的现象，连续加班导致整个侦查部门干警"集体感冒"的情况时有发生。有些超过 50 周岁的、甚至接近退休年龄的老同志办案积极性高，主动请缨要求下半夜加班，这正好符合老年人早睡早起的生理习惯，故下半夜 2 点钟交接班是最佳交接时间。一方面老同志善于合理安排自己的休息时间，另一方面年龄大的审讯人员经验丰富，下半场参与审讯更能发挥他们的优势，控制审讯局面，使指挥人员更为放心。

4. 根据业务能力选择审讯人员

业务能力的强弱是选择审讯人员的首要条件。综观基层检察院，10 人左右的侦查部门比较普遍，况且年轻人居多，审讯骨干相形见绌。一般情况下，均是由一名业务能力较强的审讯人员带一名业务能力稍差的年轻审讯人员合理搭配成一组开展审讯工作。再由两组审讯人员共同轮班对付一名审讯对象。两组审讯人员业务能力强弱相当时，可以任意选择；两组审讯人员之间业务能力有强弱之分时，可以让稍弱一组审讯人员先行登场，承担摸底、对抗的任务，而让业务能力较强的一组审讯人员后续上场，承担把关的重任，也符合逐步增强心理施压的审讯节奏。

对于抗审能力较强的审讯对象，则应当集中侦查部门的全部力量，同时配强配足两组审讯人员。在审讯力量允许的前提下，可以在二人一组的基础上增加一人，形成三人审讯小组；为确保夜间审讯的安全，严防责任事故发生，也可以在下半夜审讯组中增加一名审讯人员，增强审讯力量；对于有特殊专长的审讯对象，如熟悉股市、涉嫌渎职犯罪的审讯对象，应当派遣深谙此道的审讯人员参与其中；当审讯对象是女性时，应当有女性审讯人员参加。

5. 根据案件发展适时调整审讯人员

审讯人员分组完成后，应当明确业务能力较强的审讯人员担任主审，业务能力稍差的审讯人员担任副审并兼任记录。主审与副审之间要分工明确，互相配合。人员一经确定以后，在审讯中要保持人员的相对稳定，以此确定审讯人员的优势心理。

两组审讯人员正常地交接班时，前组审讯人员应当向后组审讯人员详细介绍审讯对象的心理变化状况和目前审讯的进展情况，并对以后的审讯策略提出合理化建议的最佳方案。后组审讯人员接替审讯后，前组审讯人员拟保留一名审讯人员坚持一段时间共同参与审讯，使审讯人员的换班形成延续交替，不至于因为交接班的停顿而使后续审讯从头开始。

审讯过程中，不宜频繁更换审讯人员，以免引起审讯对象的反感，增强其抗审心理，必须更换时要充分考虑以下因素：经同组审讯人员反复审讯仍然不能达到预期的审讯效果；遇到审讯对象顽强抵抗，审讯人员已无能力承担审讯任务；必须更换时可优先考虑增加一名能力较强的审讯人员介入审讯或者指挥人员、领导临时介入审讯，以期扭转审讯的不利局面。适时更换审讯人员旨在扰乱审讯对象原有的抗审思路，打破审讯僵局。

（三）培养专业化审讯人才的路径

在行政化管理的体制下，职务犯罪侦查队伍的年轻化倾向是发展的趋势，新一代侦查人员法律素养高，却普遍缺乏生活、工作阅历。"师傅带徒弟"是传统的宝贵经验，年轻干警经历三五年侦查工作的锤炼，能力有所提高，由于个人进步和发展的需要，岗位竞聘中流向其他部门担任中层领导的较多，再加上被其他机关看中的调往外单位工作的人员也较多，于是经常会出现培养、流失、再培养的怪圈，很难留住人才。目前，司法改革正如火如荼地进行，这为专业化侦查、审讯人才的培养提供了极好的契机。

1. 营造肯学、愿意学的外部环境

职务犯罪侦查工作压力大、任务重、工作条件相对艰苦，在许多基层检察院竞聘工作岗位时都出现了"无人愿去"的怪现象。培养优秀的侦查、审讯人才首先要解决"愿意去、愿意学"的问题，其次还在于侦查人员自己肯学、主动学。一是应当去除行政管理模式，一些能力较强的年轻干警在侦查部门工作三五年后，个人的能力水平相应地比其他部门的人员进步得较快，竞聘中往往脱颖而出胜任其他部门的中层岗位，长此以往不仅荒废了侦查技能，而且也埋没了本人能力的继续提高。二是在员额制检察官改革中设立专门的员额制"侦查检察官"，毕生从事职务犯罪侦查工作，不以行政级别论高低，而以工作年限与实绩论英雄。三是适当提高侦查人员的待遇，从政策上给予一定的倾斜，根据侦查岗位的特殊性，设置加班费、大要案奖励基金。四是体谅侦查人员的工作生活，解决侦查人员的后顾之忧，使他们能够放下包袱，排除干扰，勇于办案。只有如此，才能为侦查人员"愿意学"创造一个良好的工作环境，将愿意学、肯学的侦查人员留下来，而将那些不愿意学、滥竽充数的人剔除出侦查队伍。

2. 建成一套完整的、实用的学习、培训教程

改革开放以来，职务犯罪手法花样翻新，呈现出作案手段越来越隐蔽、反侦查伎俩层出不穷的趋势。与之不相适应的是职务犯罪侦查工作至今尚未形成一整套完整的、成系列的侦查标准化体系。不可否认，各级侦查部门和广大侦查人员通过不懈的努力，总结形成了许多具有区域性、地方性特色的侦查经验，但是至今尚无一人真正经历过专门、系统的侦查业务培养也是不争的事实，这个问题亟待上级检察机关予以高度重视和解决。建立起一整套完整的包括初查、突破、审讯、取证等内容在内的标准化专业型侦查体系是时代的需

要，只有经过系统地培训和学习，才能真正实现侦查工作的专业化。

完整的一套标准化侦查、审讯教程不仅可以让初涉职务犯罪侦查工作的年轻侦查人员有了可以参照学习的样本，还可以成为评价专业化侦查、审讯水平的标准。而传统的"师傅带徒弟"的方法有其可取之处，且需要继续发扬光大之外，但它的缺点也局限于师傅的水平。侦查人员不无体会地常说："一个优秀的反贪局长离开后，他不仅带走了脑海里的线索，也带走了他的宝贵经验。"有时甚至难免造成侦查力量难以为续的局面。

实践中上级检察机关确实经常组织一些办案经验的交流和培训活动，但普遍存在不被基层侦查人员看好的负面评价。个案的经验介绍有其借鉴的意义，但主要还在于侦查人员自身经验的积累，并不能对类案起到直接的指导作用。另外，各地检察机关经常还会出现顾此失彼的现象，初查水平提高了，审讯水平不足，审讯水平提高了，初查又不够重视了，初查、审讯水平都提高了，有时又忽略了取证的工作。此消彼长的怪圈常年往复，不仅难以提高职务犯罪侦查的整体水平，有时还会出现一些侦查瑕疵，甚至出现刑讯逼供、错案等严重后果。

3. 疏通人才晋升的通道

想要基层侦查人员努力提高自身的侦查能力，总要给他们一个盼头吧！现实的侦查实践中，"以胜败论英雄"是普遍存在的观念，查办大要案除了存在着一个偶然性因素外，上级检察机关凭借着自身的管辖和权限优势，查办的是职级较高、案值较大的，甚至在全省乃至全国都有影响的大要案，往往以侦查权威自居，且不说这些案件都有纪委"双规"的功劳，通常也都是抽调下级检察机关的侦查人员查办的。反观基层检察机关的侦查人员，长期承担着繁重的侦查任务，办案经验丰富，却得不到继续深造和晋升的空间，学习专业知识的进取心也受到了严重的挫伤。如此状况实难产生在当地、全省乃至全国具有实至名归的侦查审讯专家。

近些年来，上级检察机关也在疏通人才晋升渠道方面做了一些积极的尝试，但是事实上存在条件设置相对不合理的因素。就职务犯罪侦查工作而言，侦查工作更需要的是侦查经验的积累，而非法学学历的高低。一般而言，侦查业内有一条不成文的共识：培养一名侦查业务骨干需要8—10年的时间，那么造就一名侦查专家则需要更长的时间。笔者认为，晋升上一级侦查人才应当设置这样的门槛：晋升地市级侦查人员应当从事职务犯罪侦查工作5年以上，晋升省级院的为10年以上，晋升高检院的为20年以上，并且不在于考试的文化成绩，而在于考核侦查人员的业绩和经验。如此才能实现好中选优、精中选强，遴选出在全省乃至全国的侦查专家，为广大职务犯罪侦查人员所信服。才能促进侦查人员学习进取的积极性，真正造就一支专业化的职务犯罪侦查队伍。

水往低处流，信息也有制高点，同样具有从高处向低处传送的特点。作为信源的审讯人员，不仅掌握着审讯信息，自身也蕴含着形象、经验信息，只有自身的强大，才能掌控审讯的局势，做到不战而屈人之兵。

第三节　审讯信息传递的媒介

职务犯罪审讯的过程其实就是一种信息交换的系统。审讯人员通过言语、行为向审讯对象发送信息，审讯对象接收指令，然后产生行为并反馈信息；审讯人员再一次组合言语、行为，发出信息，如此周而复始，直至达到审讯的预定目的。这种反馈使信息成为一种双向交流的系统。在这个系统中，审讯人员是信息传递活动的主体，控制着信息传递的进程和方式，信息交流能否顺利进行与审讯人员传递信息的媒介密不可分。

一、信息传递的语言媒介

审讯的过程是信息交流、沟通的过程，把审讯的各方都视为参与者，而不只是观察者和独白者。交流的行为在极大多数情况下是要使用语言的，既包括言语行为，也包括身体语言。

（一）言语行为

言语行为理论是奥斯汀在哈佛大学所作的讲演中提出来的。言语行为理论的基本观点是：人们在讲话时，往往不是在说什么，即不是在描述什么，而是在做什么；该理论所关心的是语言的实际运用，是怎样用言语做事。他认为讲话就是在完成诸如请求、邀请、打赌、道歉、警告、允诺、命名、宣战等言语行为。

哈贝马斯关于言语行为的层次性理论则认为语言功能具有三个层次：[1] 第一层次是言语者运用记号把自己的意向和体验表达出来；第二层次是言语者运用记号描述对象与事态；第三层次是言语者运用记号呼吁听者（接收者）。他认为，交往所使用的表达服务于把言语者的意向（或体验）表达出来，把事态（或言语者在世界中遇到的事情）描述出来，并进入到与接收

---

[1]　关于言语行为的理论转引自高丽：《论言语行为与语言环境的关系》，载《中州学刊》2004 年第 5 期。

者的关系中去。

审讯人员的言语行为其本质就是为了打破审讯对象的消极沉默、对抗，强化审讯人员的预定信息传递，揭露审讯对象的谎言，阻止审讯对象的干扰、阻碍言语行为，确保语言信息不会被损耗、缺损，维持正常的信息交流运转。

（二）身体语言

审讯人员在注重言语行为交流的同时，也要充分运用身体语言的交流手段，甚至可以起到"此时无声胜有声"的效果。所谓身体语言又称肢体语言，是非词语性的身体符号，是指经由身体的各种动作，从而代替言词性语言达到表情达意的沟通目的的一种语言形式。心理学家赫拉别恩认为，人与人之间通过语言进行沟通，如果将沟通的技巧按照百分比来划分的话，言词语言占7%，语调占38%，而身体语言则占55%。① 由此可见，身体语言在人际沟通、交流过程中占据着十分重要的位置。

身体语言在一些不容易直接表达意思的情况下往往可以间接地传递出特定的信息，从而与审讯对象之间形成某种交流。在司法实践中，审讯人员往往也会将多种身体语言运用于审讯工作，只是缺乏系统性、规律性的认识，也没有很好地进行积累和总结。

审讯过程是一个不断进行信息交换和通过信息进行交流、沟通的过程，而大量的信息发送都是以语言为载体，大量的信息反馈也都是通过言语来体现。言语行为是审讯人员传递信息的主要方式，也是审讯人员掌握和影响审讯对象的心理状态、判断其供述情况是否全面和真实的主要素材来源。修改后的《刑事诉讼法》明确规定"不得强迫任何人证明自己有罪"，这就对审讯人员执法办案提出了更高的要求，而同步录音录像也要求审讯人员对审讯语言的运用更为规范和文明。审讯过程中的言语行为不论采取何种策略，都要紧紧围绕审讯目的进行，要严谨、明确，不可模棱两可，要保持其目的性和严肃性。审讯是以初查所收集、分析研判的情报信息为基础的，因此，审讯中的言语行为也主要是围绕着初查工作而展开的，通过规范性的言语行为来获取新的信息。

（三）言语行为的分类

汉语言是世界上最丰富、最精彩的语言之一，其表述所传达的信息决定了语言功能的强弱，在审讯工作中尤其如此。根据讯问语言是否合法，可以将审讯实践中的言语信息分为可用类言语信息、禁止类言语信息和限

---

① 转引自李敬华：《试论职务犯罪审讯中侦查员身体语言的运用》，载《法制与社会》2012 年第27 期。

制类言语信息。

1. 可用类言语信息

可用类言语就是在审讯中允许使用的合法性语言，一般来说，鼓励性用语、政策类用语和法律类用语都是可用类言语信息。从言语的价值评价功能上分类，主要分为文明用语、中性用语、评价性用语、鼓励性用语和斥责性用语五种情形。

（1）文明用语

文明用语一般在改善审讯环境的情况下运用。审讯中的文明用语在一定程度上与日常生活中的文明用语一样能够体现审讯人员的素质。同时，在审讯这样一种信息对抗的特殊环境中使用文明用语还能使审讯对象感受到审讯人员的专业性和公正性，在审讯开始前就树立起审讯人员执法者的形象。使用文明用语的目的也始终是促使审讯对象放弃抵抗，转消极对抗心理为积极主动供述的心理。因而，文明用语的使用也并非没有限制，与日常生活中的文明用语存在一定区别。一是要慎用，可以通过关怀性用语的方式来体现。审讯中的用词依旧不能丧失气场，要保持用语的简洁、有力、严肃；也不能因为文明用语的使用而使审讯人员与审讯对象的地位失衡。例如，刚进入审讯开始阶段时，"坐下"可以使用，其文明体现在语气缓和、语调放低的语气上；但"您好"或者"请坐"就不太适用。因为"您好"作为一种尊称，导致审讯对象在心理上对审讯人员存有的敬畏感丧失，审讯对象占有优势的语境状态很可能会导致审讯效果的下降。二是体现在人文关怀方面可以多用。如"累了休息一会，等会再谈"、"先吃饭吧，谈问题归谈问题，饿坏了身体可不行"、"喝杯茶，好好想想"、"坐着太累的话，可以站起来走动走动"等，让审讯对象有适当的减压，产生些许感动，促进其思想的转化。

（2）中性用语

中性用语是在审讯中广泛运用的，尤其在审讯信息传递渠道畅通的情况下更是经常使用。一般包括促使审讯进行的程序性用语，或者是不带有褒贬感情色彩，仅为了说明一定问题、描述一定场景、询问事实和细节、解释其他用词用语的语言。此类语言在审讯中的运用数不胜数，如告知对方权利义务、解释具体法律法规、询问审讯对象具体事实等都是中性语言。中性用语不仅仅是文字上的，同样包括语气语调的"中性"、严肃，在词语和形式上都不应出现非正式的表情色彩。中性用语尽管不具有褒贬色彩和特殊语气语调，但不代表其在审讯中的作用就是平庸的，审讯中的任何语言都是包含着审讯人员通过信息传递和摸索来转变审讯对象抗审的特殊目的，因此，中性用语依旧需要讲究针对性、逻辑性、确定性。例如，以缓和、低调的语言讯问审讯对象，"你这么做的原因是什么呢"时，由于用语的"不起眼"，审讯对象可能会因此而供述犯罪原因。而对于这句话隐藏的前提含义，即表明审讯对象已经实施了犯罪行为的信息，不需要刻意讯问即已被审讯人员所掌握。

（3）评价性用语

评价性用语在审讯中多体现为客观性，既有对审讯对象原先工作的成绩认可，也有对审讯对象犯罪行为否定性的评价。由于职务犯罪审讯对象本身的知识水平、综合素质较高，因此，在审讯过程中更要尽量避免其心理落差感，对其荣誉要给予肯定。同时否定性评价用语表明了审讯人员的立场和态度，可结合适当的语气语调来加强效果，在一定程度上可达到"训斥"性用语具有的效果。通过审讯人员对其的否定性评价或者审讯人员传递的社会和其家人、朋友对其的否定性评价来给审讯对象的心理加压。如告知审讯对象"你父母和子女都为你这样的行为感到羞耻"，将这样一种社会评价直接通过否定性的语言传递出来，能够使审讯对象感受到亲情关系伴随的否定、失望、不满的态度带来的较大冲击。但否定性用语不能突破人身攻击、人格侮辱和谩骂等底线，评价性用语必须做到客观、公正，只有客观、公正的评价，才能刺激审讯对象的心理感知，恢复其原先失衡的"良知"，鼓励起逐渐悔罪、交代的心理勇气。评价性用语的作用在于：第一，客观地肯定、评价职务犯罪审讯对象在位时为单位、为社会做出过的贡献，有利于审讯对象的心理得到某种满足，树立审讯人员客观、公正的形象。第二，客观的评价职务犯罪审讯对象的功过是非，划清功归功、过归过，有利于提升审讯人员的权威性，拉近审讯人员与审讯对象的心理沟通距离。第三，在审讯过程中及时肯定审讯对象在审讯阶段的进步表现，有利于审讯对象尽快地向交罪心理转化。

（4）鼓励性用语

无论在审讯的任何阶段，审讯对象都处于不利的地位，他们所处的各种心理状态都是消极的，即使到了悔罪阶段依旧会伴随着侥幸，抗审、狡辩等各种不积极心态，需要审讯人员采取积极的鼓励行动。鼓励审讯对象及早认识自己的错误行为和严重后果；鼓励审讯对象勇敢地面对现实，承担起应负的责任，哪怕是严厉的处罚；鼓励审讯对象心理的积极转变，交代自己所犯的罪行；甚至鼓励他们检举、揭发他人的犯罪事实，争取得到从轻处理。鼓励性用语贯穿于审讯活动的全过程，审讯中经常以这样的方式进行："没有证据不会叫你进来，进来了就要把问题讲清楚"、"晚讲不如早讲，早讲早主动，争取从宽处理"、"你不讲，别人也是要讲的，谁先讲说明谁的态度好"等，鼓励性用语是强心针，始终催促着审讯对象从抗审向交罪的转化。

（5）斥责性用语

斥责性用语与否定性用语虽有重合的部分，但也有其自身特性。斥责性用语具有一定的指令性、强制性，通常伴随着一种严重后果的告知或者暗示。例如，"你这是狡辩，你难道不清楚你行为的后果吗"、"你的犯罪事实清楚，你已经无路可选了"等等，审讯对象在接收到斥责类用语后在心理上感到压抑和痛苦，侥幸心理就会发生转化，从而使审讯节奏向着审讯人员期望的方向发展。斥责性用语更不能突破人身攻击、人格侮辱和谩骂等底线，它必须紧紧围绕审讯目的和审讯的严肃、客观、严谨等要求来运用。

斥责性用语包含着训斥、训诫、责备等多层含义，一般在审讯的特殊阶段运用。第一，审讯对象态度蛮横，强烈对抗审讯时，审讯人员应当明确指出其错误行为，让其端正态度，自觉接受审讯。第二，审讯对象长时间沉默不语，以死猪不怕开水烫的态度对抗审讯，审讯人员可以使用斥责性语言，迫使其放弃不回答问题的态度，构筑起双方沟通交流的渠道，是审讯活动恢复正常。第三，审讯对象面对充足证据，拒不认罪时，审讯人员应当强力指出其错误认识，告知其"顽抗到底，只能受到法律严惩"。第四，审讯中出现审讯对象拒不认罪，甚至用恶语、行为威胁审讯人员及其家属，如"在这里你狠，出去以后你全家当心点"、"抬头不见低头见，出去以后打死你"等等，这时审讯人员应当以大义凛然的正义形象告知其："你面对的并非我个人，你对抗的是国家、检察机关和法律"，以揭露其丑恶嘴脸。实践告诉我们，采取威胁对抗审讯人员的审讯对象，只不过是用他表面的凶狠来掩饰其内心的懦弱，只要适当反驳、警告、斥责，其很快就会交代问题。第五，当审讯对象处于交代前期的严重矛盾犹豫心态时，审讯人员也可以采用适当的斥责性用语，督促其尽快交代犯罪事实，如"你要认清形势，审讯时间不多了，越早交代越能表明你的认罪态度"等。

2. 禁止类言语信息

禁止类言语是在审讯中绝对禁止使用的，一般来说，违反法律规定，可能造成逼供、诱供可能性的；违反事实，可能造成虚假供述的；以及一些超出权限，不可能实现的语言都是在审讯中禁止使用的，具体来说有以下几种：

（1）威胁、恐吓性用语

根据刑事诉讼法等相关法律规定，威胁、恐吓性用语是审讯中禁止使用的用语。所谓威胁、恐吓是指侦查人员以给予审讯对象不利后果的形式进行施压，但是法律政策允许的后果除外。威胁性语言可以是针对审讯对象的人身、财产、声誉，也可以是针对其近亲属的人身、财产、声誉。威胁性用语极易导致刑讯逼供，从而产生虚假陈述。如犯罪事实不涉及审讯对象的老婆和孩子，此时"不交待就把你老婆和孩子牵扯进来"、"不说就让你把牢坐穿"等言语就属于威胁性用语。

事实上人们对于威胁、恐吓性用语的认识程度各有差异。法庭上，被告人或其辩护人经常会以在审讯中受到威胁、恐吓、诱导作为他们翻供或者做无罪辩护的理由。因此，威胁、恐吓性用语应当存在一个"度"的问题，原则上讲，应当不得超越以下底线：第一，法律法规明确禁止的；第二，对审讯对象的人身、财产、声誉造成过度侵害，可能引发虚假供述的；第三，有违人伦、道德规范的。审讯实践中，有些用语值得推敲，如"如果你不如实交代问题，你必将受到法律的严惩"、"如果你认罪态度不好，法律会给予你从重处罚"等，此类用语有一定的"威胁"成分，但并不违反上述底线，且认罪态度也是刑罚处罚的考虑情节，有心理施压的成分，可以归纳为斥责性用语的范畴。再如，当审讯对象的家属、亲友没有涉案时，当然不能使用"不交代就把你老婆、孩子叫进来"等恐吓性用语。但审讯对象的妻子或者子女适度涉案（不构成犯罪，如行贿人向审讯对象行贿时，其妻子也在场，可以作为证人使用）时，此时"不交代就把你老婆、孩子叫进来"这句话就不能算是威胁、恐吓性用语，把其老婆叫进来这句话有事实和法律依据作为依托，处于"讲清楚就可以不叫其妻子进来，不讲清楚就可以把其妻子叫进来"之间，具有允诺性用语的性质。

（2）有罪推定性用语

禁止使用有罪推定性用语，主要是指在首次讯问审讯对象时应当给予其阐述是否存在犯罪事实的辩解机会。检察机关的职责既是惩治职务犯罪行为，也是客观、公正地查清案件事实。除了在初查中已经掌握其涉嫌犯罪的情况外，不能在审讯开始时就直接使用"你先交代你受贿犯罪的事实"或者"你必须把你的渎职犯罪行为讲清楚"等用语。当然在审讯过程中，根据审讯对象交代了部分犯罪事实，其行为已经涉嫌构成犯罪时，此类语言可以适当使用。因为检察机关毕竟在提问前就已经掌握了部分犯罪事实的证据，在审讯中就可以适当使用强制性用语。有罪推定性语言的禁止，是疑罪从无原则在审讯中的体现，是保障审讯对象依法澄清案件事实的需要。当然，在审讯中审讯人员应当客观公正、耐心、充分地听取审讯对象的无罪辩解意见。

（3）指供、诱供性用语

诱供、指供性用语可能会导致审讯对象作出的供述是在审讯人员引导下，或者是间接地了解了其他涉案人员的供述后作出的虚假供述，不利于案件事实的查清。如审讯人员为了完善笔录，可能会用"对方说你的受贿数额是 X 万元，对不对"、"你给此领导送了钱，那一定也给彼领导送了 X 万元吧"或者

"这一工程的违法审批事项，你肯定是点头的吧"等类似用语。这样的用语还可能导致不必要的信息泄露，使审讯对象掌握审讯人员的侦查重点，从而不利于审讯工作的开展。

采用指供、诱供性用语，在审讯实践中往往是审讯人员会犯的低级错误，应当将其与审讯技巧相分离。实践反复证明，行贿人通常是"多头"行贿，受贿人也常常是"多头"受贿。我们可以采用这样的问话方式，"你交代了向李某、王某行贿的事实，那么向其他人行贿的事实呢"，"你收受了张某、黄某的贿赂以外，有否收受其他人的贿赂呢"等等。审讯的目的并不只是为了查明某节犯罪事实，而是为了查明全部犯罪事实，深挖窝案串案。在审讯中，在掌握了其他犯罪线索时，甚至可以直接提问，"你在某工程（或某事件）中是否存在行贿（或受贿）的事实"。

（4）诬陷性用语

在审讯过程中，诬陷性用语不一定是意图使他人受到不该承受的刑事处罚，而是为了对审讯对象施加压力而不恰当地捏造莫虚有的犯罪事实。审讯对象有可能为了避免被诬陷更加严重的犯罪事实而承认较轻的虚假犯罪事实，或者为了掩盖检察机关还未掌握的较为严重的犯罪事实，而承认审讯人员"信手拈来"的其他不真实的犯罪事实。诬陷性用语造成审讯对象的极度恐慌，是产生虚假供述甚至冤假错案的罪魁祸首，在审讯中应当严禁使用。

（5）诋毁性用语

在审讯环境中，诋毁性质的语言也是不可用的。我国法律对诋毁性用语的限制主要体现在一些民事法律对他人商业信誉、个人名誉等诋毁行为的否定性评价中，也有部分严重的诋毁行为会受到刑法保护和公民人身权利相关规定的限制。审讯中的诋毁性用语，一方面会使审讯活动丧失其严肃性，有违伦理道德底线，从而降低审讯人员的素质人格，危害检察机关的信誉和法律的威严。另一方面，如果诋毁性用语记入办案笔录，也会影响审讯的合法性和可信度，有违依法、文明办案的要求，不利于查实案情，也不利于审讯活动的正常开展。

（6）粗俗、人身攻击性用语

审讯语言的文明、健康不仅仅是审讯严肃性的需要，也是让审讯对象在审讯人员面前心服口服、主动认罪的需要。职务犯罪审讯对象往往具有较高文化素质，粗俗、人身攻击性用语不仅无法实现审讯的目的，失去审讯的严肃性、正式性，还可能会导致审讯对象从心理上对审讯人员产生一种轻蔑、反感的态度。审讯活动应当是一种非常严谨、科学的活动，审讯人员在审讯中运用的各种策略也是立足于以理服人、以法服人，以逻辑思维和心理博弈取胜，低质量的审讯用语的使用往往无法达到审讯目的，还有可能降低审讯效果。

3. 限制类言语信息

限制类的言语介于前两种言语信息之间。在审讯过程中，一些可用和不可用的信息的分类并非十分清晰，介于其中的有一类语言是在特定情况下、在特定的程度上是属于可用语言的范围，超出了一定程度即属于不可用语言的范畴。这类言语信息主要包括以下几种：

（1）警告性用语

警告性用语具有一定的威胁性，一旦超出底线就容易变成威胁性用语。例如，"首次审讯的24小时时间快到了，如果超过时间就不能认为你是主动交代问题，我们只能换个地方，到看守所再找你问话了"。再如警告审讯对象"如果你再不主动交待犯罪事实，我们只能找你的家人了解情况了"，这句话属于正常的警告，但必须以其家人涉案为前提，言下之意告诉审讯对象，有可能会将其家人牵扯到案件中来，具有一种警示作用。而超出了所允许底线的警告，如"如果你再不交代，我们只能把你家人关进来问话了"，虽然也透露出可能会将其家人牵扯到案件中来的一种警示，但"关"字已经超出了审讯活动所允许使用的语言底线，不符合司法人员的身份。警告性用语与威胁性用语之间的界限很难明确予以区分，但在司法实践中可以遵循该用语的使用是否已经超出了正常的否定性法律评价、是否会导致虚假供述产生的标准。

（2）强迫性用语

强迫性用语是一种强制性、命令性的语言。例如，讯问审讯对象时"你必须讲出受贿数额"、"我们提出的任何问题你都必须回答"、"不交代问题，你别想请律师了"等具有侵权、强迫性质的语言是不能用的，否则就有逼供的嫌疑。但一定情况下则可以使用强迫性用语，其前提是已经掌握有犯罪事实。如已经牢牢掌握审讯对象犯罪事实，但审讯对象仍在抵抗时，可以用强迫性语言要求其供述相关内容，如已经掌握了审讯对象的受贿数额时，可以令其"交代全部受贿犯罪事实"。如"我们已经掌握了你的大部分受贿犯罪证据，对于定罪和量刑已经没有什么影响，你只有如实交代你的全部犯罪事实，才能得到从轻处罚"等。

（3）允诺性用语

允诺性用语具有承诺的含义。在先前的审讯中，经常有审讯人员为了达到尽快使审讯对象开口交代问题的目的，信口开河，使用诸如"只要主动讲清问题，马上放你回去"、"只要主动交代问题，就可以不判刑了，纪律处分就行了"等用语。事实上，等到审讯对象全部交代问题，这样的允诺注定被决策者否定而不能实现。然而，实际审讯中，允诺性用语随处可见，随时在用。如审讯对象提出"喝水、抽烟"的请求时，审讯人员会答应让其喝水、抽烟；审讯对象告知其身体有病时，审讯人员会承诺给其买药、安排看病。

使用允诺性用语，必须符合以下条件：第一，符合法律政策精神。如法律规定主动交代犯罪事实可以从轻处罚，那么审讯人员可以将"争取从轻"作为许诺条件，并对"从轻处罚"作出适度解释。但审讯人员在任何情况下都不能对处理结果打保票，如"保证判刑在3年以下"、"肯定能判缓刑"等用语应当属于禁止类语言。第二，允诺不得超出审讯人员权限范围。一些事项的许诺需要经过领导的批准，在未获得批准前，审讯人员不可盲目许诺。当审讯对象提出希望得到从轻处罚时，审讯人员可以允诺："只要主动交代问题，认罪态度好，就能够得到从轻处罚"，"主要是看你自己的态度，态度好，我们也会积极争取使你得到从轻处罚"。这样的允诺完全没有超出审讯人员的个人权限，应当是允许的。当审讯对象提出希望能够取保候审时，审讯人员不得擅自允诺。如果检察长或者侦查部门负责人参与审讯的，检察长完全有权限依据案情发展的需要给予审讯对象取保候审的允诺，而侦查部门负责人在检察长授权的情况下，也可以作出取保候审的允诺。第三，允诺的内容必须兑现。如果允诺的内容根本不具有实现的可能性，则是必须禁止的。例如，"我们想你的案子什么时候判就什么时候判"、"你讲的这件事情我们不会记下来"等都属于不可能实现的许诺，禁止使用。

（4）欺骗性用语

欺骗性用语难道在审讯中还可以得到运用吗？这引起许多人的争议。纯粹的欺骗性用语为法律所禁止，但应当与审讯技巧严格区分，视审讯具体情况而定。职务犯罪审讯是一场没有硝烟的战斗，恰当地运用"欺骗性"语言来为审讯活动"虚张声势"是审讯技巧展现的需要。例如，将一叠厚厚的材料放在桌子上，并告知审讯对象"这就是你犯罪的全部证据，已经全部被我们掌握了"。此种语言无疑带有一定的"欺骗性"，但应当属于审讯技巧灵活运用的范畴。这样的"欺骗性"语言并不会导致审讯对象产生虚假陈述，也不具有逼供、诱供的嫌疑。欺骗性用语的适度运用主要体现在以下几个方面：

第一，在办案手段上的适当欺骗。例如，即使检察机关尚未完全掌握足够证据来指控审讯对象，也可以告知审讯对象："即使你不如实供述，我们依旧有百分之百的把握控诉你"。虽然具有某种欺骗成分，却符合了职务犯罪审讯的特点。众所周知，职务犯罪侦查是从初查起步的，即使是最精细化的初查，一般也难以获取实质性的证据，只能收集到大量的审讯对象可能涉案的情报信息。审讯就是通过讯问来证实初查中可能涉案的情报信息的真实性，使这些情报信息尽可能地转化为证据。

第二，在扩大犯罪情节上适度使用。职务犯罪侦查的又一特点告诉我们，审讯前审讯人员所掌握的案件事实只能是局部的，或者说是少部分的，审讯的目的之一就是利用这些局部或少部分的情报信息来扩大战果，促使审讯对象交代出尽可能全部的犯罪事实，并且还寄希望于其牵涉出其他人的犯罪事实。据此，审讯人员经常会讲："你已经交代了部分犯罪事实，态度的转变是应当肯定的，但根据我们已经掌握的情况，你还没有完全交代清楚。"即使在审讯人员所掌握的情报信息审讯对象已经全部交代的情况下，审讯人员仍然会作如此问话，此问话虽然存在一定的"欺骗"性质，但并未违反客观事实，是依据办案的经验得出的总结。事实上，职务犯罪侦查的特点往往证明审讯对象在随后的审讯过程中，陆陆续续交代出其试图隐瞒的尚不为审讯人员所掌握的其他犯罪情节。在扩大犯罪情节上适度使用欺骗性用语，原则上应当是虚拟的、不确定的，而不能具体针对某节犯罪事实而适用。如以纯粹的欺骗性用语捏造具体犯罪事实或者捏造某一既存犯罪事实的虚假犯罪情节，则属于诱供、逼供性质，是绝对不可取的。

第三，在共同犯罪中的适度运用。由于基层检察院侦查力量的限制，即使其他共同犯罪参与人尚未被传唤，我们也可以告诉第一个被传唤的审讯对象："即使你不说，其他人照样会说，你是否能讲清楚问题与案件无碍。"这种情况显然有"欺骗"的成分，但也是客观事实，其他人肯定会说，只是说的程度到底如何还是未知数。如果多名共同犯罪嫌疑人被同时传唤，则可以这样问话："其他人都已经说了，你不说只能证明态度不老实。"这样的问话是否存在欺骗呢？答案各异，但其他人确实已经说了一些话这是事实，只是说的话是否达到了交代问题或者交代了全部犯罪事实呢。这应当属于审讯技巧，而非单纯的欺骗。

第四，在定罪量刑上适度使用。体现在量刑问题上，"欺骗"性用语关键之处在于把握一定的尺度。检举、揭发可以立功，依照法律规定应当从轻或减轻处罚。职务犯罪的特殊性决定了其检举内容或许被查证、或许不被查证。检举的内容被查证，固然可喜，审讯对象的心理将得到极大的满足，处罚上也能体现从轻或者减轻的后果。然而有些检举是无法查证的，审讯对象会产生"被欺骗"的感觉，从而出现翻供或者抵触情绪。事实上，这样的用语只能算是告知其法律规定，不应归入欺骗性用语的范畴。在量刑上，还可以告知审讯对象根据不同的认罪态度可以从轻处罚，但不能将量刑情况具体化，更不能用保证的语气欺骗审讯对象和允诺具体的量刑情况，否则就是欺骗。

欺骗性用语适用的前提是必须排除捏造事实，其用语应当是抽象的，而非具体的，只有这样才会使审讯对象产生犯罪事实已经被掌握，起到不得不交代其真实、客观犯罪事实的效果。

明显违法的欺骗必须与审讯技巧区分开来，前者属于非法方法，后者属于侦查策略。例如，在犯罪嫌疑人被羁押或者人身受控制的情况下，利用其与办案人员掌握信息不对称的局面，"欺骗"审讯对象其涉案的家属已经到案并作证，犯罪嫌疑人基于强大的心理压力作出了有罪供述，属于审讯技巧，应予采用。对案情重大的犯罪嫌疑人许诺供述后可以取保候审而获取的有罪供述，则属于明显违法的欺骗，应予排除。

（四）审讯语境研究

语境，是指"说话时，人所处的状况和状态"。审讯的语境主要是指在审讯的不同阶段需要创造的语言环境。

1. 审讯各阶段的语境用语

审讯有不同的阶段，尽管各个阶段之间可能相互交叠，并没有明显的界限，但从审讯策略上来看，主要有试探、紧逼、突破、收网几个阶段，在不同的阶段要注意用语和语气，即所谓审讯的语境。

（1）试探阶段的用语

试探阶段主要是初步了解审讯对象的个人信息，包括履职经历、职权范围、个人兴趣爱好、主要活动的社交圈子等，并在交流中掌握审讯对象的性格特点和语言习惯，以便于调整在后期紧逼和突破阶段的审讯策略。因此试探阶段用语可以将重点放在对审讯对象工作简历的讯问上，通过核实类的用语，或者问一些已经掌握的简历情况、讯问具体工作职责等较为简单、明了的话语来判断职务犯罪行为可能实施的阶段和领域，试探涉案方向和情节，同时通过观察审讯对象的肢体行为表现来判断其心理状态和性格特征，审讯对象是属于急躁性的还是属于稳重型，是善于言辞还是不善言辞等情况。

（2）紧逼阶段的用语

在试探阶段对审讯对象有了一个初步的印象后，审讯人员应当定好基本的语言风格进行讯问。紧逼阶段要给审讯对象制造心理上的压迫感，使审讯对象尽快转变抗审心理，在此种语境下的用语，应当体现出与审讯对象语言习惯所不同的语言风格。对于较为急躁的审讯对象，适当放慢语速，防止因双方的急躁言语使审讯节奏失控；对于稳重型的审讯对象，适当加快节奏，防止审讯陷入"拉家常"式的无谓消耗中。紧逼阶段的压迫，在语言上要有突出提问、说服、教育这样一种高高在上的上位者姿态，这个阶段注重的是用词的严谨、准确，既体现审讯人员的专业性，也暗示审讯人员已经掌握其全部犯罪事实的假象。促使审讯对象尽快放弃侥幸心理。

（3）突破阶段的用语

突破阶段意味着案件进入全面口供的固定完善、案情深挖阶段。这个阶段的用语要根据突破的内容来区分。一是可以决定立案的重要案情事实的突破。此时的用语不能过于急切，要求点到即止，主要让审讯对象自己对主要犯罪事实进行描述，而审讯人员的重点突破方向隐藏在审讯对象的描述中。此时也不宜纠缠细节性问题，重点是要摸清审讯对象的主要犯罪事实和涉案范围。二是进一步固定口供、深挖余罪的阶段。这一阶段审讯对象所供述的犯罪事实大都已经与初查阶段获取的证据相印证，需要连续进行突击，尽可能扩展案情内容，因此用语上可以用较为详细的罗列犯罪事实、完善相关事实的时间顺序等内容来提问，通过时间顺序或者人物关系等逻辑较强的内容的提问方式，深挖案件细节，使审讯对象在压迫和进攻的态势下能够一次性说完重点犯罪事实和情节。突破阶段审讯人员不能因为审讯对象一松口就降低压力而有所放松，应当保持审讯节奏，扩大突破范围。

（4）收网阶段的用语

收网阶段主要是对照犯罪构成要件对犯罪事实进一步予以完善，此时要注意细节的提问。注重提问重点的明确和相关事件中数额、时间、人物等信息的准确。在询问细节性问题时，不能透露出犹豫、无知等情绪，特别是犯罪构成要件的细节性问题，如主观故意等问题，更是不能让审讯对象摸透讯问的核心，防止审讯对象有意回避关键问题。如审讯人员若直接讯问受贿犯罪嫌疑人时，"你是否明知行贿人谋取的是非法利益"这一问话可能导致审讯对象迅速抓住审讯核心内容，规避"明知"或者"非法"要素；而"你知道行贿人的某行为是没有合法手续的，为什么还收钱"或者"你明知某工程不符合开工条件，为什么还予以批准"等类似用语，则能把审讯对象的供述带入到对实际事实的描述中去，能够进一步完善主观故意方面的证据。同时，收网阶段的用词用语更要注重法言法语，一些法律规定的程序性内容的完善也要在这一阶段同步完成，告知具体权利义务、告知相关强制性措施等内容均要严格依法告知。

审讯的各个阶段并不是非此即彼的关系，同样地，不同审讯阶段的用语也没有如此明显的界限，此处进行审讯各阶段语境分类的目的旨在更加明显地体现在不同的语言环境、审讯环境中的用语方式和用词内容。在实际审讯过程中，审讯用语需要审讯人员更为灵活的运用，根据审讯进展随机应变。

2. 审讯交流方式的语境

审讯的语境除了根据审讯阶段进行分类外，还可以依据审讯用语在审讯对象和审讯人员之间交流方式的不同进行分类，主要包括训诫式交流方式、平等式交流方式、探讨式交流方式等。这是根据审讯人员在审讯对象面前处于主导地位、平等交流地位以及略微放低姿态的地位不同而做的不同区分。

（1）训诫式信息交流方式

此种交流方式体现的是审讯人员一种气势和地位，通过代表国家的姿态压制住对方，用以震慑自我感觉良好、性格高傲的审讯对象。一些原本位高权重的职务犯罪审讯对象往往在接受审讯时依旧摆足架子，轻视审讯人员，此时需要审讯人员首先"占领高地"，给对方一种必须配合审讯的威慑。这种训诫式交流方式必须注意的是，在面对资历较深和年龄较大的审讯对象时，审讯人员最好也是资历较深、年龄相仿或者较大。因为年轻的审讯人员在与一些年龄比自己大的多的职务犯罪审讯对象进行交流时，缺乏长者经验，使用训诫式信息交流的方式往往会引起年长的审讯对象的反感和抵触，也难以让审讯对象信服。

（2）平等式信息交流方式

此种交流方式旨在尽快建立起平等的对话渠道，使审讯对象尽快信任审讯人员，特别是在与审讯人员年龄相仿、资历差距不大的审讯对象身上，能够更好地引起审讯对象的共鸣。但平等的交流方式只是一种手段，在打开沟通渠道后要尽快转变审讯用语，引导审讯方向。平等的交流方式不是拉家常，要控制时间，长时间的平等对话无法取得进展时要及时改变审讯用语策略，防止审讯时间无谓拖延。

（3）探讨式信息交流方式

在面对具有一定专长的审讯对象时，可以通过与其探讨一定专业性问题来打破交流屏障，获取更多信息。探讨式的交流方式是在专业知识上的探讨，绝不是对审讯对象的"求教"，对审讯人员而言要注意自己的身份，不可丧失主动权和震慑力。目的是通过探讨对方的专业知识，来灌输审讯人员自己的信息。通过对方擅长的专业知识与审讯人员掌握法律知识的结合使审讯对象体会法律、政策的出发点，通过对审讯对象专业问题的尊重，体现审讯人员素质，从而获取审讯对象的信任。

同时，如果审讯人员对某个行业的专业知识非常精通，甚至超越审讯对象时，会树立起权威的地位。如某案件中的行贿人自以为其文化素质很高，看不起审讯人员，态度傲慢，认为素质不相对等，始终不愿交代其行贿事实。根据初查中掌握的信息，此行贿人业余爱好收藏，前后花了几千万元购买了大批古玩，遂派出一名深谙古玩的专家担任审讯人员，在双方大谈特谈古玩鉴定知识的过程中，审讯人员不失时机地指出其收购的古玩中存在着大量的赝品。审讯人员的专业知识令其折服，此审讯对象不得不承认检察机关也存在"能人"

的同时，爽快地交代了其行贿事实。

（五）辅助性言语信息研究

辅助性言语信息并不是真正的语言，而是在语言运用过程中的一些辅助性手段所传递出来的信息。如审讯人员说话的语气、语音语调、表情变化、肢体行为等信息。

1. 审讯语气语调研究

语气是指句子的祈使、陈述、疑问等句子中体现的看法和态度。语调就是说话时语音高低轻重、吐字快慢等配置而形成的，句子中不同语气的形成，正是通过语调不同来体现的。美国专家发表过一篇研究心得，一个人说话时给人的印象，肢体动作占55%、语调占38%、内容只占7%。可见说话传递出来的信息，除了文字信息本身附带的意义外，语调也传输了大量的信息，这类信息依附于语言文字信息，但又发挥着自己独特的作用，称之为辅助性的语言信息。

在一般的人际交往沟通过程中，语调的不同，传递出丰富的信息。同一句话，由于语调的不同，表达的情感可能是疑惑、肯定、骄傲、谦虚、赞扬、反讽等不同含义。在不同的场合，人们也通过不同的语音语调表达相同或类似的意思，例如，在演讲的场合，演讲者说话往往情感饱满、情绪激昂、极具感染力；在会议场合，与会者往往严肃、冷静，语速放慢，情绪内敛，令人肃然起敬；而在较为轻松的娱乐、就餐场所，同一句话说出来则显得活泼、咬字吐词较为随意，情感流露随和。我们与不同的人说话也以不同的方式进行，与长者说话一般声音放低、放缓，体现尊敬；与儿童说话则音调较高以吸引其注意力，活跃气氛。审讯环境虽然与生活场所大不相同，但语言语调的利用却与我们生活中的交流有一定的相似之处。根据审讯固有的特点和特定的环境，审讯中的语气语调主要有以下几种：

（1）肯定的语气

在审讯刚开始时，宜使用肯定的语气，多用一些较为简短的陈述句，包含一些重要的案件信息即可，目的是向审讯对象透露出侦查人员已经掌握了充分的案件事实和证据，尽快促使审讯对象打消侥幸心理。在语调上要重点明确，除了必要的重点做略微停顿外，其他停顿不宜过多，因为句中的停顿可能使犯罪嫌疑人误认为审讯人员犹豫不决、掌握证据有限，而加剧抗审心理。

（2）怀疑的语气

在审讯过程中，一些审讯对象对犯罪事实的供述往往是不全面、不准确的，怀疑的语气可以是对其供述事实的怀疑，也可以是对其尚未供述犯罪事实的怀疑，目的在于引导审讯对象朝着审讯人员指定的审讯方向进行供述。对犯罪事实的疑问在审讯早期不宜过多出现，特别是针对案件细节问题的疑问句不宜过多，因为审讯早期的目的在于尽快摸清大致犯罪的范围和数量，不做无谓的拖延。在审讯对象放弃抗审心理后，为进一步固定证据、完善犯罪构成要件所需的事实，对细节的询问才能全面展开。尤其在审讯对象交代了部分犯罪事实以后，企图隐瞒其他犯罪事实时，可以更多地使用疑问的语气，如"真的讲完了吗"、"记不起来了吗，好好想想"、"还想赖吗，这态度可不好"等。

（3）祈使的语气

祈使句为加快审讯进程，具有一定的强制性的作用，在使用中需要注意的是防止出现超出必要限度的强制性语句而出现诱供、逼供的可能。祈使语句一般可以在审讯对象出现动摇、反复时使用，以此促使审讯对象承受的压力进一步增强，转变到供述阶段。

（4）教诲的语气

多用在较为年长的审讯人员对比自己年轻或者资历比自己浅的审讯对象的交流中，目的是以审讯人员自身办案的经验教育审讯对象，以"谆谆教诲"获取审讯对象的信任。这类语言语速可以刻意放慢，出现较多停顿，语调降低，体现出较为饱满的情感用以感染审讯对象。而年轻的审讯人员针对年长的审讯对象一般不宜使用教诲的语气，因为职务犯罪嫌疑人往往较为注重自己的身份和资历，年轻的审讯人员无法在年纪、经历和工作资历中获取审讯对象的信任，难以达到教诲的效果。年轻的审讯人员如果面对年长的审讯对象时，建议可以以法律宣讲、案例警示的教育方法展开审讯活动。

（5）训诫的语气

审讯人员对于审讯对象的训诫、批评在于打压犯罪嫌疑人的气势，增加其因犯罪而带来的心理负罪感。这类语言的运用，语调提高、语速较快，意在简洁有力，表明态度。但训诫要有一定的限度，禁止出现谩骂、人身侮辱等用语。

2. 审讯中的非语言类语言

非语言类语言信息实际上是紧紧伴随着语言信息而生的、在语言信息传递过程中的一种行为信息，但因其是为加强语言信息内涵或者传递效果，并且其传递的信息必然与先前的语言信息相生相伴，故将其称之为非语言类的语言信息。非语言类语言信息，主要通过话语中产生忽然的沉默、停顿、眼睛对视等短暂的语气变化或者表情变化来体现。

（1）停顿

恰当的停顿可以吸引审讯对象的注意力，引起其急需审讯人员继续讲述的心态。例如审讯人员在说"我们见到过你的父母"一句后，做简短停顿，审讯对象便会急着想要知晓其父母状况，将注意力集中到审讯人员身上，此时再打亲情牌，大多能够取得更好的效果。另外，在审讯策略允许的范围内，故意"不小心"透露出一些知情人或者行贿人的姓名后作短暂停顿，例如"我们已经问过××"，而后做出停顿，故意不说完后面的内容，会传递出一种侦查人员已经找到了知情人或者行贿人，给审讯对象心理造成忐忑心态，以为知情人已经供述，从而产生大势已去的感觉。

（2）沉默

沉默也可以传递出丰富的信息，在审讯对象进行狡辩或者供述一些无关紧要的案件信息时，审讯人员可以恰当的报以沉默，体现出对审讯对象的不信任和轻视，或者对审讯对象的回答不屑一顾，并且配置以嘴角微微上翘的冷冷一笑尤佳。例如在审讯对象假意开始供述时，对虚假案件事实的供述或者避重就轻的供述，审讯人员沉默待之，便传达出审讯人员"不信任虚假供述"、"还有其他的犯罪事实需要审讯对象供述"的潜在信息。审讯中的沉默不是冷场，沉默是为审讯气氛所需，是在审讯策略中的一部分，冷场则是审讯人员在审讯中不知道问什么、不知道如何应对审讯对象的沉默而产生无言以对，反而会让审讯对象觉得审讯人员不专业、准备不足。

（3）对视

爱默生说过："人的眼睛和舌头说的话一样多，不需要字典，却能从眼睛的语言中了解整个世界。"研究表明，眼睛作为人类五官中最灵敏的器官，其所感觉领域几乎涵盖了所有感觉的70%以上，眼睛对外来刺激的反应也最为强烈。可见，目光接触在人际沟通中具有极为重要的作用。例如对于盛气凌人的审讯对象面无悦色的斜视，是一种鄙意的表现；保持沉默从头到脚地打量审讯对象一番，是一种审视的表现，能让审讯对象深感处于监视之下；在审讯对象狡辩时看完对方突然一笑，能表现出比语言更有效的讥讽、鄙视，能够在心理上给审讯对象造成心理冲击；审讯人员突然瞪眼、目不转睛直视审讯对象，传递出警告或制止的信息……这些眼神信息的流露都能给审讯对象造成巨大的心理压力，并且在无形之中牢牢压制住审讯对象的心理，方能在审讯中积极主动、步步为营。审讯中的对视，考验了审讯人员的胆量和魄力，体现出审讯人员必胜的信念。

（六）审讯用语的再研究

审讯用语除了以上所说的语言信息的分类、语音语气的利用以及非语言类语言信息的运用外，还有一些其他的用语方式，例如故意话说半句、故意对审讯对象的话不置可否、利用一些歇后语或者正话反说进行反讽等等。无论何种审讯用语，其目的都是在法律规定的框架下促进审讯工作更好地开展。

1. 正话反说

反语的作用是产生讽刺性、否定性和嘲弄性，有时比正说更有力量。因为正话反说具有强烈的感情色彩，能够很好地增加语言的战斗力，使审讯对象感受更加深刻。例如为表明审讯对象的犯罪行为造成的影响，可以故意说"你的行为对家人造成的影响也不大，你反正也不想宽大处理，所以完全可以不配合我们的工作"，也可以说"你不配合我们的工作，我们也就多花点时间而已"。正话反说需要把握好时机，恰当的予以运用，审讯过程中审讯对象已经处在心理崩溃的边缘时，正话反说能够成为突破口供的催化剂。

2. 话说半句

话说半句旨在引起审讯对象的足够重视和猜测，因为，人们对于不确定的东西往往最担忧，而话说半句恰恰起到了最佳的效果。审讯人员可以说："你这个事情……"后面不再往下讲，给审讯对象的感觉是，虽然对于犯罪事实究竟被知晓多少并不清楚，但显然已经被掌握了或者部分掌握了。也可以说："这个问题我们已经问过××……"后面也不讲问的具体内容，让审讯对象感觉审讯人员已经问了知情人，负隅抵抗已经失去意义。也可以说："你的子女也跟我们说……"而不透露具体内容，此时审讯对象便会出现焦急的心态，急于知晓其家人情况，这便为打开审讯对象的心理缺口找到了机会。话说半句的目的是引起审讯对象的注意力，在对待沉默寡言型审讯对象时，不失为一剂良药，可以借此打开他的话匣子，在引导中推动审讯进程。

3. 不置可否

可以在针对一些心高气傲、自恃身份较重、对抗性较强的审讯对象时适用。不置可否并不一定是完全不予理睬，也包括对审讯对象的话不作过多反应。一些审讯对象对自己身份较为看中，对审讯人员则待以轻蔑的语言，或者对年轻的审讯人员抱以长者、教育者的口吻说话。这时候作为审讯人员要保持严肃、专业的态度，对其话语不予理睬，令其有一种被忽视的感觉。另外，自恃位高权重的职务犯罪审讯对象明白其不会享受到任何特权，审讯人员办案铁面无私、公平公正。相反，如果审讯人员反应过度，则会给审讯对象造成一种激怒了审讯人员的"胜利感"，而不为所动、保持良好的职业素养能够很好地打压其气势。

4. 顺水推舟

此处的顺水推舟是指在用语上顺着审讯对象的话语讲下去。例如一些审讯对象在审讯过程中会出现一定的敌对心理、以诋毁自己来对抗审讯。审讯对象会说："你们当我是猪好了"，此时，作为审讯人员不能辱骂，但可以说"你要做猪我们不管你，你做猪反正审讯还是会继续"。也有审讯对象以自杀自残威胁审讯人员，此时审讯人员可以顺着审讯对象的意思讲："你要自杀我们当然要管你，反正你的犯罪事实还是要查清"，这些顺水推舟的话语目的在于让审讯对象了解到，即使是按照犯罪嫌疑人的心理达成某些事实，也依旧无法逃脱法网，一切敌对、自暴自弃、威胁都是徒劳无益的。当然，顺水推舟只是言语上的行为，针对一些具有危险性的行为时，医疗措施或者安全保障措施依旧要做到位，严防出现安全事故。

5. 连接用语

连接用语一般要求短促、简练，普遍运用于审讯对象开始交代犯罪事实或者在陈述犯罪事实和犯罪情节的过程中。如"讲下去"、"继续"、"接着讲"等，能够体现审讯对象交代犯罪事实的自愿性和真实性。而实践中，经验不到位的审讯人员往往在讯问笔录中记录问话的语句很长，如"你在某某时候在某某地方收了某某人多少钱，对吗？"而记录审讯对象回答的话只有几个字，如"是的"、"对的"，显然存在"诱供"、"套话"的嫌疑，给人以不舒服的感觉。连接用语很好地修正了审讯中的用语不当，体现出审讯人员用语的专业水准。

二、信息传递的行为媒介

在审讯活动中，信息从审讯人员这个信源发出，不单纯只指语言信息，还包括审讯人员的行为信息和其他干扰信息。既然肢体语言占据整个信息交流传输的55%，那么审讯人员伴随着语言信息发送过程中使用的行为信息在审讯活动中的影响显然也是不可忽视的。审讯人员行为的不确定性会导致行为信息发送的不确定，进而影响到整体信源信息发送的不确定性。因此，审讯人员的行为需要进一步予以探讨研究。行为信息与心理状态紧密相连，审讯人员通过行为所传递的信息辅助语言信息，进一步传递更多无形的讯问信息，以行为影响审讯环境气氛和审讯对象心理。在信息交换与心理博弈中及时调整审讯策略，以期取得更佳的审讯效果。与生活中通过肢体行为传递交流信息相似，审讯人员的行为所传递出来的信息也是丰富多彩的。

（一）身体语言的要求

审讯人员的行为传递出的信息会影响整个审讯过程，因此需要对审讯人员的身体语言有所规范：

1. 严肃

审讯场所需要审讯人员保持严肃的作风，因此在审讯行为上也要严肃、认真，行为端庄，体现检察人员的素质。就审讯人员个人来说，除非是审讯策略需要，否则应当排除一切不必要的多余、噪杂信息的产生，比如打电话、玩手机、跷二郎腿、随意走动等不良行为，都会对信源信息的发送造成影响，降低信息发送的效率。在审讯人员之间则不随意交头接耳、不相互打断，这些气氛都是审讯严肃的需要。

2. 专业

审讯人员要体现出专业性，在审讯室中的过于随意的行为会令审讯对象心生疑惑"原来审讯人员这么不专业"，因此，审讯人员要做到行为合法、举止文明。行为专业性除了体现在合法性上，还体现在行为策略中以及和指挥人员的彼此配合上，如指挥人员不轻易进入审讯室、指挥命令的发出不影响审讯正常进程等都是体现专业的一个方面。

3. 变化

审讯人员的行为不应是一成不变的，要根据审讯环境的变化而变化，应当与用词用语相生相伴，在审讯的试探、紧逼、突破、收网等各个阶段，行为也要随之改变。在紧逼阶段，可以通过用手轻拍桌子达到营造严肃、压抑的氛围，但行为不可过分，以免出现造成人身安全威胁的假象；在突破阶段，可以通过用笔在桌上轻轻敲打几下，使审讯对象集中注意力；必要时也可以站立、靠近审讯对象，以进一步制造压力。行为因心而生，要根据审讯用语的准确含义而予以配合，起到肯定用语、推进语言信息足量传递、发送的作用。审讯人员的行为是审讯环境中的重要因素，必须随机应变。

4. 信心

从审讯人员的行为中，审讯对象也能解读到审讯人员的心理状态，因此，审讯人员要从行为、表情中体现坚定的信心，眼神坚定，直视审讯对象，坐姿端正，正面朝向审讯对象。说话要从容清晰，不慌不乱，体现出审讯人员的强大气场。

（二）身体语言分类

1. 证据材料信息

证据材料的摆放会使审讯环境变得更加严肃、庄重，证据材料的呈现所传递的信息有多种，有可能是为了展现对审讯对象不利的一面，也有可能是为了展现有利于审讯对象的一面。在不同审讯对象的不同审讯阶段，要配合使用书面材料的出示来引导审讯活动的开展。

证据材料的出示可以是形式上的展示，也可以是实质内容的展示。展示证据材料旨在通过传递出的信息，明示审讯人员已经掌握了足够证据，审讯对象的任何负隅抵抗都将失去意义。如果审讯人员将大量书证展示在审讯台上，即使不完全是针对某一审讯对象的证据，审讯对象也会从潜意识里认识到审讯人员已掌握了自己的大量罪行，从而谨慎考虑是招供还是抗审；如果展示的证据材料非常单薄，犯罪嫌疑人也会从主观上认为审讯人员掌握的证据并不充分，会造成其加重抗审的心理。

在不影响侦查活动和审讯工作开展的前提下，证据材料的展示也可以是实质性内容，将已掌握的实质性证据展示在审讯对象面前。例如，将调取的银行账户来往记录、通话记录等材料向审讯对象展示，使审讯对象感觉到狡辩已经徒劳无益，从心理上的反复动摇阶段进入到悔罪供述阶段。

2. 肢体语言信息

审讯人员在审讯活动中还要通过行为信息的传递来配合审讯策略。例如在审讯时，轻拍审讯对象的肩背，传递出一定程度的安慰和获取信任的信息，有助于消除审讯对象的心理紧张和抗拒情绪，但肢体语言的运用要严格掌握限度，因为在审讯中的肢体接触超过必要的界限就会使整个审讯工作、甚至案件侦破陷入被动。另外，在审讯中，审讯人员双手放在背后，传递出的信息是一种愤怒或不欣赏的冷漠态度；在审讯对象供述时，面向审讯对象，脚尖对着审讯对象则是一种有兴趣聆听的表现，也有利于审讯对象打开"话匣子"。

审讯人员的手势传递着丰富多彩的内涵，一般均应配合语言信息同时传递，更能表达语言的准确性。单手紧握成拳表示审讯人员充满信心和决心；双手紧握成拳则是愤怒的表示；叙述和辩论时有意地加以手势的演示，更能增进语意、发送指令。

3. 外来行为信息

外来行为信息主要是一些外来因素给审讯对象传递的信息。有些外来信息有利于审讯活动的开展，审讯人员可以根据审讯需要，通过制造错觉、假象等来迷惑审讯对象。例如审讯环境所暗示的信息，交错讯问、故意让其知晓询问的证人是谁、或者故意在审讯室外制造特殊环境等都能传递出审讯人员需要的假象信息。这些外来信息实质上依旧是审讯人员故意安排的，让审讯对象误以为检察机关掌握了足够证据，大势已去，从而放弃抗审。例如一般情况下，审讯工作中不应有电话进入，更不应有无关人员在审讯过程中进入审讯室，但如果欲在审讯对象面前制造出侦查工作取得进展的假象，可以安排电话或者侦查人员进入审讯室"传递消息"，使审讯对象充分相信审讯人员已经进一步掌握了其犯罪事实，或者可以将相关同案犯和一些知情证人带来讯问或询问时，故意让其从审讯室门口经过，让审讯对象"无意中发现"，能够有效打击审讯对象侥幸心理。但这种做法必须注意不违反相关案件的保密原则或者对证人的保护原则。如果对某一犯罪嫌疑人的审讯需要保密，或者为保护证人安全而对某一证人的询问需要隐秘进行时，则不宜让审讯对象知晓。

第四章　职务犯罪审讯信宿研究

信息论在研究信息传递的过程中，是正向的先予以确定信源信息，只有在首先确定信源信息的正确性的基础上，排除信息传递过程中的干扰、杂音，才能使信宿正确无误地全部吸收信息，从而作出正确的反馈，达到信源正确接收信宿反馈信息的目的，完成信息的反复发送与接收，实现信息回收的任务。

审讯中信息的传递原理则相反，审讯人员发出的讯问信息是基于审讯对象的信宿信息的特点而决定的，审讯对象抗审的态度、心理特征各有不同，他面对不同的审讯人员也会产生不同的反应，审讯人员的讯问应当根据审讯对象的反应，寻找其心理存在的薄弱环节发出指令性信息，做到有的放矢，才能收到预想的效果。据此，审讯中的信息是反向传输的，即应先确定审讯对象的应讯态度及反应，审讯人员才能寻找其心理的软肋，确定自己应当采取怎样的针对性审讯策略，通过审讯人员发送准确性较强的信息，对审讯对象施加心理压力，引导其反馈对审讯人员有用的信息，从而实现审讯信息的相互交流与传递，完成审讯目的。

第一节　审讯对象的本源信息分析

从信息论的视角出发，审讯活动中的信宿就是审讯对象。然而审讯对象本身并非是机器，是实实在在的自然人，有别于机器信宿自愿无条件地接收信息。机器信宿犹如一张白纸或者一间空屋，它对信源发送的信息持自愿、全部、无条件接收状态。而作为自然人的审讯对象，在作为信宿接收信息时，有两种情况客观存在：一是作为信宿的审讯对象接收审讯信息的大脑译码器，原本就储存着固有的信息，这种信息是长期保存的，不可剔除，当审讯人员发送的信息进入审讯对象大脑译码器时，最初体现为不可调和性。审讯人员发送的指令要求审讯对象如实交代问题，而审讯对象固有的经验或信息则得出相反的结论，当审讯人员发送的信息进入审讯对象的大脑译码器后，两种相互对立矛盾的信息就会发生激烈的碰撞，产生剧烈的思想斗争，当"东风压倒西风"时，审讯对象才会逐渐交代犯罪事实。二是储存于审讯对象大脑中的信息是先占的、原有的，并且是经过长期沉淀的，表现出排他性和抗审心理。除了这些共性之外，审讯对象还有受自身经历、年龄、社会地位等因素影响所形成的个性特点，这些就是审讯对象的类别信息，均需要审讯人员在审讯前予以尽可能全面的掌握。

一、职务犯罪产生的原因

犯罪原因是犯罪学研究的基本对象之一，是犯罪学研究的核心部分，它研究的是犯罪发生的原因。凡是诱发、促成和影响犯罪现象及其过程的，均为犯罪原因。犯罪原因是一个多层次性的、综合的、变化的、彼此互为作用的相互系统，它包含有历史、现实、文化、地域环境等多种因素。

（一）历史因素

司马迁在《史记》中有云："天下熙熙，皆为利来；天下攘攘，皆为利往。"不论何人，均为利益而来，君子爱财取之有道。职务犯罪对象恰恰因为爱财取之无道，职务犯罪也并非今日中国特有的现象。纵观古今中外，任何国家都不能根除这一顽疾，只不过表现形式、严重程度有所不同而已。即便是号称"民主法治典范"的某些西方国家，也难以摆脱这一"全球性灰色瘟疫"的侵袭。

1. 封建社会意识形态的影响

意识形成具有相对的独立性，它不会随着经济基础的消灭而立即消失。在我国，封建社会经历了两千多年，封建社会意识在社会主义社会也不会立即消失。今天，封建社会虽已一去不复返，但封建社会的意识形态却顽疾般地存在着，一时还难以根治而且将长期存在，根深蒂固地影响着当今社会生活的各个方面。

在我国封建社会，"三年清知府，十万雪花银"，就是职务犯罪的真实写照，"国家之败，由官邪也"，官吏的清廉与腐败程度是"政权更替、改朝换代的晴雨表"。在这种长期的差别悬殊的等级制度下，各级官员及其吏员的一切待遇，均以其官品之高低划线定位。"官为贵，民为轻"，"礼不下庶人，刑不上大夫"，就是最好的历史写照。权力、金钱始终居于社会的支配地位，权力崇拜观念在我国封建社会长期占据主流。从当前职务犯罪的案例分析，职务犯罪对象无不流露出特权思想、封建行帮思想、封建迷信思想，比如中纪委通报的原四川省委副书记李春城、宁夏回族自治区副主席白雪山、广东省政协原主席朱明国均长期搞封建迷信活动，丧失了信仰，违背了党员干部的宗旨，从而走上违法犯罪的道路。

2. 人情社会的传统影响

中华民族是礼仪之邦，非常重视亲情、友情，讲究礼尚往来。"来而不往非礼也"，这确实是中华民族的美德，但在改革开放和发展市场经济的条件下，这些传统美德更多地演变成人际关系的商品化、庸俗化，"有关系好办事"、"有礼好办事"逐渐成为某些行业的"潜规则"。

同时，"以和为贵"的传统思想在客观上也助推了职务犯罪的蔓延。封建儒家思想主张"以和为贵"，这使得职务犯罪对象的领导、同事甚至被索贿对象等都会秉持着"以和为贵"的心态而漠不关心、装作没看见一般，无视职务犯罪的存在。

应当说，长期封建思想、封建传统观念至今仍然在某些国家工作人员身上产生了恶劣的影响，他们将自己的职权等同于特权，不能正确对待党和人民赋予的权力，以权谋私、以权谋利，从而侵害了公务行为的廉洁性。

（二）现实因素

法国启蒙思想家孟德斯鸠曾说过："一切有权力的人都容易滥用权力，这是万古不易的经验。"公共权力实际上只能由社会成员中的少数人来掌握和行使，这样就使公共权力本身具有一种内在的矛盾性，它一方面同社会整体利益相联系，另一方面又同掌权者的个体利益相联系，这两种联系之间的冲突在所难免。

1. 我国正处于经济社会发展的转型时期

当前我国正处于体制转轨和社会转型的特定历史时期，这是形成腐败高峰期的宏观原因。我国虽然已经建立了社会主义市场经济，但是计划经济的影子尚未完全退出，从而形成了新旧两种体制并存的局面。由于市场和计划的不一致性，在利益原则和利益机制的支持下，很容易出现权力与经济的相互渗透，而权力一旦渗透到经济领域，就会产生畸形的商品经济——钱权交易，这也在客观上给权力腐败带来空前的机会。

2. 权力寻租现象的存在

从计划经济向市场经济过渡，在这个过程中，计划被逐步取消，但计划所依赖的行政权力在经济领域还没有完全退出，甚至个别时候还很强大，在局部领域还处于主导地位，行政命令还是很便捷的行政管理工具，而权力在市场中对资源的配置就为权力寻租提供了机会和渠道。在通过行政权力配置资源时，具体实施者实际上只是国家的代理人，企业完全可以通过贿赂的方式获取行政权力控制下的稀缺资源，由此滋生了腐败，尤其是在项目、工程招投标的公共事务上体现得尤为明显，看似程序规范、合法，但中标者却往往已经内定，评审专家顺从招标方的意向似乎已经成为一种惯例。

3. 法网疏漏致使打击不力

当前我国的刑事立法体系在职务犯罪打击方面存在着诸多的不足，主要表现在以下几个方面：

（1）贿赂犯罪中关于"谋取不正当利益"的规定在相关司法解释中又被确定为具体的请托事项，关于"财物"的范围界定并非涵盖实践中出现的诸如提供旅游、子女上学、性贿赂等，导致实践中遇到许多困境。

（2）检察机关的职权没有充分发挥。从目前的情况来看，检察机关在预防职务犯罪原则、主体、职责、措施、程序和法律责任以及检察机关在作为惩治和预防职务犯罪的专门职能机构的法定地位、具体法定职权和工作程序等方面的立法相对缺失。我国职务犯罪预防工作虽然在检察机关、人大、党委的纪委、政府的监察部门、法院、政府各部门和新闻媒体中均开展，各单位都根据自身的特点通过不同的形式开展了职务犯罪预防工作，也取得了一定的成效，但是它们之间是零散的、缺乏协调、缺乏效率和缺乏稳定机制的被动预防，没有把预防职务犯罪形成一种国家机构之间互相结合的防控体系，因此可以说我国的职务犯罪预防工作还处在一种务虚的阶段，以致预防工作到了市、县一级往往流于形式，应付检查了事。而事实上，据统计，每年市、县两级检察机关立案的贪污贿赂等职务犯罪案件占到全国办案量的95%以上。

（三）文化因素

1. 职务犯罪主体的文化因素

我国的公务员、事业单位人员招录公开化、制度化已经实践了十余年，招考标准的规范化使得国家工作人员队伍的整体文化水平有了较大的提高，许多高学历、高水平的青年人才被吸纳到公务员队伍中尽职、高效地履行职责。

高学历、高水平并不代表高廉洁，在计划经济时代，供给制决定了所有的一切都是国家配给，在经济贫乏的年代，无所谓贫富差距。随着改革开放30多年的发展，允许一部分人先富起来，允许一部分地区先富起来，自己的两袖清风与他人的别墅宝马相比势必会产生心理不平衡的变化，这些人应当说一开始都是工作勤恳踏实、尽职尽责、严格执法的，但由于之后放松警惕、放松对自己的要求才会走上违法犯罪之路。

2. 行贿人的文化因素

我国经济改革始于农村，集体经济、民营经济始于上世纪80年代，这些改革的先行者很多都是农民，虽然没有多少文化，但善于经营，在改革开放的浪潮中成为"弄潮儿"，逐步发展壮大，形成规模。比如仅有三五个人的泥瓦队逐步挂靠成为村集体企业，后发展成为建筑公司，类似情况在东部经济发达地区举不胜举。

司法实践中查处的行贿人群体主要以小老板、包工头为主，他们往往具有投机心理，善于把握机会，充分利用资源，依赖"潜规则"，热衷于交朋友。江苏省射阳县原副县长顾某某曾在忏悔书中直言"这些人能力不强、素质不高"。虽然公职人员最初对行贿人还是比较警惕的，这也是一个相互挑选的过程，但是恰恰就是这些没什么文化的小老板却肯下功夫收集"围猎对象"的软肋，从兴趣爱好下手，投其所好，并不直接以赤裸裸的金钱进行诱惑，更有高明者更是从公职人员的配偶、子女入手，通过这些人牵线搭桥，建立起利益共同体，而此时国家工作人员还被蒙在鼓里，没有任何防备。

（四）地域环境的因素

职务犯罪其实也具有明显的地域性特点，这是职务犯罪研究领域常常被忽略的现象。比如在东部沿海地区工程建筑领域、招投标领域查办的职务犯罪案件要远远多于中西部内陆地区，而在涉农渎职侵权犯罪方面，应当是中西部内陆地区的查办比例要高于东部地区。

由于各地经济发展不均衡，有些地区经济高速发展，有些地区还要依靠国家政策扶持，所以导致各地的职务犯罪案件种类也具有地域性特征。比如在经济发达地区贿赂犯罪占职务犯罪的比例可能达到95%以上，但是在经济欠发达地区受贿犯罪比率低，反倒贪污犯罪会占80%以上。

审讯主要是通过语言信息交流的，近年来职务犯罪侦查部门的青年侦查人员多来自全国各地，虽然法律专业知识水平高、年富力强，但同时这些年轻的侦查人员既不熟悉、不会讲本地方言，也对本地域所形成的人员性格特点没有掌握，而自身带有的地域性专属性格与当地的审讯环境、氛围也并未完全兼容，往往容易导致审讯过程陷入僵局或者是针尖对麦芒的强烈碰撞情形，这些都影响了审讯信息的顺利交流。

因此，加强对地域性职务犯罪规律、特点的分析研究是当前职务犯罪研究领域的"盲点"，应当引起关注，加强调查研究，有助于提出有针对性的防治对策和建议。

二、实施职务犯罪时的心理特征[1]

不论一般刑事犯罪还是职务犯罪，犯罪的原因都有客观因素、环境因素、先天原因和后天原因，但是犯罪的心理原因则是所有犯罪嫌疑人都必然存在

---

[1]　参阅张亮：《反贪侦查百问百答——心理篇、文书篇》，中国检察出版社 2010 年版，第 30－52 页。

的。不同的犯罪行为均是由其本身的思想、意识和心理所指引的，犯罪的动机不尽相同，但其心理特征都有规律可循。犯罪心理在形成过程中，都经历了对社会环境的消极因素内化、外化、强化三个阶段，当职务犯罪嫌疑人的"需要"形成欲望和动机，在外界信息刺激和诱因的影响下，就会转化为犯罪行为。

职务犯罪嫌疑人多数具有一定的社会阅历、专业知识，因而在侦查过程中对抗性矛盾非常突出，从信息论的视角出发，就必须要针对信宿在实施职务犯罪期间的个性心理特征进行具体分析，对症下药，以突破其心理防线，侦破案件。如何洞察信宿的心理状态，是实施心理对策进行信息交流的前提和基础。

（一）侥幸心理

侥幸心理是万恶之源，是人们在做利己的"坏事"的过程中必然抱有的一种心理状态，它贯穿于实施职务犯罪之前的准备阶段，实施职务犯罪之时，直至被传唤、接受审讯的全过程。任何人做坏事都不是为了主动被他人发现的，职务犯罪嫌疑人铤而走险，敢于实施职务犯罪行为正是基于侥幸心理在内心的作祟。当其他一些消极心理因素影响职务犯罪嫌疑人时，会进一步支撑和膨胀起他的侥幸心理，当侥幸心理压倒其内心抵御职务犯罪的正常心理时，就会实施职务犯罪。

1. 兼取心理

作为实施职务犯罪主体的国家工作人员而言，他们都具有稳定的经济收入和社会保障，从内心深处绝不愿意因为自己的职务犯罪行为而被剥夺已有的既得利益。即使实施了职务犯罪行为，他仍然会想方设法希望保有原先的一切，希望鱼与熊掌兼而得之，这是职务犯罪嫌疑人实施职务犯罪行为的首要心理特征，也是其抵制审讯的心理动力。

2. 自信心理

自信心理是职务犯罪嫌疑人对自己本身能力水平定位错误的一种心理状态，自以为是、坚信自己的犯罪行为不会被发现的一种心理定式。自信心理在职务犯罪过程中占着较大的比例，往往使得侥幸心理得以膨胀。

有些人他们确实能力较强，具有所谓的"小聪明"，自认为身份特殊，见多识广，且行为隐蔽、方法巧妙、手段高明。有的人自认为做了充分的"防范"考虑，赃证匿藏天衣无缝，订立了攻守同盟，凭借自身的能力水平、地位盲目自信，自以为了解司法机关的套路，可以应对过去。即使到了审讯阶段，仍然片面地认为所有的调查、讯问只不过是怀疑自己，并没有真凭实据。

有的人内心高傲、自负，认为自己位高权重、业务能力水平突出，看不起身边的同事、领导，盲目相信自己的问题不可能引起有关部门的关注，社会上类似的问题很多，已经成为一种常态化。

还有的人认为自己经过长期的经营，具有复杂的关系网，背景深厚，自信自己安全系数高，甚至自认为自己攀上了"铁帽子王"，没人敢动自己。

党的十八大以来查办的"秘书帮"、"石油帮"、山西窝案等系列案件中的犯罪嫌疑人多具有此种心态，多年苦心经营，在纪检部门、司法机关都有自己的关系网，自己位高权重，后台硬，所以对自己利用职务便利大肆犯罪无所顾忌，最终导致了自己身败名裂。

3. 机遇心理

机遇心理是犯罪嫌疑人在事前无预谋的情况下，面对特定的机会产生的犯罪动机，主观意识上是一种天赐良机、下不为例的心理状态。

这些人平时谨慎、规矩、平稳，不喜欢出风头，表现为独来独往、沉默寡言，平时表现不突出，不会引入注目，通常地位不高、权力有限。一旦机会来临往往表现的忘乎所以、急于求成，会产生"天赐良机"的冲动感，丧失理智，企图利用管理、制度上的"漏洞"蒙混过关。例如某市绢纺厂仓库管理员李某某在与上一班次仓库管理员交接账目时，发现漏登记了一批进库的"白厂丝"，认为机会难得，陡生歹意，连夜伙同本厂"铁哥们"赵某一起将该批次 2 吨多价值 23 万余元的"白厂丝"窃往厂外予以销赃。最终也难逃法律制裁。

机遇心理虽然是诱发职务犯罪的一种偶然因素，但是实施职务犯罪成功的经验又会使犯罪嫌疑人择机选择更多的所谓机会，甚至有意识地创造机会连续不断地实施职务犯罪，贿赂犯罪长期持续作案的特点，通常都蕴含着这种机遇心理。

4. 交易心理

交易心理是将履职的权力看作交易的工具，具有贪婪劣根性的心理状态。

有些人利令智昏，把党和人民赋予的权力当成自己的私有财产。在"我帮他的忙，他理应感谢我"这种图报心理作用下，一朝权在手，未办事先谈酬劳，谈妥酬劳再办事，"不见兔子不撒鹰"。

有些人认为权力不过是一种待价而沽的特殊商品，因此，往往心态比较主动，在这种交易心理驱使下，他们把职责范围内应该承办的事情与按"劳"取"酬"划等号，不送礼不办事。

有的人深受封建残余思想的侵蚀，"三年穷知县，十万雪花银"的错误思想根深蒂固，认为当官就是为了发财。

有的人看到别人通过自己手中的权力拿到了项目、工程发了财，心生羡慕、嫉妒、怨恨的心理，认为"我如果不给你批项目，你就赚不了钱。我给你批了项目就是给了你发财的机会",看见别人发了财,而自己"两袖清风"从而产生心理不平。有的领导干部为官一方,错误地认为"我为他们付出了这么多心血,他们孝敬我一些是理所当然的事"。甚至人为地设置障碍,伸手索要所谓的"辛苦费"、"好处费",索贿现象较为突出。

5. 补偿心理

补偿心理是对自己期望的利益没有实现的一种心理失衡表现,往往自视劳苦功高,但组织、单位都亏待了自己,是一种狭隘、计较的心理状态。

有些人目光短浅,比较计较个人得失。在当前社会分配差距确实存在的情况下,看到别人待遇比自己高,住房比自己好;或者原来的下级各方面都超过了自己;或者看到才华、学问比自己差的暴发户发了财,便产生了不平衡的心理状态。

有些人自我定位出现偏差,自认贡献大却"怀才不遇",遇到预期的目标没有实现,就会坐卧不安、焦虑烦躁,具有严重的失落感。

还有的人临近退休或者即将退居二线,认为自己辛辛苦苦一辈子,贡献多却没有捞到什么好处,遂产生了"有权不用,过时作废"的吃亏心理,临了捞上一笔,希望顺利"着陆",安享晚年生活。比如某石化物资供应公司党委书记兼副经理谢某虽是处级干部,但家境并不富裕,认为自己辛辛苦苦工作了几十年,别人都一个个富起来了,自己却过得寒酸,心理极不平衡,便想趁仍在位有权之时捞一点补偿,于是利用自己掌握的物资供应大权大肆索贿受贿,最终东窗事发。

6. 救急心理

救急心理是犯罪嫌疑人在遭受重大变故时无奈、无助而不惜铤而走险实施职务犯罪的心理状态。

持救急心理的犯罪嫌疑人通常生活圈子狭窄,性格内向,不善于交流,长期处于封闭、无助的状态,面临突如其来的巨变,如遇到重大疾病、子女亟须买房结婚等,家庭经济状况拮据难以承受,无法应对,自身已经垮掉,走投无路,从而走上犯罪的道路。

这些人日常生活循规蹈矩、安分守纪,实施犯罪往往出人意外,还常常伴随着家庭生活并不和睦,也没有交心的朋友,没有释放压力的空间。

(二)积极作为的心理特征

总的来说,在实施职务犯罪的时候,犯罪嫌疑人的心理状态是极其复杂的,有些人内心的不良心理表现于外,积极主动地实施职务犯罪,而有些人受到外来环境因素的影响,消极地实施职务犯罪。区分不同的心理表现形式,对于审讯活动来讲是大有益处的。积极作为的心理特征主要包括以下几种:

1. 居功心理

居功心理是犯罪嫌疑人自认为劳苦功高，功劳显赫、成绩显著，凭自己的地位、影响、能力能够规避犯罪事实的暴露，逃脱法律的追究。他们的心理长期被一种优越感浸润，处于自负、张扬、狂妄的状态，也具有热情、仗义、能够解决问题、敢作敢为的特点。

居功心理在两类人身上表现得尤为突出：一类是工作能力较强，仕途发展比较顺利，年纪轻轻就走上领导岗位，或者新近走上领导岗位，自我感觉自己已经当上官的人，在阿谀奉承、人来客往大摆筵席的环境中逐渐出现了自我认识的偏差，往往成为某些别有用心的行贿人追逐即时利益或预期利益瞄准的目标对象。另一类是人到中年的领导干部，他们位高权重，到了人生辉煌的顶峰。这类人如果始终习惯于居高临下、一言九鼎、看不起别人、独断专行、家长制作风严重、不受纪律与制度的约束，就容易滑向职务犯罪的泥潭。

具有居功心理的职务犯罪嫌疑人往往在审讯中也表现为一种优势意识，脾气暴躁、性格张扬，往往瞧不起职位不如自己的审讯人员，认为"审讯人员只是摆设，拿自己没有办法"。

2. 贪婪心理

贪婪是一切贪利性犯罪的共有心态，是贪污贿赂等职务犯罪的共同心理，是走向职务犯罪道路的主要思想基础。

具有贪婪心理的犯罪嫌疑人的心理意识处于一种贪婪、阴暗、极度私利的不健康、不正常状态，以损人利己、损公肥私为快，其贪婪的目的并非完全都是为了享受，更多的是出于一种心理上的满足。具有贪婪心理的人，为了钱财，可以不择手段，铤而走险，采取各种形式肆意收受贿赂、挪用侵吞公款。

具有贪婪心理的犯罪嫌疑人往往见钱眼开、贪得无厌，还会派生出以下的一些心理状态：

一是巧取豪夺。豪夺心理是犯罪嫌疑人错误估计形势，抓住一切机会积聚敛财，主观意识上存在的一种"人不为己，天诛地灭"的心理定式。这类人无不将自己的权力用到极致，假借企业大规模"关、停、并、转"和项目、工程审批等一切机会大肆敛财。此类人中"小官巨贪"的有之；强行索要、敲诈勒索的有之；家藏亿元现金仍不收手的有之；顶风作案、不计后果的有之。他们对于敛财没有特定的、既定的、预设或满足的目标，不仅来者不拒，而且有意识地设置障碍，巧取豪夺、多多益善、贪得无厌。同时，他们往往也为自己设计好了后路，有的买官卖官，力争在仕途上节节攀升，降低被查处的风险；有的明知升迁无望，大肆行贿，笼络社会关系，寻找保护伞；有的将妻儿送往国外，自己铤而走险，一旦东窗事发，即刻逃往国外；而有的行贿人则积极寻求"红顶商人"的地位，借着人大代表、政协委员的帽子铺平企业发展的道路，大肆行贿获取正当和不正当的巨额利益。

二是胆大妄为。妄为心理是犯罪嫌疑人无视党纪国法，公然挑衅法律、制度，胆大妄为而大肆进行职务犯罪，主观上存在的一种不计后果的心理定式。此类人年纪较轻，涉世不深，心理处于不成熟、不稳定、不理智的状态，性格偏向于内向、自闭、固执、不合群。生活中通常追求高档享受，包养情妇，时时感到入不敷出，收支状况明显超出正常范围。作案手法趋于简单、粗犷、行为鲁莽、不够老练，容易遗留较多的犯罪痕迹。

三是孤注一掷。赌徒心理在主观意识上是一种"人不为己，天诛地灭"的心理，刻意追求犯罪结果，不计后果，强取豪夺。这种人崇尚"人为财死，鸟为食亡"的拜金主义哲学，在金钱的诱惑下，只要能捞到好处、得到经济上的利益，什么党性原则、荣誉尊严、道德良心甚至自由生命都可以置之脑后。在"有权时捞一把，逮住了自认倒霉"这种赌徒心理驱使下，他们胆大妄为，顶风作案，明知早晚要翻船，仍如飞蛾扑火，自毁前程。

四是攀比心理。攀比心理是虚荣心强、刻意抬高自己身价的一种心理状态。他们喜欢结交"小圈子"，头脑简单、不甘寂寞、性格外向，心理活跃，文化程度较低，迷恋权力。所结交的圈子成员多为虚荣心强、品质不高，追名逐利，相互之间比派头、比财富、比挥霍，穿名牌、戴名表、抽名烟，进出高档场所。

3. 炫耀心理

炫耀心理是犯罪嫌疑人常常以自我炫耀的方式抬高自己在特定范围内的地位、能力和身价，自以为自己本事大，超凡脱俗、手段高明、追求刺激，敢作敢为，能够规避犯罪事实的暴露，逃脱法律追究的主观意识的心理定式，是对自己犯罪行为所产生的结果的一种公开张扬的心理状态。这些人心思活跃、性格外向、头脑简单、虚荣心强且不甘寂寞，经常处于入不敷出、急于敛财的状态。

在上世纪八九十年代查处的职务犯罪案件中，炫耀心理是一种较为常见的现象，他们往往成为被优先举报的目标，因为犯罪痕迹明显可循，可谓是一查一个准。随着法律宣传力度和打击职务犯罪力度的不断深入，现如今炫耀心理得到了有效的克制，呈现为较为隐蔽的状态。

4. 愉悦心理

愉悦心理是指犯罪嫌疑人以占有他人的利益为快事，意识上存在的一种贪婪的心理定式，是其刻意追求的一种犯罪行为结果以满足自己欲望的心理状态。此类犯罪嫌疑人的心理意识处于一种贪婪、阴暗冷漠、极度私利的不健康、不正常的状态，以损人利己、损公肥私为快。

愉悦心理是促进犯罪嫌疑人犯罪成功经验积累的主要心理动力。犯罪成功的经验激发犯罪嫌疑人的愉悦心理，反过来，愉悦心理又会不断地激发犯罪嫌疑人不断地连续实施犯罪行为，有些自我克制能力不强的犯罪嫌疑人，甚至会达到"上瘾"的程度，一发而不可收拾。这也恰恰是职务犯罪作案时间长、作案累计次数多的主要心理表现形式。

5. 自欺心理

自欺心理是犯罪嫌疑人明知法律禁止性的规定和政策的界限，刻意将自己的行为控制在自认为安全、不会被发现的范围内，既能获取不法利益又不会被发现，从而逃避法律追究的心理状态。

这些人善于伪装，表面上一本正经，工作、生活有规律，作风朴实、按部就班，严格要求下属和身边的工作人员。平时神情严肃、不苟言笑。经常将党风廉政挂在嘴边，经常有上缴礼金、礼品的"廉政"之举。他们交际圈子隐蔽、范围不大，往往都是经过反复甄别、自以为牢靠的对象，而且交往一般不会被人发现。例如某市原市委书记王某就属于典型的自欺心理，其平时衣着朴实，严格要求自己身边的工作人员，逢会必讲廉政，但自己却私交老板赵某，多次出入私人高档会所，接受招待，自己家人也在赵某的公司挂名谋取利益，最终被依法查处。

事实上，自欺心理是典型的侥幸心理，几乎隐蔽于每一个职务犯罪嫌疑人身上，要知道"若要人不知，除非己莫为"的道理。

6. 报复心理

报复心理是犯罪嫌疑人仅仅出于不满的情绪，故意以犯罪的行为来损害特定的利益，主观意识上存在一种幸灾乐祸的心理定式，是犯罪嫌疑人对自己犯罪行为及其结果的一种刻意追求的心理状态。

报复心理与其本人的家庭背景、生活环境和成长经历有着息息相关的联系，此类人在国家工作人员中实为少数。由于成长环境不理想，造成内在心理比较压抑、狭隘、阴暗、深度忧郁、不合群，具有自责、自卑、偏执、强迫症等心理表现。在工作环境中不善于与他人沟通、疑心病较重，与特定的关系人或者特定的群体矛盾突出、关系紧张，对立严重，容易记仇。情况严重的，还会产生极端的反社会心理。反社会心理是犯罪嫌疑人具有对抗社会的强烈不满，与整个社会制度为敌，主观意识上存在破坏、捣乱、唯恐天下不乱的心理定式，犯罪嫌疑人对自己的犯罪行为及其结果刻意追求或听之任之的心理状态。

具有报复心理和反社会心理的人往往在日常生活和工作中隐蔽颇深，他们往往以积极向上的精神面貌示人，掩盖其不可告人的罪恶，心思缜密、顽固，在审讯中常常表现出极端的抗审心理，怀疑一切，绝不相信审讯人员询问的信息，以少言寡语甚至沉默对抗审讯，容易形成审讯僵局。对这类人务必在初查中努力收集相关信息，有针对性地加大审讯力度，予以严惩。

（三）消极作为的心理特征

消极作为并非是不作为，这种心理特征不是自发地由内向外地主动作为，而是受到外界环境的影响，或被动或主动地实施职务犯罪的心理表现形式。

1. 从众心理

从众心理是一种不明是非的错误心理，自身抵御职务犯罪的能力较差，容易受到外界的干扰。这种心理状态在现时的职务犯罪中普遍存在。

"朋友"聚餐，老板买单，再给每个聚餐的人送上一份礼金，如果某个人不接受就会成为另类，有可能还会被剔除出"朋友圈"、"同事圈"。从众心理极易产生共同犯罪，有时候还会出现整个部门、整个处室全体同事集体受贿的情况，这在职务犯罪侦查实践中实为常见的现象。

具有从众心理的犯罪嫌疑人自信心明显不足，思想情绪容易大起大落。受到社会不良风气的影响，错误地认为替人办事、拿人钱财是正常的事，"大家都在捞，不要白不要"，"我帮他的忙，他主动感谢我，又不是我主动要的。"对送上门来的钱财往往是来者不拒，有的甚至开口讲价，伸手索要，积弊成习。

这类人主观意识不坚强，意志脆弱，容易受到外界的影响和干扰，平时很容易与同事、领导相处。普遍认为不是自己带的头，有问题也牵连不到自己。

由于从众心理极易导致共同犯罪，或者其犯罪事实与其他人的犯罪事实相互牵连。审讯中，审讯人员可以根据案发的特点，将其投入囚徒困境之中，充分揭露其犯罪事实已经暴露的不争之实。

2. 仿效心理

仿效心理是指犯罪嫌疑人习惯于人云亦云，人家怎么做我也做得的一种看样学样的心理状态，这种人是非观念不强，没有坚持原则的底线，不甘吃亏又无力反抗。

仿效心理的典型现象是上行下效。行贿人为了实现自己的利益，往往在完成一个项目中向多人行贿，对于犹豫不决的受贿人他们经常会说："你们领导都拿了，你怕什么？"受贿人就会想："反正领导也拿了，我怕什么，不拿白不拿。"当然他们之间的这番对话更可能是相互之间的一种默契。在一些风气不正的单位，下级虽然看不见领导收钱的实景，但会在处理相关事务中体会到一些蛛丝马迹，于是上行下效，产生群体性腐败现象。实践中，查处一名领导干部，通常会挖掘出一串"螃蟹"，这就是仿效心理与从众心理埋下的"恶果"。

现实中，在一些腐败风气盛行的行业、单位，看到兄弟单位或部门的人吃香的、喝辣的，收受回扣、好处，就会心里痒痒，一不小心就会放弃底线，依样画瓢，结果被一窝端。例如某国有五金公司在转制的过程中，该公司下属某个分公司老总偷偷地将该分公司的商品偷出去放到自己新开的商店去卖，这件事被其他人知道后，各个分公司的人都蠢蠢欲动，监守自盗，纷纷将商品偷盗出去，检察机关介入侦查后，一举从中查处了18人。

3. 误认心理

误认心理是犯罪嫌疑人自认为自己的犯罪行为是合法的，主观意识上存在一种自认为是正常行为的心理定式，是犯罪嫌疑人对自己犯罪行为及其结果的一种错误判断的心理状态。

有的人自认为自己实施的犯罪行为并没有利用自己的职务便利，仅仅只是利用了自己工作上的便利，不认为是犯罪；有的人收受他人的财物不认为是受贿，而是朋友、同学之间的礼尚往来等。这些人一般而言，头脑比较简单，对法律知识不太了解，一知半解，突出表现为对法律解读存在误解，常常以偏概全、断章取义，不懂装懂，对罪与非罪的政策界限没有分辨的能力。

审讯中，误认心理是可以予以利用的，既然"某节事实是不构成犯罪的"，那么审讯人员就可以要求审讯对象主动地把该节事实讲清楚，审讯对象也完全没有理由将正常的事实予以隐瞒的道理，只要审讯对象把这节事实讲出来了，那么就等于供认了犯罪事实，因为是否构成犯罪的问题自有其他客观证据予以证实。值得注意的是，审讯对象内心实际上是对这节犯罪事实清楚的，他却编造各种理由予以辩解，那么这种"误认心理"事实上是虚假的，是审讯对象事先预谋的对抗审讯的手段，审讯人员应当提高警惕，不至于落入他的"圈套"。

4. 自弃心理

自弃心理是犯罪嫌疑人对自己的发展前途严重丧失信心，降低道德标准，做与不做任何事都无所谓，主观上存在的一种自暴自弃的心理定式，是犯罪嫌疑人对自己犯罪行为及其后果抱有的一种无所顾忌的心理状态。

此类人具有一定的文化程度和独立的见解，原先表现不错，曾经又遭受过挫折，于是一蹶不振，设有具体的目标，工作上我行我素、不负责任，转而寻求经济利益的额外补偿。他们对犯罪行为早有预谋，心思缜密，反侦查能力较强，审讯中有足够的应讯心理准备，时不时还会出现反诘审讯人员问话的现象，道德系数较低，丧失罪恶感，是比较难以应付的审讯对象。

5. 畏惧心理

畏惧心理是犯罪嫌疑人基于某种外在因素的胁迫和影响而被动实施犯罪的心理状态，对犯罪结果感到畏惧、担心、害怕。此类人胆小怕事、比较容易顺从。内心深处又具有贪婪的内在心理动力，且缺乏自律，容易被人"牵着鼻子走"，往往是职务犯罪的共犯、从犯。在当前行贿人主动"寻租"较为严重的情况下，更容易成为被拉拢与腐蚀的对象。作案后又往往陷入心理孤独、沉闷、畏惧，长期处于压力下工作，难以自拔、解脱，缺乏自信。案件突破中，此类人可以作为首个予以击破的遴选对象，为窝串案的侦破打开缺口。

6. 矛盾心理

矛盾心理往往表现为不合群、自卑，患得患失的心态。此类人虽然羡慕财富，有利用手中权力捞一把的念头，但慑于法律威严，缺乏以身试法的勇气。然而，金钱和物质的巨大诱惑最终还是占了上风，他们在尝到甜头的同时，又摆脱不了紧张与恐惧，害怕自己的罪行暴露后身败名裂，累及亲人。事实上，职务犯罪嫌疑人在实施职务犯罪的前后，都会陷入到矛盾的心理之中，当正义心理压制住邪念时就会战胜自己，这是国家工作人员应当保持的秉性，当邪念占据上风后，就会滑向职务犯罪的泥潭。

这类人实施犯罪后惊恐的心理状态，外显为慌乱、猜疑心重、不安等情绪，"做贼心虚"正是这种犯罪心理的真实写照。犯罪的快乐情感体验与担心犯罪被察觉后得不偿失的心理相互矛盾，从而感到耳鸣、心悸、胸闷、呼吸急促、咽喉干燥、无饥饿感，无睡意，坐立不安。情况严重的还常常会把救护车、消防车、工程车的汽笛声误当作来抓自己的警车的警笛声，惶惶不可终日。

（四）情感因素

产生职务犯罪的原因是复杂的，但都离不开犯罪嫌疑人在实施职务犯罪时，当下的心理状况和犯罪动机。同时，职务犯罪嫌疑人的情感因素也会在某些案件中起到决定性作用。

1. 亲情心理

亲情心理是指为了维系家庭、亲情关系的需要，主观上放任或积极主动实施犯罪的心理状态。

此类人工作能力强，但同时家庭观念也比较强，深感自己长期专注自己的事业，对家庭、亲人的关心不够而有负罪感，犯罪的动因来源于家人、亲情的不断灌输、诱导。当下夫妻共同受贿、家族型腐败常见诸报端，正是这种心理的写照。有时看到自己的亲人借用自己的权力敛财，睁只眼闭只眼，放任自流，甚至在暗地里或明着帮助亲人实现犯罪行为与结果。

这类人自身具有是非观念，实施犯罪后也有罪恶感却难以自拔、无法脱身，但看到亲人、特定关系人满足或利益达成时，也存有成就感。

2. 情面心理

情面心理是指犯罪嫌疑人碍于领导、同事、亲朋好友的情面，放弃对自己的约束而被迫实施犯罪的心理定势，更多的体现为一种无奈、顺从。

此类人性格善良、懦弱，重情义，容易产生同情心，之所以实施犯罪行为完全是为了义气、情面。"好情面"是我国的民情特征，国家工作人员尤其，碍于情面为"朋友"办事，收受"朋友"的好处，这类案件在职务犯罪中的比例甚高。

这类人对于自己行为的违法性都有明确的认识，但碍于情面，放弃原则，不得已而为之，但又存在下不为例的侥幸心理。事实上，有了第一次就会有第二次，遇到同样的事情时又拉不下面子，继而一发不可收拾。

3. 牵连心理

现阶段在报道的官员腐败案件中，"包二奶"、"养小三"现象较为突出，一旦国家工作人员沾染上生活作风、赌博等不良违法违纪陋习后，正常的收入来源就会入不敷出，生活受到影响而产生"捞钱"的想法。

此类人员一般都能力较强、体力充沛，具有较高的地位，享有一定的权力，无论在单位还是社会上都比较"吃得开"，拥有较广的人脉和影响力。他们一旦实施职务犯罪通常会不计后果，在"小三"等外围人员的影响下，普遍具有贪婪的心理特征，犯罪数额颇大，用其贪贿的钱财维系其不正常的收支状况。

能力较强的人起初都会有尚好的工作表现，为单位和社会都做出过较大的贡献，一旦走上领导岗位或得到重用后，往往又会成为别有用心的人利益寻租的对象，自我私欲膨胀，把持不住就会滑向职务犯罪的泥潭。相反，没有能力，不担责任，碌碌无为的人虽不收钱（事实上可能也没人会送他钱），却又什么事也不干，成为"庸官"。这两类现象值得职务犯罪预防部门重视和研究。

4. 诱导心理

司法实践表明，国家工作人员主动实施职务犯罪利用职务便利敲诈勒索、强行索要的比例是不多的，更多的是碍于情面关系，受到外部因素的影响而被动地收受他人主动送上门的财物。

普遍而言，行贿人和利益相关人员具有行贿的直接动力，他们为了获得既定的利益目标，之所以愿意送上钱财只不过是"羊毛出在羊身上"，送出的钱财与获得的既得利益是不成比例的，据此他们会不遗余力的拉拢、腐蚀国家工作人员，以期获取他们想要的正当的和不正当的利益。

有些职务犯罪嫌疑人也知道行贿人是靠不住的，他们也会选择合适的"合作伙伴"，除非胆大妄为、贪得无厌之辈，否则绝不会收受初次相识的行贿人的财物，以便保证自己的"安全"。行贿人也深知此中道理，于是托关系、走后门，交朋友，以此为以后的行贿埋下伏笔。坊间相传有些行贿人为了达到预期或远期的利益回报，会在年轻的能力较强的公务人员中物色"绩优股"，通过小恩小惠、帮些小忙，建立长期的"朋友"关系，以此事预先埋下行受贿的通道。这也印证了审讯对象常常会以"朋友"关系，而非利用职务便利条件，作为应对审讯的托词。

许多职务犯罪嫌疑人正是在外来因素的引导下，逐渐走向职务犯罪，如何保护国家工作人员、着力打击行贿犯罪也是值得引起侦查部门和预防部门关注的课题。

三、职务犯罪易发的阶段和起因

一个人成为国家工作人员直至退休，都会存在成长期、发展期和成熟期三个阶段，分析职务犯罪的起因，各个阶段都有其显著的特点。

（一）成长期职务犯罪易发的起因

无论是大学毕业还是以其他身份考入国家工作人员队伍以后，起初阶段均会有一个积极向上的心理状态，按理说，此阶段是人生的起步阶段，背负着个人和家庭的希望，况且年纪轻、岗位不重要，职务较低，职权范围有限，一般都不太会涉足职务犯罪，但是在特定的条件下，受到某些外因和内因的影响，有些人年纪轻轻就涉足职务犯罪甚为可惜。

1. 特权思想严重

官本位思想长期居于统治地位，对中国传统文化和民众心理的消极影响根深蒂固，官本位是一种社会价值取向，把是否为官和官阶的高低作为核心的社会价值尺度去衡量个人的社会地位和价值，"我爸是某某"就是这种思想在民间的真实反映。

官本位思想酝酿出国家工作人员的特权思想，从现实的情况看，经济落后的西部地区比东部沿海经济发展地区较为严重；特殊岗位工作人员、司法机关工作人员和行政执法机关工作人员的特权思想较其他部门尤为突出；年轻的国家工作人员外出执法、办事（无论是公事还是私事）经常会事先亮明自己的身份，凸显出自己高人一等的特殊地位，深怕别人小瞧自己，随着年纪的增长，年长的国家工作人员则往往会含蓄地表达自己的意思。年轻的国家工作人员如果让自己的特权思想过于膨胀，那么在受到各种外因的诱惑下就极易涉足职务犯罪。

2. 缺乏有效监督

年轻的国家工作人员由于工作经历较短、职位普遍不高、职权范围有限、社会交往圈子较小，即使涉嫌受贿犯罪也通常数额较小，更多的是在经手、保管公共财物中涉嫌贪污、挪用公款等职务犯罪，这与制度管理缺失、监督不力不无关系。年轻人思想活络，八小时以内受到单位纪律、制度的管束，而如何加强八小时以外的教育值得研究。一旦接受不良思想的侵蚀，再加上制度管理上存在的漏洞，就会让他们有空子可钻，把持不住自己就会滑入犯罪的泥潭。

3. 追求虚荣和物质享受

年轻的国家工作人员从学校迈入国家工作人员的行列，学校的单纯生活与社会的复杂关系会产生强烈的反差。尤其是原先家里底子薄的年轻人，受到更大的生活压力，为了追赶城市生活的节奏，有些人就会产生攀比心理，看到别人住的是豪宅，自己买不起房；看到别人驾驶的是豪车，自己则没有这个能力。于是就会产生自卑心理，自尊心受到挫伤。反之，为了追求与别人同等的生活，虚荣心就会膨胀，企图享受好的物质生活，殊不知别人也是经过半辈子的努力，甚至两三代人的努力得来的。在这种心理扭曲的状态下就容易降低自己的道德标准，一不留神就会与职务犯罪交上"朋友"。

4. 遇到挫折无法释怀

能够经过层层筛选，进入国家工作人员行列的年轻人，一般都是能力较强的佼佼者，此前无论经历过怎样的刻苦努力，都是人生道路上的幸运儿，自我感觉良好，拥有人生奋斗的理想与目标。然而现实并非会一帆风顺，遇到挫折和磨难是难免的，此时，有些自闭、心胸狭隘的人就无法释怀，自认为是别人在有意与自己过不去，认为是领导有意地在打压自己，认为自己的成绩没有得到公平的对待，而不从自己身上找毛病、找不足。

遇到挫折关键在于自我调节，有位工作了七八年的公务员，工作积极肯干，在某次7选6的中层竞聘中名列第三，却因种种原因成为了唯一的落榜者，是气馁还是发愤图强是对他的严峻考验。该公务员没有在困难和挫折面前屈服，经过三年的卧薪尝胆，发奋努力，成为全市同行业公认的业务专家。相反，如果遇到挫折自暴自弃，此阶段职务犯罪的可能性指数就有可能大大提高。

5. 涉世不深"傍大款"

从历史到现实，官商勾结往往造成严重的腐败现象。小官傍小款、大官傍大款，现实中"傍大款"是与"款傍官"相互浸透的。事实上，企业为了生存和发展的现实需要，为了抬高企业的形象，往往希望当官的成为他们的代言人，为他们解决一些不时之需的困难，而中小企业就会寻租年轻的公务员。

年轻的国家工作人员涉世不深，得到企业老板的赞赏和阿谀奉承之后，往往会感觉到抬高了自己的身价，飘飘然而不由自己，频繁参与宴请，出入高档消费场所，与企业老板结交为"好朋友"、"铁哥们"，把平时的小恩小惠误当成正常的礼尚往来。这正是职务犯罪滋生的起始阶段。

6. 未能实现特定目标

年轻人参加工作以后，无外乎把前进的目标盯在工作和生活两个方面。有些年轻的公职人员面临物质条件的压力，不满足于微薄的工资收入过普通人的生活，为了满足个人如买房、买车、结婚讲排场等需求，迫于内在虚荣心及外来的压力，不择手段地敛财先富。

有些年轻的公职人员不能客观地评价自我，总喜欢与人攀比，看见昔日的同学事业有成心生嫉妒，看到同辈的同志晋升提拔心有不甘，看到老板朋友挥霍无度心生不平，总感觉到老天对自己不公，遂产生堤内损失堤外补的想法，转而以贪污受贿等违法手段进行自我慰藉。

（二）发展期职务犯罪易发的起因

年轻公职人员通过自己的努力，得到组织、单位、群众的肯定以后，逐步晋升迈入领导岗位，是人生、事业的发展期。在发展期内，公务人员总体上保持着积极向上、努力进取的心理状态，他们精力充沛、业务熟练、经验丰富、勇挑重担，为社会和单位创造财富。同时由于我国社会体制的特点，政府承担着过大的职权，公务人员就成为了相关利益寻租者们追逐的对象。事实上，许多职务犯罪嫌疑人实施职务犯罪都起步于这个阶段，并且随着职位的晋升，职务犯罪也协步发展，大肆敛财，直至"心满意足"转而用赃款投资理财，企图安全着陆。此阶段易产生职务犯罪的主要因素有以下几个：

1. 得到提拔后的荣耀感

有些人在提拔前后判若两人，提拔前严格要求自己，遵纪守法、廉洁自律，在工作上兢兢业业，确实做出了一些成绩。一旦提拔到领导岗位以后，自觉可以松口气了，放松了对自己的约束，我行我素，没有了继续追求的目标，有的仿佛要释放出原先长期被约束和压抑的情绪。现实中，有的地方官员得到晋升，相约宴请、送礼祝贺的习俗非常平凡，少则1—2个月，多则一年有余，在此期间，听到阿谀奉承、拍马恭维的声音不绝于耳，有些人就会飘飘然起来，尤其是初次感觉自己当上官的人，会在相互宴请的过程中迅速地交结一批朋友，不分青红皂白都成了"铁哥们儿"，于是自我感觉良好，说话的口气也粗了，长此以往，就容易形成利益输送的"人情网"、"关系网"。

2. 取得相当的"成就"时

国家工作人员在自己的工作岗位上取得一定的成绩，是其自身努力的结果，也是必然的可想而知的事。但是，如果某些人由此沾沾自喜、感觉好像取得了相当的"成就"就会增加犯错误的概率。于是他们以特殊人物自居，不再谦虚、不再甘于寂寞，交友不划界限，夸口不分场合，好像这天底下没有他办不成的事。常常把自己的功劳与工资收入进行比较，总觉得自己是最吃亏的人，一不小心就会从原先的先进人物或领导干部蜕变成腐败分子。

3. 形成一定的势力范围

有些人喜欢广交朋友、左右逢源，上有"老领导"撑腰，下有铁杆兄弟支撑，听不进群众的不同意见，逐渐形成了一张关系复杂的"人情网"。这些人往往不讲原则，独断专行，以自我为中心，缺乏有效的监督机制，甚至与司法机关的工作人员混的滚熟，认为不管查谁也查不到自己头上，私欲膨胀，目空一切，一手遮天。

4. 拥有绝对的权力

权力没有制度的约束就可能被滥用。一些单位的"一把手"能力较强、威望较高，从而会滋长其家长制作风，形成"一言堂"的局面，听不进不同的反对意见。某位在乡镇担任了10多年书记的犯罪嫌疑人，在出让一块房地产开发的地块时，本应经过招投标程序，但他决定不走程序，本应集体讨论的，他自认为是为乡镇建设做贡献，大笔一挥个人做主就将此地块转让给了某房地产公司，给国家造成损失1000多万元。他在认罪书中谈道：我本以为是出于公心，不走程序也无所谓。由于我在这里工作了10多年，每一位干部的提拔都要经过我同意，听不进不同的意见，更听不到反对的声音，做起事情来有时就忘记了原则，不愿接受监督，最后反过来害了自己。

5. 受到外界因素的影响

国家工作人员在成长、发展阶段，自然也要受到社会环境不良风气的影响，在腐败现象严重的地区，公务人员成为职务犯罪的高发群体。在查处职务犯罪窝串案、系列案件中，有的部门被"一锅端"，有些单位的中层以上领导和业务骨干被大量查处，也是经常发生的现象。

随着公务人员履职的积累、职务的升迁、职权范围的扩大，他们往往也就成为相关利益寻租者追逐的对象，尤其在重点部门、重点岗位，还会出现围攻的情况，这些都应当引起公务人员自身的警觉，把住拒腐防变的铁门，否则就会走向"不归之路"。

外面的世界确实很精彩，吃喝玩乐，小恩小惠、不劳而获、挥霍无度，这些不良的习气都会影响公务人员拒腐防变的能力，需要提高免疫力，做到警钟长鸣！

6. 家庭因素的影响

家庭是社会的细胞，国家工作人员普遍具有较高的社会地位，是家庭的顶梁柱，一旦出事，就会影响整个家庭乃至整个家族的生活质量。家族成员理所应当成为其清正廉洁的坚强后盾，否则大厦倾倒如入万丈深渊。

有些家庭夫妻之间关系不和睦，缺少必要的关心和温馨，夫妻之间互不关心，缺少亲情和吸引力。于是有些人就会移情于追求交朋友，产生放纵、张狂、不羁的心理，缺乏自制力，容易诱发职务犯罪。

有些家庭的配偶相信"有钱就变坏"的信条，采取经济上的"紧缩政策"，使其捉襟见肘，入不敷出，时常产生窘迫、尴尬、下不了脸面的场景，由此引发贪婪、敛财的动机。

有些家庭成员不顾家庭收支的现实条件，热衷于追求超标准的物质享受，购房、买车、旅游、出国、购买高档消费品，增添了家庭开支的巨额压力，就会使某些公务人员产生顺从、补偿等心理动机，从行为上去敛取不义之财。

有些职务犯罪确实事出有因。俗语说，人到中年，上有老、下有小，家庭的重任更加沉重。老人需要赡养，子女上学、找工作、结婚、生子等都需要增加额外的开支，增添了追求不义之财的动机。例如，某国有建筑公司驻沪办主任，中专毕业工作了近二十年，身为独子的他需要赡养两位身患严重高血压且身居农村的高龄父母，妻子从农村入城做临时工且为其生养了一对"龙凤胎"。鉴于生活的压力，平时省吃俭用，冒险受贿来的20多万元分文不少地存入外省某地银行，以备不时之需。同情归同情，贪贿仍然不足取。

另外，有些家属、子女贪心过甚，从后院窜到前台主动敛财，不但不能成为国家工作人员拒腐防变的"廉内助"，而且是诱导国家工作人员，尤其是领导干部实施职务犯罪的重要因素，夫妇双双入狱，"家属式腐败"在司法实践中不乏新鲜的案例。

7. 婚外情难以自拔

婚外情是职务犯罪的副产品，也是诱导职务犯罪的重要因素，现如今媒体曝光查处的领导干部职务犯罪案件中具有"包二奶"、"养小三"案情的不在少数，几乎大多数案件都与之有染。"二奶"、"小三"与物质利益无不存在着联系，需要付出巨额的经济代价，这是众所周知的道理，从"捞外快"到不择手段敛财是后续发展的必然趋势，最终收获的是牢狱之灾。更有甚者，包养"二奶"、"小三"，却遭遇"二奶"、"小三"、"情敌"的勒索也是常事，最终导致"逼上梁山"而招致案发的后果。

8. 不良嗜好成瘾

赌博是万恶之源，民间有句谚语：10个人赌11个人输。因为旁边看赌的人迟早也会加入赌博而输钱。有些公务人员不拘泥于小节，滥交朋友，从"小赌赌"、"小来来"尝到甜头开始，慢慢发展到大赌特赌。小赌小输，大赌特输，一发而不可收拾，直至倾家荡产。例如某县应急办主任庞某，从小赌开始发展到去澳门狂赌，一年间进出澳门 20 余次，输掉了几百万元，直至对方追到其办公室讨债方始如梦初醒，堤外损失靠堤内补，最终因贪污 200 多万元被依法判处有期徒刑 12 年。

另外，极个别公务人员沾染毒瘾等不良嗜好，也会导致其陷入万劫不复之地。

（三）成熟期职务犯罪易发的起因

从进入国家工作人员队伍起，公务人员在事业上也会经历成长期、发展期，在达到了事业的顶峰之后，开始逐渐走向下坡路，有的原地踏步，有的需要退居二线，有的面临退休，此时人们的心理会产生微妙的变化。此阶段人的体力精力有所衰退，但经验丰富、心思缜密，社交圈广泛，不会冲动行事，往往是谋定而后动。容易引发职务犯罪的因素主要有以下几个：

1. 功成名就感浓烈

到了一定年纪的人往往会有一种怀旧感。回顾自己"戎马一生"，辛辛苦苦工作二三十年，会对自己取得的成绩、地位产生自豪感，如果不坚持原则，守好最后一班岗，有时候就会飘飘然起来，再加上身边说好话的人多了，溜须拍马的人多了，托其办事的人也就多了，不经意间就会产生贪图享乐的思想，把持不住就会随意地接受别人送来的"礼物"。

一些领导干部长期居于重要岗位，确实能力较强，享有较高的威信，于是产生了严重的"家长制"作风，独断专行，听不进不同的意见。例如某国有企业的董事长在忏悔录中说道："公司里所有的领导岗位上都是我提拔起来的人，每到逢年过节，无论是分公司经理还是班组长都要来给我拜年，送上红包。"一个人说了算，权力过于集中，其结果必然成为有心之人着重围攻的对象，难免被人拉下马。

2. 产生临退之前的失落感

公务人员换届将至，存在着退居二线、即将退休的问题，在位时门庭若市与退休后清心寡欲的生活相比会产生强烈的心理反差。有些人就会对退休生活产生渺茫、恐惧的心理，产生了临了"捞一把"的想法。事实上，社会上有求于其办事的人常常还会"以有权不用，过时作废"的不良思想对他进行侵蚀，许多"59 岁现象"的职务犯罪分子无不存在着这种心理。如何关心临退休人员的工作、生活，退休人员如何自我调整好身心健康，守住自己最后的一班岗，是职务犯罪预防工作应当重点关注的一个问题。例如，某 59 岁被查处的犯罪嫌疑人说："年轻时吃些苦不算苦，老来苦才是真正的苦。"他非常后悔自己在临退休之前犯了错，甚是可惜！

3. 长期处于垄断岗位

职务犯罪的严重程度与犯罪嫌疑人本身掌握的职权的大小是成正比的。手中掌握的权力越大，为他人谋取的利益就会越大，可以作为权钱交易的利益输送也就越多，职务犯罪也就越为严重。在社会经济高速发展的当今社会，土管、城建、医疗、矿产等重点部门和行业成为了职务犯罪的重灾区。尤其是一些垄断部门和行业，资源独享，一旦涉及职务犯罪往往是触目惊心的，例如原铁道部部长刘志军涉案 6000 余万元。

为了谋取巨额的利益回扣，有些企业和行贿人不惜一掷千金，削尖脑袋疏通层层关系。相反大权在握的某些公职人员看到批文一发就能让别人腰缠万贯，而自己仍旧得坚守清贫，于是心中就会产生愤愤不平的"不公"感受，一旦贪念之门打开，就会主动地索取或被动地接受巨额的"回扣"。

4. 投资失利

现如今，全民经商意识浓烈，公职人员积累了一定资产以后，也会想方设法地通过炒股、炒房、投资企业等方式理财，谋取利益的回扣。常言道：投资有风险，入市需谨慎。有的人倾其所有甚至不惜举债用于投资，企盼丰厚回扣，结果是血本无归，举债累累，一有机会就会铤而走险。例如某高校的副校长将常年辛苦的积蓄全部投资于股市，其结果是亏损了 300 多万元，只能在其经手的 3000 余万元工程中向对方索要 300 万元，比例高达 10%，以弥补投资失利的损失，此类案例不在少数。

（四）易发生职务犯罪的机遇期

谨小慎微、不冒然行事是许多公务人员做事的一贯风格。他们不会冒然地去实施职务犯罪，但一些人在遇到所谓的机遇降临时却会恶从胆边生，经不住诱惑以致"跌跟头"。

1. 自以为机遇来临

制度不严，留有漏洞常常是职务犯罪的诱因，让某些意志不坚定的人误以为是天赐良机。例如某国有保险公司的财务科长，在清算"小金库"残账时发现结余了 10 余万元钱，由于公司老总调任尚未来得及听取他的汇报，后又忘了向新任总经理汇报，认为机会难得就将此款隐匿了起来，直至四年后案发仍旧分文未动，被法院以贪污未遂依法判处有期徒刑 3 年 6 个月。

特定的条件和环境是激发某些职务犯罪嫌疑人贪念的诱因，有的人信奉"机不可失，失不再来"的信条，坚信自己能够做到"就此一次，下不为例"，认为仅仅只做一次，风险不大。殊不知犯罪成功的经验唆使他一犯再犯，一发而不可收拾。

另外，国有企业转制被一些人看作是捞取不义之财的大好良机，由于转制程序复杂，需要清算和审计的内容庞大，有些别有用心的人就会借机利用自己手中的权力，迫不及待地转移、隐蔽资产，以期获取更大的法外利益。

2. 自认为反侦查能力强

所谓犯罪的机遇都是人为的误判，有些人自认为"聪明"，在实施职务犯罪前经过深思熟虑，周密地设计作案的"线路"，贪污公款自认为把账做得"天衣无缝"。收受贿赂你情我愿、"一对一"，绝不让第三人在场、监督；在境外收受"礼物"远离人们视线。有的人通过各种渠道结识公、检、法部门的人，自认为深谙其内部的调查内幕，错误地认为自己掌握了反侦查的方法，自信自己的犯罪行为不会被发现，"查谁也不会查到自己头上"。有的人自认为找到了掩盖犯罪的方法，不收物品只收现金；不露富、不炫耀；平时伪装廉洁、行事低调不张扬。此类人做足了功课，积聚了各种反侦查方案，是审讯中极难对付的审讯对象。

3. 听信行贿人的"信誓旦旦"

在一般贿赂犯罪案件中，大多数犯罪嫌疑人都是被动地收受财物的，责任当然主要还是在于这些公职人员经受不住行贿人的"鬼话"，什么"有权不用，过时作废"，"我们是朋友关系，是人情往来"；"天知地知，你知我知，只要你自己不说，打死我，我也不会说出去的"；"你给我赚了这么多钱，这点只是小意思"；甚至信誓旦旦，诅咒发誓"绝不会出卖朋友"。殊不知，一到审讯阶段，行贿人为了保全自己的利益，早把誓言抛到九霄云外，第一个出卖的就是你。

在初查中尽可能了解犯罪嫌疑人的犯罪动机、犯罪起因，获得此类信息有助于审讯人员在审讯中有的放矢，准确击中审讯对象的心理软肋。

第二节　审讯对象的类别信息分析

如前所述，审讯对象在审讯过程中除了具有类似趋利避害、谎言抗审等共性表现外，还有受自身经历、年龄、社会地位等因素制约所形成的个性特点，这些就是审讯对象的类别信息。职务犯罪尤其是贿赂犯罪具有对向性，因此，从广义的审讯角度讲，职务犯罪审讯对象其实既包括犯罪嫌疑人，也包括行贿人。面对不同类别的审讯对象，审讯人员以什么样的状态、形象进入审讯室，根据不同的类别信息，采取何种审讯用语和行为，都是值得探讨的问题。

一、犯罪嫌疑人固有信息分析

职务犯罪嫌疑人的主体身份虽然都是国家工作人员，但个人职责、能力水平等社会属性各有不同，这也是影响审讯过程中心理和行为的关键性要素，值得我们研究。

（一）从主体特征分析

从职务犯罪主体所享有的职权范围、社会地位、影响力等角度对犯罪嫌疑人进行分类，可以分析出不同类型的犯罪嫌疑人所具有的同类固有信息。

1. 从职权范围分析

（1）普通干部类型

普通类型犯罪嫌疑人是指利用自己掌握的职权范围内的便利实施职务犯罪的一般国家工作人员。这类犯罪嫌疑人大多不具有审批权、决定权，职权有限，更多地体现的是一种程序上的职责流程。他们实施职务犯罪的危害性也相对较小，查清全案的可能性较大，查处难度不大。

（2）领导干部类型

领导干部类型犯罪嫌疑人是指掌握一定范围的职权、有一定社会地位的犯罪嫌疑人。在日常工作、生活中，这类人多以领导者、决策者的身份出现，社会经验丰富。在审讯过程中往往看不起审讯人员，常常摆架子增强自己的心理优势，这就需要审讯人员要以威严的态度予以告诫，并选择合适的时机安排相关审讯指挥人员与其谈话，解决其供述的心理顾虑。

2. 从年龄上分析

（1）青年职务犯罪嫌疑人类型

这类犯罪嫌疑人一般年龄在 35 岁以下，有些甚至还不到 30 岁。这种类型的犯罪嫌疑人参加工作时间不长，行政职级普遍较低，社会阅历少，缺乏党内严格的政治生活和组织生活的陶冶，党性修养和锻炼不够，往往容易陷入拜金主义、享乐主义的怪圈，更容易被拉拢、腐蚀，很容易产生贪腐的犯罪动机，从而走上犯罪道路。他们实施职务犯罪的动机较为单纯，作案手段相对简单、直接、不计后果。

（2）"59 现象"职务犯罪嫌疑人类型

这类犯罪嫌疑人年龄一般在 50 岁以上，有些甚至属于典型的"59 岁"现象。这种类型的犯罪嫌疑人原先都是工作的楷模、学习的榜样，但在"退"的人生关口，却信奉"有权不用，过期作废"，认为自己将要退休了，手上的权力再不用就没有机会了；更有的心理不平衡，认为自己工作了一辈子，级别不如他人，待遇不如他人，组织上对不起自己。如此种种心理变化，极易诱发职务犯罪。

（3）中年职务犯罪嫌疑人类型

这类犯罪嫌疑人都处在事业的上升期或者高峰期。从内部来讲，他们一方面在各自的岗位上履行职责开拓进取，为单位和社会贡献自己的力量，另一方面他们经历丰富，年富力强，手握"重权"。这种类型的犯罪嫌疑人一旦实施职务犯罪，都会有较为隐蔽的反侦查手段作为铺垫，在审讯中也会考虑到"上有老，下有小"等现实家庭、社会情况，而产生强烈的抗审心理。从外部而言，他们的权力辐射度广、社交圈复杂广泛，是"酒肉朋友"拉拢的对象，这也是职务犯罪诱发的主要原因之一。

3. 从犯罪主体集中的程度分析

（1）重点部门类型

重点部门是指建设、交通、土管、经贸等掌握国家、地区经济命脉的部门，一直是反腐败关注的重点部位。此类人员一般位高权重，在地方上交际网广泛，办事便利，享有一定的社会地位和声誉。他们一般涉及职务犯罪均会有充分的事前准备，订立攻守同盟，有些甚至与司法机关工作人员广交朋友，了解检察机关一般的办案程序和方法，具有较强的抗审能力。

（2）热点部门类型

热点部门是与当地经济发展息息相关，与人民群众切身利益紧密相连或者极易引起社会公众广泛关注的部门，如医疗卫生、教育、房地产管理、矿产资源管理、环境保护等部门。虽然处于反腐败的风头浪尖，但受到巨大利益输送的引诱，某些国家工作人员仍然会心存侥幸而铤而走险，此类人员通常涉案数额较大，明知风险大偏向虎山行，抗审能力更强。

（3）实惠部门类型

有些部门在人民群众中影响不大，甚至不为普通社会公众所了解、知晓。部门不大、人员不多，但行使着某些行政管理或行政执法的职权，利益输送颇丰。此类人员一旦涉足职务犯罪，会有不计后果、胆大妄为的倾向。如某市气象部门私设小金库1000万元等。这类人员一般与外界交往较少，在审讯中体现的抗审能力一般不会太强。

（4）边缘部门类型

此类部门一般不为侦查部门所关注，这类部门主要存在于两个层面：一部分是行政事业单位中的"清水衙门"，一般情况下不太容易涉及职务犯罪，他们普遍循规蹈矩，谨小慎微。另一部分则是应当引起高度关注的部门，如无明确行政隶属关系的行政事业单位、外派机构或者设在地方的央企单位。由于对他们的监管力度较为宽松，往往是诱发职务犯罪的重灾区。这些部门相对地"与世隔绝，不谙世事"，在接受审讯中常常表现为蛮横性抗审，对待此类审讯对象，一般只要稍施策略就能迎刃而解。

4. 从社会关系分析

（1）关系复杂类型

关系网复杂的类型多以领导干部居多。这些人因工作的关系建立了许多关系网，曾经为上级领导出过力，为周围的人办过事，自己也为当地的经济建设发展做出过贡献，对自己的问题表现得很平静，对外来力量的干扰抱有很大的希望。

（2）背景单一类型

这类犯罪嫌疑人多为凭借自己的工作业绩、能力水平逐步被组织信任、任用，这类人多为勤勤恳恳、兢兢业业的专业性人员，实际工作能力强，敢作敢为。对于这类人员的审讯，无论在心理素质上、知识面上还是见识上，审讯人员都不能输给审讯对象，要用扎实的法律功底、广博的知识来教育、感化审讯对象的抗审心理。

5. 从收受财物的类别分析

（1）收受金钱类型

此处的"金钱"泛指能够实现物质利益的一般等价物，包括现金、外币、提货券等。以金钱作为利益输送的职务犯罪一般都较为隐蔽，贿赂犯罪一般都体现为"一对一"的形式，除数额巨大、巨额财产来源不明的案件查处相对较为容易外，大部分基层检察院办理的案件所涉的数额均较小，如几万元、十几万元的贿赂案件查处的难度就相对较大。

（2）收受物品类型

具有使用价值的物品主要是指贵重物品、高档消费品和其他消耗品。物是以一定形式存在的东西，具有相对不可消灭性。在职务犯罪侦查中，物证的起获将直接巩固案件证据，是基层检察院获取职务犯罪证据的重要内容。

（3）收受财产性利益类型

财产性利益是指具有财产价值的利益，既包括有价证券、股份等，也包括动产、不动产，如可以行使物质利益的请求权的凭证，债权债务的免除、免费装修、无偿提供房产、汽车的使用权等利益。这些财产性利益都有一定的书面凭证，有规律可循，是职务犯罪侦查、审讯的重点。

（二）从犯罪嫌疑人心理类型分析

除了从职务犯罪主体特征对职务犯罪嫌疑人的固有信息进行分析外，还可以根据职务犯罪嫌疑人的性格特征不同，对其固有信息进行分析，以此揭示不同类型的职务犯罪嫌疑人在接受审讯时所产生的心理变化也不尽相同。

1. 顽固狡辩对抗型

在审讯活动中，这类审讯对象的心理表现主要是抗拒审讯，什么都不说，或什么都对抗。当此类型审讯对象抗审表现强烈时，审讯人员应及时给其下马威，以挫其锐气，打击其嚣张气焰。但在审讯实践中，审讯人员还应当注意以下几点：

（1）应做到柔而不软弱，刚而不粗鲁。既要在气势上给予审讯对象一种威严感，同时又要让其感受到审讯人员是讲法律、讲道理、高素质的司法人员。

（2）给予审讯对象不一样的感受。一是现在到了检察机关，不说可能不行。二是检察机关是有备而来的。三是若顽抗到底，可能加重对自己的处罚。

（3）给予审讯对象一个不交待已不可能的结论。尽最大可能发挥现有证据的极限作用，不断旁敲侧击使审讯对象真正感到：审讯人员已完全掌握其犯罪证据，若不交待将落得一个抗拒从严的下场。

2. 个人好恶偏激型

主要表现为遇到自己喜欢、看着顺眼的审讯人员时，审讯对象就会多说话、多开口；一旦碰到自己不喜欢的审讯人员，或与审讯人员、检察机关的关系弄僵后，审讯对象就会从心理上产生排挤、讨厌情绪，出现什么都不说、什么也不愿说的现象。

只要审讯人员细心地了解审讯对象的兴趣、爱好和信仰，充分地加以利用，往往会发现其涉案的相关事实情节，比如爱好古玩字画收藏的，多与"雅贿"有关；喜欢吃喝玩乐的，职务犯罪发生的时间、地点或起因往往与此有关；而宗教信仰还可以作为审讯人员突破涉案对象心理底线的有力武器。

3. 伺机而动观望型

这类审讯对象主要表现为自己绝不主动交待有关情况，而是根据已暴露出来的审讯人员的讯问特点、讯问技巧、案件事实和证据情况，在无法避免的情况下，才谨慎地、有步骤地回应有关提问。

对于此类型审讯对象的审讯，审讯人员必须做到一不乱说话，二不乱抛证据，三不乱走动，四不乱打电话。要尽量引导其开口说话，不能让其有思考、反思问题的时间。审讯全过程应做到问前准备充分，有讯问计划、讯问提纲，提问紧凑有序，能紧紧控制讯问节奏和过程，让其一直在紧张的气氛中沿着审讯人员设计好的讯问思路接受问话。

4. 瞻前顾后犹豫型

此类审讯对象主要表现为做事犹豫不决，顾虑重重，既怕不交待将受到从重处罚，又怕交待出一些审讯人员尚未掌握、未发现的事实，更怕如实交待犯罪事实后会受到更重的处罚。

对于犹豫型的审讯对象，审讯人员要做到：一要说明审讯对象的罪行已完全暴露，其不说已不可能；二要适时讲清法律、政策，在法律规定范围内承诺能够实现的要求，以打消审讯对象的思想顾虑。

5. 担心伤害他人的护人型

此类审讯对象主要表现为担心如实交代犯罪事实后会把别人牵连进来，会加重别人的处罚（主要是怕害了家人、朋友、共犯、受贿人、行贿人、证人等）。

审讯人员必须对此类审讯对象讲明两个道理：一是别人已承认，审讯对象这时交待已不属于害人，从另一方面可能还是在帮助别人。因为审讯对象不交待清楚有关事实、情节，检察机关就可能还要不断地找别的证人了解案情，这在一定程度上就是在不断麻烦别的证人，如果此时审讯对象交待清楚了，既可以避免检察机关去找不相关的证人了解情况，又可为有关共犯、家人、朋友、受贿人、行贿人、证人等澄清有关谣言、流传、诬告、陷害。二是说清问题，还事实本来面貌，既是对自己负责，也是对他人负责。因为如果审讯对象说清了问题，审讯人员就不会以为是别人在讲假话，在作假证。审讯人员在讲明以上道理的同时，有时还要出示一点别人已交待问题的材料，让其认为别人已全部讲清，给审讯对象制造一种别人都已交待清楚，自己此时何苦不讲的心理解脱的台阶。

6. 避重就轻推卸型

这类审讯对象的心理表现主要是只说轻的、次要的问题，绝不交待主要的、关键的或严重的问题，能推则推，能赖则赖，希望以此蒙混过关。此时，审讯人员应及时指出审讯对象侥幸心理的严重后果，并适时抛出其他证据，让审讯对象无法避重就轻。

7. 藐视审讯威胁型

在审讯工作中，这类审讯对象的心理表现主要是认为审讯人员不够资格对其问话，对问话爱理不理或不屑一顾，有时甚至采取威胁的口气恐吓审讯人员及其家人。此时，审讯人员必须以威严的口气向审讯对象讲明两点：一是审讯对象现在是犯罪嫌疑人，作为一个被立案侦查的犯罪嫌疑人，没有什么可以值得骄傲的。二是审讯人员代表的是国家查办审讯对象的犯罪行为，审讯人员是代表法律在向审讯对象问话，以此正面抵制其不良行为以降低其心理自信，使其回归正常的审讯对象的法律地位，老老实实地接受审讯。

8. 丧失信心悲观型

这类审讯对象的心理表现主要是自知或自以为犯罪事实已全部被发现，将被判重刑，职务不保，失去社会地位，影响家庭、亲人，被别人耻笑，从而丧失生活的勇气，对人生持破罐破摔的态度。此类审讯对象对待讯问有的反应迟钝、冷漠、忧愁；有的暴躁、烦闷；有的怀疑一切、仇视一切、抗拒到底；有的盲目回答提问、盲目承认一切事实；有的进行暴力破坏，极少数极端的会自寻短见。

对于悲观型审讯对象的讯问，侦查人员要采取一切方式消除审讯对象的悲观心理，让其对人生、对未来重燃希望之光。为此，审讯人员应积极从以下几方面入手开展教育说服工作：一是劝解审讯对象落到今天这种地步，责任不全在其自己，一部分责任是由社会原因造成的，以此减轻其罪责感。二是正确肯定审讯对象曾经的成绩、闪光点，重新激发其自豪感、荣誉感。三是指出审讯对象现在还未到山穷水尽之时，仍有自我弥补之机，可以走自首之路，认真配合审讯工作、积极退赃等，落得一个认罪态度好、可酌定从轻处理的情节，也可以走检举揭发立功之路，以减轻自己的罪责。四是指出审讯对象的家人、朋友对其仍充满希望，都在期盼其早日回家。必要时可以根据实际情况，让其家人、朋友配合写信，或者当面做些思想工作。五是以案说理举几个与审讯对象经历相似、被立案侦查后开始也有悲观心理，但后来都能正确面对问题、认真与检察机关配合，最终重获新生的真实案例。

二、行贿人固有信息分析

当前职务犯罪案件中查办难度较大的就是贿赂案件。贿赂案件难办理的原因主要是行受贿双方的对合关系具有高度的隐蔽性。行贿人的供述对于职务犯罪的认定往往具有至关重要的作用，加强对行贿人相关信息的研究确有必要。

（一）从行贿人的经营状况分析

（1）企业规模不大、胆量不大、利益关系明显类型

有的行贿人做事谨小慎微，平时基本循规蹈矩，在经营企业或开展业务时也认真遵循行业"潜规则"，往往为了获取相关国家工作人员的关照，定期给予其财物或进行"感情联络"（行贿外的利益或情感关系）。一旦进入审讯阶段，这种类型的行贿人较容易慑于法律的威严，顺应形势，遵从法律规则。

（2）打拼奋斗得来不易、企业规模较大的类型

有的行贿人白手起家，"辛辛苦苦几十年"才有如今的成就，期间不乏存在一些违规甚至违法行为，如偷漏税、虚开发票等，加之涉嫌行贿或与相关国家工作人员共同犯罪，或在相关国家工作人员涉嫌的职务犯罪中起了一定作用。一旦进入审讯阶段，这类行贿人考虑到相关利害关系，通常能顺利突破。

（3）债权债务较多、重视自身信誉和形象但资金链易断裂的类型

有的行贿人长于资产运作，在银行等金融机构和其他企业及个人处有大量贷款或借款，其贷款和借款既有长期的也有短期的，有的甚至是拆东墙补西墙，必须有足够的现金流，同时信贷和担保都需要良好的诚信记录。这种类型的行贿人一旦进入司法程序，就会发生资金链断裂全盘崩溃的高风险。

（4）具有一定资产、比较注重个人声誉的类型

有的行贿人身家不菲，具有较高的社会地位，爱面子重形象，做人做事练达圆滑，顺势而为，与相关国家工作人员的利益关系也是逢场作戏，不会为他人牺牲自己的前途。

（5）企业规模大、社会地位高的类型

有的行贿人在当地拥有的资产大、企业规模大，在本地颇有影响力；在当地或某行业中位居龙头企业，对当地经济发展影响深远；有些行贿人还拥有人大代表、政协委员、优秀企业家等众多头衔，社会地位较高。此类行贿人限于当前法律规定的限制和现实情况，是基层检察机关在侦查实践中遇到的"瓶颈"性难题，一般不易作为突破案件的首选，拟在职务犯罪对象供述后再予核实。

（6）简单型行贿人

有些行贿人不限于有无企业及资产大小，习惯于人云亦云，自认为社会风气如此，依据办事"潜规则"或仿效其他人向国家工作人员行贿。这类人员不具有极强的抗审能力，是审讯人员应当力求争取的对象。

（二）从行贿的角度分析

1. 从谋取的利益分析

（1）谋取正当利益的类型

所谓正当利益即行贿人依法应当获得的利益，比如为了顺利办理相关工商、税务等执照手续、相关批文，为了在生产、经营的过程中避免相关部门过多的干扰、麻烦等，行贿人主动或被动实施了行贿行为。此类型的行贿人在审讯的过程中，往往也没有思想包袱，审讯氛围可以适当宽松、平和。

（2）谋取不正当利益的类型

最高人民检察院《关于人民检察院直接受理立案侦查案件立案标准的规定（试行）》对谋取不正当利益作了界定：本规定中有关贿赂罪案中的"谋取不正当利益"，是指谋取违反法律、法规、国家政策和国务院各部门规章规定的利益，以及谋取违反法律、法规、国家政策和国务院各部门规章规定的帮助或者方便条件。司法实践中此类不正当利益多为项目工程的承包、发包、招投标等情形。基于不正当利益的这种特殊背景，行贿人往往与受贿犯罪嫌疑人建立起稳定的"攻守同盟"，为彼此开脱罪责，隐瞒犯罪事实。对于这种保护受

贿人就是保护自身利益的心理，讯问人员需要做好充分的准备工作，初查的证据性材料要翔实、充分。

2. 从行贿的方式分析

（1）被迫行贿类型

国家工作人员在履职的过程中，向相关人员索要或勒索财物，或者行贿人被暗示如不送财物其事就不好办或者会有严重后果，行贿人被迫、不得已而行贿。行贿人被迫行贿虽然是被动的，但谋取的既可能是不正当利益，也可能是正当利益。

（2）主动行贿类型

由于相关法律、规则存有漏洞，不公开、不透明的程序操作使权力寻租成为可能，行贿人抱着熟悉"潜规则"、存有权钱交易的利己心态主动向受贿人行贿。

（3）"一锤子"买卖型

有些行贿人行为谨慎、利己，有事有人、无事无人。一旦需要他人帮忙，则不计后果，"重磅炮弹轰炸"。此类行贿人在审讯中也往往因利己思想作怪，是最先交代行贿事实的对象。

（4）长期利益交织型

有些行贿人与国家工作人员关系密切，依靠感情的长期投资，利益输送盘根错节，你中有我、我中有你；有些受贿嫌疑人还在行贿人企业中有投资或共同经营生意；有的甚至双方是亲戚、同学、战友关系。这种类型的行受贿双方一般都有牢固的利益关系、同盟关系；实施犯罪前均有事前的准备、托词和理由；反侦查能力较强。但是由于长期作案，总有蛛丝马迹会被发现，可以用作突破口选择；随着审讯的深入，矛盾问题会暴露的更多；一旦供述，犯罪数额会很大。

3. 从行贿的公开性分析

（1）秘密型

行贿人的行贿具有隐蔽性，多为行受贿双方单独、私下的接触，很少有其他知情人在场。这是绝大部分贿赂案件的共同特性，也是贿赂案件难以查处的根本原因。

（2）公开型

公开型是相对而言的，行贿人通过办理相关房产、汽车等物品购买手续、产权登记等方式进行行贿，这些相关书证是可以通过法律程序在相关部门进行查询、调取的。在共同受贿犯罪中，因为有多名受贿人的存在，一旦一个受贿人作出供述，或者行贿人作出供述，多名受贿人相互之间就处于"公开"状态，随后的审讯也就变得容易。

对于行贿人的审讯，增强传唤的突然性尤为关键，如果行贿人事前知道将被传唤，他们就会提早做好充分的抗审准备，有的甚至以回避、逃脱的方式躲避审讯。因此，传唤行贿人应当选择适当的时机，如在他们参加重大项目、招投标之前，项目推进关键阶段，陪同重要客户之际，进行重要业务谈判之时，重大合同签订及履行之时等重要事件发生之际，以造成时不我待，一旦延误时间甚至被采取强制措施则将错失商机造成巨大损失的严峻形势，促使其在短时间内交代涉案问题，或者在其资金流转困难，需要还贷、还款之际，一旦被控制的时间过长，其将面临无法弥补的损失，易造成其极想早早抽身事外的想法，从而较快地交代问题，还可以选择行贿人与涉案对象所在单位业务款或工程款尚未结清之前，由于他们无法逃避款项尚未结清带来的现实压力，从而较易交代问题。

在职务犯罪案件的办理过程中，虽然犯罪嫌疑人与行贿人之间存在着千丝万缕的利害关系，但在具体的案件中仍存在着有受贿犯罪但不一定有行贿犯罪的客观现象。只要审讯人员仔细揣摩行贿人的心理，准确猜测行贿人的顾虑所在，有针对性地打消其顾虑，通过耐心的思想工作，唤起行贿人的良知，仍然是可以争取到行贿人配合的。当然，在传唤、拘传谈话不能达到目的时，可以进行风险决策采取拘留措施，以此彻底打消行贿人的侥幸心理，收到良好的效果。

第三节　审讯对象的应讯心理分析

面对审讯，审讯对象的心理反应、应讯态度各不相同。阻碍审讯对象作出供述的心理因素是决定审讯对象抗审的原动力，产生供述的心理因素也是客观存在的。在审讯中，阻碍审讯的心理因素和产生供述的心理因素是相互作用的，它们此消彼长，互相碰撞，在审讯的不同阶段都会产生不同的应讯反应。应讯心理是审讯对象面对审讯所必然产生的内在的、应有的心理反应，值得深究和重视，审讯人员只有充分认识审讯对象的应讯心理，才能有效地采取针对性审讯策略，控制审讯节奏，使审讯活动纳入审讯人员预设的发展轨道。

一、供述的心理障碍

人们面对困境都会产生不同的心理反应，作为国家工作人员，实施职务犯罪后被传唤，通常都是其人生中遇到的最大困境。此时的心理反应是极其复杂的，惊慌、恐惧、抵触、后悔等滋味就像打翻了五味陈杂的坛子一样涌上心头。在此，我们就其存在的主要心理障碍作如下分析：

（一）侥幸心理

侥幸心理是人人都有的，脚踏实地的人更看重自己实干所取得的成就；抱有投机心理的人则比较容易相信自己的侥幸心理，相信运气。根据《现代汉语词典》以及心理学的解释，侥幸心理是指偶然地、意外地获得利益，或躲过不幸，引申为人们贪求不止，企图非分之想，意外获得成功或免除灾害的心理活动，如侥幸过关、心存侥幸等。心理学研究表明，侥幸心理是人的本能意识，这种心理反映在人们的思维活动中，通常情况下侥幸心理只是一种潜意识，不足以支配人的行为活动，但是当一个人自控能力不足时，当这种潜意识得到孕育膨胀以后，就会引发冲动。

侥幸心理是实施任何犯罪的万恶之源。既想实施犯罪，又不想被查处，是每一个犯罪人固有的心理活动。侥幸心理是审讯对象对自己的犯罪行为所产生后果的一种心理认识，是职务犯罪审讯对象深知职务犯罪构成中言词证据的重要性，深谙职务犯罪隐蔽性特点，而对自己所实施的职务犯罪不可能被追究刑事责任的一种心理自信。在审讯中侥幸心理主要表现为以下几种形态：

1. 自认为没有犯罪证据

审讯对象在面临审讯时的侥幸心理与其实施犯罪行为时内心所产生的侥幸心理是有所不同的。作案时，职务犯罪分子更多地是考虑"如何作案而不被发现"、"即使作案也不会被查处"，这是其侥幸心理的"侥幸"所在。在作案前，他们会对自己的犯罪行为进行反复思考、综合评价，在自己觉得"安全"的前提下，才会实施职务犯罪行为。

侥幸心理产生于犯罪行为发生之时，由于职务犯罪连续作案、不易被发现的特点，职务犯罪分子在连续作案的过程中会产生犯罪经验的结果，这种侥幸心理在连续作案的过程中得到持续性的强化。据此，在被传唤以后，审讯对象仍然不会轻易地相信自己的犯罪行为已经暴露，即使在感觉到已经暴露的情况下，也仍然坚信自己的作案能力，尤其是在贿赂犯罪审讯中，自认为天知地知，只要自己不说就会没事，认为审讯人员并未掌握其犯罪证据，没有证据就无法定其罪。

2. 怀疑审讯人员的能力

职务犯罪分子通常在作案前后都进行了充分的思想准备，自认为自己作案手段隐蔽，反侦查能力强，作案后或许已经无数次在心里模拟过面临审讯的场境。高估自己的抗审能力而低视审讯人员的审讯能力，片面地认为自己的犯罪手段高明、隐蔽，不会被发现，检察机关的所有调查活动也只不过是在怀疑自己，并没有真凭实据，认为只要能够熬过审讯关就会没事，只要自己不说，审讯人员就拿不出证据，就拿他没办法，就能侥幸过关。

3. 相信攻守同盟牢不可破

在共同犯罪中，共同犯罪嫌疑人为了其共同的利益，在作案前通常都经过反复地商量和密谋，事后为了应对司法机关的调查又订立了攻守同盟，他们坚信同伴的"忠诚"，不会出卖自己。尤其是在贿赂犯罪中，受贿人通常都为行贿人办过"好事"，谋取过巨额好处，赚了不少钱。而行贿人都是受贿人的"铁杆朋友"，往往信誓旦旦地保证过绝对不会出卖受贿人，有的甚至发过毒誓。基于这样的"忠诚"，审讯对象坚信对方会保全自己，使自己侥幸过关，逃脱法律的制裁。

4. 自认为关系多、后台硬

职务犯罪嫌疑人均为国家工作人员，在日常工作、学习、生活中广为接触有关人员，编织起了程度不同的人脉关系和"人情网"。被依法传唤后，普遍妄想着"老上级"、"老朋友们"的"帮忙"，期盼着有人救自己于水深火热之中，将自己"捞"出去；有些审讯对象平时就与司法机关的人员较为熟悉，对司法机关的"内部情况"较为了解，他们寄希望于审讯只是走过场，审讯人员碍于面子而不与自己较真；有些审讯对象在接受审讯前已通过路子、打过招呼、请人求情。他们总是寄希望于妄想成真、侥幸过关。

侥幸心理是阻碍职务犯罪嫌疑人供述的首要心理动机，是其抗拒审讯的第一心理支柱，也是审讯对象抵制交代犯罪事实最大的"祸害"所在。审讯策略运用的首要任务就是削弱或消除审讯对象的侥幸心理。针对审讯对象的侥幸心理，必须让其充分认识到犯罪事实已经暴露，审讯人员已经充分掌握其犯罪的证据，这是审讯技巧、审讯谋略运用的基础，也是审讯得以成功的唯一"秘诀"。而针对那些依托"人情网"、"关系网"，订立攻守同盟的审讯对象，则应当晓之以理、示之以证，离间其关系，扑灭其幻想。

（二）畏罪心理

敬畏之心，人皆有之。小时候做错了事怕受到父母的责罚，在工作中做错了事怕受到领导的批评，何况是犯罪，更害怕受到法律的严厉制裁，畏惧受到处罚是人的天性。法律是一种威慑，犯罪嫌疑人在实施犯罪之前，畏惧于法律的威慑就不会实施犯罪行为，遵纪守法就无须存在畏罪心理。当侥幸心理占据上峰，犯罪的诱惑压倒畏罪心理之时，犯罪嫌疑人就会实施犯罪。一旦实施犯罪成功，畏罪心理就会伴随着侥幸心理而生。它们相互交替、相互对抗，实为煎熬。

实施职务犯罪以后，犯罪的成功经验使得犯罪嫌疑人长时期地连续作案，这是职务犯罪的显著特征之一，其侥幸心理就会变得越来越强烈。然畏罪心理则有两种发展趋势：一是伴随着职务犯罪次数的不断累计，胆小的犯罪嫌疑人的畏罪心理也会演变的越来越害怕，他们勉强依附于侥幸心理得以暂且偷生。有的在实施犯罪后会惶惶不可终日，会把马路上开过的消防车、救护车的鸣笛声误当作来抓捕自己的警车的警笛声；个别的甚至会选择投案自首；还有的一到审讯室就会主动放弃抵抗，如实供述犯罪事实，但这些毕竟是少数。二是更多的犯罪嫌疑人则承受住了畏罪的压力，随着职务犯罪次数的不断叠加，其侥幸心理不断得到巩固、其畏罪心理也趋于麻木的状态。有些犯罪嫌疑人表现为胆大妄为、不计后果；有些犯罪嫌疑人更趋于作案手段"老练"，提升了反侦查能力；在审讯中，绝大多数审讯对象在侥幸心理的驱动下，选择了抗审；更有抗审意志极为坚强的审讯对象，在重度侥幸心理的衬托下，其畏罪心理也达到了无所畏惧的状态，大有"死猪不怕开水烫"、"杀头不过头点地"之势，抗审姿态极为强烈，使审讯活动陷入僵局，容易形成疑难复杂案件。

畏罪心理是仅次于侥幸心理而产生抗审心理的主要原因，如果说侥幸心理决定着审讯对象必然采取抗审的态度，那么畏罪心理的承受力则决定着审讯对象的抗审程度。所有的犯罪都带有特定的惩罚可能。每个国家对惩罚和判决的选择范围不同，但是通常来说，罪行越重，惩罚就会越重，也就意味着如果面临刑事判决，在特定时期内就会失去自由。许多国家规定，最严重的犯罪要受到强制监禁甚至死刑的判决。刑事定罪带来的另一个后果就是犯罪将被记录在案，这可能阻碍一些初犯进行供述。而职务犯罪一般情况下均是初犯，一旦被刑事处罚后就丧失了再次实施职务犯罪的资格。另外，职务犯罪尤其是贪污贿赂犯罪在我国都是重罪，一旦判刑，所有的公职、福利待遇都将被依法剥夺，这些严重后果都会使得职务犯罪审讯对象产生程度不同的恐惧心理，从而给审讯工作增加难度。归结审讯对象的畏罪心理，主要有以下几种表现：

1. 害怕受到刑罚处罚

审讯对象一旦供述认罪，就将被科以刑罚，这是审讯对象内心明知的后果。审讯对象作为国家公务人员，一旦被科以刑罚以后，就意味着将失去其原先拥有的既得利益：被剥夺公职，且今生无望"返乡"；被剥夺社会福利；被剥夺原先拥有的社会地位等。这是审讯对象极为不愿看到的后果，畏罪之心油然而生，抗拒审讯成为其侥幸心理状态下的唯一出路。

2. 害怕被采取强制措施

对犯罪情节较重的审讯对象而言，被采取刑拘、逮捕的强制措施则意味着事态的升级，害怕被刑拘、害怕被逮捕是审讯对象畏罪心理的第二个特征。审讯实践反复证明，刑拘、逮捕之时往往是制服审讯对象较强的畏罪心理的分水岭。为了获取从宽处理的出路，临近被刑拘、逮捕时，通常是审讯对象交代犯罪事实的关键时段。

3. 害怕财产损失

职务犯罪大多数是侵财型犯罪，一旦被定罪，就意味着还会遭受财产上的损失，不仅犯罪所得将被追缴，而且还将面临罚金、没收部分或全部个人财产的额外风险。这也是审讯对象畏罪的主要心理形态，但是相比判处有期徒刑以上的刑罚、失去人身自由而言，大多数审讯对象都会选择财产损失，而偏重于减少徒刑的损失，宁愿多损失一些财产而降低被判刑的损失。因此，在审讯中，当审讯对象认识到自己将铁定被处刑罚以后，大多都会忽略财产上的损失而选择从轻处罚的策略，交代其犯罪事实。但是，有些审讯对象心胸狭隘、价值观念扭曲，抱着"鸟为食亡，人为财死"的目的，其对财产损失的估量更高于被处以徒刑损失的期待。企图通过抵赖、隐蔽犯罪情节，缩小犯罪数额等手段，维护其侥幸心理，达到减轻刑罚处罚、减少财产损失的双重目的。此类审讯对象往往也是审讯中遇到的难啃的骨头，是审讯人员应予重点关注的对象，否则极易造成"零口供"案件。

4. 害怕失去亲情

国家工作人员都是理性人，一般都拥有幸福美满的家庭，被判处刑罚以后，也会给其家庭和亲情造成无可挽回的损失，这对"恋家型"的审讯对象造成的畏罪心理就会更甚。而对于家庭关系紧张的审讯对象，他更害怕被处以刑罚以后，可能造成妻离子散的严重后果。因此，针对可能失去亲情的畏罪心理，审讯人员应当根据案情和实际情况，晓之以理、动之以情、因势利导。

畏罪心理是"犯罪嫌疑人害怕自己的犯罪行为被揭露，从而受到法律惩罚的一种本能的心理现象。畏罪心理是在犯罪嫌疑人内在的罪恶感的压力和外在的法律威慑力的双重作用下形成的。对法律惩罚的恐惧感大多会导致其强烈的逃避或减轻惩罚的欲望。在这种欲望的驱使下，犯罪嫌疑人会竭尽全力隐瞒、歪曲、回避事实真相。畏罪心理的主要特征是'惧怕刑罚的痛苦折磨'的恐惧和'一切都完了'的危机感。为了摆脱这种危机和可能即将来领的痛苦折磨而否认犯罪。"[①] 畏罪心理不仅直接阻碍审讯对象真实、完全地交代犯罪事实，畏罪心理的递升还会烘托和巩固其侥幸心理，派生出抵触、戒备、逆反等其他不良心理反应。针对审讯对象的畏罪心理，审讯人员应当尽早使审讯对象明白应当承担怎样的后果，这有助于降低审讯对象畏罪心理的承受力，从

---

① 张亮：《职务犯罪侦查实务教程》，上海交通大学出版社 2010 年版，第 167 页。

而同步削弱其侥幸心理，促使其放弃抵抗，如实供述犯罪事实。

（三）抗审心理

审讯是法律设置的在特定环境中进行的信息交流活动，旨在还原犯罪的客观事实。法律赋予了审讯活动天然的紧张气氛和心理压力，审讯的场境和信息无数次地在电视画面、日常交谈等信息传播中得以广泛流传，已经成为人们极为熟悉的共同知识，对抗成为审讯的代名词。抗审心理源自于审讯对象的侥幸心理和畏罪心理，不想被查处、害怕被查处势必形成审讯对象的抗审心理。除此之外，抗审心理还反映出以下一些心理状态：

1. 意识经验的积累

人们有了记忆便有了记忆经验，人们的知识经验来源于行为事实的记忆，没有行为实施就不可能有人的认识经验，有了行为的记忆才有认识经验。人们的记忆大量地储存于人的潜意识里，一旦外来的信息刺激到了该领域，意识经验就会做出积极反应。审讯对象在实施职务犯罪以后，会千方百计地掩饰其犯罪事实，在脑海中无数次过滤其犯罪情节、模拟审讯场境，所以审讯对象在面临审讯的实际场景时不会轻易地交代其犯罪事实，这是记忆经验和社会认知的原因所致。犯罪行为是社会的否定行为，是要受到刑罚处罚的行为，审讯对象实施了这种社会否定行为以后，客观的犯罪事件与主观认识都会产生比较强烈的记忆经验，这种记忆经验来源于他人的影响和社会环境的信息传播。一旦与此相关的信息出现时，这种特定的记忆经验就会积极迅速地再现这种特定情形，在审讯成为既定事实时，引发恐惧和本能的自卫反应，形成抗审心理。

2. 抑制犯罪记忆

犯罪嫌疑人在实施犯罪以后，既会产生阻碍供述的侥幸、畏罪等消极心理，也会产生有利于供述的自责、内疚等积极心理。为了逃避良心的谴责，人们在实施犯罪以后会有意识地"抑制"自己的犯罪记忆。职务犯罪的长期性、连续性的特点，会使犯罪嫌疑人客观上随着时间的流逝，无意识地自然忘记部分犯罪事实。主观上由于负罪心理的使然，使他们根本无法接受自己的所作所为，他们有意识地摒弃某些犯罪行为，将犯罪记忆排除在意识注意范围之外。忘记所发生的事情很有可能有助于维护犯罪嫌疑人的心理健康和人格自尊，于是职务犯罪审讯对象越是受到谴责时，越会在审讯期间否认犯罪。

实践中会遇到这样的现象，当某起受贿案件终审结案以后，其中的某个行贿人仍然会反复到反贪局说苦、叫屈，认为其中的某节犯罪事实不存在，而受贿人则肯定无意地确认了该节犯罪事实客观存在。笔者认为，行贿人鉴于外在的社会压力，认为自己害了受贿人，和对该节犯罪事实的有意"抑制"，最终造成自己对该节犯罪事实的记忆"模糊"，即是案例明证。审讯中也会产生受贿人与行贿人对该节犯罪事实记忆模糊，但双方均予以确认的现象。

3. 推卸责任

职务犯罪一般均不会是偶发的、冲动型犯罪，而是为了谋取私利，做好了长期的心理准备。如贪污、贿赂犯罪一般都是多次、长期连续作案，原江苏省南京市市长季建业持续受贿时间长达21年之久。犯罪嫌疑人在实施犯罪前后都有充分的心理和行动上的准备，为一旦案发后推卸责任做好了铺垫。部分审讯对象在接受审讯前，可能已串通证人或者毁灭证据，所以对推卸刑责的准备很有信心。还有一些审讯对象供述犯罪时可能牵涉到其他人时，就会将责任推卸到其他人身上，求得自保，这在渎职犯罪或共同犯罪中尤为常见。

（四）审讯人员的不当行为

亲历审讯的场境，审讯活动都是从审讯双方相互对抗开始的，审讯人员坚决要求审讯对象供述自己的犯罪事实，审讯对象则坚决予以否认。随着审讯活动的深入，审讯人员通过具有针对性的审讯技巧、审讯策略的运用，审讯对象才会逐渐地转变其抗审态度，逐渐交代其犯罪事实，直至审讯人员内心"满意"为止。深入分析审讯活动的实质，绝不会是审讯对象自愿地良心发现，其之所以愿意供述犯罪事实，关键在于审讯人员施加的外在心理压力。因此，审讯得以成功的决定因素一方面取决于审讯对象抗审心理的承受力，承受力越强，越不容易轻易"开口"，承受力越差则越容易主动供述犯罪事实。另一方面取决于审讯人员的审讯能力，即使针对抗审能力极强的审讯对象，自有一把钥匙打开一把锁的良方妙计。我们都听闻过许多刑讯逼供的案例，许多被刑讯逼供的对象即使被殴打致死仍然不会交代任何问题，事实证明审讯人员能力不足、行为不当显然也是造成审讯对象抗审的主要原因之一。

人们热衷于研究阻碍审讯对象供述的内心反应，热衷于研究审讯的技巧、策略，而忽视了对审讯人员不当行为的应有关注。职务犯罪审讯中，审讯对象抗审的态度大体上可以分为三种类型：硬抗、软抗和沉默。

1. 硬抗

一部分职务犯罪审讯对象在接受审讯的初始阶段，会选择强硬对抗的方式进行抗审。主要表现为态度强硬、语调拉高，直逼审讯人员所要罪证；有的情绪激动、行为烦躁、缺乏理智；有的出言不逊，伴有肢体动作；有的甚至言语相加，威胁审讯人员及其家属等。纵观审讯实践，采取强硬抗审的审讯对象一般多为年纪较轻的审讯对象或行贿人，他们基本上都属于性格外向、脾气直爽的类型。

针对硬抗的审讯对象，审讯场面看起来相当激烈，唇枪舌战，火药味较浓。然而只要审讯人员保持理智，不与其发生肢体上的冲突，一般而言审讯人员的策略运用都会比较妥当。只要针锋相对，待其精力衰退、锋芒逐退之后，此类审讯对象都会回复平静，而他们的疯狂并不能掩饰其内心的恐慌，大多数情况下，这类审讯对象的抗审能力实际上反倒较差，往往会率先交代其犯罪事实。

2. 软抗

鉴于职务犯罪主体的身份地位和审讯场景固有的严肃气氛，软抗是大多数职务犯罪审讯对象采取的策略性抗审方法。有的表现为若无其事，随便审讯人员怎样处理都表现出无所谓的样子；有的表现为故作镇定，极力辩护自己是无罪被冤枉的；有的表现为千方百计地讨好审讯人员，但坚决否认自己有罪；有些则表现出害怕的样子，以期博取审讯人员的同情。千姿百态，形式多样，但都坚决否认自己犯罪。

软抗是审讯中出现的最为常见的现象，除了少数原本胆小的审讯对象，在审讯人员施以适当压力之后就会主动供述犯罪事实的以外，大多数采取软抗的审讯对象都工于心计、老谋深算。他们在较强的侥幸心理和畏难心理的驱动下，采取积极的防御姿态，真有不见兔子不撒鹰、不见棺材不落泪的模样，除非他们确信犯罪事实暴露无遗，审讯人员已经掌握了其充分的证据才会交代其犯罪事实。在此过程中，审讯人员的策略运用相当重要，任何不当的行为、言语的刺激都会反向增强他们的抗审意志，拖延宝贵的审讯时间。

3. 沉默

无声的抵抗，很难归类于硬抗还是软抗。从形式上看是软绵绵的软抗，但实质上是强硬的对抗。无论审讯人员如何说教或采取怎样的心理施压手段，审讯对象硬是不开口交流。这种人侥幸心理顽固，畏罪心理处于麻木的状态，抗审能力极强，是审讯中最难对付的审讯对象，必须重点关注，务必突破口供，严加惩办，以免在本地区产生仿效的效果。

沉默的场境是审讯中最不愿意看见的，审讯对象一旦选择沉默就会出现极为尴尬的局面，容易形成审讯僵局。审讯对象选择沉默固然是极顽固的侥幸心理和畏罪心理使然，也与其性格内向、抗审心理极强有关。但就笔者长期的观察分析，也与审讯人员的策略运用不当、审讯技巧不专业存在一定的关系，比如审讯人员过度的心理施压、冷嘲热讽的语言刺激就会引起审讯对象的逆反心理，"反正无理可说，我就选择沉默，听凭你们随便处置好了"。沉默是审讯中应当竭力避免的状态，审讯人员一经发觉审讯对象具有沉默的倾向时，应当及时检讨自己的审讯策略，努力将审讯对象从沉默的边缘拉回到交流沟通的审讯常态来。

二、应讯心理的表现形式①

应讯心理是审讯对象在面临审讯时所产生的各种心理状态和行为表现，集中体现为抗审的姿态。探究审讯对象为什么抗审，其心理原动力在于害怕受到法律的制裁。在畏罪心理的支配下，审讯对象在接受审讯的过程中会相继产生侥幸、优势、戒备等不同的心理状态。

（一）畏罪心理及其心理反应

畏罪心理是每个人与生俱来的，刑罚的严厉制裁、法律的约束力始终告诫每一位公民不能轻易实施犯罪。当侥幸心理超越畏罪心理，占据优势地位，认为自己不会被查处的时候，某些国家工作人员就会实施职务犯罪。随着作案次数的增多、作案时间的持续，这种畏罪心理的程度会逐渐消退、罪恶感会降低。然而一旦犯罪事实暴露，职务犯罪嫌疑人被依法传唤或者成为审讯对象时，其畏罪心理会陡然上升到至高点。从这层意义上讲，畏罪心理是审讯对象抗拒审讯的原动力，审讯的策略主要是针对审讯对象的畏罪心理展开的，审讯对象的畏罪心理越低，供述的可能性就越大。因此，为了不断削弱审讯对象的畏罪心理，在审讯过程中，审讯人员应当对犯罪的后果尽可能的避而不谈，无论在审讯的初始阶段、对抗阶段还是供述阶段，强调犯罪的后果，都只能使审讯对象增强畏罪心理，从而采取更强硬的抗审手段或者阻断供述。畏罪心理一般表现为以下几种心理状态：

1. 恐慌心理

恐惧心理是畏罪心理派生出来的第一种心理反应，审讯对象首次被传唤到审讯室后，紧张、惶恐、焦虑情绪油然而生，这是审讯人员应当首先抓住的契机，是告诫其"犯罪事实已经暴露，审讯人员已经掌握了充分证据"的绝佳时机。审讯实践中，由于传统的"试探摸底"思维的影响，随着试探摸底时间的延续，审讯对象的恐慌心理也会逐渐减轻，于是进入审讯双方持续对抗阶段，丧失了奠定"犯罪事实已经暴露"的审讯基础的机会。

2. 幻想心理

受到畏罪心理的影响，有些审讯对象会产生某些幻想，认为审讯人员只是叫其来了解某些情况，最好审讯人员并没有掌握他的犯罪事实，只要自己坚持一下就会被释放回家，或者自己的"后台"出面就能保释自己。当然，这种幻想是不切实际的，随着审讯活动的深入，幻想随之破灭，审讯对象就会转入

---

① 参见张亮：《反贪侦查百问百答》，中国检察出版社 2010 年版，第 72 页。

主动抗审的姿态。

3. 屈辱心理

一些自以为自己的罪行不怎么严重的审讯对象，在接受审讯时，会觉得侦查机关小题大做，错误地理解"比我问题严重的人多得是，为什么不查他们，反倒来查我"。还有一些审讯对象自以为自己的行为只能算得上是违法违纪，并不构成犯罪，始终认为侦查机关是在"冤枉"自己，由此倍感屈辱，在审讯中与审讯人员对着干。

事实上，原先作为国家工作人员的审讯对象，被传唤之后会产生巨大的心理落差。本来高高在上，一旦沦为阶下囚，自然也会产生屈辱心理。

4. 逆反心理

审讯活动客观上是审讯人员与审讯对象之间开展的交流活动，审讯对象自然会产生仇视法律、仇视政府的心理反应，将审讯人员视作自己的对立面，对审讯人员的问话不予理睬，对审讯人员的规劝当作"耳旁风"，甚至在审讯人员一味施压的情况下产生逆反心理，"你让我讲，我偏偏就是不讲，看你拿我怎么办"，或者胡编乱造，瞎讲一气。这里必须指出的是，审讯人员作为犯罪事实的调查者，虽然享有法律强制的权力，但是审讯人员如果以第三者——调查人员的身份，是来帮助审讯对象查明事实真相的立场出现，则更能获取审讯对象的信任，有利于客观地查明犯罪事实。

5. 无赖心理

国家工作人员具有较高的人性理性，一般不会出现要无赖的情况，无赖心理更多地是出现在那些学历不高、社会地位相对较低、沾有社会不良习气的审讯对象身上，尤其以行贿人居多。在审讯中通常表现为不讲道德、不讲道理、不讲规矩、不讲尊严、胡搅蛮缠，无论审讯人员再怎样说教，始终抱着"死猪不怕开水烫"的心理，坚决不承认任何犯罪行为。

（二）侥幸心理产生的心理反应

为了逃避法律的追究，在畏罪心理的驱动下，侥幸心理应运而生。接受审讯时产生的侥幸心理与实施犯罪时产生的侥幸心理是有所不同的。实施犯罪时，犯罪嫌疑人的侥幸心理主要源于"犯罪事实不会被发现"，而接受审讯时，审讯对象的侥幸心理主要体现为：希望犯罪事实没有被发现，即使犯罪事实已经被发现，只要自己不交代，审讯人员亦没有足够的证据来证明自己构成犯罪。侥幸心理支撑起审讯对象的抗审心理，主要有以下几种抗审表现：

1. 博弈心理

反正交代的后果必然是"死"，还不如不交代反倒存有一丝"生"的希望，寄希望于审讯人员没有发现犯罪事实，或者掌握的证据不够充分，于是产生博弈的心理。即使审讯人员已经掌握了部分证据，也要看审讯人员究竟掌握了哪些证据。到时抵赖不了了，再根据审讯人员掌握的证据交代部分犯罪事实也不迟，由此可以隐蔽尚未被发现的那部分犯罪事实。能不供述就不供述，能少供述就尽量少供述，看看情况再作供与不供的决定，是绝大多数审讯对象持有的心理状态。这一点充分说明尽早确立"犯罪事实已经暴露，审讯人员已经掌握充分犯罪证据"以奠定审讯基础的重要性。

2. 顾虑心理

如果不交代犯罪事实，是否会被处以重刑；如果过早地交代了，是不是反倒"捞不着好处"，顾虑重重是审讯对象在畏罪心理和侥幸心理作用下产生的自然心理现象。作为职务犯罪审讯对象均是首次面临审讯的场景，考虑到名誉、地位、家庭、亲情、今后、得失等，各种思想顾虑产生重重矛盾是客观的反应，需要通过审讯人员的反复教导，才会逐渐转变思想。

3. 自欺心理

自欺心理是审讯对象为了逃避现实的审讯压力，通过自我心理暗示，认为只要自己不说，就能逃脱法律制裁的心理状态。有些审讯对象认为自己的反审讯能力较强，以攻为守应对审讯人员的责问；有些审讯对象张冠李戴，用不实的事实来掩盖自己的罪行；有些审讯对象故意乱说一气，企图使审讯人员查无实据；有些审讯对象对审讯人员的问话爱理不理，甚至故意使自己处于麻木的状态，思想游离于审讯室之外，以"沉默"对抗审讯。

4. 错判心理

判错心理源自于审讯对象对法律知识认识的一知半解，认为审讯人员的水平不过尔尔。错误地认为审讯人员只是虚张声势、吓唬人，只要自己能够顶过24小时规定的审讯时间，侦查机关就不得不放过自己，然后就万事大吉，没事了。此类审讯对象从外表上看好像抗审意志强烈，实则表现为一种心虚、无知、无奈的心理状态。

5. 迷信心理

少数犯罪嫌疑人会出现一些迷信心理，他们实施职务犯罪以后，为求得心理的平衡，热衷于烧香拜佛、抽签算卦。在审讯中处于一种愚昧的"自救"状态，以极度迷信的心理支撑起抗审的意志，寄希望于"大仙"来拯救自己。听天由命、随便处置，不相信审讯人员的规劝，孤独自卑。

畏罪心理是驱动审讯对象抗审的源动力，但是审讯中审讯人员在通常的情况下是无法针对审讯对象的畏罪心理直接下手的。而侥幸心理才是支撑审讯对象抗拒审讯的"精神支柱"。因此，审讯策略的运用主要是针对审讯对象的侥幸心理展开的，只有围绕其侥幸心理对症下药，才能找准审讯对象的心理弱点，在其自觉犯罪事实确实暴露，已经无路可退，顾不上畏罪心理的情况下，才会如实供述犯罪事实。

（三）戒备心理及其心理表现

畏罪心理与侥幸心理支撑起审讯对象的抗审心理，为了满足抗审的心理需要，审讯对象会相应地促进其戒备心理。戒备心理始终贯穿于审讯活动的全过程，只要审讯对象发现一丝一毫的风吹草动，就会引起其百倍的警觉，时刻提防着审讯人员。即使到了供述阶段，审讯对象一旦发现苗头不对，也会产生上当受骗的心理变化，供述状态也会戛然而止。戒备心理通常有以下几种表现：

1. 静观心理

审讯对象进入接受审讯的角色后，由于不清楚审讯人员的底细，通常都会抱有一种静观其变的心理状态。他们会竖起耳朵认真听取审讯人员的问话，仔细分辨审讯人员问话中的含义，以期猜测、摸清审讯人员究竟发现了哪些犯罪事实、掌握了哪些犯罪证据，判断目前事态发展的严重程度，以此为据，谨慎考虑自己下一步可以采取的抗审策略。这是每一位审讯对象都具有的心理状态，但又根据各人处事经验的不同各有不同程度的存在。

2. 伺机心理

客观地讲，审讯对象在应讯过程中始终处于被动的地位，但这并不是说审讯对象甘愿失败。在静心观察审讯人员的行动后，反审讯能力较强、具有强烈抗审意识的审讯对象会根据自己观察到的信息伺机对审讯人员进行反击。有些审讯对象会投石问路，反向试探审讯人员的底牌；有些审讯对象会抓住审讯人员问话中的漏洞，打击审讯人员的信心；有些审讯对象会在审讯人员的问话中"鸡蛋里挑骨头"，无中生有，妄言审讯人员刑讯逼供；更有甚者，会在自认为时机成熟的时候，给经验不够丰富的审讯人员预埋陷阱、设圈套，伺机在以后的诉讼过程中推翻原先的供述，妄图推翻全案，逃脱法律的制裁。

3. 抵触心理

具有较强戒备心理的审讯对象往往同时伴随有强烈的抵触心理，这些人通常存在自卑、自傲、孤僻等不良心理障碍，源自于与审讯人员之间的强烈对抗情绪。

抵触心理表现为积极抵触和消极抵触两种形式。在积极抵触的情形下，有些审讯对象不认为自己的行为是犯罪，对自己的"遭遇"表示出强烈的不满；有些审讯对象会对审讯人员的某些举止表示不满，认为审讯人员不配与自己对等说话；有些审讯对象由于家庭与历史的原因，因家人或亲属曾受到过刑事处罚而心存积怨。持积极抵触心理的审讯对象通常会以出言不逊、挑衅谩骂等方式攻击审讯人员。在消极抵触的情形下，审讯对象则会以沉默寡言、答非所问、无动于衷或者"破罐子破摔"等方式应对审讯。

4. 受骗心理

在戒备心理的基础上，审讯对象具有强烈的自我保护意识，时刻在告诫自己"不要上了审讯人员的当"，认为审讯人员的一切问话都是在欺骗自己，只要自己认罪，就正好落入了审讯人员的"陷阱"。他们疑神疑鬼、爱钻牛角尖，即使在开始供述犯罪事实以后，仍然会时刻保持警惕，通常就像挤牙膏似的，压一点，往外交代一点，还不时地抬起头来观察审讯人员的脸容神情，一旦发觉"上当"的苗头就会紧急刹车，不再继续交代其他犯罪事实，甚至全盘推翻以前的所有供述，重回抗审状态。

戒备心理是根据审讯对象自身经验的积累产生的本能心理反应，只会在强烈抗审的阶段持续强化。同理，越难审的审讯对象，其戒备心理越突出，审讯人员是无法通过审讯技巧的运用削弱其戒备心理的，只能时刻保持警惕，妥善地予以应对。

（四）优势心理及其心理表现

在审讯中还有一种应讯心理就是优势心理，此种心理状态通常出现在审讯对象面临审讯的初始阶段，是审讯对象自认为自己在某一方面优于审讯人员的心理表现形式，随着审讯活动的逐渐深入，这种优势心理会被审讯人员削减于无形。优势心理的具体表现有以下几种：

1. 自信心理

国家工作人员享有特殊的身份、地位、经历、职权，以及由此所形成的影响力，通常都具有优人一等的自信心理。即使在实施了职务犯罪以后，这种惯性的定势心理有时也会带入到审讯中来。

对于职务犯罪而言，年纪较轻的审讯对象由于工作时间不长，手中权力有限，随着年龄与职位的同步增长，一旦涉足职务犯罪，其犯罪严重性也会越来越大。反观侦查审讯人员往往都年纪偏轻。两相比较，有些审讯对象自恃是某级领导干部，认为自己"吃的盐都比审讯人员吃的饭都多"，瞧不起年轻的审讯人员；有些审讯对象自恃学历高，精通某个专业的业务知识，瞧不起审讯人员的学识，认为有机可乘，可以轻松应付审讯人员；有些审讯对象自恃见多识广、人缘好，了解司法机关的工作"内幕"，自信对付审讯人员绰绰有余；也有的行贿人自恃是龙头企业的老板，在社会上享有人大代表、政协委员等名誉，认为自己行点贿、违点法也没有什么大不了的事，"我就是不说，你们也得放了我"。这种盲目自信、特权思想、傲慢心虚的心理面对法律终究会败下阵来，孰不知"王子犯法，与庶民同罪"的道理。

盲目自信的突出表现是蛮横无理、蛮不讲理。通常表现为脾气暴躁、言语粗鲁、动作夸张、气焰嚣张，一副不可一世的张狂态度，这种表现有时也会发生在行贿人或者文化修养不足的公务人员身上。

2. 虚荣心理

好面子、虚荣心强也是职务犯罪嫌疑人通常的行为表现，传唤之前的优越地位与审讯室的拙劣形象相比，自觉毫无脸面，担心今后无脸见人，遂会产生不顾一切对抗审讯的举动。

3. 好汉心理

好汉心理具有双重属性。这些人一般能力较强，在平时生活、工作中看不起唯唯诺诺的人，贬低主动向司法机关交代犯罪事实的人是"软骨头"。一旦自己成为审讯对象以后往往仍旧会承续"好汉"心理，打肿脸充胖子，竭力与审讯人员"顶牛"以维护自己的自尊心。相反，好汉心理也是可以加以利用的，审讯人员可以通过评价其敢作敢为的好汉心理，说服其"既然敢做，就要敢于承认自己的错误行为"，"抬轿子"让其得到心理上的满足，然后让其体面地顺梯下坡。

4. 轻视心理

轻视心理是审讯对象盲目自信心理作用下同时产生的一种心理状态，审讯对象因为自身的某些优点和专长占据上风，就会轻视审讯人员，尤其会藐视审讯经验不够丰富的年青审讯人员，表现出自命清高、自恃不凡的神态。

审讯对象面临审讯所产生的应讯心理是错综复杂的，它们并非单一产生，通常呈现胶着状态。有些心理状态是可以当场遏制的，有些心理状态则会持续较长时间，审讯人员要善于观察审讯对象应讯心理的即时变化，结合自身掌握的优势信息予以个个击破。

三、审讯对象的应讯心理倾向

每个人的心理活动都是不同的，职务犯罪嫌疑人由于个体的差异，在审讯中表现出来的心理变化过程也不尽相同。但是从总体上讲，仍旧有规律可循，主要表现为个别心理倾向。

（一）对抗心理倾向

对抗是审讯活动的主流。即使到审讯活动的后期，审讯对象作出了有罪供述，其心理仍旧埋藏着对抗的隐患，对于这点审讯人员必须要有充分的认识。审讯对象作出供述以后，依然会进行辩解或者出现供述的反复，抑或到公诉阶段、法庭审理阶段，有部分审讯对象还会选择翻供，这是对抗心理的延续。有些审讯对象之所以选择认罪伏法，也并不是其不想选择对抗，只不过是没有提供给他机会罢了。

对抗的心理倾向是审讯对象侥幸心理、畏罪心理、戒备心理等负面心理的集中反映。在审讯中主要有以下几种表现：

1. 对立情绪

对立情绪是审讯对象对检察机关和审讯人员不信任和敌视的心理活动。产生对立的情绪倾向，究其原因是多方面的，主要是由审讯对象的性格因素所决定。根据审讯对象性格的不同，表现出来的行为方式也各有不同，对立情绪通常表现为情绪冲动、抑制力减弱、言辞过激、反诘、顶撞而缺乏理智。审讯中尤其要对以下两种对立表现严加限制和引导：一种是过激的对立行为，主要是情绪激动，辱骂、谩骂审讯人员，有时还发展成为肢体行为动作，甚至威胁审讯人员及其家人，严重影响审讯活动的顺利开展。对此，审讯人员必须正确面对，展示正面威慑和庄严形象，严厉训斥，耐心劝导，维护正常的审讯秩序。另一种是沉默式对抗，主要是审讯对象采取沉默、不说话的方式强烈对抗审讯。此种现象从表面上看似乎审讯对象是消极以对，实质上是最为积极的对立情绪，往往使审讯活动陷入僵局。对此审讯人员不能为其表面现象所迷惑，要针对产生原因进行深入剖析，有针对性地选择其心理软肋，循循引导，转变其对抗心理，导入审讯的良性轨道。

2. 抵触情绪

抵触情绪是审讯对象不满审讯现状而产生的一种消极对抗倾向。产生抵触情绪的原因是多方面的，既有审讯人员的原因，也有其他涉案人员的原因。比如审讯对象对审讯人员的态度不满，认为审讯人员对其不够尊重或者故意刁难而产生反感，通常表现为闷闷不乐，极不耐烦，听不进审讯人员的劝导。审讯人员必须进行自我反省，分析原因，找准症结，对症下药。

审讯实践中有这样一种现象：贿赂犯罪中，受贿犯罪嫌疑人对第一个交代行贿事实，促使其案发的行贿人所涉及的行贿事实总是在最后再做交代，更有甚者，审讯对象即使交代了其他大量的犯罪事实，就是坚决拒绝交代第一个交代向其行贿的该项犯罪事实，即使该项犯罪事实对其定罪量刑毫无影响也是如此。这正是审讯对象基于报复心态而选择抵触情绪的结果。

3. 反复无常

审讯人员在审讯中会采取各种方法策略应付审讯对象的抗审行为，相反审讯对象也会采用各种手段回应审讯人员的讯问，反复无常是审讯对象在抗审中最为常见的表现形式。随着对抗行为的不断推进，审讯对象的侥幸心理、畏罪心理、戒备心理等负面心理会受到不断的刺激而发生变化，此消彼长的心理反应也会引起审讯对象的反复无常，不足为怪。通常表现为如下情形：时而慷慨激扬，时而情绪消沉；时而索要证据，时而竭力讨好；时而反驳顶撞，时而默默无语；时而出言不逊，时而喊冤叫屈；时而缺乏理智，时而极力辩解；时而竭力奉承，时而搪塞冷淡；时而欲意交代，时而矢口否认；时而漫不经心，时而充满警惕。人间万象，尽显其中。应付反复无常的审讯对象，审讯人员必须高度集中注意力，以不变应万变之策略，坚持既定的审讯策略，见招拆招。

4. 趋利避害

人都有趋利避害的价值取向，审讯对象面对即将受到的法律处罚总会心存侥幸，在审讯中处处展现趋利避害的心理倾向，趋利避害是为了满足其侥幸心理、畏罪心理而采取的抗审策略。在交罪阶段采取趋利避害是为了减轻对其的处罚，而在抗审中采取趋利避害的策略则是为了逃避法律的处罚。

5. 实施反审讯

反审讯策略是审讯对象抗审心理的综合表现，是审讯对象对抗审讯采取的最为隐蔽、最为强烈的抗审手段。反审讯是审讯对象面对审讯场境，针对审讯人员施加的审讯压力而采取的应对措施。审讯对象往往以强烈抗审的姿态实施先发制人的策略，企图从气势上压制审讯人员，形成优势心理。这种强烈抗审的方法势必被审讯人员所遏制，取而代之的是猜摸审讯人员的底细，企图摸清审讯人员是否掌握其犯罪事实、掌握了哪些犯罪事实，只要审讯人员坚守原则，策略得当，此种反审讯伎俩也难以实现。续之只能以软抗的方式对抗审讯，软抗的方式众多，主要有据理力争、狡辩反诘、推诿说谎、寡言沉默等。这是审讯中最为艰难的阶段，审讯人员必须针锋相对，一一加以驳斥。到最后审讯对象在走投无路的情况下只能以讨好的下策勉强维系其抗审心理。以上种种反审讯策略是审讯对象对抗审讯的大致趋势，只要审讯人员把握住审讯活动发展的方向，采取相应审讯策略就能迫使审讯对象从抗审心理逐渐向交罪心理转化，最终供述其犯罪事实。

（二）顺从心理倾向

根据传统的审讯经验，一般把审讯变化的过程划分为试探摸底、对抗相持、动摇反复、供述悔罪四个阶段，四个阶段是人为的划分，没有严格的界限。大量审讯实践证明，审讯对象在审讯中既存在抗审心理，也存在顺从悔罪心理，这是一对矛盾的统一体。当抗拒心理占据优势的时候，审讯对象就会选择继续对抗；当悔罪心理占据上风的时候，审讯对象就会顺从审讯人员的意向，选择逐渐交代犯罪事实。

面对审讯，审讯对象的心理变化确实经历了四个阶段，即从积极抗审转向消极抗审，继而出现供述的动机，最终供述犯罪事实，顺从的心理倾向具体有以下几种表现：

1. 犹豫不决

这是抗审心理与交罪心理势均力敌所产生的矛盾心理产物，是职务犯罪审讯中审讯对象开始交代犯罪事实时的常态。通常表现为吞吞吐吐、断断续续、欲言又止，或者像挤牙膏似的既交代又回避。往往只交待情节轻微、数额较小的犯罪事实或者交代自以为已经被审讯人员掌握的犯罪事实。此时审讯对象的顺从心理已经开始上升但尚未巩固，仍残留着较强的侥幸心理，害怕受到法律的严惩，如果审讯人员态度不够坚决或者证据不够充分，审讯对象就会退缩回抗审心态。

2. 迫于无奈

通过审讯，在大量事实和证据面前，部分审讯对象的心理承受能力濒临崩溃，在自知无法抵赖的情况下，只得选择被迫供述。此时的供述状态仍然存在不稳定因素，审讯对象的顺从心理尚未达到认罪悔罪的程度，一旦审讯对象觉察到审讯人员并未真正掌握其犯罪证据时，极有可能重新选择推翻其原先的供述。

3. 听取建议

审讯对象在产生供述动机的时候，虽然不会立即交代犯罪事实，但是会向审讯人员提出一些问题，比如："我交代了，你看看我要被判几年"，或者"如果我交代了，算不算主动坦白？能不能算自首？"等等。此时审讯对象的心理变化已经有了极大的转变，已经到了供述的临界阶段，他非常需要审讯人员的合理化建议，帮助其下定决心作出供述的选择。

4. 交罪悔罪

这是审讯人员认为最为理想的审讯结果。审讯对象的心理一旦达到真心悔罪的程度，就会深感自己的犯罪行为损害了国家和单位的声誉，破坏了国家工作人员职责的廉洁性，也毁了自己和家庭，通常表现为较为彻底的交代其全部犯罪事实，表示认罪伏法，有的还主动检举揭发，争取从轻、减轻处罚。

5. 谎供乱供

谎供乱供的情况较为复杂，这与审讯对象的抗审心理和顺从心理都有着胶着的联系。一方面，在强烈抗审的心理支配下，有些审讯对象会采取谎供乱供的劣策略对付审讯人员。另一方面，当审讯对象出现顺从心理倾向时，由于不甘心过早地坦白，会出现"顺杆爬"的现象，顺着审讯人员指引的方向胡乱地供述所谓的"犯罪事实"。遇到此种情况，审讯人员务必谨慎地应对，绝不能指名道姓地指供问供，以免误入歧途。

四、不同阶段的应讯心理反应

审讯的过程是审讯人员与审讯对象心理较量的过程，审讯人员的策略都是根据审讯对象的应讯心理变化反应作出的，评价审讯工作的成败与否，关键取决于对审讯对象心理变化的调节与控制。因此，审讯对象在审讯期间，其心理处于一种怎样的状态，在审讯过程中，其心理又会发生怎样的变化，此中的基本规律是审讯人员必须事先了解和掌握的。

（一）审讯初始阶段

除了犯罪后迫于形势能够主动向司法机关坦白自首外，绝大多数的审讯对象在接受审讯之初都绝不会轻易承认他们的犯罪事实。审讯开始以后，由于审讯双方基本上都是初次见面，传统的审讯方法告诉我们，审讯人员不宜直面指责犯罪，而首先应进入试探摸底的阶段。试探摸底阶段的主要任务是：审讯人员试图通过对话了解审讯对象的性格脾气和心理状态；了解审讯对象是否认为暴露了犯罪，以及暴露了哪些犯罪事实；进一步了解审讯对象的基本情况以及对抗审讯的基本态度等。以此框定审讯对象的心理反应基线，为以后的审讯打好基础。

审讯初始阶段审讯人员采取的主要策略是以平和、轻松的语态努力消除审讯对象的紧张情绪和戒备心理，从审讯对象的个人简历、家庭情况，或者其最关心、最愿意听取的事情开始谈起，逐渐扩大谈话内容，使审讯对象在交谈中自然地将内心的企图表露出来。

试探摸底应当是审讯人员主动对审讯对象有关情况的试探摸底，然而客观上也存在着审讯对象企图对审讯人员的反试探摸底，这就要求审讯人员努力保守自己的底细，同时尽量摸清审讯对象的底细。在此阶段审讯对象的具体心理表现有以下几种：

1. 认真听取，猜摸观望

审讯对象进入审讯室后的通常表现是假装镇定，认真听取审讯人员的每一句问话。不会主动反问或者立即回答审讯人员的问话，态度非常谨慎，对审讯人员的每一句问话只在心理反复琢磨、仔细推敲后才会作出简单的回答。同时，审讯对象往往会对审讯人员凝目关注，企图从审讯人员的一言一行中猜测审讯人员的审讯意图，然后再决定自己的反审讯策略。

2. 以静制动，试探摸底

审讯对象被传唤后，最担心的事情莫过于自己的犯罪事实是否已经暴露，暴露了哪些犯罪事实，审讯人员究竟掌握了其多少犯罪证据，犯罪的严重程度及后果。有时会假装糊涂，一问三不知，引诱审讯人员深入话题，猜测端倪；有时会反问其被传唤的理由，"我没有犯罪，你们为什么把我叫来"，试图试探审讯人员对案情的了解程度；有的则以沉默代替回答，企图从审讯人员不断的问话中发现些许信息。

3. 避实就虚，遗漏情节

虽然审讯的开始阶段，审讯双方是在平和交流的表象下进行的，然而在审讯对象戒备心理的驱使下，使其必然采取谨慎的态度。此阶段一般不涉及实质性问题的深入，但是审讯对象仍然会避实就虚，只简单回答自己的一般情况，对有些可能涉及犯罪事实的具体事情、具体履历予以掩盖。如某局副局长只讲了其个人的一般性履历过程，而隐瞒了其外派一年从事其他工作的经历，这正是其实施重大职务犯罪的时间段，值得引起重视。

针对审讯对象上述心理特点，审讯人员需慎重行事，对审讯对象的应答不宜随便表态，不能显山露水，喜形于色；对要追究的要点，应详细进行研究，不轻易透露审讯意图和掌握的线索，以防止被审讯对象掌握和利用；问话要把握好时机，得当有力，不让审讯对象有空隙去考虑。只有这样，才能从心理上首先战胜审讯对象，使之低头认罪。

（二）积极抗审阶段

通过初步的较量，审讯人员进一步了解了审讯对象的性格脾气、家庭状态、个人履历、职权职责、可能涉嫌职务犯罪的范围等基本情况，初步测定了审讯对象的心理反应基线，审讯活动进入到实质性审讯阶段。这正是审讯活动最为艰难、最为复杂和最为精彩的阶段。

实质性对抗阶段可以分为前后两个时段，即积极抗审阶段和消极抗审阶段。在积极抗审阶段，审讯对象的侥幸心理和畏罪心理急剧膨胀。在侥幸心理和畏罪心理的驱使下，审讯对象通常表现为针锋相对，拒不供述犯罪事实，其抗拒审讯的手段、伎俩充分展露，企图从心理和事实两个方面彻底战胜审讯人员，使审讯人员望而却步、自动退却。具体心理表现有以下几种：

1. 强烈抗拒，利诱威胁

为逃避法律的追究，大多数审讯对象会采取主动出击的方法抗拒审讯，或者以"我没有犯法，你们凭什么抓我进来"蔑视审讯人员；或者以激动的情绪与审讯人员进行对抗；有的还带有肢体行为动作展示其无辜、冤枉的姿态；有的甚至用语言谩骂、威胁审讯人员及其家属。种种行为均是为掩饰其内心的恐惧，企图逃脱法律的制裁。

2. 软磨硬泡，拒绝供述

当审讯对象强烈抗审的嚣张气焰被压制以后，审讯对象并不会就此认罪伏法，缴械投降，取而代之的仍就是软磨硬泡，拒绝交代犯罪事实。有的仍旧会对"靠山"相救抱有希望；有的三缄其口，以防失言；有的会以各种谎言与审讯人员兜圈子，看你们拿我怎么办。其目的只有一个，抗拒审讯，绝不供述。

3. 反驳狡辩，企图开脱

狡辩是审讯对象对抗审讯的又一主要方法。对于审讯人员已经掌握的犯罪事实，审讯对象经常会说："你们既然有证据了，还要我说什么，反正我没有做过这种事，我又没有拿他的钱"；有时将自己利用职务便利、滥用职权为企业提供便利说成是帮朋友忙；有时将收受他人的钱物说成是人情往来；有时即使交代少量罪轻情节，也不承认犯罪的动机、目的；更有甚者利用审讯人员的失误或者问话中的瑕疵进行反诘，以攻为守，企图开脱自己的罪责。总之是黑白颠倒、混淆事实，对关键问题避而不谈，企图用轻微的情节开脱其严重的犯罪事实。

4. 少言寡语，陷入沉默

沉默是审讯对象抗审能力的集中体现，从沉默的状态中可以衡量审讯对象的抗审程度。有些审讯对象一进入审讯室就即刻选择沉默，以不变应万变的姿态揣摩审讯人员；有的审讯对象自始至终采取沉默的抗审姿态，一般而言，沉默程度越高、沉默时间越长的审讯对象，其抗审的能力就越强；而有的审讯对象会从积极抗审的姿态转入沉默，这是因为他感知到积极抗审毫无作用，只能退而选择沉默继续他的消极抵抗。

在此阶段，由于审讯对象的抗拒心理正处于上升时期，审讯人员只靠政策攻心等单一讯问方式恐怕难以取得好的效果，要想战胜对方，首先，审讯人员要有充分的思想准备，要有足够的耐心和信心在心理上占据绝对优势；其次，讯问中态度要坚决，以此打消审讯对象的抵赖和侥幸心理；再次，还要注意讯问的技巧，善于抓住对方的矛盾之处，适时使用证据；最后，可以调动社会力量给予协助，如让审讯对象的家属、朋友、单位领导等规劝审讯对象放弃抗拒，交代问题，争取司法机关的从轻处理等。

（三）消极抗审阶段

通过前一阶段的积极对抗，审讯对象的侥幸心理已经大幅减弱，其心理明知已经无法逃脱法律的追究，也明知审讯人员已经掌握有部分证据，但是又不甘心就此服输，畏罪心理害怕失去一切的后果又使其背上了沉重的思想包袱。消极抗审阶段是审讯对象心理最为矛盾、思想最为激烈、内心最为痛苦的时期，欲想交代，又怕受到严厉的处罚，疑虑重重，其心理状态始终在坦白交代与抗拒隐瞒之间动摇徘徊，主要有以下几种表现：

1. 态度转化，由强变弱

审讯对象明知继续抵抗已经无济于事，不再与审讯人员发生正面冲撞，语言由强变弱，急于探寻其交代后的处置情况，这是其心理反应的关键所在。有的询问法律具体规定；有的试探不交代后的最重处罚后果；有的了解主动交代后的从轻或者减轻处罚标准。以此权衡利益得失，反复思考，犹豫不决。

2. 外在表现，情绪紧张

焦虑心理、矛盾心理势必会有所表现，这是审讯人员应当密切关注的关键，如表现为口干舌燥讨水喝、情绪急躁要抽烟、坐立不安要如厕等。有些审讯对象还会提出一些问题试图求得心理的满足，如要求会见单位领导、家属，要求得到从宽处理承诺，要求对其的某些隐私予以保密等。对此审讯人员应当耐心地予以解释或解决。

3. 讨好求饶，博取同情

对抗相持阶段最为艰巨的博弈过去以后，审讯对象在其各种反审讯伎俩被审讯人员驳斥之后，只剩下最后一招，那就是讨好求饶。经常会说："何必那么认真呢，饶过我算了"，"我家里那么困难，求你帮帮我"，"只要你们放过我，以后有什么事情尽管找我"，"我已经说了些了，你们何必穷追猛打呢"等等。面对审讯对象的求饶讨好，有些审讯人员会产生同情心理，这正是审讯对象借机思考、重回抗审的选择。此阶段是审讯的转折点，审讯人员应当尽力消除审讯对象的侥幸心理，彻底端正其畏罪心理，促成其抗审心理迅速向交罪心理的转变。

4. 时述时断，犹豫徘徊

在不供述就无法过关的心理驱使下，审讯对象会陆陆续续供述一些违法违规或者罪轻情节，继续试探审讯人员的反应，以此确定其应该交代什么问题、如何交代问题。当在审讯人员脸上找不到答案的情况下，焦虑心理会继续加剧，无所适从，往往表现为时述时断、想供又停的迹象，目的是趋利避害，避重就轻。

针对审讯对象在消极抗审阶段的矛盾心理，审讯人员应当紧紧围绕其侥幸心理采取针对性的审讯策略。加强政策攻心，晓明事理，紧盯不弃，一鼓作气，彻底摧毁审讯对象的心理防线，迫使其交代犯罪事实。否则，稍有不慎，就会错失时机，审讯对象的思想态度又会重新退回到积极抗审阶段。

（四）供述罪行阶段

从审讯对象开始供述犯罪事实到审讯结束是审讯活动的最后阶段。此阶段审讯对象在审讯人员的反复追问下，在内心已经确信了审讯人员已经掌握了其犯罪的主要证据，再做抵抗已经徒劳无益，侥幸心理已经基本丧失，开始逐步供述其犯罪事实。但是基于趋利避害的本能，畏罪心理依然存在，尽量少交代的念头会始终贯穿于供述罪行的全过程。具体有以下几种表现：

1. 逐步交代

审讯对象的供述往往从犯罪情节较轻或者犯罪数额较小的犯罪事实开始交代，在审讯人员的步步紧逼之下，其交代的范围会逐步扩大，最后交代情节严重的犯罪事实。由于职务犯罪延续时间长、作案次数多的特点，审讯对象往往会对其供述有所保留，是否能让其较为全面、彻底地交代全部犯罪事实，很大程度上取决于审讯人员的能力水平。在审讯实践中，审讯对象会保留不交代部分或者少部分的犯罪事实，在客观上存在着犯罪黑数。

2. 附带申辩

伴随着供述，审讯对象经常会提出各种辩解的理由，以此说明自己犯罪的原因，推卸部分罪责，试图减轻处罚。辩解的理由通常包括：碍于情面或迫于无奈实施了犯罪；有些钱物是人情往来而非权钱交易；是工作关系、朋友关系而非利用职务便利等。以此说明部分事实是违法违纪行为，不是犯罪行为，或者系罪轻行为。

3. 时有反复

供述的心理是审讯对象迫于审讯的压力和内心的焦虑产生的。在逐步供述自己犯罪事实的过程中，审讯对象会深感自己的罪孽深重，越交代就越害怕受到更重的处罚，而产生心理供述阻断。有些审讯对象除了已经交代的犯罪事实以外，不再选择继续供述；有的审讯对象时供时断或者推翻以前的供述，全盘否认；有的审讯对象甚至重新回到强烈的抗审状态。出现此种情况的原因是错综复杂的，主要是源于审讯对象畏罪心理的严重程度，但与审讯人员的审讯策略运用得当与否也存在着关系。

4. 彻底交罪

当审讯对象感知到只有交代犯罪事实才是当前唯一的出路，或者感知到交代的后果优于不交代的后果时，审讯对象才会完全、彻底地交代自己的全部犯罪事实，这是审讯对象悔罪心理的集中体现，预示着审讯活动可以就此结束。

针对审讯对象在供述阶段的不同表现，应当采取不同的审讯策略，关键在于不断地鼓励。鼓励其抛弃各种幻想和侥幸心理；鼓励其正确面对现实和畏罪心理，勇于承担自己犯罪后应当承担的责任；鼓励其鼓起勇气继续供述，取得单位、家属的谅解；鼓励其不断供述、争取获得从宽处理，直至其顺利供述全部犯罪事实。

五、供述的心理动机

选择拒绝供述是先天的、主动的行为，而选择愿意供述则是犯罪嫌疑人基于外部客观条件作用后的被动选择。即使犯罪嫌疑人选择主动投案自首，也并非是出于其本性，往往是出于其他外部客观情况的影响，达到犯罪嫌疑人心理无法承受程度的结果。研究审讯对象产生供述的心理动机，为审讯人员开展具有针对性的审讯活动提供了必要的信息。

（一）供述的心理基础

审讯对象之所以会选择供述，究其根源在于犯罪事实已经暴露，审讯人员已经掌握了充分的犯罪证据，这是审讯对象主动交代犯罪事实的基础条件。

犯罪事实暴露的心理误区是审讯对象供述的内在动力。对审讯对象而言，只要有条件对抗的，就不会主动放弃，因为放弃对抗就意味着需要承担危害的结果，承担法律责任。职务犯罪嫌疑人从原先享有的地位、权利和福利到沦为阶下囚，是他们心理难以逾越的障碍，所以不到无路可退的境地，他们是不可能主动地放弃对抗的。放弃对抗就意味着把自己的一切都交给了司法机关，那么等待着自己的只能是惩罚，所以有条件对抗的审讯对象都会选择对抗。

审讯对象坚持对抗的理由就是他们的自我意识认为犯罪事实还没有暴露，最起码犯罪证据还没有被检察机关所掌握，那么对抗就还有余地。如果审讯对象通过自己的感知认为自己的犯罪行为已经暴露，或者犯罪证据已经被检察机关掌握，那么就会自发地进行自我行为意义的评定，即坚持对抗已经失去意义，对抗的结果与放弃对抗的结果是同样的，如果审讯对象处于这种情景状态的时候，他们的注意力会从原来的如何进行对抗，不断地分析外来的信息，判断"事态"发展对自己的危害程度，迅速转移到这种行为可能对自己带来的惩罚结果是什么上，他们会从不同的角度来分析自己将要承担怎样的法律后果，以及测定法律后果以后自己面临的处境和其他相关的情形。这时审讯对象非常希望从审讯人员那里得到"好处"，这种好处无非是审讯人员能够承诺给予其从轻处罚甚至减轻处罚。这种希望和需要越强烈，其供述动机也就越强烈，供述交代的行为实现的也就越快。反之，如果审讯对象对希望的渴求不是从审讯人员那里得到好处，而是想从自己身上挖掘到好处，那么供述的动机就不会强烈，甚至没有供述动机。这种情况下审讯对象就不可能交代犯罪事实。因此，审讯人员在审讯中要给予审讯对象能够得到从轻或者减轻处罚的希望，这种希望对于任何一个审讯对象都是平等的，取决于审讯对象的认罪态度，即尽快如实地交代犯罪事实。

审讯对象对自己的犯罪事实是否暴露的判断，主要是根据对外部情况反映的认识和自我心理的客观记忆的认识。这种认识存在正确和错误两个方面。

1. 正确的认识

即犯罪事实确实已经暴露，审讯人员已经掌握了确凿的犯罪证据。在职务犯罪审讯中，让审讯对象尽快地正确认识到其犯罪事实确实已经暴露，审讯人员已经掌握了确凿的犯罪证据这一点尤为重要。在审讯前期，审讯人员可以设置如下问答：

问："你叫某某某，对吗？"

答："对的。"

问："你知道这是什么地方吗？"

答："检察院（或反贪局）。"

问："你知道检察院反贪局的职责是什么吗？"

答："查处贪污贿赂案件。"

问："既然名字没有搞错，今天把你叫来，你就应当如实讲清问题。我们没有掌握足够的证据会冒然地把你叫来吗？"

通过类似的语境设定将"犯罪事实已经暴露，审讯人员已经掌握了确凿的犯罪证据"予以框定，尽快使审讯对象进入角色。

2. 错误的认识

即犯罪事实暴露的心理误区，也就是误认为犯罪事实已经暴露，审讯人员已经掌握了确凿的犯罪证据。基于职务犯罪案件侦查的特性，审讯人员在对审讯对象进行审讯时，不可能完全掌握审讯对象全部的犯罪事实，但也绝不会没有掌握任何的犯罪事实，大多数情况下只是掌握了部分犯罪事实或者指向犯罪的情报信息。随着审讯的进程，审讯人员运用审讯技巧，用已经掌握的事实和证据来引导出未知的、更多的犯罪事实和证据。如运用已掌握的犯罪事实来驳斥审讯对象辩解中的矛盾和虚假内容，使得审讯对象感受到罪行已经暴露；使用点滴出示证据的方法，使审讯对象感受到审讯人员已经充分掌握了确凿的犯罪证据；当审讯对象交代某些审讯人员尚未掌握的情况或犯罪事实时，审讯人员应当表现自如，充满自信。实践中，当行贿人交代了向某个尚未掌握的嫌疑人行贿的事实时，或者当受贿嫌疑人交代收受了某个尚未掌握的行贿人的行贿事实时，经验不够丰富的审讯人员往往会兴奋的马上问道："这个人叫什么名字？是哪几个字？怎么写？"从而引起审讯对象的警觉，知道审讯人员尚未掌握其某些犯罪事实或证据，就会迅速退回原来的状态，不再交代其他罪行。在侦查实践中，审讯人员就是要利用侦查活动的特殊性和审讯方法的隐蔽性、技巧性，把审讯对象带入犯罪事实已经完全暴露的认知误区，紧逼出审讯对象的供述动机。在审讯活动刚开始阶段，审讯对象对自己处境的认识是基本正确的，表现为审讯活动中的积极对抗。但随着审讯活动的不断深入，在审讯人员叠加发出信息的不断影响下，审讯对象的认识发生了变化，出现了根本的转变即认知错觉。这就是审讯对象在审讯活动开始时选择对抗，经过审讯后才逐步交代犯罪事实的根本原因。

让审讯对象产生认知错觉的根源主要有：首先是来源于审讯人员的态势，审讯人员强大的审讯态势是审讯对象认知错觉产生的直接根源。在审讯对象的认识过程中，审讯人员积极的审讯态势，说明审讯人员掌握犯罪证据的程度。其次审讯人员发送信息的隐蔽性，是审讯对象认知错觉产生的基础。审讯对象认知错觉的产生来源于自我意识与客观信息的有机结合，客观信息的重要特点就是审讯人员拥有的犯罪事实的"量"，对审讯对象来说，就是犯罪事实暴露的程度。审讯人员行为的隐蔽性，控制着拥有的犯罪事实的"量"。审讯对象在实施犯罪以后，犯罪行为就变成客观存在，审讯对象对犯罪的记忆就成为其心理存在，只要审讯人员发出的某一点信息与审讯对象的心理存在相确认，审讯对象就会认识到客观存在的犯罪事实已经暴露，就会产生认知错觉，进入心理认识误区。最后是审讯对象自我意识的知觉经验：一方被否认，那么另外一方就被肯定，这种肯定的情形就是犯罪事实，这是审讯对象认知错觉产生的内在根源。审讯对象记忆中的犯罪情景与外来的审讯人员所给予的情景信息相确认是产生心理误区的条件。人们的行为特点是不做无用的功，这是审讯对象放弃对抗的本质原因，对利益的追求是审讯对象供述认罪的基本特点。

3. 无法自圆其说

审讯对象应对审讯人员的讯问，最主要的策略就是说谎。审讯对象的谎言如果能够成功地摆脱审讯人员的纠问，甚至说服审讯人员其谎言是"真实"的，那么审讯对象就会得到心理上的满足，这种说谎不会增添审讯对象内心的焦虑，反倒会使他错误地认为审讯人员并没有发现其犯罪事实，起码说明审讯人员并没有掌握其犯罪事实的证据。事实上，审讯对象的说谎会遭到审讯人员接连不断地驳斥，其结果就会使审讯对象深深地感知到其谎言已经无法自圆其说，导致审讯对象内心的焦虑叠加式增长，认为审讯人员的驳斥有理，从审讯人员的驳斥中认识到审讯人员已经发现了犯罪事实，并且已经掌握了充分的证据。其谎言是经不起审讯人员驳斥的，持续增加的焦虑需要释放，从而导致其不得不选择供述。

（二）供述的内在动机

供述动机是审讯对象形成供述决意、如实供述犯罪事实的内心起因。主要有以下几方面的因素：

1. 摆脱心理限制

国家工作人员原本有着美好的人生与事业，一旦实施了职务犯罪就会给其心理蒙上一层阴影，这种心理长期得不到发泄就会产生心理障碍。审讯对象被传唤后，这种犯罪的负疚感就会变得越来越强烈。为了逃避法律的制裁，审讯对象往往又会选择抗审，抗拒审讯又不得不选择说谎，说谎就会被审讯人员揭露，不能自圆其说又不得不用再一个谎言来修补原先的谎言，谎言说多了就会产生焦虑，焦虑心理和犯罪的负疚心理会对审讯对象产生强大的心理压力。

人的心理压力达到一定程度时，就必须得到释放，否则就会精神崩溃。同样，审讯对象的心理压力也需要得到释放。但是只要其不供述犯罪事实，审讯人员绝不会给其释放心理压力的机会，只会进一步采取各种审讯策略，不断地施加心理压力，这样审讯对象的心理就会产生强烈的减压需要，在别无他法的情况下，不得不选择供述，以此摆脱心理限制。例如职务犯罪嫌疑人在交代完犯罪事实后，往往都会表现出如释重负的样子，都会深深的呼出一口气，好像在说："这下交代清楚了，怎么处理随便你们吧。"反之，都会做出强烈的对抗，即使让其休息、睡觉，他们都会坐立不安，辗转反侧，心理焦虑迫使其无法入眠，压力无处释放。

在人们的心理活动中，心理压力是导致激情状态的重要原因。审讯对象为了摆脱审讯所带来的心理压力，就会寻找开脱的理由，而开脱的理由往往又会产生更大的矛盾。况且，在审讯的压力下短时间内要想找到能让审讯人员信服的理由显然是不切实际的，这种情况下压力就会不断地强化，导致其认识的发展和变化，出现了供述犯罪的动机，只有交代犯罪事实，才能释放其心理压力。

2. 意识经验的习惯反应

人们有了记忆便有了记忆经验，人们的知识经验来源于行为实践的记忆，有了行为的记忆才有认识经验，没有行为实践就不可能有人的认识经验。人们的记忆经验大量的储存在人的潜意识里，一旦外来的信息刺激到了该领域，意识经验就会作出积极反应。所以审讯对象在开始审讯的时候总是不会轻易交代罪行，这是记忆经验的原因所致。犯罪行为是社会的否定行为，是要受到惩罚的行为，自我个体实施了这种社会否定行为，客观事件与主观认识都会产生比较强烈的记忆经验，这种记忆经验来源于他人的影响和社会环境的信息传播。一旦与此相关信息出现的时候，这种特定的记忆经验就会积极迅速的再现这种特定的情景，引发恐惧和本能的自卫反应，即对抗反应。

人的潜意识承担着重要的记忆经验，在收到特定的记忆经验信息刺激的时候，记忆经验的信息内容会通过潜意识超前准确地予以反馈。在审讯活动中，当外来的信息涉及该犯罪情景的时候，审讯对象根本不需要再次对自己的犯罪现场进行核实，便会清楚地记得该犯罪现场的场景，这种犯罪的情景便会通过潜意识的活动，表现出对该现场的记忆经验和认识经验。这种现象心理学家称之为"超前反馈"现象，心里有了认识经验，无须再次进行核实，潜意识便会直接跨过意识来反馈这一意识经验。在审讯活动中，可以利用审讯对象意识经验的"超前反馈"现象，达到揭露犯罪的目的。意识经验表现的方面比较多，如有语言的"口误"，不希望说出来的话，通过潜意识的意识经验流露了出来，还有对说谎的意识行为的经验反应，说谎话的信息刺激反应比较慢。人的这种意识规律为职务犯罪审讯提供了重要根据。在审讯活动中，就是要根据审讯对象的生理条件、记忆经验、行为习惯和思维规律，进行有效的利用，营造有利的审讯条件。

3. 人格的满足

在客观事实面前承认客观事实的程度，我们将其用人格道德系数来衡量比照。人格道德系数越高在客观事实面前承认客观事实的程度就越高。很多时候，只要把客观犯罪事实放在审讯对象面前，审讯对象就会承认犯罪事实。但有的审讯对象也会在犯罪事实面前继续不承认犯罪事实，这就是人格道德系数的差异。这种差异就需要审讯人员对其进行调整，调整的目标就是满足在客观事实面前供述认罪的需要。审讯对象承认客观事实，实际上是对客观事实的确认的认识过程。客观事实经过心理记忆的确认，表现出确认的行为反应，在审讯活动中就是供述犯罪。

就职务犯罪而言，能够构成职务犯罪的犯罪主体一般都是国家工作人员或者国家机关工作人员。与普通刑事犯罪主体相比，他们对人格道德的认知度较高，道德系数也就较高。这一特点应在审讯时重点关注。作为国家工作人员，一般都具有较高的知识水平，经过系统的培训，受过党纪、国法的教育，尤其是廉洁从政的熏陶，教育培训的越多，悔罪心理就越强烈。从某种意义上讲廉政教育就是特殊的群体性、公开性"审讯"，而刑事诉讼中的审讯则是在特殊环境下的强化教育。审讯实践中，为了得到人格的满足，职务越高的领导干部，受到的教育就越系统，在审讯中的认罪态度往往越好，交代犯罪事实也越爽快。反之，受到的教育越少、工作资历越浅的审讯对象抗罪的心理就较强，这是人格道德系数的写照。在审讯活动中所表述的客观犯罪事实，虽然是客观存在的，但是它有两个特点，第一个特点是：已经暴露了的客观存在，表现出审讯人员已经掌握了客观的犯罪证据，拿给审讯对象看一下他就可能供述认罪。作为客观的犯罪事实，能够有效证明审讯对象的犯罪行为。第二个特点是：没有暴露的犯罪事实，审讯人员没有掌握审讯对象犯罪证据的犯罪事实，这种犯罪事实是被假设的存在，是审讯人员在审讯的空间设立的模拟的客观犯罪事实。用这种模拟的客观事实让审讯对象进行心理事实（犯罪的记忆）的确认，当审讯对象完成了这一确认的过程，进行确认的行为反应的时候，审讯对象供述认罪的目标也就达到了，就会交代出审讯人员尚未掌握的犯罪事实。

审讯活动是各方面心理有机配合的产物。首先要调整审讯对象的人格道德系数，使之满足在客观事实面前供述认罪的需要。其次要将模拟的客观事实让审讯对象进行心理事实（犯罪的记忆）的确认，达到供述认罪的目的。

4. 需要的存在

需要是有机体缺乏某种东西时的一种主观缺失状态，常常以一种不满足感或者对某种现象的必要感所体验着，是客观需求在人脑中的反映。它是个体积极性的源泉，一经产生，就会引起有机体的内部紧张状态，以此推动人去积极行动。当其具有明确的指向目标，并具备达到目标的条件的时候，就转化为动机，并达到活动的行为。人的需要包括生理的需要和心理的需要，人们时刻都在为这些需要而行动。人们为了满足需要就会实施需要的行为，有的选择犯罪，也有的实施自己不愿意实施的行为。如审讯活动中的刑讯逼供，审讯对象并不想交代自己的所谓"犯罪事实"，或者不愿意交代自己真正的犯罪事实，但是在"大刑"的伺候下，为了免受皮肉之苦，满足生理上的需要，就只得勉为其难交代自己的所谓犯罪事实。

生理上的需要是如此，心理上的需要也是如此。审讯对象对抗审讯，拒不交代自己的犯罪事实，是因为自己安全的需要、自己幸福生活保障的需要，因为这些需要的存在，才导致了对抗行为的产生。当另外一种需要超过了审讯对象因为对抗所带来的需要的时候，审讯对象就会放弃这种对抗，去满足另外更大的需要，以放弃自己认为的小的需要。在审讯活动中这一行为的最终表现就是供述犯罪。例如，在一起女性受贿的案件中，审讯对象拒不交代自己巨额财产的来源。当审讯人员问道："你家里有这么多的钱，不是你受贿的，难道是你儿子受贿的，你交代不出来源，也可能不是你收的……"审讯对象听到这话的时候，为了不使儿子牵扯进来，只得实话实说："这些钱跟我儿子无任何关系，都是我受贿来的，我愿意交代具体钱的来源。"因为保护儿子的需要超过了保护自己的需要，所以她才选择放弃对抗，交代自己的犯罪事实。

5. 收益的期待

人们采取任何行动都是有利益所指的，在审讯双方激烈的博弈过程中，审讯对象当然也希望维护和收获他的利益。抗审阶段，审讯对象期待从心理上、事实行动上战胜审讯人员，以此逃避法律的追究，以此维护其利益不会受到任何损失。显然这是不切实际的，对于有罪的职务犯罪嫌疑人而言，审讯人员已经从初查的过程中确立了坚定的内心确信——审讯对象客观上具有犯罪的信息或者犯罪的证据，审讯人员不会轻易地放弃审讯。

随着审讯的深入，审讯对象已经知道犯罪事实已经暴露，审讯人员掌握有充分的犯罪证据。此时审讯对象就会产生供述的动机，不供述与供述的结果几乎一样，甚至不供述的后果有可能比供述的后果还要差。即便如此，审讯对象仍然不会轻易供述或者不希望立即供述，他会力求维护和获取自己的利益。从审讯对象的角度考虑，他的收益存在远期收益与即期收益之分，他会从自身的角度考虑其供述后能够得到哪些"好处"。

从远期利益来讲，审讯对象希望得到从轻处理或者从轻处罚，他也明确知道最终的结果取决于法院或者法官的判决，但他仍然希望从审讯人员口中得到某些承诺。这里，我们提醒审讯人员，如果审讯人员以第三者调查人员的身份参与审讯更有利于审讯对象最终下定决心，作出供述。审讯人员不是最终的裁判者，无权作出承诺，但是可以协助审讯对象争取获得从轻处罚的路径，当然这需要审讯对象如实、自愿地交代全部犯罪事实作为先决条件，以此获取审讯对象的信任，促进审讯双方之间的合作。作为即期收益来讲，审讯对象需要在生活上得到一些照顾，帮助解决一些实际问题，希望不对其采取较严厉的侦查措施等等，在此方面，审讯人员应当为其提供力所能及的方便，鼓励审讯对象尽快地供述犯罪事实。

6. 趋利避害

心理学家们根据人的行为科学的研究，成功总结出"社会交换理论"，阐明了人的行为是以交换为基础的，交换的特点就是趋利避害。趋利避害是人们行为的基本属性，人们的一切活动都是以趋利避害为原则的，这种趋利避害的交换以满足自己的需要为前提，满足于利益的获得，排除危害的存在。当自己的安全受到威胁的时候，这时的自我需要就是自己的安全，那么他就会以自己的行为来换取自己的安全；当自己需要食物来满足生存需要的时候，那他的行为就会为摄取食物来进行交换，以满足自己生存的需要；当自己的利益受到侵害的时候，他的行为就会为避免受到侵害来进行交换，当出现的这种侵害是不可避免的时候，那么他的行为就会为减少或者降低这种侵害来交换；当自己的人身自由受到限制的时候，那么他的行为就会为了获取自由进行交换。由此可见，审讯对象因为自己实施了犯罪，将要受到法律的制裁，将要受到人身自由的限制，那么审讯对象在接受审讯时就会选择积极地对抗行为，来换取将要受到的惩罚。如果当审讯对象选择积极地对抗行为并不能换取避免惩罚的时候，那么它就会改变"交换"行为，寻找可能不受惩罚或者减轻惩罚的行为，就会自然的放弃对抗行为，放弃了对抗行为，留给自己的交换条件就只有顺从，以供述认罪来交换减轻惩罚或者免除惩罚的心理需要。这是许多审讯对象在通过审讯之后，才交代犯罪事实的原因。

趋利避害心理对职务犯罪审讯有以下三点启示：第一，要尽早地让审讯对象心理确信其犯罪事实已经暴露，审讯人员已掌握有充分的证据来证实和认定其罪行，必须接受处罚是注定的事实。第二，接受处罚的程度取决于审讯对象的认罪态度，并委婉地告知其可能受到处罚的量刑幅度，促使其对可能接受刑事处罚的心理和承受能力尽快得到认同。第三，实践表明，没有任何一个职务犯罪嫌疑人能够100%彻底地交代其全部犯罪事实，职务犯罪的涉案数额永远存在一个"黑数"的现象。能够少交代一点就少交代一点是职务犯罪嫌疑人普遍存在的心理。因此，要把握好策略促使其交代大部分主要的犯罪事实，这也从某种角度让其趋利避害的心理得到某种程度上的满足。交代较为彻底的审讯对象在庭审时往往认为其交代的太多太吃亏而产生翻供的心理，"能翻一点是一点"、"翻掉一笔是一笔"的心态正是趋利避害心理的真实反映。从这一点来讲，审讯双方最终达成的供述结果，也符合了博弈论关于纳什均衡的结论，审讯对象的供述既满足了自己的趋利避害心理要求，同时也满足了审讯人员对其供述心理的要求，审讯双方达成了一个供述的解。

（三）供述的外在动力

辩证唯物主义认为事物的发展都离不开内因与外因两个方面。内因是事物自身运动的源泉和动力，是事物发展的根本原因。外因是事物发展、变化的第二位的原因。内因是变化的根据，外因是变化的条件，外因通过内因而起作用。审讯活动同样如此，审讯对象选择供述或者不供述，本身就是运动着的一对矛盾。审讯对象之所以选择供述，内因是主要方面，当其逐渐认识到犯罪事实已经暴露，审讯人员已经掌握了充分的证据以后，就会在内心产生供述的动机。当然，审讯对象并不会就此轻易地选择供述，仍然需要外部因素对其进行有效的心理刺激，敦促其最终下定决心，作出供述的选择。

1. 法律政策的感召

犯罪嫌疑人被传唤后，首先感受到的是法律政策对其产生的威慑力。隔离的恐惧、后果的不堪设想以及对法律政策的模糊认识都会让其产生巨大的心理压力。因此，充分及时地向审讯对象说明法律政策的规定是非常重要的，可以通过以案说法的方法，使其充分体会到"坦白从宽、抗拒从严"刑事政策的释义。在审讯对象产生心理动摇、思想斗争激烈的时刻，审讯人员通过法律、政策、法理、形势的教育，能够进一步使得审讯对象认清问题的属性，回归理性，克服供述的心理障碍，供述犯罪事实。

2. 信服于审讯人员的威信

随着审讯活动的逐步深入，谎言被驳斥，犯罪事实被不断的揭露，审讯对象的负罪心理会日益增长，内心产生供述的动机，这一切的变化都取决于审讯人员审讯技巧的运用，这是刺激审讯对象心理，使其作出有罪供述的根本外在动力。审讯人员在审讯中树立起来的威信以及体现出来的审讯能力和水平是影响审讯对象作出供述的第一位的外部条件，任何供述都离不开审讯人员的外部能动作用。

3. 亲情的感召

亲情的感召是敦促审讯对象供述犯罪事实的润滑剂。在内外因的共同作用下，当审讯对象产生供述的需要时，亲情是促进审讯对象尽快、如实供述的"强心针"。有条件时，审讯中可以引入富有正义感的家属、朋友、单位领导的规劝，能够为审讯对象提供顺梯下坡的供述动力。事实上，在审讯传唤前，由单位领导先行找其谈话，也能为以情制胜审讯策略的运用做好铺垫。

4. 良心的发现

要想寄希望于审讯对象自我的良心发现，主动供述犯罪事实，几乎是不可能的事。审讯对象自我的良心发现都是基于犯罪事实已经暴露这个事实，无奈之下所作出的选择。许多情况下，审讯对象在供述犯罪事实以后都会表现出态度良好的现象，审讯人员就会心肠软下来，草草结束审讯。事实上有些事实或细节尚没有彻底查清，一有机会，审讯对象就会伺机翻供。需要审讯人员注意的是，在审讯中务必不能被审讯对象的表面"良好表现"所迷惑，不论审讯对象表现的如何楚楚可怜，务必硬起心肠把所有问题审清楚，不留下后遗症。而到了侦查终结之时，所有的犯罪事实已经彻底查清楚以后，才能静下心来，回归理性，客观公正的认定犯罪事实和认罪态度，做到不枉不纵。

第五章　职务犯罪审讯的信息传递

审讯室是一个与外界相对隔离的私密空间，为审讯人员与审讯对象之间营造了一个信息交流的完整系统。相对于通信领域信宿无条件地自愿接受信源发出的信息而言，审讯双方信息的传递、交流、反馈存在着对抗的成分，且这种对抗自始至终贯穿于审讯的始末。审讯的对抗性决定着审讯对象不可能主动地、自愿地、无条件地接受审讯人员发出的信息指令。审讯人员发送信息指令、参与信息交流，其目的在于通过不断地发出信息指令，剔除信息交流中的不确定因素，使审讯对象对于犯罪事实已经暴露这一信息得到确信，使其被迫地接受审讯人员发出的信息观点，从而自愿地或者有所保留地供述自己的犯罪事实。

第一节　审讯信息传递的特点

一切事物的发展都是受到信息的影响而推进的，人们采取行动的依据都是根据对自己掌握的信息进行分析判断后才决定的，审讯活动也不例外。虽然审讯活动天然地受到对抗因素的影响，但不可否认，审讯的结果就是信息传递、交流、反馈所得到的最终结论。研究审讯中信息传输的规律，必然先厘清审讯中信息传输的独有特点。

一、审讯信息传递的合法性

审讯是刑事诉讼活动中的一项法定程序，必须依法进行。《刑事诉讼法》第116条规定，讯问犯罪嫌疑人必须由人民检察院或者公安机关的侦查人员负责进行。讯问的时候，侦查人员不得少于二人。第118条规定，侦查人员在讯问犯罪嫌疑人的时候，应当首先讯问犯罪嫌疑人是否有犯罪行为，让他陈述有罪的情节或者无罪的辩解，然后向他提出问题。犯罪嫌疑人对侦查人员的提问，应当如实回答。但是对与本案无关的问题，有拒绝回答的权利。侦查人员在讯问犯罪嫌疑人的时候，应当告知犯罪嫌疑人如实供述自己罪行可以从宽处理的法律规定。第121条规定，侦查人员在讯问犯罪嫌疑人的时候，可以对讯问过程进行录音或者录像；对于可能判处无期徒刑、死刑的案件或者其他重大犯罪案件，应当对讯问过程进行录音或者录像。录音或者录像应当全程进行，保持完整性。

审讯的合法性除了对审讯活动作出一些限制，还具有保障审讯活动顺利进行的特有含义。

（一）客观性

职务犯罪审讯是为了查明审讯对象过往的犯罪事实，审讯人员对未知的犯罪事实的认识都是从初查中收集到的情报信息资料开始分析的。有鉴于职务犯罪持续时间长、作案次数多的特点，设置初查程序实为必要。精细化初查为审讯人员对已经发生的犯罪事实遗留下来的痕迹和信号进行收集，为获取客观性更强一些的信息提供了有利的保障。审讯人员只有获取了客观性更强一些的信息、证据，才能有效地向审讯对象发送针对性更强的信息，使得审讯对象心有触动，反馈回对审讯人员有用的信息，促进审讯双方的信息交流。

1. 发送信息的客观性要求是法律的本质属性

根据刑事诉讼法的规定，严禁刑讯逼供和以威胁、引诱、欺骗以及其他方法收集证据，不得强迫任何人证实自己有罪。法律规定的本质要求就是告诫审讯人员在发送审讯信息时不仅不能使用刑讯逼供、威胁的方法逼迫审讯对象自证其罪，也不能通过传递虚假的信息引诱、欺骗审讯对象供述自己的犯罪事实，否则都将被视为非法证据而予以排除。

2. 发送客观性信息是审讯活动的本质要求

审讯人员向审讯对象发送客观性强一些的信息，尤其是直接发送能够证明其犯罪的证据，显然会给审讯对象带来强烈的心理震撼，让其逐渐认识到大势已去，从而自愿供述自己的犯罪事实。相反，如果审讯人员向审讯对象发送的是虚假信息，一则不为法律所允许，二则极有可能会引起审讯对象心理的反感。审讯对象会认为审讯人员并没有掌握其犯罪事实，是在忽悠自己，反倒增强了其抗审心理。事实上，发送客观性强一些的信息是依法、文明、人性化审讯的本质属性，只有不断地通过发送客观性强一点、再强一些的信息，才能最终取得审讯活动的成功。

（二）唯一性

观察审讯活动，审讯室中只有审讯人员和审讯对象两方人员，除此之外，不可能出现第三方信息的来源渠道，这种与外界隔离的状态为审讯信息的传递提供了天然的保护屏障。一方面，审讯人员发送的指令性审讯信息只能是针对特定的审讯对象发出的，不可能出现两名审讯对象在同一间审讯室同时接受审讯的情况。另一方面，审讯对象在接受审讯时，其信息接受渠道只能是、也必须是唯一地来源于审讯人员，这是非常重要的环境设置，对审讯中信息的传递至关重要。

为此，审讯人员应当充分地利用隔离的审讯环境，努力做到以下几点：

1. 聚精会神专注于审讯

审讯受到法定的最长不得超过 24 小时的时间限制，在审讯的有限时间持续期间，审讯人员必须具有专业性，聚精会神地专注于审讯活动。

综观当下的职务犯罪审讯实践，不专业的审讯现象大量存在于审讯现场。如无话可问、无聊地东拉西扯、自顾自地做一些无关的事而让审讯对象闲置一边等等。这些现象无助于审讯的进展，白白地浪费了宝贵的审讯时间。究其原因主要有以下几个方面：

一是初查所收集的信息量不足。初查不够细、精细化初查程度不高，是造成审讯中无话可问的主要原因。信息量不足就会产生审讯人员无信息可发送的情况，于是就造成审讯人员与审讯对象面面相觑的尴尬局面。职务犯罪审讯对象都是"聪明人"，他们都是根据观察审讯人员发出的审讯信息而采取策略行动的，如果他们从审讯人员发送的信息中察觉到审讯人员并未掌握其犯罪事实的证据，这就会助长其侥幸心理，认为审讯人员并没有掌握其犯罪信息或者掌握的犯罪信息有限而采取进一步对抗的策略，企图蒙混过关。在审讯人员掌握审讯信息不足的情况下，审讯人员必须克服自身的焦虑情绪，变被动为主动，努力做到无话找话，找一些审讯对象感兴趣的话题衔接、转换审讯内容，避免审讯中的"冷场"现象。

二是受到传统审讯不受时限的影响。1979 年刑事诉讼法颁布以来，职务犯罪侦查工作取得了长足的进步，但传统的审讯不受时限的审讯思路仍然占据着审讯的市场。在传统的审讯不受时限的大背景下，忽视初查工作，主要依靠拖延时间，打时间战、消耗战、体力战是主要的审讯方法。这些方法虽然笨拙、不具专业性，但是它不仅可以减少大量的初查工作，以审讯代替初查，掩盖初查的重要性，而且与审讯受时限相比，审讯成果由于隔离时间的无限延长，反而能得到更大成果的展现。有些侦查人员对初查工作不屑一顾，认为"只要加强审讯力度，有无初查工作都不重要，照样能办好案件"，这种固有的观念是导致审讯活动不具专业性的主要思想根源，在基层检察机关审讯实践中仍大量存在。

换个角度思考，每个检察院不妨对自己的审讯活动做个统计，删除录音录像中无聊、打发时间、无意义的时段，审讯实践中尚存的真正用于开展实质性审讯的时间，或者说具有专业性审讯的时间尚存多少呢？可以得出这样的一个结论，缩短审讯时间在 20 个小时、12 个小时，甚至更短的时间内完成审讯任务是完全可能的，这需要审讯人员具备专业的审讯技能，聚精会神地专注审讯。

笔者的观点可能会引起大部分侦查人员的质疑：站着说话不腰疼，你来试试看。1997 年刑事诉讼法修改以后，笔者在基层院担任反贪局局长期间，所指挥承办的数十件案件无一不是在 12 小时以内拿下口供的，这主要得益于初查的精细化、审讯时机的拿捏、审讯团队的实力和团结、审讯策略的合理利用，这些因素是解决 24 小时审讯时限瓶颈问题的关键所在。

三是缺乏系统的培训。各级检察机关对职务犯罪侦查工作不可谓不够重视，各级检察机关都相继开展了各类初查培训、审讯培训和侦查培训，但普遍缺乏基础性、系统性、专业性、全面性。一个检察院侦查、审讯能力的强弱往往受制于指挥人员或老同志的思路、能力的局限。"传、帮、带"，"师傅带徒弟"仍然是传统的传授办案经验的主要方法，要想超越一地、一个单位的侦查思路较为困难，需要上级检察机关的统筹运作。

解决审讯的实际问题，关键在于观念的转变。首先要重视初查。信息是决定审讯成败的关键，审讯成效得益于审讯人员掌握信息量的多寡，审讯信息主要来源于初查，如果初查中已经掌握了确凿的犯罪证据，审讯就能视其为走过场，无须审讯也能定其罪。假如初查中虽然尚未掌握其确凿的犯罪证据，但是收集了大量、充分指向性犯罪信息，审讯活动也就不再困难。相反，在审讯信息不足的情况下，审讯活动就会变得困难重重，这是造成大多数审讯僵局情况的主要原因。其次要审讯专业化的基础取决于信息。审讯信息的足量掌握是推进审讯活动顺利进行的前提，如果在审讯信息不够充分的情况下就开展审讯活动，那就应当回过头来理性反思指挥人员的问题，现有的信息是否已经满足侦查部门开展审讯活动的需要？侦查人员的能力是否能够承担在现有审讯信息的前提下完成审讯任务？指挥人员对突破审讯的时机把握是否正确？对初查、审讯所掌握的信息是否判断有误？如果在 24 小时审讯时限内无法完成审讯任务，则应当反思突破审讯活动开展的合理性，它并不在于 24 小时审讯规定的时限性。在掌握充分的审讯信息的基础上，审讯技能才能起到推波助澜的作用，这关乎案件办理的成功与否。最后要关注首次审讯后续阶段侦查工作的后延性。审讯活动是职务犯罪侦查的一项重要内容，首次审讯与后续的审讯活动有着本质的区别。我们研究职务犯罪的审讯工作，特别关注的是首次审讯，首次审讯是突破案件、决定案件能否成案的关键。在传统的审讯不受时限背景下，首次审讯往往追求的是查明全案，在大多数情况下已然能够达到侦查终结的标准。而在 24 小时审讯时间受限的前提下，要求在 24 小时内查明全案显然是不切实际的，关键在于"伤其十指不如断其一指"，查明审讯对象能够构成犯罪的一节事实或数节事实，而审讯对象的其他剩余犯罪事实则可以留到后续的侦查、审讯活动中去完成。因此，专业的侦查、审讯活动，应当更加重视立案以后的狱侦、审讯活动，这样才能满足当代职务犯罪专业化侦查活动的需要，符合法制的要求。

2. 专注于审讯主题

审讯活动是针对揭露犯罪事实而开展的刑事诉讼活动，揭露犯罪事实是审讯人员必须铭记于心的审讯主题。但是仔细分析职务犯罪审讯活动，揭露犯罪虽然是审讯活动的最终目的，但审讯活动的绝大部分时间并非直接指向犯罪事实，而是指向审讯对象的心理软肋，尤其是审讯的前期阶段或者是对抗相持阶段，审讯人员针对犯罪事实的主题发挥都会遭到审讯对象的否认。只有等到审讯对象开始供述犯罪事实以后，审讯人员审讯的主题才会直接指向犯罪事实。

在首次审讯中，审讯人员发送指令性信息主要是寻找审讯对象的心理软肋，俗称寻找审讯"突破口"，具体包括：审讯对象情感上的缺失与召唤；法律政策、道德的说教与唤醒；履职过程中的渎职或失职；工作中的功过客观评述；人性化的照顾及体谅；可能涉嫌职务犯罪的点滴蛛丝马迹等。这些信息的发送不能直接揭露犯罪事实，但能唤醒审讯对象供述犯罪事实的"良知"，是围绕着犯罪事实这一实质主题而必然进行的整体展开。审讯人员作为审讯信息发送的唯一策动源，务必明确自己发送问话主题的含义。

3. 减少无效信息的输出

职务犯罪审讯是有法定时限的，刑事诉讼法规定传唤、拘传持续时间不得超过 12 小时；案情特别重大、复杂的，不得超过 24 小时。要想在短时间内实现口供的突破，查明犯罪事实，需要审讯人员科学利用时间，尽量减少无效信息的输出。审讯的过程是信息交换的过程，审讯的环境具有闭合性，审讯人员指令信息的发送并接收审讯对象的信息反馈才能保持信息传递的通畅。审讯环境的设置一般都可以从信源的单一性出发来对审讯对象进行心理调节和限定。无效信息不仅会干扰审讯人员发送有效的信息，而且会使有效信息被消耗、损减，同时也造成了审讯对象的注意力转移，使得信息交流产生障碍，强化了审讯对象对抗的语境，陷入本来应当是双向交流的信息传递转变成了侦查人员单向的交流传递困境。

（三）强制性

审讯过程不同于朋友、同事间的谈心谈话，朋友间的谈心谈话没有主从之分，说者可以畅所欲言，听者可以听，不愿意听也可以自由离去。

审讯是法定的程序，对于审讯双方都具有强制力。就审讯对象而言，他的行动自由在法定的审讯时间内是被暂时限制的，他不能任意地离开审讯场所，也无法与外界取得联系。在这种隔离的状态下，即使你不愿意听取审讯人员的问话，甚至对其问话抱有强烈的反感也无法阻止其问话，即使再不愿意听也无法屏蔽审讯人员的发问。由此可见，审讯的强制力确保了审讯系统信息传输得以实现。

相反，审讯人员的问话也不是漫无目的、随意任性的。审讯人员通过发问传递信息，这种信息必须是审讯对象可以接收或者愿意接收的。审讯的目的就是通过审讯人员发送信息，使审讯对象从不愿意接收的被迫接收，到审讯对象愿意接收，继而主动接收并逐步接收审讯人员的观点，而交代其犯罪事实。因此，审讯人员发送什么样的信息是至关重要的，审讯活动对审讯人员的问话具有较强的约束力，必须做到以下几点：

1. 信息的发出是强制的

审讯信息的发送主要是依靠问话，主要表现为问话的语义必须是坚决的。在审讯的大部分时间里，审讯对象都不愿意接收审讯人员的问话信息，具有天然的抵触、反感心结。语义不坚决或模棱两可会使审讯对象无所适从，甚至产生轻视审讯人员的敌意。语义坚决的含义意味着你想听当然最好，你不想听也不得不听的压迫感，产生审讯对象从不愿听、被迫听到愿意听，最终自觉听的效果。从而部分或全部地接受审讯人员的观点，实现信息传递、接受、反馈的目的。

2. 强制的问话不能背离法律的规定

《刑事诉讼法》第 118 条规定：犯罪嫌疑人对侦查人员的提问，应当如实回答。对于与案件有关的犯罪事实，审讯人员完全可以依法进行讯问，而审讯对象也有如实回答的义务。通过法律规定鼓励审讯对象积极进行陈述，有助于查明案件的客观事实。

3. 强制的问话有助于促进审讯对象专注于听讲

审讯是一种对抗活动，由于存在着利益冲突，审讯对象往往会陷入沉默、消极抵制的状态。审讯对象的不参与将阻塞信息交流、中断信息传递。通过强制的问话可以建立语言交流的平台，反复提醒审讯对象回答问题，促进审讯对象精力集中，由畏罪心理向交罪心理转变。

二、审讯信息传递的有效性

审讯系统的信息传递相比电讯技术的信息传递，有其不同的特点和要求。在电讯技术的信息传递中，信宿接受信源发出的指令，虽然也是被动地接受，但不会予以主动的排斥，它们主要研究信息传递过程中如何排除干扰信息，只要信道处于正常的状态，信息的传递与反馈就会正常实现。而审讯系统中，审讯对象对于审讯人员的问话具有天然的抵制、排斥属性，那么在信道畅通的状态下，审讯人员发出指令的有效性就尤为重要。为了增强审讯对象接受审讯人员发出的信息指令，无论是在对抗中的被迫接受还是主动供述犯罪事实阶段的自愿接受，都取决于审讯人员发送信息的有效性，为此，审讯人员发送信息必须围绕下列属性进行。

（一）信息发送必须具有针对性

审讯对象为什么会供述其犯罪事实？究其根本原因是因为犯罪事实已经暴露。职务犯罪侦查实践反复证明，在传唤之前能够主动到检察机关投案自首的案例少之又少。况且，即使是投案自首的犯罪嫌疑人也几乎是基于外部压力，或者同案犯、相对人已经被查处；或者自以为犯罪事实已经暴露或极有可能已经暴露的现实压力下，才会主动地投案自首；更何况有些自首人还是假自首或者借自首为名，试探虚实。由此不难分析得出，事实已经暴露是审讯对象愿意供述犯罪事实的首要前提。审讯中，审讯人员针对犯罪事实已经暴露应当从以下四个层面予以把握：

1. 总体上犯罪事实已经暴露

《刑事诉讼法》第 107 条规定，"公安机关或者人民检察院发现犯罪事实或者犯罪嫌疑人，应当按照管辖范围，立案侦查。"而传唤、讯问犯罪嫌疑人是立案后采取的一种法定的侦查措施，被传唤、讯问揭示出犯罪事实已经暴露的实质，这一点非常重要，应当在审讯之初就及时告知审讯对象知晓，有利于在审讯之初就确立犯罪事实已经暴露成为铁定事实，不容审讯对象有丝毫反诘。尽早确立犯罪事实已经暴露的现实能够压缩审讯时间、减轻审讯难度。事实上，观察基层检察机关的首次审讯，审讯人员往往有意无意地避免已经立案、传唤的字眼，这是造成延缓审讯时间的通病。

2. 针对那些犯罪事实已经暴露的

既然犯罪事实已经暴露，那么审讯对象为什么还会选择对抗呢？问题在于职务犯罪一般均是连续性累积型犯罪，如受贿案件犯罪嫌疑人收受财物的对象往往涉及多人，他不相信侦查人员已经掌握其全部犯罪事实，他需要从审讯人员发送的信息中揣摩、猜测哪些犯罪事实已经被发现，满足其趋利避害的心理需求，选择该隐瞒哪些犯罪事实，有选择性地交代哪些犯罪事实。因此，审讯的对抗阶段更多地是针对哪些犯罪事实已经暴露而展开的。

由于审讯人员不可能完全掌握审讯对象的全部犯罪事实，职务犯罪审讯的难度就在于侦查人员既要表明犯罪事实已经暴露，却又不能直接告知哪些犯罪事实已经暴露。审讯信息的发送只能针对犯罪事实已经暴露这个大的框架进行，而无法细化，但又必须让审讯对象感知到犯罪事实已经暴露。实践中，如果审讯人员过早地出示证据或让审讯对象知道了审讯人员已经掌握的那部分犯罪事实的底细，那么审讯对象就会据此只交代部分犯罪事实，而隐瞒其他尚未被发现的犯罪事实，这正是案值无法扩大的根本原因。

现实审讯中，为了扩大审讯的成效，漫无目的审讯、刻意隐瞒审讯人员所掌握的犯罪事实信息是造成变相延长审讯时间的主要原因之一。审讯人员有针对性地发送信息，既要围绕犯罪事实已经暴露这一主题，又要适时地点拨有关犯罪信息，使两者达到有机的结合。

3. 进一步体现为审讯人员已经掌握充足的犯罪证据

"他说送我钱，我说我没有拿钱，你们仅凭他说送我钱就能认定我犯罪吗？"类似的语境在职务犯罪审讯中是常见的现象。审讯对象即使已经知道他的某些犯罪事实已经暴露，但在侥幸心理的驱动下，仍然会殊死抵抗。只有犯罪嫌疑人的口供，没有证据证实，仍然不能定罪，职务犯罪嫌疑人作为理性人也深谙此中道理。在职务犯罪审讯信息传递中，要让审讯对象知道犯罪事实已经暴露只是让其供述的基础，关键还在于让其深刻感受到审讯人员已经掌握其犯罪的证据，即使其不承认犯罪也无济于事，检察机关可以根据已经掌握的证据认定其犯罪，并使其得到从严处理的后果。

4. 针对审讯对象的心理弱点和突破口

审讯始终是针对犯罪事实已经暴露、审讯人员已经掌握有充分的犯罪证据进行的，然而审讯的绝大多数时间都是无法直接指向具体的犯罪事实的。在对抗的语境下，直接指向具体的犯罪事实只能换来审讯对象的否定式反馈，在职务犯罪审讯的常态下，都是围绕寻找审讯对象的心理弱点和心理突破口展开的。围绕具体的心理弱点和突破口，也应当具有针对性，其目的是增强审讯对象对犯罪事实已经暴露、犯罪证据已经被审讯人员掌握的内心确信。只有等待审讯对象开始供述犯罪事实以后，审讯人员才能针对具体的犯罪事实发送少量的、有助于审讯对象进一步作出供述的犯罪事实信息，以此进一步确认审讯人员已经掌握其充分的犯罪证据，促进其供述审讯人员尚未掌握的其他犯罪事实。

（二）递进性

审讯人员进行审讯活动，都是根据己方所掌握的信息向审讯对象传递信息，表达自己的观点。根据具体案件的不同，审讯人员所掌握的审讯信息或许是充分的，或许是有限的。即使在掌握审讯信息非常充足的情况下，一股脑儿地将信息传递给审讯对象也是不切实际的，甚至多此一举，有时还会适得其反。信息的传递是让审讯对象能够接受为前提，只有信息对象自愿地接受审讯人员发出的指令，才能使其接受审讯人员的观点，交代犯罪事实。

1. 审讯信息充分时的递进式传递

假如审讯人员在初查中掌握了审讯对象涉嫌职务犯罪的充分信息，面对审讯时通常都会急于求成，一展自己的身手，在审讯中百无禁忌，大量泄露己方所掌握的涉嫌犯罪的信息，志在立竿见影，迅速拿下审讯对象的口供。此时通常会出现这样几种情况：第一种情况是审讯对象在大量的犯罪信息面前，被彻底制服，不仅交代了审讯人员所掌握信息的犯罪事实，也交代出审讯人员尚未掌握的并且能够满足审讯人员心理期待的犯罪事实，这显然是最为理想的。第二种情况是在审讯人员传递出大量的审讯对象涉嫌犯罪的信息后，审讯对象的口供被突破，但出于趋利避害的心理特点，审讯对象依照审讯人员传递出的信息指向仅仅供述了审讯人员所掌握的犯罪事实，而矢口否认其他并未被发现的犯罪事实。在此情况下，审讯人员由于过早地使用完己方所掌握的信息，如果想要进一步挖掘审讯对象尚未被发现的犯罪事实就会存在较大困难。第三种情况是当审讯人员发送出足量的信息之后，尤其是用完了己方所有的审讯信息资源以后，审讯对象仍然无动于衷，拒不交代自己的犯罪事实，就会使审讯形成僵局。

虽然第三种情况极少会出现，但在审讯对象抗审心理极强的情况下仍然会出现。从信息论角度分析，信息的过量传递也会导致信息的堵塞。由于审讯对象具有天然的抗审心理，他在接受犯罪事实已经暴露的信息的过程中始终存在不接受、被迫接受、少量接受到完全接受的发展过程。审讯对象在接受犯罪事实已经暴露的信息过程中，如果不能接受犯罪事实已经大量暴露的现实，就会产生逆反心理。我的罪行太过严重，交代与不交代都一个样，都将受到法律的严厉制裁，如果不交代，还有否定犯罪的一线希望，那么还不如选择不交代。

审讯信息的发送必须遵循适量发送的原则，所谓适量发送信息，就是以能够促使审讯对象愿意供述犯罪事实为标准，如果审讯对象开始供述其犯罪事实了，也就意味着审讯信息的发送目的已经达到，只要审讯对象已经在供述其犯罪事实，审讯人员就无需再大量地发送己方所掌握的审讯信息，这也完全迎合了审讯对象"自愿供述犯罪事实"的表征。如果审讯对象在供述后出现停止或不愿意继续供述的倾向，审讯人员则可以有针对性地向其再行发送一定量的信息，但此时发送的犯罪信息也必须是点滴的、片段式的犯罪信息，以此引导审讯对象继续自愿供述。

2. 审讯信息不充分状态下的递进式传递

贿赂案件的成立存在二次突破口供的现实，相比而言，审讯受贿犯罪嫌疑人时，如果已经掌握二名或二名以上行贿人的供述则相对来的容易；而审讯行贿人时，由于尚未掌握充分的犯罪事实，审讯的难度较大，这与初查中重视对受贿人的初查而忽视对行贿人犯罪信息的收集有着重要的关系。

在犯罪信息掌握不够充分时，审讯人员更要掌握适量传递、递进传递的原则，将自己所掌握的有限的审讯信息发挥到极致。首先，审讯人员应当紧捂住"底牌"。"底牌"指的是审讯人员所掌握的审讯对象涉嫌的重大的犯罪事实或是关键性的犯罪证据。如果审讯人员过早地泄露"底牌"，一旦审讯对象的抗审心理超过了"底牌"所施压的限度，那么就会使审讯陷入僵局，不到万不得已时，审讯人员务必捂紧"底牌"。其次，审讯中的信息传递应当从心理施压的涉案信息开始。在抗审阶段，由于审讯对象对审讯信息的接受心存不同程度的抵触、反感心理，任何有关具体的犯罪事实信息的传递都不会使其欣然接受，此时审讯信息的传递一般宜选择法律、政策、道德层面以及能够压制审讯对象抗审心理，如亲情感化、收益分析等方面的信息，以此压制审讯对象的抗审心理，使其端正受审态度，转入实质性审讯阶段。再次，在审讯对象端正受审态度，进入受审状态之后，此时审讯对象才会产生被迫或主动接受审讯信息的动力，尤其是在其表现出愿意倾听审讯人员问话，愿意接受审讯人员建议的时候，审讯人员才能适时地传递出一些指向犯罪事实的信息，或以暗示和明示的方法出示有关证据，摧垮其最后的抗审心理。最后，审讯中无论是针对心理施压的信息传递，还是针对犯罪事实的信息传递，都务必不能操之过急，必须具有针对性地适时输出，以递进式传递信息的方法起到信息叠加的作用，迫使审讯对象感受到来自审讯的心理压力越来越大，最终放弃抵抗。

（三）连贯性

审讯始终应当围绕"犯罪事实已经暴露"这一主题展开，审讯人员必须有序、连续地发送相关信息。绝不能东拉西扯，东一榔头西一棒槌毫无目的，在实践中务必牢记以下几点：

1. 审讯话题的转换应当有机衔接

审讯人员传递的信息是根据不同的话题相继展开的，有时以政策、法律的教导对审讯对象的心理进行制衡；有时以供述与否的利益得失对其心理进行调剂；有时进行功过评说、道德教育、以案说法进行引导；有时则以亲情对其心理进行感化；有时则以涉及案情中的某些事实情节予以攻击。一般而言，单一话题的深入并不能使审讯对象马上改变抗审的态度，而多个话题的相互叠加才能迫使其认识到抗审的不利局势。

各种审讯话题的展开，其目的都是寻找审讯对象心理施压的软肋，找到突破口供的缺口。其话题之间没有直接的关系，却又必须相互衔接，不宜频繁的更换。即使在更换话题之间，也要做好相互之间的铺垫，总的一点是坚定地告知审讯对象，其犯罪事实已经暴露。犯罪事实已经暴露、审讯人员已经掌握其充分的犯罪证据是贯穿审讯的主线。

2. 审讯人员之间必须配合默契

依据刑事诉讼法的规定，审讯犯罪嫌疑人必须要有两名以上审讯人员在场，审讯人员之间应当默契配合，如同一个嘴巴出气一样发出同样的信息。当然，不同的审讯人员可以采用不同的审讯语气和不同的审讯态度，但必须围绕同一话题表达同一方面的语义。绝不能产生审讯人员甲传递 A 话题、审讯人员乙传递 B 话题的情况，使审讯对象无所适从，不知该应对哪些信息，并让其获知甲乙审讯人员传递审讯信息之间的矛盾，觉得有机可乘。

（四）及时性

审讯信息传递的针对性促进了及时性传递的要求。审讯信息的发送并非漫无目的，而是针对审讯对象的即时表现、信息反馈而再次进行发送的。主要体现在以下几个方面：

1. 谋划好审讯开局

万事开头难，谋划好审讯全局必须从审讯的开始阶段切入。审讯前，审讯人员一般都会对已经掌握的信息进行综合分析、评估，设计好审讯思路。但是每一个审讯对象进入审讯室之后，其表现的应讯心理是各不相同的，审讯人员在审前准备好的审讯计划往往也无法顺利地付之实施，必须针对审讯对象即时的心理特征，及时地予以调整。也就是说审讯对象有什么样的临场反应，审讯人员就应当向其及时传递有针对性的审讯信息。

笔者亲身经历过这样一个案例：一位籍贯外地考入本地公职人员的审讯对象进入审讯室以后，无论审讯人员怎样问话，自始至终没有开口说过一个字，并且紧咬自己的舌头，最终咬掉了半个舌头，审讯人员发现这一情况后，惊慌失措地跑出审讯室叫人。笔者听到叫喊声，一边联系法医和医院绿色通道，一边在脑海里急速盘算：事态的严重性一目了然，如果拿不下口供，案件就不能成立，后续上访、申诉的麻烦会接连不断。笔者"冲入"审讯室后，看见审讯对象低着脑袋，半截舌头耷拉在嘴巴外，样子甚是吓人。时间紧迫，笔者镇定的开始告诫："如果你想寻死，撞墙撞伤了，我们负有看护不严的责任，如果撞死了，我们陪你一起吃官司。唯独你咬舌头我们没有责任，总不能在审讯前先将你的舌头拿出来保管好，待审讯结束后再给你装回去。你现在的表现只能表明你抗审的恶劣态度，法官、律师自有公认，反而只能对你从严处罚。"要知道人的心理受压是有一个极限的，在其表现出极端抗审态度时也是他心理受压的极限。在笔者紧促的催促下，审讯对象点头表示愿意供述，由于无法开口回答，只能让其自行书写，在几分钟内完成了寥寥七八行字的自书供词。随即送其去医院缝合伤口，归来后其心态又恢复平静，直至法院开庭，再无承认过其犯罪事实。凭借审讯对象的自书供词和全程录音录像的人性化办案效果，得到了法官的最终确认，以此对其作出了从重处罚。在此再赘言几句，遏制当地强抗审的严重状态，只能以此类典型案例得以传播为契机，才能在当地形成一种长效的良性审讯秩序。此案例说明及时发送具有针对性的信息的重要性。

2. 针对审讯对象的表现及时传递有效信息

审讯人员传递信息都是根据自己对审讯对象临场表现的分析而有针对性地发送审讯信息的，审讯对象的临场表现是审讯人员传递信息的依据，审讯对象有什么样的表现，审讯人员就应当以此及时传递出相对应的信息，这样才能有助于促进审讯对象逐步接受审讯人员的观点。

在审讯对象表现为抗审的阶段，审讯人员应当寻找其心理软肋予以突破；当审讯对象表现出对审讯人员不满时，应当对其加以严厉训诫，压制其嚣张气焰；当审讯对象畏惧法律制裁的后果时，审讯人员应当对其予以法律、政策教育，以案说法，分析得失，消除其顾虑；当审讯对象表现出耐心听取审讯人员的问话时，说明审讯已有转机，审讯人员应当鼓励其尽快交代犯罪事实，而此时急躁地予以训斥则可能适得其反，使审讯对象产生反感心理而重归抗审状态；当发现审讯对象可能陷入沉默边缘时，审讯人员应当检讨此前的问话策略，及时转换话题，发送审讯对象感兴趣的信息，将其拉回审讯常态。

实践中，有些审讯人员较为机械，只顾自顾自的问，而不考虑审讯对象的感受。我问我的，你听你的，你不愿意听，我仍然我行我素。有一次，在审讯某公司的财务科长时，该审讯对象在 3 个半小时的时候就提出："你们问的这件事，我可以保证我没有问题，但另外有件事我想说明一下。"然而审讯人员坚决要求其先讲清楚这件事，拒绝让其说明另外那件事，审讯陷入相互僵持的阶段。直至审讯到第 10 个小时，其间审讯对象多次提出要求说明另外一件事而被审讯人员坚决拒绝。后来在指挥人员的指点下，审讯人员同意先让审讯对象说明另外一件事。然后审讯对象遂交代了贪污 10 余万元的"另外一件事"，且此后证明该节情节也是该案能够认定的唯一一笔犯罪事实。

由此说明，针对性发送信息非常重要，而及时地发现问题、及时地调整问话策略、及时地发送具有针对性的有效信息更为重要。

3. 针对临界心理及时发送叠加信息

审讯信息的传递，其目的是让审讯对象最终供述自己的犯罪事实。审讯的抗审阶段、实质性审讯阶段可以看作是信息传递的一个过场，而临界供述时的信息传递要准确地把握住时机。审讯对象临界预想供述又犹豫不决时，审讯人员应当针对其临界心理及时地发送有效信息。首先，发送的信息应当是紧迫的，以催促的语气挤压审讯对象下定决心作出供述，不让其有思前顾后的遐想余地。其次，应当以层进式的方法传递信息，一浪高过一浪，使信息叠加在一起，促使审讯对象痛下供述的决定。再次，对于领导干部或"好面子"的审讯对象，要为其搭建顺梯下坡的条件，让其自然而然地顺势作出供述。最后，要给予其足够的鼓励，鼓励能促进审讯对象放下思想包袱，迈出供述的关键一步。

（五）模糊性

首次审讯中，审讯人员所掌握的信息与审讯对象相比，处于相对劣势的地位，审讯人员无法通过信息的完全传递直接攻克审讯对象的抗审心理。假如审讯人员毫无顾忌地将自己所掌握的信息全部抛给审讯对象，那么就等于将自己的底牌毫无保留地亮给了对方，审讯对象据此就能完全地判明形势，衡量是否要交代犯罪事实，该交代哪部分犯罪事实。事实上，等到审讯人员完全亮完底牌以后，极负抗审心理的审讯对象仍然不愿供述犯罪事实，审讯人员就会处于无奈的境地，彻底无计可施。

信息传递的模糊性是指审讯人员利用审讯空间相对闭合、审讯双方信息的不对称，通过外部条件的改变促使审讯对象的内心世界产生错觉，形成不得不如实供述犯罪事实的意识。

1. 模糊性信息并非是虚假的信息

审讯人员发送任何信息都应当是真实的信息，最起码该信息的内涵是真实的，只有真实的信息才会对审讯对象产生实际效果的刺激。虚假的信息会诱导审讯对象作出虚假的供述，一旦审讯对象发现上当就会迅速改变其对审讯人员的认识，增强其抗审心理。需要强调的是，模糊性信息更不能对审讯对象供述自己的意志产生强迫。

2. 模糊性信息是指特定的信息

模糊性信息本身是真实的，并不模糊，只是审讯人员在发送此条信息的时候扩大了此条信息的含义。审讯人员由于自身掌握的信息量不足，在信息的发送中可以"断章取义"，减量地发送信息。"又有行贿人被叫进来了"、"你们家里，我们已经搜查过了"发送诸如此类的信息，本身是真实的，但此信息背后所蕴藏的含义使得审讯对象捉摸不透、浮想联翩。他会想："谁又会被叫进来了呢？这个人会交代出哪些犯罪事实呢"、"他们到我家里去搜查，发现了哪些犯罪证据呢"等。由此增强审讯对象的焦虑体验，起到信息发送的极佳效果。

3. 模糊性信息是一种含蓄的信息发送方法

信息的模糊性发送是将信息截断地予以发送的一种方法，发送的这段信息本身是真实的，却又不得不使人产生联想。这种通过含蓄的方法发送的信息，暗示着审讯对象"犯罪事实已经暴露"已经成为既定的事实，继续抵抗将对其极为不利。

（六）策略性

任何事情都离不开策略的运用，审讯活动更是如此。随意的发送审讯信息必然导致审讯活动的难以为续，例如在审讯的初始阶段，在审讯阶段抗审心理较为强烈的状态下，急于求成，即使抛给审讯对象确凿的犯罪证据，其仍然会做殊死的抵抗。综合审讯信息发送的各种特点，审讯活动是有规律可循的，审讯人员发送信息必须具有递进性、针对性，更要讲究逻辑性、策略性。在职务犯罪案件审讯过程中，初查所收集的情报信息多为间接性材料，通过策略性的信息发送、传递使得审讯对象与原有的抗拒心理形成矛盾，在衡量矛盾双方利弊的决策过程中作出认为对己最有利的选择。"时移世易"，每件案件的审讯过程都不相同，信息传递的策略性使用时间段也不相同，这都需要审讯人员把握好审讯节奏，视情形而不断调整信息发送的内容。

三、审讯信息传递的双向性

审讯室为审讯双方提供了一个信息交流的平台，依据法律授予的权利，审讯人员可以任意地发挥自己的攻势。限于法律规定的压制，审讯对象都知道审讯结果意味着自己将受到法律的制裁，无论出于本能还是天然的反应，审讯对象都会采取对抗的策略，企图阻断审讯信息的交流。为了有助于审讯信息的双向交流，有必要对审讯双方所处的信息环境做些分析。

（一）对抗性

从表面看，对抗是审讯的本质属性，虽然我们不能无视审讯对抗的本质，但是也不能肤浅的理解为审讯就是对抗，而信息论恰恰要向我们传递的信息是，审讯的本质是合作。审讯中无论审讯双方怎样对抗，最后的结局是走向合作，审讯对象最终愿意供述其犯罪事实，就预示着双方合作关系的确立。当然这种合作的紧密程度根据案情的不同存在着差异。即使审讯对象不愿轻易地走向合作，但是审讯人员却总是希望其与自己合作，只有合作才能实现审讯信息的双向正常交流，最终使审讯对象自愿、如实地供述犯罪事实。

1. 正视对抗

对抗导致信息传递的阻断，消除对抗就是消除信息传递中的不确定性。在对抗的状态下，审讯对象总是施以各种反审讯策略，反馈给审讯人员一些否定的、模棱两可的真假信息，审讯人员很难从中取得关于犯罪事实的真实信息。

据此，针锋相对地施以更强的对抗策略是审讯人员通常情况下所采取的博弈策略。无论是采取软化审讯对象心理的"软"策略，还是采取更加强硬的心理施压的"硬"策略，其目的都是压制审讯对象的抗审心理，实现审讯对象供述犯罪事实的真实目的。

2. 洞察合作

审讯人员总是希望通过审讯获取审讯对象关于有罪供述的口供，这就需要审讯对象的合作，洞察这一思路，侦查人员有必要反思自己的对抗策略。一方面要充分认识到对抗仅仅是审讯的一种策略、为了达到合作的状态，侦查人员更需要讲究审讯的策略，任何无谓的对抗、超过法律规定限度的对抗，或者故意的挑衅都是百害而无一益的。另一方面，要充分考虑到审讯对象供述犯罪事实后的合作程度。为了加强审讯对象的合作诚意，审讯人员更要注意采取科学、合理的审讯策略，巧妙地化解审讯对象的抗审态度。相反，在超强施压的状态下，审讯对象也会被迫供述犯罪事实，但是其内心体验往往是口服心不服的，在供述的同时，仍然存在设置陷阱、伺机翻供等心理因素，使合作始终处于不稳定状态。

因此，审讯信息论为职务犯罪审讯活动揭示出的本质特征应当是如何促进审讯双方的合作、如何加强合作。对抗仅仅是审讯的一个过程，只有合作才能加强审讯信息的双向交流。

(二) 审讯信息的不完全性

信息是审讯得以开展和持续的第一要素，没有了信息，审讯就难以为继。信息也是博弈论研究的一个重要要素，博弈都是根据己方所掌握的信息，根据推理而付之行动的。博弈论中关于信息有完全信息和不完全信息之分，我们借此概念对审讯信息作一些优劣分析。

1. 审讯对象掌握信息的优劣分析

审讯中最关键的信息是关于犯罪事实方面的信息，审讯都是围绕有关犯罪事实的信息展开的，审讯更是为了获取审讯对象对犯罪事实的有罪供述。就犯罪事实方面的信息而言，审讯对象是实施犯罪的亲历者，对于犯罪事实信息的掌握是完全知晓的，且不太为外人所知道，在审讯中就处于绝对的优势地位。

由于审讯对象对犯罪事实方面信息的掌握具有优势，在侥幸心理和趋利避害心理的操纵下，势必会形成抗审的心理状态，使得审讯活动更具艰巨性。如果审讯双方单就各自掌握的犯罪事实方面的信息进行博弈，那么审讯的结果就会单方面地倾向于有利于审讯对象的方向发展。

但是，审讯活动的组成除犯罪事实方面的信息以外，还受到法律知识、心理状态、亲情感召、利益得失等诸多信息因素的制衡。好在审讯对象除了掌握犯罪事实方面的完全信息以外，对于其他方面信息的掌握则均处于劣势地位。由于审讯活动中大量信息的存在，使得审讯活动的信息传递更为丰富和活跃，审讯的成败关键在于审讯人员对于其他信息的掌握处于怎样的优势程度，审讯人员对于犯罪事实以外所涉案的审讯信息掌握的越丰富，审讯的成功率就越高。

2. 审讯人员掌握信息的优劣分析

审讯人员是否完全掌握犯罪事实信息是决定审讯成败、决定审讯进度的决定因素。如果在审讯前，审讯人员已经掌握了审讯对象构成犯罪的确凿证据，比如在贪污、挪用公款案件中，审讯人员通过查账已经掌握了审讯对象实施侵吞、挪用公款犯罪的证据，或者在初查中已经查证受贿对象利用职务便利低价购房、高价售房的犯罪证据，或者在滥用职权案件中掌握了造成国家和人民财产重大损失的证据等，就会大大降低审讯的难度，即使是审讯对象不供述，亦能根据已经掌握的证据对其予以定罪，此时可以视审讯如过场。审讯实践充分表明，在首先突破多名行贿人以后，审讯人员关于犯罪事实信息的掌握就会与受贿对象所掌握的犯罪事实信息处于局部同等的完全信息状态，此时再审讯受贿犯罪嫌疑人就会变得容易许多。

实际情况是，鉴于职务犯罪隐蔽性、复杂性等特点，审讯人员作为线索的调查者，并非犯罪的参与者、亲历者或目击者，很难在初查中直接获取到关于犯罪事实的第一手证据材料，在绝大多数情况下，仅仅收集到的只是关于审讯对象可能涉嫌职务犯罪的一些指向性信息，在掌握犯罪事实信息方面是不完全的，审讯人员处于劣势地位。为了改善审讯人员的劣势地位，极有必要重申加强初查活动的必要性。

审讯双方关于犯罪事实方面信息的优劣地位是客观存在的，在特定的状态下也是无法改变的。功夫在场外，审讯人员为了改变这种不利的局面，除在初查中尽可能多的获取犯罪的指向性信息，缩小相互间优劣差距以外，还应在收集有关有助于开展审讯活动的辅助性信息方面下功夫。主要包括：法律知识；审讯对象的基本情况、性格脾气、心理变化、应讯态度；审讯技巧与经验；案情发展的形势等等。在诸如此类有助于审讯活动开展的信息方面，审讯人员则具有绝对的优势地位，以此可以弥补和缩小掌握犯罪事实方面信息的劣势和不足，改变审讯信息集的组成含量，交换各种审讯信息的成分，利用审讯人员自身掌握的优势信息，攻破审讯对象的心理底线，换取审讯对象对犯罪事实掌握的完全信息的供述。

（三）审讯信息的不对称性

通过对审讯双方各自掌握的审讯信息的优势比较，审讯人员所掌握的优势信息和信息劣势与审讯对象所掌握的优势信息和信息劣势相比，各有所长，体现出审讯双方对审讯信息拥有的不对称性。审讯的目的就是审讯人员利用自己所掌握的有关涉案的优势信息去套取审讯对象所掌握的关于犯罪事实的完全信息，实现对审讯对象所掌握的犯罪事实信息的完全共享，并且达到关于犯罪事实完全信息共享的最大化。

根据审讯双方对审讯信息掌握的不同情况，可以得出审讯开始时的信息状况，图示如图 5－1－1：

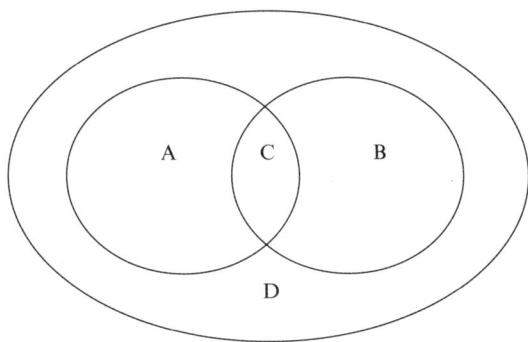

图 5－1－1　审讯前审讯双方掌握信息的对比图

如图所示，审讯人员掌握的信息是 A 信息集，B 信息集由审讯对象所掌握。B 信息集是审讯对象涉嫌犯罪事实的信息，是审讯人员需要通过审讯去揭开的秘密。审讯人员通过初查获取了 A 信息集，其中 C 信息集是审讯人员在初查中了解的有关犯罪事实方面的指向性信息。A 信息集中去除 C 信息集后余下的信息集是审讯人员所掌握的有助于审讯的其他涉案信息，包括犯罪嫌疑人家庭的详细情况，个人与单位的详细情况，犯罪嫌疑人性格、脾气等心理因素，证人、行贿人的情况以及窝串案的全案情况，这些是审讯对象无法深度知晓的，D 信息集是一切有助于侦查、审讯的社会信息，包括反腐败形势，审讯人员的经验、个人偏好、特长方面的知识，法律知识等，这部分信息是侦查人员与犯罪嫌疑人共享的共同知识。

从信息的完全与不完全、信息的不对称原理出发，我们可以揭示出审讯信息的传递法则。审讯就是利用审讯人员掌握的 C 信息集的犯罪指向性信息，作为依据通过 A 信息集（去除 C 部分）的辅助信息，并充分结合 D 信息集的有关有助于审讯的共同信息对审讯对象发动攻势，以期获取审讯对象所掌握的 B 信息集的犯罪事实信息，扩大 C 信息集的含量，挤压和减少 B 信息集的储存含量，实现如图 5－1－2 效果：

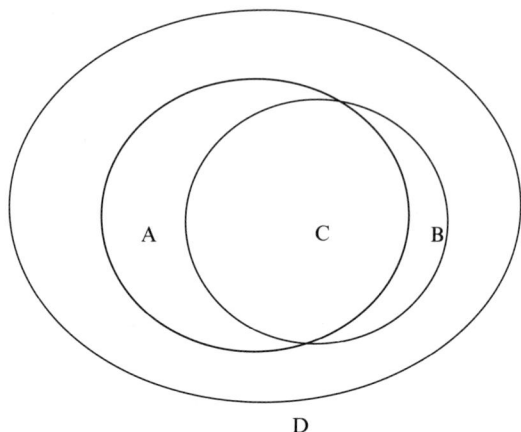

图 5 - 1 - 2　审讯后审讯双方掌握信息的对比图

审讯对象供述犯罪事实以后，形成含量较大的 C 信息集完全信息，使 B 信息集尽可能地被挤缩。然而 B 信息集仍然存在，这就是犯罪事实和犯罪数额供述尚存的黑数。

第二节　审讯信息传递的规律

一切审讯活动都是从对抗开始的，对抗的过程无论如何激烈、平淡、曲折与起伏，最终的结果都是以审讯对象供述犯罪事实宣告结束，从某种意义上讲，就是审讯双方达成了某种程度合作的诚意。张维迎教授指出："人类的进步几乎都是合作的结果。并且，合作的范围越大，社会进步越快。如果没有合作，人类今天仍然只能生活在采集、狩猎的时代。"① 审讯活动同样逃不脱这一发展规律，审讯活动的目的就是实现审讯双方的合作关系，使审讯对象自愿地供述犯罪事实。也就是说，审讯活动的全过程就是逐渐消除审讯对象的抗审表现，最终实现审讯双方相互合作的形态。

一、消除审讯对象的抗审心理

审讯信息论揭示出审讯的本质是审讯双方之间的信息交流，审讯对象所持的抗审态度显然对信息的交流与沟通是极其有害的，严重时甚至会造成审讯双

---

① 张维迎：《博弈与社会》，北京大学出版社 2013 年版，第 6 页。

方信息交流的强烈阻塞。因此，消除审讯对象的抗审心理是审讯活动的第一重艰难任务。

（一）抑制过度对抗

过度对抗的现象在审讯实践中屡见不鲜，在审讯的前期阶段尤为常见。一般而言主要表现为三种形式：一是气焰嚣张；二是胡说八道；三是以近乎于沉默的姿态对抗审讯。无论审讯对象采取哪种表现形式，对于审讯双方之间进行正常的信息交流都是极其有害的，必须及时予以抑制。

1. 遏制嚣张气焰

嚣张气焰形式多样，通常表现为发飙、谩骂、倚老卖老、威胁利诱等现象。可以采取的相应对策有：对付发飙的审讯对象应当软硬兼施，在严明法律规定的同时，给予教育说服；情况严重的，应当予以训斥、阻止；附带肢体动作、有伤害审讯人员可能的，才能使用手铐等械具。对付要赖、谩骂的审讯对象则以教育说服、好言相劝为主；不听劝告的应当予以训斥，直至阻止为止。对付倚老卖老的审讯对象，坚持以理服人，宣传法律、政策和纪律要求；不听规劝的，要剥夺其原有职位的荣光，撕掉其伪装，揭露其现在是审讯对象的本质。对付采取威胁利诱手段的审讯对象，必须展示审讯人员法律化身的一面，坚持针锋相对，以大无畏的精神直至将其制服；而对于有自残、自杀倾向的审讯对象则要严加防范，及时发现，妥善处置。审讯实践告诉我们，嚣张气焰越是猖獗的审讯对象，一旦被彻底制服以后，往往亦是表现最好、最先交代犯罪事实的。此种人表面张狂，实则外强中干，只能用表面的张狂来掩饰其心理的恐惧，相对较易对付。

2. 遏制胡言乱语

胡言乱语型的审讯对象通常心术不正、满口胡言、编造谎言、信口开河、刁钻难缠，极少数的还表现出反社会心理迹象，诬陷政府、仇视社会、藐视审讯人员、蛮不讲理。一般来讲，职务犯罪审讯对象大多是国家工作人员，政治觉悟普遍较高，出此下策实为不易，在审讯中实为少见。但有些审讯对象尤其是领导干部由于历史出身、家庭变故、自以为升迁曲折等原因，迁怒于政府和社会，有些甚至仇视党和人民，他们往往思维固执、思想僵化、蛮不讲理、不可理喻。对付这样的审讯对象只有八个字：针锋相对、坚决打击。此类审讯对象即使暂作交代，亦时刻不忘伺机翻供，审讯人员必须提高警惕、严加防范。

3. 引导"沉默"型审讯对象走出对抗

总的来讲，审讯对象采取的抗审形式无外乎硬抗与软抗两种。硬抗即以态度蛮横、气焰嚣张的表现形式予以对抗；软抗则是以态度婉转，以表面的软弱掩饰坚决否认犯罪事实存在之实。除此之外，沉默介乎于硬抗与软抗之间，从形式上看低垂着脑袋，态度老实，好像害怕得很，实质上从骨子里是最硬的顽抗，这种人是审讯中最难对付的审讯对象，必须重点关注。对抗沉默型审讯对象的策略也有软硬两种方法，硬则不断施压，致其作出反应为止；软则从其感兴趣的话题入手，打消其顾虑，引导其走出"沉默"。

（二）控制施压力度

心理学是研究审讯活动的出发点，从理论上讲，只要心理施压的力度超过审讯对象难以承受的心理极限，审讯对象就会被迫地供述犯罪事实。而从信息论角度分析，审讯对象之所以愿意主动、如实供述其犯罪事实，是基于审讯双方之间展开的信息交流。从此意义上讲，不断地加大施压的力度，过度地施压虽然也能迫使审讯对象供述自己的犯罪事实，但是过度施压极易产生副作用，即审讯对象不会心甘情愿、如实作出供述，而心存不甘则难以客观、全面、细致地反映犯罪的客观真实。

1. 适度施压

过度施压既不利于审讯双方达成合作的诚意，也不利于审讯双方之间进行信息的沟通交流。

适度施压并不排斥心理施压的手段，讲究的不是一味地向审讯对象心理施压，而是以心理施压为手段，逐渐削弱审讯对象抗审的心理，营造一种审讯双方能够进行信息交流的正常环境。

审讯人员把控审讯局势的能力存在个体差异，不同的审讯人员对审讯局势的进程也有着不同的认识。适度施压的标准应当以审讯人员自认为当前局势已经为审讯人员所控制，现时的环境已经适宜审讯双方展开正常的信息交流为准。

2. 灵活调节

心理施压必须保持在一定的幅度。在审讯的前期阶段，面对审讯对象不同程度的抗审状态，保持一定强度的心理施压是极其必要的，由此可以压制审讯对象强烈抗审的态度。有如气球充气，只有充气到八九成饱和的程度，气球才会随风漂浮、宜拍宜弹。当心理施压超过100%极限时，审讯对象就会像气球爆破一样泄气，产生横下心来死扛到底的厌恶心理。物极必反，反而会增强其抗审心理，遇此情况，预示着一轮心理攻势的失败，而重新施展又一轮心理攻势的施压难度则往往较之此前更难。审讯人员必须坚持不急不躁的态度，懂得文火慢炖的道理，做到松弛有度、伸缩自如。

通过心理施压，压制了审讯对象强烈的抗审心理。进入适宜审讯双方进行信息交流的状态以后，审讯人员应当根据审讯对象不同的应讯态度，适度降低施压的力度，此时的心理施压幅度一般可以保持在40%至60%，使得心理施压的幅度尽可能地满足信息交流的环境。心理施压的幅度是一个虚数，需要审讯人员用心的体会，长期的磨炼。

抑制住审讯对象的过度对抗以后，审讯对象的心理反应已经压缩在一定的范围空间以内，审讯系统趋于相对平和的状态。此时，审讯人员应当适度调节审讯对象的心理反应，驾驭审讯的进程。此时审讯人员可采取的策略主要有以下几种：

（1）先发制人，连珠出击

先发制人必须以强大的实力作为坚强的后盾。首先，必须以翔实的初查材料作为后盾，没有炮弹或者只有一两发炮弹怎敢率先向敌方开炮，胡乱初查就想先发制人只会遭到审讯对象强力的阻击。只有在初查已经获取了丰富的情报信息的基础上才能施以先发制人的强大攻势战术。其次，要做好充分的准备。审讯人员不仅要有充分的思想准备，要不急不躁，仿佛在暗示审讯对象，审讯人员已经掌握其充分的犯罪证据，尽量壮大自己的气势。而且要正确估计审讯形势，仔细观察审讯对象心理变化，寻找恰到好处的机会，蔑视对手，突然一击。再次，坚持不发则矣，一发必中的宗旨。首发炮弹总是想要打中敌人的要害，审讯人员在先发制人时，总是选择自己认为最容易突破的事实情节去突破审讯对象心理防线最薄弱的软肋，如果接连发射仍达不到目的就会影响审讯效果，使审讯人员丧失信心。最后，先发不中，连环出击。首发不中的话，亦不必灰心，但必须配备后续手段，连珠出击。连珠出击就是审讯人员要不断地把事先准备好的主题抛给审讯对象，使审讯对象应急不暇，不给其任何喘息的机会，从而打乱其常态思维，让其忙中出错，出现回答问题上的错误，一个错误显然会连接着出现下一个错误，以此扩大漏洞，直至审讯对象交代犯罪事实。即便审讯对象回答的是谎言，也必须用后一个谎言去圆前一个谎言，谎言越圆越谎，到最后不得不说出真相。

（2）情感铺路，法律威慑

情感来之于真诚。真挚的情感对于一个人的杀伤力无法估量，就算是意志力再坚强的人也会在真情来临之际陷于崩溃，而职务犯罪审讯对象最终都会是明事理、讲道理的人。对于其失足犯罪给与同情；对于其给家庭带来的伤害给与惋惜；对于其往昔的功过给与客观评说；对于其能力水平、昔日为人给与肯定；等等。诸如此类，以情感铺路，辅之以法律的威慑，以此降低其对无望的渴求，降低其心理需求。伺机再给予鼓励，如肯定其态度，认定其自首，为其指明从宽的出路，催化其交代犯罪事实。

（3）隐藏意图，利用矛盾

在审讯中，如果在初查期间，显示有 10 名以上的行贿人向某犯罪嫌疑人行贿的话，那么无论是谁也都能将其审讯出来。实际情况是，基层检察院往往在掌握两至三名行贿人交代行贿事实后，就对犯罪嫌疑人开展审讯工作，有时候甚至只有一名行贿人的交代，就急于开展审讯。可想而知，由于手上掌握的基础资料明显不足，这种情况下更多的是依靠审讯人员的经验将自己的审讯意图隐藏起来，因为一露底牌就全部见光了。因此审讯人员必须做到以下三点：一是隐藏审讯的真实意图，无论怎么审都要把审讯人员所掌握的核心信息像隐私一样隐藏于胸，不被审讯对象所察觉。审讯的目的是让审讯对象交代犯罪事实，而职务犯罪的事实客观地说只有审讯对象内心最为清楚。二是绝不泄露底牌。审讯人员掌握的信息往往不够多，只是职务犯罪审讯对象犯罪事实的一小部分，乃至冰山一角，泄露底牌就没有了可以继续添加的砝码。审讯对象如果知道了审讯人员的底牌，即使对此作出交代也会隐瞒大部分犯罪事实。实践反复证明，由于泄露了底牌，过早地出示手中所掌握的证据，审讯对象就会就此作出交代，案值往往就难以扩大，此种现象比比皆是。三是要控制好情绪。情绪是人内心所思所想的外在表现，审讯人员的底气会通过情绪向审讯对象传达信息。

（4）利用优势信息，击溃抗审防线

心理对抗的过程是一次次试探、你来我往、相互较量的过程。审讯人员想尽办法抑制审讯对象的对抗情绪，动足脑筋调节审讯对象的心理变化，以求寻找其心理软肋，查明事实真相。分析职务犯罪的实际构成，犯罪嫌疑人对于实施的职务犯罪行为只知晓其自己所实施行为的一部分，而无法知晓辅助其完成犯罪行为的另一部分，即利益相关知情人、行贿人、某些证人或共同犯罪中其他人员所实施犯罪行为的具体情况。而审讯人员则相对地了解两方面的情况，除审讯对象以外的另一部分具体情况是审讯人员可以利用的良好素材。预设种种设想让审讯对象浮想联翩、权衡利弊，能够调动其心理变化，如"有些人送钱都是有记录的"，"有些公司送钱是通过董事会讨论的"，"别人送钱的时候，是叫人陪同到你家楼下等的"，"有些人送钱是有录音的"，"有些人在事后商量过程中是录了音的"，等等。让其去猜测各种可能性，动摇其抗审心理。在同步审讯多名行贿对象时，也可以采取同类方法，预设种种结局，让他们去权衡利弊，做出选择。"谁先交代谁先出去"，"态度好的，从轻处理"，"态度最差的就当典型"等等，让他们在各种结果中作出有利于自己的选择，往往效果颇佳。

3. 阻止反弹

进入信息交流的常规阶段，审讯对象并不会束手就擒，出现抗审心理反弹是常见的现象。审讯人员可以继续使用递进式心理施压的手段，及时地将其抗审心理压缩回信息交流的常态。

（三）深谙审讯心理动力学原理

每次成功的审讯，都是审讯人员在心理上占据优势地位，并且在心理上击溃审讯对象而取得的结果。审讯的过程实质上就是审讯双方之间进行的心理博弈。虽然审讯对象面临审讯的场境会出现不同的应讯心理和心理反应，但是仍然是有一定的规律可循的。深刻领悟审讯心理的发展规律，能够帮助审讯人员找到相应的审讯策略。

1. 审讯对象应讯心理变化的发展逻辑

（1）审讯对象的心理变化规律

简单地分析审讯的进程，可以清晰地看到这样一个逐渐演进的规律：审讯对象从起初的积极抗审逐渐转入消极抗审，然后出现供述的动机，最终实现自愿供述犯罪事实四个阶段。

起先审讯对象会以积极抗审的心理状态应对审讯，这种心理状态的起因和目的是说服审讯人员放弃审讯，以此逃脱将要受到的刑罚处罚，其目的显然无法实现。当审讯对象发现自己的目的无法达到，领悟到自己的努力是徒劳的，随后就会转向消极抵抗，企盼自己以少言寡语、沉默的方式侥幸地逃过审讯人员的讯问，从而终止审讯。但是，审讯人员仍然会按照自己的一贯思路继续不断地对其心理进行有效刺激，从而激起审讯对象供述的动机，直至其自愿供述自己的犯罪事实。任何审讯对象的心理变化都无法逃脱上述四个阶段的发展轨迹。

（2）审讯对象抗审的实质形式

审讯对象无论采取怎样的抗审姿态，其核心形式就是两个字——说谎。审讯人员无论采取怎样的审讯策略，都是围绕审讯对象说谎这个核心内容进行的，以此可以压制审讯对象的抗审心理，促成其心理和思想上的转变，最终能够认罪伏法。

"从心理上讲，审讯可以看作是对谎言的揭露。因此，掌握供述心理必须首先对欺骗心理有一个基本的把握。对审讯而言，欺骗可以定义为'为了个人利益歪曲或否认事实的选择性行为'。定义中的主要部分是'为了个人利益'，因为它提供了所有犯罪欺骗共有的动机。上述定义不仅指出了所有犯罪欺骗共有的相同动机，而且进一步指出欺骗的动机是逃避——逃避真实陈述的后果。"①

2. 影响审讯对象心理变化的原动力

人们总是鼓励大家讲真话，无论家庭、学校、社会都教育人们做一个诚实的人。然而，成功的欺骗一旦逃避了惩罚又会得到社会大众的支持。鉴于这种自相矛盾的社会评价体系，每个人在做了错事以后，首先都会以说谎、欺骗的方法来逃避责任，这在现实的审讯环境中表现的更加淋漓尽致。"尽管一个人可以通过成功的欺骗逃避讲真话的后果，但他这样做是以内心冲突为代价的，这种内心冲突就是起源于说谎是错误的这一内在信念，从心理上讲，由说谎而引起的内心冲突，其结果是挫折和焦虑。焦虑是一种明确的忧虑的不安状态，通常不与特定起因相联系。"②

焦虑需要得到释放。在抗审阶段，审讯对象因说谎、欺骗引起的焦虑由于审讯人员无法直接揭露，使得审讯对象具有承受焦虑的能力。随着审讯活动的逐渐深入，审讯对象持续的说谎会不断增添焦虑的情绪，并且在审讯人员不断地揭露其谎言中，这种凝聚起来的焦虑就会给审讯对象造成强大的心理压力。通俗地讲，我们日常审讯中所谓的"心理施压"就是为了增进审讯对象内心焦虑的程度。持续积累的焦虑需要得到释放，于是就会产生供述的动机，即审讯对象产生供述动机主要的内在心理动力。

3. 心理动力学原理下的审讯策略

审讯就是针对审讯对象心理变化而采取的相应策略。在审讯心理动力学原理的启示下，审讯人员可以采取的相应策略有以下几种：

（1）劝说

劝说就是审讯人员通过说话交流或者实际行动使得审讯对象自愿接受自己观点的审讯方法，它是审讯人员通常使用的最基础的审讯技巧。古希腊伟大的哲学家、修辞学家亚里士多德将劝说归结为人格诉诸、逻辑诉诸和情感诉诸三种模式。

一是人格诉诸。指的是修辞者的人格威信和可信度。一方面，审讯人员的人格威信非常重要，为什么同一句话在不同的审讯人员嘴巴里说出来会有不同的效果，这就取决于审讯人员的人格魅力。审讯人员的威信是一种内在的、长期培养起来的外在表现形式，威信崇高的审讯人员，通过其体态眉宇

---

① ［美］费雷德·E. 英博、约翰·E. 雷德、约瑟夫·P. 巴克雷：《审讯与供述》，何家弘译，群众出版社 1992 年版，第 369 页。

② ［美］费雷德·E. 英博、约翰·E. 雷德、约瑟夫·P. 巴克雷：《审讯与供述》，何家弘译，群众出版社 1992 年版，第 371 页。

间展现出来的风度都能压制审讯对象的气焰，掌控审讯的局势，达到"不战而屈人之兵"的效果。另一方面，在审讯中，审讯人员务必要让审讯对象感受到，审讯人员发送的信息是可靠的。首先审讯人员提出的观点是可以让人信服的；其次审讯人员引用的案例是真实可信的；再次审讯人员具有的知识和经验是让人不容置疑的；最后审讯人员的态度是坚决、诚恳的，是让人容易接受的。

二是逻辑诉诸。就是审讯人员以"晓之以理、动之以情的方法"，说服审讯对象自愿地认同自己的观点，作出如实的供述。首先，审讯人员要"摆事实，讲道理"，捡起审讯对象已忘记和忽略的事实，让其作出理性的选择。例如，审讯对象通常会认为"天知地知、你知我知"，而事实是犯罪事实已经暴露，且其本人已经被传唤到审讯室接受审讯，摆明了审讯对象如果不主动地供述自己的犯罪事实，是难以"过关"的。其次，审讯人员在提出论点以前应当仔细地评价审讯对象的态度，对审讯对象的心理反应有所了解，着重思考审讯对象的说谎需要逃避的是什么问题，以及说谎给审讯对象造成的焦虑程度，据此向审讯对象发送针对性更强一些的信息。再次，审讯人员要努力地将发送的信息植入到审讯对象的主观认识中去，如果审讯人员的观点能够让审讯对象自我内在化，就会逐渐削弱审讯对象的抗审动力，使其原先的期望值得到逐渐的改变，从积极抗审中解脱出来，转向消极抗审，继而产生供述的动机。当然，审讯人员将自己的观点植入到审讯对象的意识中，是一个循序渐进的过程，绝不能强加于人，而是审讯对象根据对事实的理性判断，自觉自愿地逐渐加以消化、接受的过程。最后，审讯人员务必仔细观察审讯对象的反馈信息，从审讯对象反馈的心理反应中判断其接受信息的程度，是否仍然处于抗审的状态，是否愿意听取审讯人员的意见，是否其焦虑程度已经达到需要释放的时机，据此再度发送具有针对性的信息。尤其是在审讯对象自愿接纳审讯人员的观点，产生供述动机之时，审讯人员应当强化对审讯对象的心理刺激，为其提供一些选择性问题，促使其及时供述犯罪事实。

三是情感诉诸。即审讯人员通过自身的感召力，激发和控制审讯对象的心理反应。一方面审讯人员必须流露真情。说话务必要有诚意，才能从心理上接近审讯对象，打动审讯对象的内心，说服审讯对象，最终才能赢得审讯对象的信任。表达诚意的重要方式就是目光接触、保持微笑、距离接近，人性化的审讯是审讯人员必须具备的素质。另一方面，要激发起审讯对象的情感回报。审讯人员要善于分析不同类型审讯对象的心理情感，设计某种心境激发审讯对象的情感，吸引审讯对象的兴趣和注意力，引起情感上的"共鸣"，使得审讯对象认同和接受审讯人员的观点。

（2）减轻审讯对象对后果的感知认识

审讯对象在积极抗审阶段突出表现的两种心理因素是侥幸心理和畏罪心理。从根本上说，侥幸心理也是源起于畏罪心理，因此，畏罪心理是审讯对象抗拒审讯的原始心理障碍。

审讯对象在抗审中为什么会说谎，说谎就是为了逃避真实供述后产生的可怕后果——被处以刑罚的处罚。这种畏罪心理可以分解为精神后果和物质后果两个方面。物质后果包括自由和财产收入的损失；精神后果则体现为亲情、自尊心、自豪感、原有社会地位的丧失等。

实施职务犯罪的国家工作人员，他们对供述后即将失去的一切，犹如从"天堂"到"地狱"般的感受，这种后怕是阻碍审讯对象供述的最顽固的心结。因此，在审讯的全过程中，审讯人员应当尽力避免使审讯对象去考虑供述的后果，尤其不应当从审讯人员口中主动地告知审讯对象，务必竭力回避。

（3）增进审讯对象的焦虑体验①

从审讯心理动力学原理分析，审讯对象之所以愿意供述自己的犯罪事实，主要体现为审讯对象对焦虑的承受力，一旦内心的焦虑超过了审讯对象的心理承受能力，审讯对象就会产生释放焦虑的需求，从而供述自己的犯罪事实。

焦虑体验与后果感知既不相互排斥，又不此消彼长。审讯的策略就是在不断削弱审讯对象对后果感知的基础上促进审讯对象的焦虑体验，两者的关系可以通过图5-2-1展示。

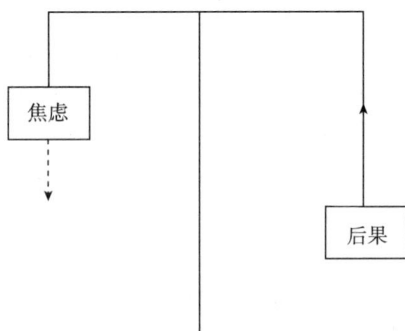

图 5 - 2 - 1

焦虑是一种由外向内产生的心理因素，而后果是一种由内向外表现的心理

---

① 参见［美］费雷德·E. 英博、约翰·E. 雷德、约瑟夫·P. 巴克雷：《审讯与供述》，何家弘译，群众出版社1992年版，第388-392页。

状态。在审讯开始阶段或者审讯对象积极抗审阶段，他对焦虑的体验是较低的，而对后果的顾虑是相对较大的，如图 5 - 2 - 2 所示：

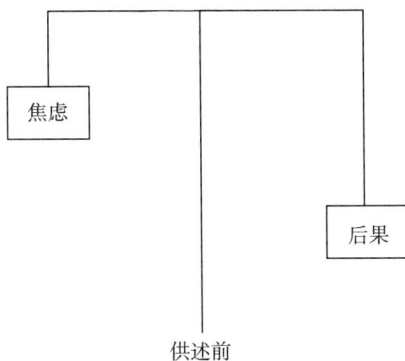

焦虑

后果

供述前

图 5 - 2 - 2

　　审讯人员审讯策略的选择就是增进审讯对象对焦虑的体验，而相应地降低其对供述后果的感知，实现如图 5 - 2 - 3 中所示的转化，使审讯对象供述其犯罪事实。

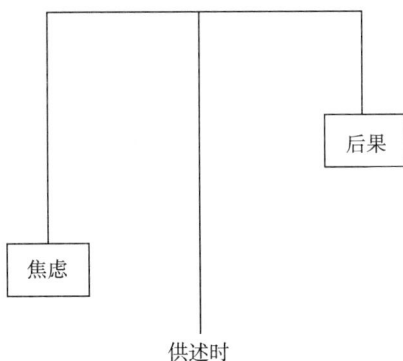

后果

焦虑

供述时

图 5 - 2 - 3

　　一旦犯罪嫌疑人供述事实以后，他的焦虑就会得到释放，此时也是审讯对象与审讯人员关系最为融洽的时候；相反，事实已经交代清楚了，他对犯罪后果也就无所谓了，此时他的心理状态会如图 5 - 2 - 4 所示，焦虑和后果都处于低水平状态。

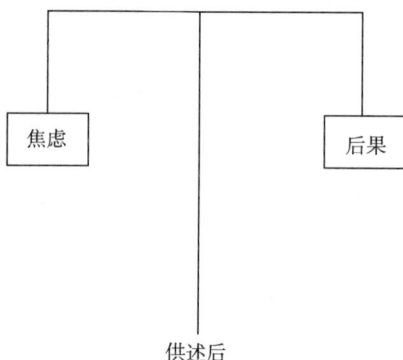

```
        ┌──────────────┬──────────────┐
     ┌──┴──┐                      ┌──┴──┐
     │ 焦虑 │                      │ 后果 │
     └─────┘                      └─────┘
                     供述后
```

图 5 - 2 - 4

　　否认犯罪事实和说谎能够使审讯对象摆脱应负的责任，但是会对其产生同等的内心焦虑。如果在审讯开始阶段，审讯人员给审讯对象传递出"必须说真话"的信息（当然这也符合刑事诉讼法关于"犯罪嫌疑人对侦查人员的提问，应当如实回答"的规定），这也不仅可以告诉审讯对象"一味地说谎是没有用的"，而且能够增进审讯对象焦虑的情绪。但是说谎并不一定会减轻审讯对象对后果的感知，有时还会加深其对供述后果的顾虑，如图 5 - 2 - 5 所示：

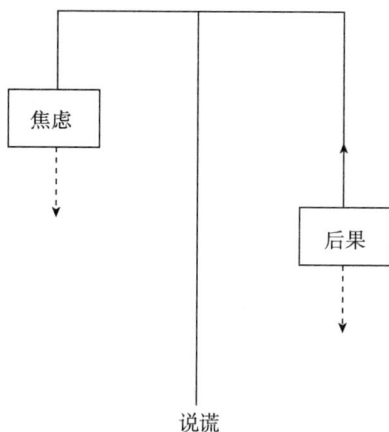

图 5 - 2 - 5

　　增进审讯对象的焦虑体验，是促使审讯对象供述的根本动力。可以从以下几个方面着手进行：

　　一是焦虑可以单独地受后果感知的影响，审讯人员有些问话的确能够增进审讯对象的焦虑，但在不经意间也同时增强了审讯对象对后果的感知。然而增强审讯对象对后果的顾虑起不到增进其对焦虑体验的作用，只有在不增强后果感知和减轻后果感知的基础上，增进焦虑的体验才会使审讯对象达到释放焦虑的需求。

二是当审讯对象建立起防卫体系时，必须采取更为直接的方法增强其焦虑体验。心理防卫是指个体面临挫折或冲突的紧张情境时，在其内部心理活动中具有的自觉或不自觉地解脱烦恼、减轻内心不安，以恢复心理平衡与稳定的一种适应性倾向。从行为上可以分为逃避性防卫机制、自骗性防卫机制、攻击性防卫机制、代替性防卫机制、建设性防卫机制等，在审讯中最为突出、可观察的防卫技巧是文饰法和投射法。文饰心理是指用似是而非的理由证明行为的正确性，从而掩盖其错误或失败，以保持内心的平衡。有些职务犯罪审讯对象常常以"礼尚往来"、"没有利用职务之便"等理由来搪塞受贿之实，这些正是文饰心理的真实写照。所谓投射法，就是一个人把对自己的想法或行为的责备，投射到另一个人、另一个地方或另一件事上去。职务犯罪审讯对象常常会把犯罪的原因归结为社会环境的影响，或者"为别人办事，是别人主动送我钱，是别人害了我"。针对诸如此类的情形，审讯人员可以采取挑战的策略，如"老张，如果你不想在这里解决问题，那么我们可以换一个地方（看守所）再谈。"值得注意的是，采取挑战的审讯技巧拟适用于不再否认指控、愿意倾听审讯人员的意见。已经产生供述心理的审讯对象，让其认识到审讯人员的忍耐是有限度的，以此增强其焦虑体验。

三是努力集中审讯对象的注意力。当审讯对象处于犹豫不决的阶段，审讯人员通过佯装生气、发怒的表情，让审讯对象认识到正是由于他的心不在焉、持续说谎才导致这样尴尬的场境，让其感到立刻作出是否供述的决定已是燃眉之急，有助于使其体验到不断增强的焦虑。

四是缩短审讯双方的空间距离，靠近审讯对象。如拿把椅子坐在审讯对象的对面，保持目光接触，表现出审讯人员传递审讯信息的诚意与强度，使得审讯对象无法做到置之不理，在其犹豫不决的同时持续增强其焦虑的体验。

另外，审讯中如果允许审讯对象在审讯室内随意走动、任意否认，或允许他随意地抽烟、喝茶，放松其身体，都是审讯不专业的表现，对增进其焦虑的体验百害而无一益，应当竭力予以禁止。

二、实现审讯双方合作的稳态

审讯对象从抗拒审讯开始，直至交代犯罪事实，是审讯活动客观的发展规律。审讯对象交代犯罪事实以后，可以视作审讯双方之间形成了某种合作的形态。审讯的目的就是消除审讯过程中的对抗，实现审讯双方之间合作的诚意，至此，审讯活动才能宣告结束。

（一）从形式合作实现审讯双方的实质性合作

职务犯罪审讯是一种动态的不完全信息的非合作博弈，博弈的目的是寻求审讯双方之间的合作。张维迎教授指出："人类的进步几乎都是合作的结果。并且，合作的范围越大，社会进步越快，如果没有合作，人类今天仍然只能生活在采集狩猎的时代。"① 职务犯罪审讯活动也是如此，如果审讯双方之间达不成合作，审讯对象就不可能交代自己的犯罪事实，同时审讯双方合作的紧密程度决定了审讯对象交代犯罪事实的范围。

1. 形式合作

形式上的合作在审讯过程中随处可见。在抗审阶段，审讯对象为了避开审讯人员的强烈追击，有时会以讨好求饶的方式博取审讯人员的同情；有时会认真听取审讯人员的问话，以商量的口气征求审讯人员的意见，但这些都只是表面上的合作形式，审讯对象并不会就此甘心失败，如实交代犯罪事实。自审讯对象产生供述动机的时候起，审讯对象也就出现了合作的初步诚意，这是审讯人员乐于见到的。但是，审讯对象即使开始陆续供述，在趋利避害心理的负作用下，仍然会出现供述一部分、保留一部分，或者时供时翻的现象，这表明审讯对象的心理仍不稳定，远未达到全部、彻底交代犯罪事实的程度。

2. 促进审讯对象合作的稳态

审讯对象如实、全部地供述犯罪事实，说明审讯对象确实有了合作的诚意。然而，现实的情况是，审讯对象即使在交代了大部分犯罪事实以后，仍然会保留不交代一部分审讯人员无从知晓的犯罪黑数，甚至在他们认为时机恰当的时候，仍然会伺机选择翻供。审讯的最后阶段，审讯人员务必提高警惕，继续努力巩固审讯对象交罪悔罪的心理，使得审讯双方的合作稳态顺利地延伸到作出判决为止，只有如此，才能实现审讯双方合作的稳态。

（二）营造合作的基本条件

为了实现审讯活动从对抗走向合作，审讯人员无论采取怎样的审讯策略，都要为合作埋下伏笔，必须彻底摒弃刑讯逼供等非法取证手段，始终展现出审讯人员愿意合作的诚意，只要审讯对象愿意交代全部犯罪事实，审讯人员一定会采取合作的策略。从博弈论角度分析，就是在审讯双方之间达成合作的解，形成一个稳固的纳什均衡。这个解需要满足以下两个基本条件：

1. 审讯对象得到了心理上的满足

无论是审讯对象自愿地交代了犯罪事实，还是迫于审讯的现实压力作出了供

---

① 张维迎：《博弈与社会》，北京大学出版社 2013 年版，第 6 页。

述，只要审讯对象的供述接近于交代了全部犯罪事实，审讯人员就会终止审讯。由此，审讯对象的心理焦虑就会得到最大程度的释放，而且后续诉讼的进程如果能够满足审讯对象的心理预期，那么审讯双方的合作程度就会趋于更加牢固。

2. 审讯人员得到了事实上的满足

审讯对象交代的犯罪事实符合审讯人员的心理期望值以后，就实现了审讯双方之间的纳什均衡，审讯人员对于这个均衡结果是满意的，它符合了法律规定的证明要求，审讯人员对于维护这个均衡是积极的，希望保持审讯双方之间合作的这种紧密程度，直至法院作出最终判决。但是，在此后的诉讼过程中，影响这个均衡发生变化的因素仍然客观存在，主要取决于审讯对象的心理变化，审讯人员对此应当随时警惕。

（三）促进合作的外部条件

审讯人员对于维护审讯对象供述后达成的纳什均衡是积极的，不会随意地去改变这个均衡。相反，对于审讯对象而言，一旦出现转机，他就会希望改变这种合作的状态，朝着对他有利的方向发展。因此，审讯人员应当做好以下几项工作，努力维护得来不易的合作结果。

1. 证据到位

审讯对象作出的供述只为达成审讯双方之间的合作形成了形式上的合作条件，关键还在于证据的证实。只有证据到位才能巩固审讯双方的合作程度。审讯对象在明知道证据已经确凿的情况下，就会消除伺机翻供的动机，他会感知到一旦翻供，极有可能遭致更加严厉的刑事处罚，如此审讯对象才能心甘情愿地与审讯人员维持合作的稳态，接受法院的判决。

2. 加强与证人的合作

言词证据在职务犯罪案件侦查活动中占据了较大的比重，尤其在贿赂犯罪案件中，重视与行贿人等证人之间加强合作非常重要，只要行贿人、利益相关知情人等证人证言保持稳定，犯罪嫌疑人即使想翻供也是于事无补，甚至会遭致最严厉的处罚。与证人等外围关系巩固了，才能促进审讯双方的合作关系更加牢固。

3. 加强与律师的合作

传统的观念导致了审讯人员与律师的对抗紧张关系。现阶段保障律师依法执业的诉求已经提升到了空前的高度，律师是社会主义法律职业的共同体，将在刑事诉讼中承担更为重要的角色。审讯人员加强与律师的沟通，能够有效地对案件性质作出更进一步的认识，了解律师的想法，巩固案件证据，遏制审讯对象翻供，促进彼此间的合作。

三、消除审讯中的干扰信息

人们平时谈话时，被不恰当的插话者打断思路，或者受到内外信息的干扰，都会导致说话者一心不能二用，表达的语意不准确，听话者无法准确地接收信息。在审讯中更是如此，审讯人员的行为也会受到外界各种信息的干扰，这些多余信息的干扰会导致行为信息传递的偏差。审讯人员传递的信息出现偏差时，审讯对象自然就不能完全地接收讯问信息，受审讯语言影响的力度也会大大降低。审讯信息传递过程中受到的信息干扰主要来自以下几个方面：

（一）外部环境因素的干扰

要选取一个合适的审讯环境，位置较为隐蔽，安全性强、隔音效果良好的审讯室，不受噪声、光线、气味等因素的影响，还要尽量避免审讯室外有过多的人员走动。审讯室在审讯前应当打扫干净，不放置无关杂物。相关设备事先应予以调试，为审讯工作的顺利开展做好准备，避免因为设备或环境因素不当打断审讯进程。

外来行为信息主要是一些外来因素给审讯对象传递的信息。有些外来信息有利于审讯活动的开展，审讯人员可以根据审讯需要，通过制造错觉、假象等来使审讯对象产生错误认识。例如审讯环境所暗示的信息，交叉审讯、故意让其知晓询问的证人是谁，或者故意在审讯室外制造特殊环境等都能传递审讯人员需要的假象信息。这些外来信息实质上依旧是审讯人员故意安排的，让审讯对象误以为检察机关掌握了足够证据，大势已去，从而放弃抗审。一般情况下，审讯工作中不应有电话进入，更不应有无关人员在审讯途中进入审讯室，但如果欲在审讯对象面前制造侦查工作取得进展的假象，可以安排电话接入或者侦查人员适时进入审讯室"传递消息"，使审讯对象充分相信审讯人员已经进一步掌握了其犯罪事实，或者可以将相关同案犯和一些知情证人带来讯问或询问时，故意让其从审讯室门口经过，让审讯对象"无意中发现"，能够有效打击审讯对象的侥幸心理。需要注意的是，必须注意不违反相关案件的保密原则或者对证人的保护原则。如果对某一犯罪嫌疑人的审讯需要保密，或者为了保护证人安全对某一证人的询问需要隐秘的进行时，则不宜让审讯对象知晓。

（二）审讯行为不专业

审讯人员在审讯活动中表现出来的不专业行为会严重影响正常的审讯秩序，甚至对审讯活动有百害而无一益，务必努力纠正。

1. 表现随便

有些审讯人员着装随便，夏天脚踩拖鞋、冬天破棉袄加身、手捧大茶缸，随意进出审讯室，严重破坏了审讯室本应具有的严肃气氛。有些审讯人员随身携带着手机、MP3、水果、蜜饯等杂物，在审讯中感觉到无聊时随意打电话、玩游戏，吃东西或者浏览无关的网页，严重分散了审讯对象的注意力，使其注意力无法集中于审讯，有了借以寄托的地方。有些审讯人员在审讯室里大声喧哗或者窃窃私语，说些与审讯无关的话题，诸如此类的情况，都会极大地降低审讯人员的威信，遭到审讯对象的藐视。

2. 施压过度

过度施压是实践中遇到审讯对象强烈抗审时经常采取的简单、粗暴的审讯方法。有些审讯人员不注意审讯的文明用语，脏话连篇；有些审讯人员动作不够文明，出现用白纸来回扫刮审讯对象脸额等动作；有些审讯人员只知道以强硬的语气不断地对审讯对象施加压力，不懂得适度地调节施压的方法；甚至在审讯对象出现退缩心理或者供述动机时，仍然坚持一味地施压，反倒迫使审讯对象陷入沉默或者重回强烈抗审的状态。这些行为对于审讯活动的顺利推进极为不利。

（三）协调指挥不到位

职务犯罪审讯讲究的是侦查团队的协调配合，而实践中失调的现象亦时有发生，主要表现为：

1. 审讯人员之间配合不到位

根据刑事诉讼法的规定，审讯必须有二名或者二名以上的侦查人员参加。在审讯力量现实不足的情况下，以老带新成为审讯的常态。副审人员不能很好地领会主审人员的意图，无法做到旁敲侧击的现象时而有之；有的审讯人员你问你的，我问我的，东拉西扯，无法传递统一的信息；有的审讯人员不顾主审人员的猛烈攻击，自顾自地"开小差"，反倒成了审讯对象分散注意力可以依托的对象。

上下班次之间的交接尤其存在问题，上一班次的审讯人员一到钟点就急于换班，不向下一班次的审讯人员介绍前段时间的审讯情况，而下一班次的审讯人员不了解审讯的进程，只得另起炉灶、从头再来。常常是既浪费了时间，又错失了良机。

2. 指挥人员过于靠前

指挥人员靠前指挥本是无可厚非的好事，但是有些指挥人员急于求成，不太相信审讯人员的能力，经常光顾审讯室，又沉不下心来直接审讯，混同于普通审讯人员，不仅起不到推进审讯的作用，反而会扰乱正常的审讯秩序。

另外，有些审讯人员轻易许诺，事后又无法兑现承诺，反倒会使审讯对象陡然增加敌意，从而采取翻供或重回抗审的姿态。

审讯中各种不专业的表现都会对审讯活动产生影响，严重浪费了审讯的宝贵时间，阻断了审讯双方信息的正常交流，亟待纠正和解决。

第三节　审讯信息传递的路径

审讯双方从对抗到合作是审讯活动总体发展的规律。通过在对抗中给予审讯对象适度的心理施压，审讯的环境会进入一种较为平和的状态，适合于审讯双方之间开展信息的相互传递与反馈。然而要想最终达到促使审讯对象自愿、如实供述犯罪事实的目的，还需要审讯人员的不懈努力，关键在于加强审讯双方之间的沟通与交流。沟通与交流是促进审讯信息顺畅传递的媒介，只有加强审讯双方彼此之间的沟通与交流，才是实现审讯目的的唯一路径。

一、搭建审讯双方沟通的平台

"沟通之沟，构筑管道也；通者，顺畅也。"所谓沟通技巧，是指管理者具有收集和发送信息的能力，能通过书写、口头与肢体语言等媒介，有效、明确地向他人表达自己的想法、感受与态度，也能较快、正确地解读他人的信息，从而了解他人的想法、感受与态度。沟通技能涉及许多方面，如简化运用语言、积极倾听、重视反馈、控制情绪等。虽然拥有沟通技能并不意味着必定成为一个有效的管理者，但缺乏沟通技能肯定会使管理者遇到许多麻烦和障碍。

美国语言哲学家格赖斯提出了语言交际的"合作原则"，他认为：在人们交际过程中，对话双方似乎在有意无意地遵循着某一原则，以求有效地配合从而完成交际任务。当然，人们在实际言语交际中，并非总是遵守"合作原则"，出于需要，人们会故意违反合作原则。格赖斯把这种通过表面上故意违反"合作原则"而产生的言外之意称为"特殊会话含义"。"特殊会话含义"解释了听话人是如何透过说话人话语的表面含义而理解其言外之意的，由此来表达另外一种意思。对抗语境下的审讯恰恰就属于这种情形，而最好的解决途径就是沟通。合作原则在职务犯罪审讯过程中的体现就是审讯人员与审讯对象沟通的结果，只有沟通，才能把设定好的信息传递给犯罪嫌疑人，保持信息传递通道畅通。

（一）加强沟通，从进入审讯室开始

万事开头难。审讯活动的开始阶段尤为重要，审讯双方首先接触时会给对方留下第一印象，好的印象能够促进审讯双方的会谈步入有利的轨道。

1. 从树立审讯人员的形象开始

职务犯罪嫌疑人的犯罪主体具有特殊性，往往具有较高的文化程度、社会修养，同时对自身也有一定的形象定位。在审讯过程中，审讯对象也在观察、感受侦查人员的形象、素质。同时，作为信源发送的唯一主体，审讯人员负责组织整个信息交流、反馈机制，审讯过程中的语言信息和行为信息都会对审讯对象产生相应的影响，审讯人员通过树立信誉，用自身的严谨作风、人性化办案去影响审讯对象是极其重要的。

信息传递原理决定了审讯过程其实是审讯人员与审讯对象双方互相影响的过程，只有具备高尚品质、专业法律知识、坚持原则、尊重审讯对象的品质，才能让审讯对象心理服气、信服，也才能让其如实供述。而在审讯过程中树立威信、信誉，进行反阻塞的重要方法就是审讯人员要尽量减少审讯用语的失误，配合的审讯人员要避免做些与审讯无关、分散审讯对象注意力的事情，要尽力维护和提升主审人员的威信。

2. 从称呼开始

人们之间的交往免不了相互之间的称谓，审讯活动也不例外。审讯双方在讯问、询问、交谈过程中不可避免地会遇到如何称呼对方的问题，虽然称谓只是一个细节问题，但是它对于审讯人员和审讯对象都会产生微妙的心理作用。

职务犯罪审讯对象原本都具有一定的社会地位，惯性使然往往使他们在审讯初始阶段保持有一种居高临下的优势心理，尤其是职务较高、年龄较大或者具有业务专长的审讯对象更是看不起年纪偏轻、普通身份的审讯人员，这显然不利于审讯双方的平等交流。如果轻率地称呼审讯对象的原有官职，不仅不能压制审讯对象的抗审心理，还会使审讯对象飘飘然而不知所以然。为了抑制审讯对象的抗审心理，审讯人员应当直呼其名，由此告诫审讯对象当前应持有的态度和现实所处的地位。当然，在压制住审讯对象的优势心理以后，审讯人员对于年长的审讯对象（官职较高的审讯对象一般年龄也较大）也可以称呼其为"老王"、"老张"等，适当地尊称有利于审讯对象内心感受好过一些，便于加强审讯双方的沟通。

同样，审讯对象对于审讯人员也有一个称谓的问题。实践中审讯对象往往用"李局长"、"陈检察长"等称谓恭维审讯人员，使得审讯人员飘然起来，无法沉下心来专注于审讯活动。当审讯对象询问审讯人员姓名、官职或者恭维审讯人员时，审讯人员不宜将自己的姓名完全告诉审讯对象，可以大方地告诉审讯对象自己姓什么，让审讯对象称呼自己"李同志"、"陈检察官"即可，如此可以拉近审讯双方之间的平等地位，促进双方之间的交流。

3. 从行为开始

审讯中难免存在程度不同的对抗，但审讯的结果是让审讯对象供述犯罪事实，由此构建审讯双方的合作关系。为此，审讯人员要深谙此中道理，从审讯活动一开始就注意自己的行为举止，避免审讯双方之间的过激的对抗行为。总体上讲，审讯人员的行为既要严肃认真，又要大方得体，便于审讯对象能够寻找到可以信赖的对象。

审讯人员进入审讯室，通常情况下审讯对象已经先期到位，副审人员可以让审讯对象站起身来，待主审人员告知其可以坐下时方可入座，由此证明审讯人员在审讯中的主导地位，便于审讯信息的传递由审讯人员的高位流向审讯对象的低位。

握手是人们交往中的习惯礼节，在审讯严肃的环境下，审讯人员不宜主动地与审讯对象握手。假如审讯对象习惯性地伸出手来，审讯人员则不必拒绝握手，可以随意地轻轻握一下即可，不失礼节。过分地用力握手，过于热情会破坏审讯室的严肃气氛，而拒绝握手则可能遭致审讯对象不悦、反感的心理反应，均不利于审讯双方建立合作的关系。

4. 建立融洽关系

审讯对象的应讯反应是从积极抗审开始的，在积极抗审的目的无法实现后就会转入消极抗审，继而产生供述的动机，最终突破供述临界心理实现交代犯罪事实。审讯双方的关系同样从相互对抗开始，最终实现双方的融洽关系。相互对抗只是审讯的手段，在对抗中，审讯人员通过驳斥审讯对象的谎言，抑制审讯对象的抗审心理，其目的是说服审讯对象，使其从心理和思想上发生转变，与审讯人员建立起信息交流的融洽关系。从这一点上讲，在与审讯对象进行对抗的过程中，审讯人员务必牢记建立融洽关系的目的，从对抗过程中寻找建立融洽关系的途径。

（二）加强沟通需要拉近审讯双方的距离

俗话说"距离产生美"。在人际交往中，保持一定的距离感有助于增强双方之间的感情。然而在人们需要进行交流沟通时，过宽的距离则会阻断双方之间的信息沟通。两个人打电话，如果遇到烦琐、复杂的事情，往往会说："电话里讲不清楚，见面再详细商量吧。"审讯中的交流是极其困难的，这更需要拉近审讯双方的距离，不仅要拉近审讯双方在身体上的空间距离，关键要拉近审讯人员与审讯对象之间在思想认识、情感等方面的距离感，增进了解、消除彼此间存在的障碍，促进审讯信息的畅通传递。

1. 拉近空间距离

现时中使用的审讯室宽大、明亮，在审讯人员与审讯对象之间设置了高大的审讯台，这符合中国式审讯的标准。在习惯思维中，审讯人员位居于高大的审讯台前，居高临下自然地会对审讯对象造成一种天然的压力，这适合高强度心理施压的环境设置。在硬审讯法向软审讯法转变的时代背景下，心理施压虽然不可或缺，但必须适当地降低施压的强度，形式上的施压方法必然被心理上的实质性施压技巧所代替。兵法有云："用兵之道，攻心为上，攻城为下。心战为上，兵战为下。"

宽大、明亮的审讯室给审讯对象自然地产生一种舒适感，也较易造成审讯对象分散注意力，不能集中精力听取审讯人员发出的指令性信息。审讯对象往往会在面临审讯人员凛洌攻势时，采取左右环顾的方式分散注意力，以此疏散心中的焦虑情绪。高大的审讯台显示着审讯人员的庄严地位，却同样也阻断了审讯人员与审讯对象之间的心理距离，显然造成审讯双方隔离的状态，不利于审讯双方的信息沟通与交流。

传统审讯室设置的优势在于，审讯人员可以居高临下地对审讯对象施加强大的心理压力。然而心理施压主要是依靠语言的传递直抵审讯对象的心底，更能发挥心理施压的功能。适合于审讯信息畅通传递的审讯室的理想设置应当是这样的：审讯室不宜过宽，一般应控制在 10 平方米左右；审讯室的布置应当简单明了，不堆放任何杂物，没有过多的装饰；审讯室应当具有较好的隔音设施，不易受到外来信息的干扰，不设置电话机；审讯台的设置不宜过大、过高，不宜阻挡在审讯双方之间；有条件的，在门的对面墙壁可以设置单面镜。具体参见图 5 - 3 - 1：

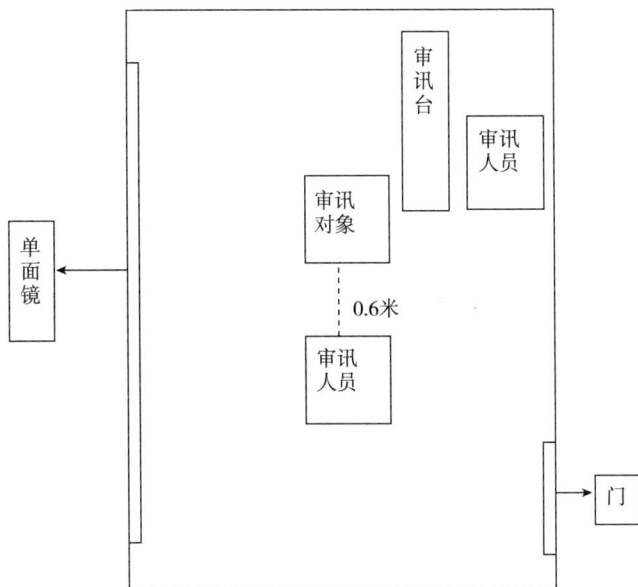

图 5 - 3 - 1

单面镜设置的意义在于：一方面有助于指挥人员便于近距离观察审讯对象的反应变化，及时调整审讯方向、策略。另一方面也对审讯对象形成一种压力，控制审讯对象的侥幸心理，保障审讯信息交流的畅通。

2. 拉近审讯双方的身体距离

朋友间的秘密交谈往往紧贴着身体，或者脚碰脚、头碰头的促膝长谈。审讯人员与审讯对象之间虽然应当尽力避免双方身体或肢体的接触，但可以开展面对面的交谈。在图 5 – 3 – 1 中，审讯人员与审讯对象面对面交谈，中间不设置任何阻隔物，更有利于审讯双方的信息交流。

一般情况下，审讯人员与审讯对象之间间隔的距离以审讯人员伸直脚后不会碰到审讯对象伸直的脚为宜，双方座位通常间隔 0.6 米至 1 米。

"保持就坐状态，不要在室内踱来踱去。当讯问人员将注意力全部集中在犯罪嫌疑人身上时，犯罪嫌疑人说谎想要不被发现往往是更为困难的。再者，忽起忽坐、走来走去是讯问人员不耐烦的表现。这种表现随之会强化说谎的犯罪嫌疑人的侥幸心理。他会认为，如果他继续撒谎或坚持的时间长一会儿，那么讯问人员将会放弃。而讯问人员在整个审讯过程中保持就座状态，会给犯罪嫌疑人造成一种完全不同的印象。讯问人员也应避免摆弄铅笔、钢笔或其他物件。因为这趋向于使犯罪嫌疑人产生这样的印象，即讯问人员对此缺乏信心或严重不感兴趣。"[1]

审讯人员的坐姿应当向前倾斜，两手向前伸展，双脚平放于地。这样的问话姿态，既能展示出审讯人员的自信心，又能高度吸引审讯对象的注意力。在审讯人员做前倾姿势时，通常审讯对象会摆出身体后仰的动作。由此，审讯人员前倾的姿态与审讯对象后仰的姿势相比，凸显出审讯人员的心理优势。如果审讯人员能够长时间地保持这一坐姿，就会在心理上展现出自信心的逐级增长，削弱审讯对象的抗审心理。一旦审讯对象也作出身体前倾的动作，那么就表明审讯对象开始对审讯人员的话题产生了兴趣，或者开始愿意听取审讯人员的建议。

在持续的交谈过程中，如果遇到审讯对象顽固不化、无动于衷的情况，审讯人员还可以站起身来，向前跨进一小步，居高临下地加强问话的攻势，增强指令信息发送的有效性。

3. 拉近审讯双方的心理距离

对抗阻断了审讯双方的信息交流，隔离了审讯双方之间的心理距离。在对

---

[1] ［美］佛瑞德·E. 英鲍、约翰·E. 莱德、约瑟夫·E. 巴克利、布莱恩·C. 杰恩：《刑事审讯与供述》，中国人民公安大学出版社 2015 年版，第 58 页。

抗的状态下，审讯对象听不进审讯人员的规劝，把审讯人员问话的信息当作"耳旁风"，或者拒绝审讯人员的观点于千里之外。

对抗是无奈的，也是必须的，只有通过对抗才能抑制审讯对象的抗审心理。但对抗并不能让审讯对象即时地供述犯罪事实，在抑制住审讯对象抗审心理基础上，审讯人员应当积极地寻求对策，努力拉近审讯双方之间的心理距离，一方面审讯人员在展开审讯主题时，要努力寻找审讯对象感兴趣的主题，只有寻找到审讯对象感兴趣的话题，才能将信息传递至审讯对象的心底。另一方面，要对审讯对象的功过是非给予客观的评价，对于其工作勤恳、业绩突出的一面予以肯定，如此才能促进审讯对象思想的转变，使其接受审讯人员提出的主题观点，在一些问题的认识上达成共识，最终说服其供述自己的犯罪事实。

4. 吸引审讯对象的注意力

统计现实中的审讯时间，审讯对象究竟有多少时间是专注于审讯信息的呢？事实上，审讯对象会把大部分的精力游离于审讯之外，不听从审讯人员的指令，思维漂浮于空虚幻境之中，这是审讯时间无限拖延的诟病所在。如何使审讯对象将注意力集中于审讯主题是专业化审讯务必解决的核心问题，拉近审讯双方的空间距离、拉近审讯双方的身体距离，都是为吸引审讯对象的注意力服务的，只要审讯对象的注意力始终专注于审讯主题，那么专业化审讯技术的构建、缩短审讯的实用时间就指日可待。

（三）加强沟通，需要添加沟通调和剂

审讯对象为什么会自愿、如实供述犯罪事实呢？对于这一问题的回答是复杂的。从影响力角度分析，审讯对象的最终供述是基于审讯人员手中的权力性影响力，还是基于审讯人员自身的非权力性影响力？亦或是两者中哪种影响力的成分多一些呢？这是值得侦查人员深刻反思的问题。审讯人员对审讯对象施加的权力影响力是不可或缺的，它是展开审讯活动的前提条件。但是，审讯对象并不会因为审讯人员掌握有审讯的权力就自动地放弃抵抗，就像犯罪嫌疑人明知自己实施犯罪行为就有可能遭到法律的制裁一样，其在实施犯罪时并不畏惧法律固有的威慑力，在审讯中也会一味地抵抗审讯。因此，审讯对象作出供述，有可能是更多地是出于审讯人员的非权力性影响力，即审讯人员个人的能力与魅力。

"非领导性影响力是由领导干部自身素质形成的一种自然性影响力，它既没有正式的规定，没有上下授予形式，也没有合法权力那种形式的命令与服从的约束力，但其影响力却比权力性影响力广泛、持久得多。""在非权力影响力的作用下，被影响者心理和行为更多的是转变为顺从和依赖关系。非权力性影响力是由领导者的品德修养、知识水平、生活态度、情感魅力以及自己的工作实绩和表率作用等素质和行为所形成。它的特点在于它的自然性，它比权力性影响力具有更大的力量。"

审讯人员是引导审讯活动开展的领导者，这是毋庸置疑的。审讯对象是被领导者，处于服从地位。审讯人员个人的影响力将极大地决定着审讯的成败。审讯人员的非权力性影响力主要体现为品德、能力、知识和情感等四个方面。

1. 魅力

年轻的审讯人员即使抛出一句很有分量的问话，常常面临的是审讯对象不为所动，而富有经验的审讯人员只是一句普通的问话，有时也会触动审讯对象的心弦，这与审讯人员的经验不无关系，同时也反映出审讯人员个人威信的重要性。侦查人员对于自身的威信在审讯活动中发挥的重要作用是有共同体验的，威信在于侦查人员个人品德、能力、知识、经验等各方面因素的综合积累，它所展示出来的个人魅力能够增强对审讯对象的说服力、吸引力和诱惑力，从而提高审讯的成功率。

审讯人员的威信是经过长期的实战培养积累起来的，它不仅仅需要审讯人员长期地注意呵护，也需要审讯人员有那么一点点"天赋"。天赋是与生俱来的一种天分，具有独一性和特殊性，天赋更高一点的审讯人员能够更好地领悟指挥人员的意图，辨识审讯对象的反应，更容易融入到审讯活动之中。

侦查人员和侦查部门的威信还在于宣传与传播，通过先进事迹的宣传和侦查能力水平的传播，在当地深入民心，形成家喻户晓的形象，不仅能够在当地起到遏制犯罪、预防职务犯罪的作用，在审讯中也能使得审讯对象"闻名丧胆"。

2. 经验

发挥审讯人员的非权力性影响力，与其个人的审讯经验是密不可分的。审讯人员具有的丰富审讯经验是依靠长期的审讯实践逐渐积累起来的，是其个人能力、知识的综合体现。首先审讯经验来自于审讯实践，只有"老翁卖油"、"庖丁解牛"，长期坚持审讯实践，才能达到熟能生巧的程度。其次审讯经验来自于知识的累积，一名优秀的审讯人员仅仅掌握一些法律知识，在审讯中能说会道显然是远远不够的，更需要掌握心理学知识和审讯技能。当前，对于审讯活动来讲，审讯人员欠缺的恰恰就是心理学知识和审讯技能的系统性培训和学习。另外，职务犯罪涉及的行业广泛，各行各业的专业性知识也是针对性审讯必须熟练掌握的知识，另外，审讯人员如果能够多了解一些天文地理、古今历史知识，对审讯活动都是有用的。再次，审讯经验来自于总结与提炼，鉴于当前办案任务的繁重，基层检察机关侦查人员忙于办案，办案之余适当休息、调整心情为人之常情，但是抽出时间用于对案件侦查、审讯工作的回顾总结仍然是积累经验的良策，总结审讯中存在的经验与不足，是年轻侦查人员迅速提升审讯水平的捷径。在审讯对象完全服软之时，如果问他一些接受审讯时的感受，更能促使审讯人员了解审讯对象的切身感悟，日积月累能够促进审讯人员早日成才。最后，审讯经验也来自于工作生活阅历的不断积累，社会经验与审讯经验相辅相成、相互促进。只有具备了丰富的审讯经验，审讯人员才能始终屹立于审讯活动的优势地位，引导审讯活动的顺利推进，使审讯对象折服。

3. 情感

情感是调整人们之间感情联络的润滑剂，即使审讯人员的审讯能力足够强大，然而也会更加激发抗审能力越强的审讯对象的潜在抗审心理，而情感因素则是适度调节施压力度的中介杠杆。在对审讯对象施加必要的心理压力以后，对审讯对象施以适度的情感影响，往往会起到峰回路转的作用，使得审讯对象心服口服地折服于审讯人员的魅力，顺梯下坡交代自己的犯罪事实。

在审讯中，审讯人员充分运用法律所赋予的权力是必不可少的审讯手段，也能够解决审讯中的实际问题，但是遇到抗审能力较强的审讯对象，单纯地使用法律所赋予的审讯权力还不能达到审讯的目的，有时还会使审讯面临僵局。软审讯法的关键就在于审讯人员在以权力影响力作为铺垫的基础上，发挥自身的非权力性影响力的作用，做到依法、文明、人性化办案，促使审讯对象主动地缴械投降。

二、促进审讯双方沟通的方法

审讯的天然对抗性决定了审讯信息交流的难度，为此，审讯人员应当寻求策略，促进审讯双方之间的心理沟通。

（一）善于倾听

审讯实践中，有些审讯人员喜欢唱独角戏，一味地只管自顾自地对审讯对象进行说教，全然不顾及审讯对象的感受。对予审讯对象的诉说，不是打断就是阻止，这显然不利于审讯双方的信息交流。

审讯人员要学会倾听，不仅仅是用耳朵去听取审讯对象的说辞，还需要审讯人员全身心地投入去感受审讯对象诉说中表达出来的言语信息和非言语信息。审讯人员善于倾听，能够促进审讯双方情感的沟通，达成思想认识上的一致，有利于审讯信息的畅通交流，这是有效沟通的必要组成。

1. 耐心

耐心是审讯人员必须具备的重要品德，展现出审讯人员的强大信心。审讯对象的诉说，一般都与审讯对象即时的心情有着密切的联系。通过倾听，可以感知审讯对象心中的无奈和苦处，发现审讯对象心理薄弱之处；通过倾听，可以从审讯对象零散和混乱的话语中，自然地听懂其中的真实含义，发现审讯对象抗审的理由和程度。而对于强烈抗审的审讯对象，虽然他的观点显然不能为审讯人员所接受，但是通过倾听可以发现其观点的错误所在，以利于寻求相应的对策。

2. 诚意

诚意是倾听的基础，认真听取审讯对象的诉说，有助于审讯人员对审讯对象的心理的深度了解。反之，三心二意、开小差、不耐烦的表现会引起审讯对象的反感和敌意。

诚意是打动审讯对象开启供述之门的一把钥匙，审讯人员在施加心理压力的同时，设身处地的为审讯对象着想，为审讯对象提供合理化建议，以期共同解决当前的审讯难题。

诚意来自于审讯人员的真诚行动，尤其要注意的是不得以谎言、诱骗、虚假承诺的方法引诱审讯对象作出供述，否则会造成审讯对象随时随地的翻供现象，对于形成审讯双方之间的合作诚意绝无益处。

3. 理解与鼓励

理解是促进审讯双方信息交流、心理沟通的润滑剂，即使审讯对象作出了强烈抗审的姿态，也是可以理解的。处于趋利避害的心理需要，抗拒审讯是审讯对象的必然条件反射，理解与同情可以软化审讯对象的抗审心理。在理解的同时，对于其歪理邪说予以及时驳斥，而对于其些许的进步表现应当适时地予以鼓励，这是促进信息交流、心理沟通的催化剂。

4. 集中精力

综观职务犯罪审讯实践，审讯中最浪费时间的就是审讯双方大眼瞪小眼，审讯人员无话可问，审讯对象自顾自呆若木鸡，此所谓相持对抗或形成僵局。此中原因不乏有审讯对象顽固抗审的因素，但根本原因还在于审讯人员的专业化水平尚欠不足。一是由于初查水平不高，审讯人员手头掌握的信息量不足，由此造成无话可问的局面。二是由于专业化审讯程度不高，审讯人员经验不足，不会无话找话，不能及时地预测审讯对象的心理软肋，无法进一步深入审讯主题。三是关键在于审讯人员专注度不够集中，审讯人员首先要集中自己的注意力，才能想方设法地吸引审讯对象的注意力。如果审讯双方都能将注意力集中到审讯主题上来，那么就可以节约审讯成功的时间，从某种意义上讲，审讯活动也是审讯双方注意力和意志力的大拼搏。

5. 适时反馈

审讯人员发送的指令性信息是根据审讯对象的反馈信息发送的，审讯对象的反馈信息也需要审讯人员予以及时地反馈。有天赋的审讯人员往往很会"接灵知"①，遇到审讯对象的反馈信息不合我意时就会即刻予以反驳。对于审讯对象的反馈信息，审讯人员应当高度集中注意力，仔细分辨其反馈信息中的真实含义，对于有碍于审讯的负反馈信息应当予以驳斥与压制，而对于有益于审讯进程的正反馈信息则应当及时的予以肯定，哪怕是稍许的进步，也应当作出客观的评价，积少成多，引领审讯活动朝着有利的方向发展。

（二）转换审讯角色

审讯人员在审讯活动中所处的角色，是法律赋予的权力、身份的象征，在当前以庭审为中心的司法体制改革中，审讯人员被拉入了大控方的范畴，这在当前法律框架下的定位原本无可厚非。但从审讯人员的本质属性分析，审讯人员既不是犯罪事实的参与者，又不是犯罪事实的指控者（公诉人），也不是犯罪事实的评判者（法官），审讯人员事实上是犯罪事实的调查者，具有第三人的身份。

在审讯实践中，审讯人员往往把自己当成法律的化身，拥有至高无上的特权，这势必将自己人为地放置于审讯对象的对立面，难免会增强审讯双方对抗的敌意。如此寓意，审讯人员就难免会为了完成审讯的任务，不可避免地会不断增加施加心理压力的力度，试图迫使审讯对象被迫地接受审讯人员的观点，被迫地交代犯罪事实。当遇到审讯对象顽固抗审时，为了勉为其难地完成审讯任务，有时又不得不采取变相的刑讯逼供手段，这对于"硬审讯法"向"软审讯法"理念的转变显然是极为不利的。

假如审讯人员回归理性，以置身犯罪事实以外的第三人——调查者的身份出现，将更加有利于审讯人员站在更为公正的立场上观察审讯对象的表现，理性地判明案件事实。审讯人员以调查者（第三人）的身份出现还有一个好处，就是审讯人员还可以以帮助审讯对象查明事实真相的身份出现。如果审讯对象不配合审讯人员查明真相，那么其他人的陈述可能对他更加不利。例如，受贿人不供述犯罪事实，那么行贿人的证言可能对其更为不利；反之亦然，如果行贿人不愿供述行贿事实，那么受贿人的供述可能导致其更加不利的后果。由此更加容易拉近审讯双方之间的心理距离，使得审讯对象更加信任审讯人员，从而自愿、如实地供述犯罪事实。

---

① 江南俗语。比喻某人思维敏捷，能够迅速明白他人的话语、用意，通常不等别人把话说完，就能明白其中的含义。

（三）换位思考

由于职务犯罪审讯对象从"天堂"掉到"地狱"的感受，以及审讯室中审讯双方力量对比的悬殊差距，换位思考是审讯人员必须掌握的思维方式。针对审讯对象的各种表现，无论在什么阶段、什么情况下，审讯人员都要在脑子里多问几个"为什么"，"审讯对象为什么是这样的表现"，要站在审讯对象的角度，想其所想，发现和理解其心理想法，从中发现突破口。

换位思考的过程中，还要充分运用逆向思维。发现审讯对象思想认识尚未到位时，可以使用反转法，让其认清形势，面对现实，放下包袱，转变其抗审心理为交罪心理；发现审讯对象畏罪心理严重，害怕坐牢时，可以使用缺点法，明确告知其坐牢是逃不掉的结果，利用其缺点化被动为主动，敦促其尽快如实交代，争取从宽处理；发现审讯对象对某节犯罪事实耿耿于怀、顽固抵抗时，可以使用转换法，调转枪头，转换主题，从罪名较轻、情节较轻或者容易突破的犯罪事实等其他方面寻求解决问题的方法。逆向思维的运用就是要求审讯人员在遇到审讯困难的时候，寻求新的思路以解决碰到的难题。

换位思考主要是为了解决以下几个问题：

1. 审讯对象在想什么

具有针对性地发出问话的指令是解决审讯实际问题的基本条件，其首要问题是解决审讯对象内心的即时想法。一方面审讯人员可以通过语言和非语言行为观察审讯对象的内心表现；更重要的一方面是站在审讯对象的角度，进一步思考审讯对象的内心在思考什么。只有明白审讯对象在思考什么，才能对症下药。

2. 审讯对象需要什么

逃避审讯、逃脱法律制裁显然是审讯对象客观上的第一需要，这是审讯活动应当自然屏蔽的。除此之外，审讯对象还需要什么？这是审讯人员应当时刻告诫自己的问题。审讯对象需要什么实际上就是审讯对象即时存在的心理软肋，是换取审讯对象自愿、如实供述犯罪事实的砝码。洞察审讯对象需要什么，是推动审讯活动发展的有利途径。

3. 审讯人员能够给予什么

审讯人员是根据法律的规定开展审讯活动的，审讯人员能够给予审讯对象的要求是有限的，绝不能随意承诺，或者欺骗审讯对象。一是要符合法律规定的范畴，二是要受限于自身的职权范围。审讯人员与审讯对象之间的信息交流、思想沟通实际上是一种心理上的讨价还价，它有别于菜市场的任意讨价、随意还价。审讯人员要根据法律的规定、自身职权的限制，结合案情的实际情况，用有限的给予作为条件激发审讯对象自愿、如实供述犯罪事实。

（四）红白脸战术

红白脸策略是国际国内审讯活动中运用广泛的一种经典的审讯方法。两名审讯人员一名扮红脸、一名扮白脸。扮演"白脸"角色的审讯人员以严厉的口气、凶狠的表情，采取态度坚决、寸步不让、咄咄逼人的气势，以"恶人"的角色教训和忠告审讯对象，对其展开猛烈的审讯攻势；而扮演"红脸"的审讯人员则以"好人"的面目出现，和蔼可亲的教育他、引导他，真心诚意的帮助挽救他，给出路、给希望。"红脸"与"白脸"相互配合，相互交替，一唱一和，跌宕起伏，往往能够起到相映成趣、相得益彰的审讯效果。

在审讯信息的传递中，充当"白脸"的审讯人员貌似审讯的主角，实际上充当的只是法律威慑、心理施压的旁观者；而扮演"红脸"的审讯人员才是预先埋伏的主角，能够促进审讯信息的传递、交流与沟通。

沟通的目标是为了帮助审讯对象建立期望目的，通过激励满足审讯对象供述的动机。要达到这个目的，审讯人员就必须进行有效的编码、解码和反馈。从某种意义上讲，真正的沟通力是100%的责任沟通，将沟通贯彻整个审讯过程才是审讯的关键所在。一般来说，沟通的途径主要是弄清审讯对象想听什么，通过认同、赞美、询问需求的方式来实现，并以审讯对象感兴趣的方式表达，如亲和、友善、热情。同时，也可以在适当的时机依据需求变换审讯场所。倾听时，用对方乐意接受的方式倾听，积极探寻对方想说什么，鼓励审讯对象多说话，不要随意打断他。同时审讯人员要控制自身的情绪，适时的回应与反馈，最后确认反馈信息，厘清争议。

在信息沟通的过程中，审讯人员要注意以下事项：第一，在审讯过程中发生信息阻塞时，审讯人员首先要控制自己的情绪，多从自身找原因，是否是自己破坏了审讯交流的空间。第二，审讯过程是一个反复较量的过程，审讯人员要随时调整状态，适应不断出现的审讯时机、审讯状况。第三，对审讯对象提出的要求，要根据情况有针对性的解决，不能随便承诺。在法律裁量、职权许可的范围内，审讯人员所作出的承诺应当得到落实，不能空许诺。第四，坚持审讯活动只对事不对人的理念，对待犯罪事实的查证必须严格依法深挖、查透，但是对待审讯对象要有耐心、有温情。第五，审讯对象在审讯过程中往往对信息的影响和刺激是封闭的，无法进行沟通，审讯人员必须树立端正的心理素质，克服消极的心理，树立坚强的意志，避免急躁和畏难情绪，不断巩固通过沟通让审讯对象交代犯罪事实的主导动机。

三、建立审讯双方的信任关系

审讯环境虽然是闭合的，审讯人员与审讯对象同处一室，但心里距离、情感隔阂相距千里之外。要想打通隔阂，建立心里沟通的载体，转化审讯对象的心理，就必须让审讯对象对审讯人员产生信赖。

（一）产生信任的基础

审讯是法律所赋予的一种诉讼活动。在法律关系上，审讯人员和审讯对象是侦查与被侦查的关系，在诉讼活动中，又是主动与被动的关系。审讯的主动性意味着法律所赋予审讯人员在审讯中的优势心理。这种优势心理既是自我调节、自我控制的结果，同时又影响着审讯对象的心理，制约、控制着审讯对象的行为。作为信息的交锋，审讯人员处于控制、主宰的优势地位，而审讯对象则处于被动、接受的劣势。信息系统中的信源和信宿的平等性在职务犯罪审讯的语境中是从起先的不平等到交罪时的平等性逐渐转化的，这种不平等是客观存在的。作为一种心理上互相影响的博弈，审讯对象在相对闭合的审讯环境中，唯一可以信服、信任的对象只能是审讯人员，审讯对象也只有信任审讯人员，才可能反馈有效信息，认罪服法。

信任是一扇由内而外打开的大门，它无法由别人从外面打开。我们无法要求别人信任自己，因为自己是一切的根源，一切都是因为自己首先要值得别人信任。获取审讯对象的信任必须坚持"十二字真诀"。

1. 真实。审讯人员无论是发出试探性信息还是铺垫性信息、突破性信息都必须真实、客观的。传递的信息必须有理有据。

2. 坦诚。审讯人员的态度、立场要坦诚，不能给予审讯对象虚假的承诺，欺骗审讯对象。审讯人员应该以帮助、关心审讯对象为出发点，在法律、政策规定的范围内提出相应的建议供审讯对象选择。对于审讯对象关心的量刑等问题，应根据情况给予客观的回答，不能正面回答的，也应当从刑事政策的角度予以阐述。

3. 忠诚。审讯作为刑事诉讼活动，是法律赋予的职责，审讯人员应当忠诚于法律，规范执法行为，依法惩治犯罪、保障人权，以此获得审讯对象的信任。

4. 廉正。从事职务犯罪侦查工作首先自身要清正廉洁，廉正是公正执法的基础，只有廉正，才能忠诚于民、取信于民。也只有自身清正廉洁，才能秉公办案，执法如山，不为金钱所动，不畏权势，做到一身正气，才能有审讯的底气和资格，才能有审讯的力度和实效。

5. 责任。审讯是一个审讯人员与审讯对象博弈的过程。审讯人员必须具有强烈的责任心，才能在审讯对抗的过程中克服障碍，以坚强的意志战胜对方。无论遇到怎样的困难，都要有决心和恒心寻找到沟通的途径。

6. 诚心。审讯是一个心理对抗的过程，但审讯的目的不仅仅是让审讯对象如实交代自己的犯罪事实，更重要的是要教育和帮助审讯对象认识自己的错误行为，因此，审讯人员要了解审讯对象、尊重审讯对象的人格尊严和权利，从生活上、身体上多关心审讯对象，诚心听取审讯对象所反馈的信息，客观地帮助审讯对象分析利弊，让审讯对象切实感受到审讯人员的诚意。

（二）实现信任的过程

审讯对象信任审讯人员一般都是要经历接受、了解、赞同、信任的阶段。一旦审讯对象信任审讯人员，往往会有以下表现形式：

1. 愿意倾听，愿意探讨。愿意倾听是审讯对象态度转变的预兆，预示着审讯对象从抗罪心理向悔罪心理的转变，开始静下心来听取审讯人员的教诲。愿意探讨表明信息阻塞已经基本消除，正常的信息传输通道已经基本筑建，审讯形势已经向着有利于审讯人员的方向倾斜。

2. 主动提问。在探讨过程中，审讯对象开始逐渐提出一些问题，这些问题都是其关心的，关系到其切身利益。如试探审讯人员掌握了哪些信息情况或者证据方向，在得到审讯人员策略性回答后，审讯对象更会提出一些法律政策上的问题，以图知道认罪后的法律后果以及有无其他从轻、减轻甚至免除处罚的出路，对于此类提问，审讯人员应当耐心地予以讲解，生动地配以实际案例。既要让审讯对象知道后果还要让他看到希望。

3. 寻求解决方案。此阶段审讯人员已经看到了审讯对象准备交代罪行的曙光。审讯对象往往会提出一些具体的要求，如要求见家属、子女一面；要求会见领导；要求取保候审或者给予缓刑、免刑；要求从轻、减轻处罚；等等。对于其合理的要求，审讯人员应当根据自己的权限或请示领导后给予明确的承诺，满足其心理需求，达到加速其交罪的目的。对于审讯对象提出的不合理甚至是无法满足的请求时，审讯人员应当耐心地做好解释、说服工作。

4. 接受审讯人员的建议。此时审讯对象已经逐步建立起对审讯人员的信任，开始听取审讯人员的建议并试探性地逐步交代一些小问题，以期取得审讯人员的同情、信任。此时审讯人员应当充分肯定其态度的转变，采取具有针对性的措施，进一步取得其信任，力争扩大战果。

5. 对审讯人员的讲话深信不疑。由此审讯对象已经从对审讯人员的初步信任完成向信赖的转变，对审讯人员产生了依赖的心理。此时审讯人员应当趁热打铁，步步为营，启发和敦促审讯对象尽快交代全部犯罪事实。但不应过于急切，以免引起审讯对象的怀疑。

6. 主动交代犯罪事实。审讯对象已经彻底完成了从抗罪心理向交罪心理的转变。审讯人员可以对其供述做完整笔录。但不宜对某些尚未掌握的犯罪事实和情节追究细枝末节，追根刨底，以免让其发现审讯人员尚未掌握其部分或大部分犯罪事实而减弱其交罪心理，甚至重新退回到抗审心理，这种情况在职务犯罪审讯中时有发生，应当尽量避免。

7. 愿意接受刑事处罚。此时审讯对象已经穷途末路，往往流露出希望得到同情、怜悯的眼神。预示着审讯活动即将结束。但是审讯工作始终是对抗性活动，在任何时候都来不得半点麻痹，尤其是审讯活动扫尾阶段，更不能有丝毫的松懈。审讯人员应当乘胜追击，采取劝解、安抚等策略让其书写亲笔供词，并具结悔过。在此阶段，审讯人员绝对不能被对方悲情情绪所影响，任何细节的遗漏都将成为今后审讯对象翻证翻供的借口和翻供得逞的诱因。在审讯对象亲笔供词、具结悔过书的基础上，审讯人员可以对类似是否利用职务便利、犯罪细节等情节刨根问底，排除矛盾之处，并再次制作讯问笔录，完善证据锁链。直到此时，审讯工作才能宣告圆满完成。

（三）巩固依附的关系

随着审讯的深入，审讯人员获得了信任，审讯对象的对立情绪就会被克服，转化出一种新的情绪和观点，接纳审讯人员，此时审讯人员将某些客观的信息适量的、逐步的发送给审讯对象，此时审讯对象会予以确信。客观逻辑性的构建是持续发展的，因此审讯对象对审讯人员的依靠心理也需要时间的培养，逐渐产生依靠也是一个过程。再加上审讯对象的信任感是会有反复的，具有不稳定性，自我心理防线的修复都在影响着信任、依靠的发展，审讯人员要想获得审讯对象的信任是需要过程的。

信任只是审讯对象作出自愿供述的起点。在后续的侦查活动中，尤其是侦查阶段结束以后的审查起诉、庭审等诉讼阶段，审讯对象的供述仍然会出现时有反复的现象，这与信任关系的牢固程度有着密切的关系。这就需要审讯人员进一步加强、巩固与审讯对象之间的交流与沟通，采取人性化办案、理性认定犯罪事实、客观肯定审讯对象的从轻、减轻情节等办案措施，融化审讯对象心理的冰点，消除其内心疑惑，增强审讯对象对审讯人员的信任程度，促使诉讼活动朝着客观、公正的，为审讯对象理性所能接受的方向有序推进。

实践中，有些审讯对象在供述犯罪事实以后，积极争取从宽处理，主动放弃聘请律师的权利，甘愿接受法制的制裁，充分体现出审讯对象对于审讯人员的高度信赖。虽然"放弃聘请律师为自己辩护的权利"不为我们所提倡，但是这种典型案例应当得到广泛的宣传，在当地树立典型，以此营造良好的办案氛围和审讯环境，降低审讯的难度。

此外，还要充分了解审讯对象的感受，设身处地的为其着想，对审讯对象的每一小步进步都应予以肯定。同时要帮助审讯对象树立正确的价值观，寻找审讯双方存在的共同语言，例如行业知识、家庭情况等。

因此，审讯人员要严格以法律为准绳履行自己的职责，树立侦查意识，积极消除影响信任、不对等的心理基础；尊重审讯对象的合法权益，不能随意侵犯其人身权利；规范严肃的用语行为，通过文明、规范的行为建立信息传递的基础。尤其是在审讯的特殊空间、时间下，审讯对象对抗、封闭信息交流的关键是不愿意沟通、不需要沟通，这就需要审讯人员规避审讯双方的不平等基础，不断调整状态、方法以调动、控制审讯对象的态度，确认审讯对象的需求，打通影响沟通的阻塞，逐渐消除审讯对象的抵触情绪，激发审讯对象的人格道德系数，使审讯对象认识到审讯人员身上既有法律人的执法性，又有常人的智慧。对审讯人员的身份认识有了转化，就会建立起沟通的基础，就会产生信任，也就会进行有效的信息反馈，最终供述认罪。

（四）建立信任关系需要注意的事项

任何事情都要从细节做起，在审讯信息的交流沟通中，还应注意以下事项：

1. 不要使用"讯问"的词眼

"讯问"、"审讯"的词眼较为敏感，具有强迫问话的含义，极易引起审讯对象的反感，造成审讯双方的对立情绪，可以用"询问"、"了解情况"等词语代替，有助于审讯双方建立起信息交流的正常途径。

审讯人员询问问题时应当以一种交谈的语气提出来，并且始终是非指控性的。侦查人员说话的语气、提出的问题所用的措词，或者侦查人员的面部表情，尤其是眼神，都可能会让犯罪嫌疑人将询问的问题看作指控性的。询问犯罪嫌疑人时保持与犯罪嫌疑人的眼神接触是主要的，但是应当避免盯着犯罪嫌疑人看，因为这可能会被理解为一种威胁。在眼神接触方面，侦查人员不应戴深色的眼镜。如果询问对象戴深色的眼镜的话，那么侦查人员应当问他的镜片是否为处方镜片，如果不是的话，那么侦查人员应当礼貌地让他在询问过程中把眼镜摘下来。[①]

2. 始终保持镇定的神态

保持镇定的神态充分体现了审讯人员的专业化水准和综合素质。

首先，从进入审讯室开始，保持镇定的神态是审讯人员必修的基本功。侦查人员欲图通过强烈的心理施压手段迫使审讯对象在短时间内如实供述犯罪事实，这只是审讯人员单方面的过高预期，一切急于求成的表现只能让审讯对象窥测出审讯人员不专业的审讯手段，看低审讯人员的能力，增强其抗

---

① ［美］佛瑞德·E.英鲍、约翰·E.莱德、约瑟夫·E.巴克利、布莱恩·C.杰恩：《刑事审讯与供述》，中国人民公安大学出版社 2015 年版，第 50 页。

拒审讯的信心。

其次，谎言是审讯对象抵制审讯的惯用手段。面对谎言，揭露谎言是常策。但在方法上应当含蓄，愤怒或者暴怒是审讯人员的大忌，有陷入审讯对象圈套之嫌。事实上，审讯人员只要表明态度：始终都知道审讯对象在说谎。愤怒通常会激发审讯人员施加更大的心理压力，而过度施压通常在审讯对象抗审心理较强的状态下会进一步巩固其抗审的态度。

应当坚持适度施压的原则，审讯对象具有怎样的抗审心理，就应当对应地施加怎样的心理压力，即程度对等原则。施压过度反而会增强审讯对象的抗审心理，一旦出现这样的状况，预想将其拉回到审讯双方信息的交流状态就需要花费更长的时间和更大的精力。如果接班的审讯人员遇到上一班审讯人员造成这种现象时，更要谨慎处理，设法改变形象，从头开始，降低审讯对象的抗审心理程度，营造良好的信息交流环境。

最后，遇到审讯对象供述出审讯人员尚未掌握的犯罪事实时，如果审讯人员表现出欣喜若狂的迹象，则会引起审讯对象的警觉，产生"上当受骗"的错觉，阻断其继续供述的路径，重回抗审的状态。

3. 避免强调后果

畏罪心理是审讯对象抗拒审讯的主要动因之一，提及后果仿佛是在告诫审讯对象，让其不要供述或者停止供述。尤其在职务犯罪审讯中，犯罪事实是多节犯罪情节叠加计算而成的，在审讯对象供述期间，如果不适时地对其供述作出阶段性总结，如"前面你讲的事实已经累计有 50 万元了，对吗？""你讲述的问题已经超过 100 万元了（或者数百万元），对吗？"诸如此类的问话都是在告诫审讯对象，他所犯罪行的严重性，由此使其产生阻断继续供述的欲望，甚至推翻以前的供述，重回抗审状态。从心理学上讲，无论审讯对象处于抗审阶段，还是处于供述阶段，提及供述后审讯对象可能遭遇的后果都是不合时宜的。

此外，后果既包括供述后可能涉及的严重处罚程度，也包括接受法律处罚后可能遭遇的社会负面评价和亲朋的唾弃，无论哪方面的负面后果显然对促进审讯对象的供述都是不利的，应当尽可能地回避。

4. 妥善处理抽烟细节

对于吸烟的审讯对象而言，是否给其吸烟是一把"双刃剑"。在审讯对象抗审阶段，应当适当地限制其抽烟的次数，因为无度地允许其吸烟能够缓解其紧张的情绪，增加其舒适感，从而增强其抗审的心理；面对吸烟的审讯对象，审讯人员自然地抽烟，可以引起审讯对象心中的欲望，降低其抗审的情绪；而当审讯对象欲作供述之际，适时地递上一根香烟，犹如压垮骆驼的最后一根稻草，恰到好处地撬开其紧闭的双唇。事实上，给予审讯对象无度饮茶的权利，也会提高如厕的频率，阻碍审讯信息的交流，故此限制审讯对象饮茶能够起到相同的效果。对于不吸烟的审讯对象而言，审讯人员也应当克制抽烟的欲望，审讯人员无度地抽烟会引起审讯对象的极度反感，产生强烈的抗审动机。现实生活中，不喜闻烟味的女性反感抽烟的男性亦是如此。

5. 隐蔽笔录制作流程

审讯活动需要制作相应的笔录。在抗审阶段制作相应的笔录可以钳制审讯对象的抗审心理，在供述阶段制作笔录则是获取言词证据的客观需要。审讯实践反复证明：审讯笔录的制作越往后拖越好，最好是等到审讯对象供述完毕后再予制作更佳。现实是残酷的，有些审讯对象会时供时翻，而有些审讯对象则是先供即翻，所以最佳的方案是同步制作笔录。

面对面的制作笔录会引起审讯对象的警觉，使其感觉到他的一言一行都会体现在笔录中，就会引发其增强戒备心理，对自己的答话酌字酌句地反复权衡，这显然不利于审讯对象对客观事实的真实追忆。如图5－3－1所示的位居于审讯对象侧后方的审讯人员应当担负起同步制作笔录的重任，其良好的位置有利于隐蔽笔录制作的流程，为审讯信息的无障碍沟通创造条件，使审讯对象在供述时心无芥蒂，表露出更多的犯罪信息。

第四节　审讯信息传递的法则

审讯的目的是取得审讯对象关于自己犯罪的有罪供述，其难度可想而知。为了达到审讯中信息传递的预想效果，有必要对审讯对象为什么会做出不利于自己的有罪供述做些探讨。

人们为什么会供述呢，理查德·A. 利奥指出："作为对审讯人员审讯行为的回应，犯罪嫌疑人之所以如实供述，大致有三个相互联系的原因：他们想终止审讯的紧张与压力，以及从审讯程序的紧闭环境中脱身；他们开始认识到除了满足审讯人员的要求外，已经别无选择；或者意识到以某种方式承认犯罪所带来的收益大于完全否认犯罪可能带来的成本。"[①] 由此可见，任何指望犯罪嫌疑人良心发现，不经审讯就能自愿供述自己的犯罪事实，只是一种不切实际的奢望。

---

① ［美］理查德·A. 利奥：《警察审讯与美国刑事司法》，中国政法大学出版社2012年版，第141页。

从供述的原因看，可以反向得出以下结论：供述来源于审讯，而审讯信息传递的首要法则就是心理施压。结合审讯实践，笔者认为，审讯中的心理施压具有四重性，或者说可以划分为四个不同的施压层次。

一、法律政策的威慑

人们之间的谈心、商人之间的谈判由于不具有法律的约束力，谈的甚欢或者一拍两散均可。而审讯，是法律规定的一种刑事诉讼程序，任何一个人面临刑事审讯，都会天然地产生一种心理压迫的感受。审讯对象的心理压力首先来源于法律规定的自然约束力，法律的约束力是对审讯对象施压的基础和原动力。任何脱离了法律规定的审讯就不能称之为审讯，只能称其为私刑或非法拘禁。法律政策施压是审讯中的第一法则，是其他施压手段的基础条件，且其他施压手段都是围绕法律政策天然形成的压力所采取的针对性施压手段。

法律规定赋予审讯活动天然的施压属性，主要表现在以下几个方面：

（一）与社会隔离的压力

"爱情诚可贵，自由价更高。" 自由是人们渴望的精神需要。犯罪嫌疑人一经传唤，就会被"紧闭"于狭小的审讯室内，造成与社会隔离的状态。对于职务犯罪审讯对象来讲，他们从原先"养尊处优"的良好环境一下子跌入一个"四面楚歌"的陌生环境，自然而然就会产生身体不适、无助、害怕、无从掌控局面的心理压力。人总是想与他人交流，在审讯室里，审讯对象唯一可以交流的对象只能是审讯人员，这一点是审讯人员应当予以充分利用的。

在法定的审讯时限内，随着隔离时间的延长，审讯对象的心理压力不断加剧，审讯人员始终占据优势地位，表现为以下几个方面：

1. 审讯对象抗审的信心会逐渐下降

在作案之时至接受审讯之前，职务犯罪审讯对象都会做好充分的思想准备，往往在审讯中体现出某种优势心理：认为自己的作案手法隐蔽，反侦查能力强，不相信检察机关能够获取其犯罪的证据；或者不相信自己的同盟者会背叛自己，实践中审讯对象通常相信行贿人是自己的老朋友、铁哥们，绝不会出卖自己；或者坚信自己的后台硬，老上级、老领导会说情干预，解救自己。随着隔离状态的延续，一切奢望终将成为泡影，陡增其心理压力。

2. 审讯对象会逐渐失去抗审的耐心

从博弈论角度分析，审讯也是审讯双方不断进行讨价还价的博弈过程，隔离状态的持续也是审讯对象不断丧失信息优劣的过程，审讯对象性格等方面的优势信息不断被审讯人员所了解；审讯对象抗审的伎俩不断地被揭露；审讯对象据以严守的犯罪事实优势信息不断地被审讯人员所挖掘；审讯对象与审讯人员讨价还价所处的优势地位也会不断削弱，其耐心就会不断丧失，逐渐开始供述其犯罪事实。

3. 审讯人员可以换取更多有利于审讯的信息

隔离状态是极其有利于审讯人员的，通过审讯，审讯对象即使作出积极的抗审回应，也能使审讯人员从中获取有利于进一步深入审讯的信息；抑或审讯对象作出消极的抗审反应，审讯人员还是能从其微表情的流露中发现有利于审讯的信息。随着审讯人员获取信息的累积，就能不断挤压审讯对象所欲保留的信息，在双方信息交流中占据优势地位。

4. 同步外围取证更能坐实证据

"轻口供、重证据"是法律原则。职务犯罪侦查实践表明，言词证据在职务犯罪诉讼证明体系中有着其他证据无可替代的举足轻重的地位，虽然在职务犯罪侦查中，没有口供就很难获取证据，但是通过言词证据所指向的方向获取其他物证、书证，反向进一步坐实证据是非常必要的，它是体现"轻口供、重证据"法律精神的具体做法。

在首次审讯犯罪嫌疑人期间，同步开展外围取证尤为重要，可以通过向更多的行贿人获取行贿信息来加强审讯的力度，如果初查工作做的足够仔细、证明审讯对象涉嫌职务犯罪的指向性信息足够丰富的话，指挥人员应当增强侦查人员对犯罪事实客观存在的内心确信，下定决心开展外围同步取证搜查工作。搜查具有法律属性，通过搜查可以获取相关的实物证据，为审讯提供更多的有效信息，向审讯对象发出更强烈的指令性信息。

在审讯中，逃离审讯室的隔离状态，是审讯对象的首要心理需要。审讯人员据此可以对其进行规劝：想要走出审讯室，在现有证据充足的情况下，只有交代犯罪事实才是你唯一的出路，才能释放你心理的压力，就算到了看守所，也要比这里的隔离空间要好得多，退一步讲，被送往监狱后，自由的空间也要大许多，才能彻底放下你的精神包袱，好好改造，重新做人。这一招在审讯中往往会起到催化的作用。

（二）害怕被判刑的压力

审讯的结果谁都知道，一但审讯对象供述自己的犯罪事实，就一定会面临法院的判决，这是犯罪嫌疑人所承受的最根本的心理压力。这种害怕被判刑的压力既来自于对判刑后果的恐惧、惶恐，也来自于害怕对现有一切既得利益的丧失，更害怕对两者的权衡比较。

1. 对判刑后果的恐惧

对于道德高尚的人而言，其行为准则往往是人们学习的榜样，作为我国精英阶层的国家工作人员来讲，一旦涉足职务犯罪，被判刑就意味着跌入万丈深渊、人间地狱，从现有的社会地位到人人唾骂的反面典型会对其心理产生巨大的落差。在审讯中，不到万不得已，建议审讯人员在传递信息中不要过分描述供述的后果，而要将审讯的注意力集中于犯罪事实本身。

在具体的审讯过程中也是如此，如果审讯对象将某些实为受贿的情节贯之以"以借为名"、"礼尚往来"、"情面难却"、"工作之便"等名义予以辩解的话，不应过于纠结具体的细节，因为行受贿收受财物的过程必须得到行受贿双方相互的应证，而"以借为名"、"礼尚往来"、"情面难却"、"工作之便"等含义都可以在事后的侦查取证中予以澄清。审讯对象在供述中借用这样的名义只是自欺欺人地在缓解其内心所要承受的压力。

审讯中还会经常出现这样的情景：当审讯对象自然地供述出几节犯罪事实以后，经验不老道的审讯人员往往会自觉或不自觉地告诉其此阶段的供述成果（当然，审讯对象自己也会计算），如"你到目前为止的态度非常好，已经交代受贿10多万元了"等。当审讯对象忽然联想到"10万以上受贿数额可能被判处10年以上徒刑"的量刑后果时，恐惧之心就会骤然上升，供述由此就会戛然而止，有的甚至会推翻以前的供述，造成信息交流的阻断，重回抗审状态。这些都是审讯对象恐惧判刑后果的具体表现。

2. 害怕失去既得利益

害怕被判刑的反向结果就是失去现在享有的既得利益：包括财产收益损失；工资、奖金、福利损失；失去社会资源、社会地位的损失；失去亲情、失去对亲属的照顾；等等。

既要被判刑，又要失去以往的既得利益，两害相加，更加增添了审讯对象应讯的心理压力。因此，审讯的技巧既要掌握不断施压的能力，还要适度地释放其心理重压。

3. 害怕被采取逮捕等强制措施

刑拘、逮捕是供述延伸的副产品。罪轻的审讯对象往往会在不得不供述的情况下积极采取主动供述的方式来换取侦查机关对其采取取保候审措施的承诺；罪重的审讯对象也会在条件允许的情况下主动供述，积极揭发他人的犯罪来试探性地换取取保候审的可能性。这些均是审讯对象面对法律规定所需要承受的心理压力。审讯人员在面对审讯对象所承受的此种压力时，传递的信息中务必避免两种倾向：一是胡乱承诺。即对不可能采取取保候审的审讯对象允诺对其采取取保候审措施，或者无决定权限的审讯人员对其允诺采取取保候审，后又被指挥人员否决，决定拘留、逮捕。由此会造成审讯对象抗审心理的急剧反弹，形成审讯僵局。二是务必做好审讯对象被执行拘留、逮捕过渡阶段的心理转换工作，以利于衔接后续的审讯活动。

二、供述收益的得失分析

没有法律的规定就不存在刑事审讯一说，审讯对象面临审讯的第一重压力是来自于法律的威慑力。在法律规定的约束下，审讯对象不得不在内心进行权衡，供述还是不供述，供述的得失和不供述的得失，由此产生了第二重压力，即审讯对象的自我心理加压。

（一）收益概念及收益的基本范围

收益是博弈论涉及的一个基本概念，是博弈参与人在给定策略组合的前提下各自得到的报酬。收益是将博弈用于刑事诉讼审讯与供述制度分析时最难处理的问题，也是最易产生争议的问题。对经济行为和一般社会行为进行博弈分析时，参与人的收益都能够明确化，甚至达到准确数量化，但将博弈分析运用于刑事诉讼审讯与供述博弈时，我们会在收益的明确化和数量化方面遇到难题。虽然许多刑事案件也涉及经济因素，如犯罪嫌疑人的犯罪所得、被害人因犯罪遭受的物质损失等，但更主要的收益部分却是以非物质形式表现的，如人身自由被限制、剥夺，甚至生命被剥夺的收益（负收益）。这些价值属于不属于博弈过程中参与人的收益，恐怕谁也不会否认。但传统刑事诉讼的法理研究中，用一个概括性极高而模糊度也极强的"公正"大口袋将这一切都装了进去。博弈论分析恰恰是一种以精细化为前提并以精细化结果为追求的分析方法，在这种分析中，收益必须明确化、定量化，"一切取决于参与人的收益"，收益的不同和变化决定了博弈分析的模型及其变化，相应地，极大地影响着博弈分析预测的结果。虽然对刑事诉讼中参与人收益分析面临上述问题，但我们至少能在收益的相对明确化和相对确定性方面做一些实实在在的工作。如我们可以将收益构成的基本要素的范围明确化，明确这些基本要素在收益中的大致权重，在此基础上再对收益进行相对明确、确定的数量化处理。

收益可以按照不同的标准进行分类。按照利益的增加或损失，收益可以区分为正收益和负收益，正收益表现为利益的获得，负收益表现为既有利益的损失。在职务犯罪审讯中，审讯对象一旦交代其犯罪事实后，它更多地体现为一种负收益，审讯对象考虑更多的是如何减少或降低其损失的程度。按照利益本身的表现形态，收益可以区分为物质收益和精神收益，物质收益相对而言是有形的、可予以明确量化的利益，如贪污贿赂案件中犯罪嫌疑人因犯罪指控不成立而保有的贪污贿赂所得的财产利益，或者因犯罪指控成立而可能被判处的没收财产或罚金的财产数额。精神收益相对而言是无形的、属于难以准确量化的利益，比如犯罪嫌疑人因被判有罪收监执行而遭受的人身自由被剥夺的利益损失，或者在审讯期间因主动供述犯罪事实、社会危险性较小而不必被采取拘留、逮捕等更严厉强制措施而获得的利益。按照利益兑现的时间，收益可以区分为即期利益和远期利益，当然这里的即期和远期也是相对而言的，比如及时供述全部犯罪事实可使犯罪嫌疑人即时解除因持续的讯问而产生的巨大心理压力，这是一种即期利益。行受贿案件中的行贿人可能考虑到以后与受贿人的合作关系或者因不愿出卖朋友而拒绝提供有利指控的证言，其所考虑的就是一种远期利益。

（二）犯罪嫌疑人在审讯与供述活动中利益实现的特殊形式

与许多博弈中参与人可以自由选择博弈的对方参与人不同，职务犯罪审讯博弈中的犯罪嫌疑人是被迫作为参与人参与这一博弈的，而陷入这一程序的犯罪嫌疑人自身的人身自由和许多权利可能受到多种限制，这对其本身而言就是一种利益的损失。另外，犯罪嫌疑人在审讯博弈中的收益具有另一种特殊的形式，职务犯罪审讯所获得的有罪供述将用于支持对其犯罪的指控，如果指控成立，犯罪嫌疑人将被确定有罪，他可能面临牢狱之灾，丧失国家公职人员身份以及伴随这种身份本应享有的合法正当的利益。这种巨大的利益损失，实际上是为他先前实施职务犯罪所获非法利益而付出的惩罚性代价，审讯过程所获得的有罪供述对职务犯罪嫌疑人而言都是有害而无益的。在这种情况下，犯罪嫌疑人追求自己的"收益最大化"就以"损失最小化"的形式表现出来。如何实现自己的"损失最小化"？犯罪嫌疑人具有自身的理智与判断标准。他可能拒绝交代罪行，可能部分交代罪行，也可能全部交罪、悔罪，具体选择哪一种形式，除了受制于趋利避害的基本偏好，还受制于许多内外部的约束条件，如犯罪嫌疑人对待现实风险的态度、审讯人员所掌握的犯罪信息和证据、法律框架内的现实威胁和激励因素等等。

（三）犯罪嫌疑人类型与偏好对利益分析的影响

职务犯罪审讯博弈中的参与人类型主要表现为参与人的偏好，偏好的实质是个体对不同利益的选择取向。具有明确的偏好，并在给定的条件下追求自我偏好满足的最大化，正是参与人具有理性的集中表现。博弈中参与人的最优选择是其偏好和约束条件共同作用的结果。这里的约束条件主要体现在以下几个方面：物质性约束，比如犯罪嫌疑人如果被采取强制措施，其人身自由就会受到不同程度的限制；制度的约束，如犯罪嫌疑人必须如实供述，不享有沉默权，如实供述可享受法律许可的利益；信息的约束，在犯罪嫌疑人和审讯人员相互信息不完全、不对称的情况下，双方的策略选择都将面临较大的困难。在信息不确定的情况下，犯罪嫌疑人的策略选择是否趋向于最大化其偏好，除受偏好本身及其约束条件的制约外，还受犯罪嫌疑人对待风险的态度制约。犯罪嫌疑人对待风险的态度可以大致分为三类：风险爱好者、风险规避者和风险中性者。犯罪嫌疑人对待风险的态度既体现在职务犯罪的犯罪过程中，同样体现在职务犯罪嫌疑人接受审讯的过程中。审讯人员在职务犯罪审讯过程中必须对犯罪嫌疑人的风险态度有比较准确的把握，才能全面掌握犯罪嫌疑人的类型，才能有的放矢地采取合理的策略。

一般而言，审讯对象在审讯之初最为顾忌的是被判处刑罚，兼而造成财产和精神方面的双重损失。然而随着审讯活动的深入，审讯对象在明知必须作出交代，这意味着他终将被判处刑罚，此时他更多的会考虑如何降低损失的程度，少判几年刑，兼而在财产和精神方面少受些损失。抑或宁可在财产上多受些损失来争取刑期上的适当减刑，是职务犯罪审讯中经常出现的现象。一旦审讯对象交代罪行后，知道大势已去，他不再关注于远期的收益——被判多少刑，而更加专注于即期收益——是否能取保候审或者停止审讯，由此释放审讯带来的内心焦虑。从审讯对象对供述得失权衡的规律中，审讯人员可以得到启示：忽略和降低审讯对象对后果的考虑是促进审讯对象尽快供述的优势策略，并且要将审讯对象的注意力从害怕远期利益损失的顾虑上转移到对即期利益的收益上来，这样才能加快审讯的进程。

职务犯罪的审讯阶段，犯罪嫌疑人几乎总是选择抵赖，这可以看成是职务犯罪侦查主博弈中犯罪嫌疑人的偏好。造成犯罪嫌疑人这一偏好的原因是多方面的，包括嫌疑人逃避法律追究的自利性心理、侥幸心理，也包括审讯人员对犯罪嫌疑人犯罪信息的整体掌握状况等。偏好也是可以改变的，审讯工作的一个重要方面就是通过强化犯罪嫌疑人偏好的约束条件，从物质方面、制度方面、信息方面对犯罪嫌疑人施加合理的压力，促使其交罪、悔罪，实现审讯双方由不合作到合作的转化。须知犯罪嫌疑人的不合作是一种常态，从不合作转为合作在很大程度上取决于审讯人员的信心、耐心和工作成效。

三、审讯技巧的压力调节

审讯对象之所以会愿意供述自己的犯罪事实，一方面是出于法律政策威慑的天然压力所致，另一方面是基于对供述后可能获取的收益得失的权衡。从此意义出发，审讯技巧的运用并不会天然地对审讯对象产生自然的心理压力，它是对法律政策施压与供述后收益得失权衡进行调节的平衡器。通过对审讯对象心理刺激的方法或减轻施压程度来调控审讯对象的心理受压限度，在审讯对象面临供述临界心理状态时予以突破，促使其尽快供述犯罪事实。

（一）加大心理施压力度

不同的人承受心理压力的能力是不同的，从理论上讲，每一个人都有其承受心理压力的极限点。对于审讯对象而言，只要审讯的压力达到一定的极限就会让其无法承受而供述犯罪事实。传统的审讯思路一再告诫施压的重要性，即施压—抗压—再施压—再抗压—继续施压—逐渐降低抗拒心理—继续施压—审讯对象供述犯罪事实。这是一条简单、不达目的誓不罢休的不归之路，审讯效果简洁明了，但是也充满风险，如果遇到抗审心理极强的审讯对象，一旦审讯人员的理性失去控制，就会超越依法、文明办案的底线，身陷于刑讯逼供非法取证的嫌疑。我们提出适度施压的主张，尤其是针对职务犯罪审讯对象群体，适度施压或适度限制审讯对象的抗审心理更能体现检察机关公正、文明的办案形象。

1. 心理施压应针对审讯对象的要害

审讯对象的心理活动在应对审讯时的反应各不相同，有的人害怕被判重刑；有的人在面临不得已被判处重刑的情况下会主要顾及于财产损失的现实问题；有的人更难以承受的是家属、子女、父母等亲情利益的得失。趋利避害心理会使不同的审讯对象产生不同的心理承受压力，审讯的过程就是不断地寻找审讯对象的心理弱点，及时发现其心理软肋并予以恰到好处的心理施压的过程。如此更能提高审讯的成功率。

2. 心理施压的手段应当合法

传统的剥夺或限制审讯对象睡眠、饮食的方法在原先的审讯实践中大有市场，通过这种简单、粗暴的审讯方法能够使审讯对象处于疲惫、沮丧的心理境地，审讯对象往往会在感受到身体不适、精神恍惚的情况下作出有罪供述。然而其负作用也显而易见，当其体力恢复或脱离检察机关羁押权限后，就会坚决地进行翻供，且翻供的理由千篇一律地是"受到审讯人员的刑讯逼供"。现实中，有些职务犯罪审讯对象摆出一副无所畏惧的模样，公然挑衅审讯人员："来呀，我就是不说，要么你来打我。"如果审讯人员丧失理性，上前动手动脚，正好中其圈套。

现行法律进一步规定了保障审讯对象充分睡眠、饮食的权利，传统的强制审讯对象心理的粗放式审讯方法已经很难有立足的市场，而专业的适度限制审讯对象心理的审讯方法还在逐渐地酝酿实践中，在实务界尚难形成一套完整有效的审讯套路。对于职务犯罪审讯而言，初查作为职务犯罪侦查独有的先天有利条件，加强初查是应对审讯难题的制胜法宝。只有在初查中全面、仔细地了解审讯对象涉嫌犯罪的信息，并注重对审讯对象性格、脾气、人格、能力等多重心理的了解和分析，才能随心所欲地在审讯中施展心理施压的技巧，达到依法、文明审讯的要求，满足"法律观众"①的法制需求。

3. 多重心理施压构建多重压力结构

寻找心理软肋往往是审讯人员一厢情愿的美好愿望，对审讯对象单向的心理需求实施心理施压的策略往往并不能取得良好的审讯效果。现代审讯心理学告诉我们，针对审讯对象不同的心理需求构建多重心理压力结构，并且进行反复的施压才能发挥审讯技巧的最大作用。

构建多重的心理施压结构能够营造控诉式的审讯体系，一是"对于犯罪嫌疑人来说，控诉式的审讯都是一种难受的体验。逃避审讯压力的心理需要强烈到顾不得理性考虑供述后果的程度"，"他们尽力将犯罪嫌疑人的注意力从供述的长期后果引向立即可得的利益上来"。二是"犯罪嫌疑人之所以供述的第二个原因是，审讯使得他们认为除了配合审讯人员之外，别无选择"。三是"审讯的心理结构也被设计成可以促进和增强犯罪嫌疑人的无助、徒劳和必然遭受刑罚的错觉"。四是"有的犯罪嫌疑人供述是因为审讯人员说服他们相信，供述是其所有选择中相对最佳的选择"。五是"一些犯罪嫌疑人服从审讯人员的要求是因为审讯人员摧垮了他们认为自己可以逃脱惩罚的信心；相反，却被审讯人员说服，认为如果供述，其在道德、社会、心理以及法律上所获得的利益将远远超过其抵赖的成本"。②

（二）适度调节心理施压程度

对审讯对象施加心理压力，是为了寻找审讯对象承受压力的极限点，而一旦施压的力度超过了审讯对象承受压力的极限就会有反向的风险。有些审讯对象在经历心理压力之后即将供述之时，却会反其道而行之，"反正我的犯罪已经那么严重了，要被判处 15 年徒刑，你们不是有证据吗，你们爱怎么办就怎么办，我无话可说。"过度的施压会造成审讯对象绝望的心态，无利可图就会迫使其走向相反的极端，这种状态往往会形成审讯僵局。因此，施压贵在伸缩有度，恰到好处。

1. 适度施压

审讯人员是施加压力的调和器，既要拥有施加压力的能力，又要学会适度减压，做到游刃有余。一方面要把握审讯对象临界供述状态时的施压力度，尽量避免审讯对象超负荷状态下的心理反弹。另一方面在不断施压的过程中，要给其搭建借梯下坡的借口，在其临界供述状态时，顺着借口顺梯下坡，供述犯

---

① 指公诉人员、律师、法官、法律专家与学者等，泛指广大民众。

② ［美］理查德·A. 利奥著：《警察审讯与美国刑事司法》，刘方权、朱奎彬译，中国政法大学出版社 2012 年版，第 141－142 页。

罪事实。尤其针对心理承受压力弱的审讯对象，天然的审讯环境已经足够对其施加影响，舒解其压力出路才是正确的审讯途径。

2. 适度调节施压方向

当审讯人员针对审讯对象某一处心理弱点不断施压仍然不能起到良好的效果时，审讯人员应当及时调整施压方向，在保持或适当减弱此处心理压力的同时，寻求审讯对象其他心理方面的弱点并予以冲击，以求构建多重心理施压结构，全线考验审讯对象的心理承受力。

（三）明示与暗示相结合传递施压信息

归结起来，审讯的方法无外乎明暗两条线路。明示就是正向地直接向审讯对象传递正确的信息指向，它是审讯的主要方法；而暗示则是衬托明示的辅助手段，它所产生的结果却常常超出明示的作用。

1. 明示施压法

证据的形式有书证、言词证据等，出示证据的方式也可以是多元化的。当审讯人员掌握有书证时，对审讯对象会产生强烈的震撼。如受贿款项是银行往来，受贿财物是房产、车辆等，出示相关书证能充分证明犯罪事实的存在，无可争辩。出示证据必须坚持少量、点滴的出示原则，只有在出示少量证据取得成效的前提下，才可以逐量增加出示的证据量，以此换取审讯对象主动供述其大量的犯罪事实。如果审讯人员出示证据后未能引起审讯对象任何反应，则应当立即停止证据出示，更换其他审讯策略继续审讯。

2. 暗示施压法

审讯人员可以采用语言暗示的方法说出与犯罪事实相关联的内容或情节，从侧面揭露与犯罪事实有关的片段情节，也可以明确说出与犯罪事实本身无关联的其他情节，通过暗示引起审讯对象的联想，进而让其产生错觉，误以为连这些细节都已经被掌握，那么其他犯罪事实也会被掌握，从而惧怕证据的威慑力，选择如实供述。

四、人性化审讯策略的铺垫

评价审讯的成败，首先来自于法律政策的威慑，只有在法律规定的气氛下，施加压力才会有施展审讯技巧的余地。其次，基于趋利避害的心理使然，供述后的利益得失是审讯对象需要反复权衡的心理反映，它是审讯对象愿意如实供述的心理动力。再次，审讯人员是心理施压的助推器，调节着审讯压力的程度，适度地限制审讯对象的心理压力有助于巩固其供述后的心理变化，促进审讯对象与审讯人员的合作稳定。最后，人性化审讯是法制的最高要求，应当贯彻于审讯的始末，它能为审讯的顺利进程、为审讯对象自愿供述铺设基础。

以上四个方面既有着明显的层次分割，又相辅相成，缺一不可。

人性化审讯策略主要体现在以下三个方面：

（一）严格依法文明审讯

打击职务犯罪与保障犯罪嫌疑人的人权并重是当代法制的基本要求，严格依法文明审讯是体现人性化审讯的基础，应当贯穿于审讯活动的始终。

1. 审讯时间不得超过 12 小时，案情特别重大、复杂，需要采取拘留、逮捕措施的，审讯的时间不得超过 24 小时，不得以连续传唤、拘传的形式变相拘禁犯罪嫌疑人。

2. 审讯一般不得超过晚上 12 点，应当保证犯罪嫌疑人的饮食和必要的休息时间。

3. 应当及时告诫审讯对象有聘请律师的权利，条件允许时，应当在第一时间通知律师到场并予以会见。

4. 审讯中应当严格规范审讯用语和审讯行为。严禁刑讯逼供，不得采取其他变相方法体罚、虐待审讯对象，也不得用诋毁、侮辱性用语或者欺骗、指供性用语强迫审讯对象自证其罪。

5. 坚持全程审讯录音录像制度，客观反映审讯的真实面貌。亦可针对审讯对象以"刑讯逼供"、"指供诱供"的翻供予以反证。

（二）保障人权，尊重人格

保障审讯对象的基本人权，尊重审讯对象的人格，不仅仅是为了照顾审讯对象的颜面，更重要的是让其深刻体会到审讯人员对其的尊重。"保障人权，尊重人格"不是一句空话，应当落实到具体的审讯活动中。

1. 关心审讯对象的身体健康

在首次审讯之初，审讯人员应当详细询问审讯对象的身体健康状态，病史、病例和服药情况，并请法医或者事先约定的医生对其进行常规项目的医疗检查，确保其身体状态能够承受审讯活动的需要。

在审讯过程中，要密切关注审讯对象的身体状态。如患有慢性疾病的，应按医嘱按时按量地给其服药，切不可将所有的药物让其自行保管、自行服用。如出现病情需要就诊时，应当及时通过预设的绿色医疗通道送其到医院就诊。即使审讯对象被羁押后，也应当与看守所和监所检察部门加强联系，通过狱医密切关注审讯对象的身体状况和情绪变化，确保审讯对象的生命和身体健康。

2. 照顾审讯对象的饮食

审讯过程中要给予审讯对象适度的尊重，为其提供免费的正常饮食。职务犯罪审讯对象多是首次面临审讯的场境，普遍存在紧张、焦虑的情绪，有的审讯对象在供述前会出现顾虑重重、寝食难安的情况，审讯人员要做好耐心的说服教育工作，适当地调整饮食结构，让其充分感受到审讯人员的人文关怀。

3. 提高审讯对象的生活待遇

适度提高审讯对象的生活待遇是人性化审讯的客观需要。在审讯对象抗审阶段，应当适当地限制供水，过量的饮水会造成审讯对象频繁地如厕，干扰和阻断审讯双方的信息交流。茶水切忌过烫过凉，避免审讯对象吃坏肚子或者有意无意地烫伤自己。有些审讯对象烟瘾较大，抗审阶段应当适当地控制其烟量，过量的吸烟会导致审讯对象借助于吸烟削弱审讯带来的焦虑情绪，分散注意力。而在审讯对象面临供述临界状态或者开始供述以后，审讯人员主动地递上一根烟，或者送上一杯茶水、咖啡，会迅速地拉近审讯双方彼此的感情，其效果不亚于给审讯对象的供述动力打了一支"强心针"。当然，审讯对象抗审态度有所转变或者开始陆续交代犯罪事实以后，审讯人员还可以适时地递上一小碟水果或糕点，以此向审讯对象传递审讯人员"优待俘虏"、是讲感情的信息，促进审讯对象与审讯人员建立信任关系。

4. 确保审讯对象的人身安全

（1）事先检查。首次审讯中，在审讯对象进入审讯室的第一时间，就应当对其人身和携带物品进行检查，仔细收缴刀片、硬物、钥匙串、利器等危险物品，随同其随身携带的手机、钱包等私人物品一起予以暂时扣押、封存，消除安全隐患，待审讯结束后再视情况发还其本人或其家属。

（2）加强看管。审讯过程中，审讯人员应当始终保持两人以上，绝不允许出现脱管的现象。对于体魄强壮、脾气暴躁、易怒的审讯对象应当有针对性的增强看管力度。在审讯进程中，审讯人员在坚持审讯的前提下，要始终保持警觉的状态，严密关注审讯对象的心理变化和思想动态，严防审讯对象采取极端手段发生安全事故。另外，要依照法律的规定，给予审讯对象适当的休息、睡眠时间，保障其饮食。要注意安全细节，如不宜提供筷子，曾发生过利用筷子插喉、插鼻等自残、自杀行为，可替代用汤匙吃饭。又如提供书写的笔不宜过长、过硬等，一切以安全为重予以设置。审讯结束以后，如予取保候审或者释放的，应当安全将其送回，尤其是在晚上，务必将其送回家中或交接到其亲属手中。①

（三）帮助审讯对象解决实际问题

人性化审讯不仅体现在审讯之中，还体现在案内案外方方面面。除了在审

---

① 尹立栋：《职务犯罪规范化侦查》，中国检察出版社 2015 年版，第 168 页。

讯中给予审讯对象生活上的适当照顾，对其提出的合理需要尽量给予满足以外，对其提出的其他方向的请求也应当适度关注，有时往往会成为审讯工作的转折点。

1. 帮助审讯对象处理好家庭琐事

审讯对象突然被传唤，势必会对其家庭的正常生活秩序造成较大影响，这也是审讯对象心生焦虑、产生抗审手段的原因之一，妥善地协助审讯对象安排好家庭生活，有助于审讯对象放下思想包袱，转变抗审的态度供述犯罪事实。有些审讯对象家中老人年迈、身体不好、生病住院需要审讯对象照顾；有些审讯对象家中事无巨细都由审讯对象处理，一些生活琐事也要审讯对象妥善安排；有时恰逢家中婚丧嫁娶、子女升学、就业等重大事项都要审讯对象应对。适时地解决其后顾之忧，能够使审讯对象体会到检察机关的良苦用心，将心比心地自愿供述犯罪事实。如某基层检察院在审讯该市发改委科长连某涉嫌渎职受贿案时，得知其女儿将在第二天举行婚礼，经汇报领导征得批准后，决定对其采取取保候审的强制措施，让其回家操办女儿的婚礼，连某当场表示感谢，其后不仅放弃了原先攻守同盟的约定，且以最快的速度供述了涉嫌渎职和受贿的犯罪事实。

对审讯对象的人身、住所进行搜查时，应尽可能地避开家中的未成年人和老年人，并安抚好家属的情绪，以免引起审讯对象的心理波动。搜查时还应要求无关人员离场，避免邻居的围观、议论，减少不必要的负面影响，减少因搜查活动对其家人产生不必要的心理刺激。

审讯对象被羁押时，应当及时告知其家属，让其家属将必需的生活用品及时送至看守所，或者送到检察院由办案人员转交。重要的一点是应当告知家属有委托聘请律师为犯罪嫌疑人辩护的权利。

2. 妥善衔接发案单位的相关事宜

审讯对象被传唤、羁押以后，会给发案单位造成程度不同的影响，检察机关应当主动加强与发案单位的联系，及时向他们通报案情，消除发案单位的顾虑，安抚人心，维护发案单位正常的工作秩序，减少对发案单位的负面影响，争取发案单位积极配合检察机关调查取证。如果审讯对象原系职务较高、重要岗位的工作人员，必要时还应当协助发案单位做好相关事项的交接工作。

3. 帮助行贿人和行贿企业解决后顾之忧

行贿人抗审的动力并不在于供述行贿事实之后是否将被判处多少年的徒刑，其供述的障碍主要来自于供述后"无法做人"、"对不起受贿人"、害怕企业发展受到影响等因素的困扰。行贿人被传唤后，不可避免地会给其本人和其所有的企业带来麻烦，检察机关必须树立为经济建设大局服务的理念，尽量缩小知情面。坚持慎用强制措施的原则，遇到案情发展需要，必须对行贿人采取刑拘、逮捕措施的，应当设身处地为行贿人和行贿企业着想，帮助他们解决力所能及的实际问题。有的企业恰逢重大项目建设的紧要关头；有的企业恰逢重大项目的招投标；有的企业恰逢重大项目的洽谈、签订合同；有的企业恰逢发放工资之日；还有的银行一听到企业老板被传唤、刑拘，立马上门催讨尚未到期的贷款。这些都需要检察机关予以关注，协助审讯对象做好解释、善后工作，以此树立检察机关和办案人员的威信，让行贿人深刻体会到检察机关办案的公正、文明、人性化关怀。

最后，需要强调的是，单凭人性化审讯是无法撬开审讯对象的嘴巴的，还必须借助法律的威慑、审讯对象内心的供述得失权衡、审讯人员审讯技巧的运用、对审讯对象施加必要的心理压力作为前提，只有审讯对象深刻体会到审讯的压力使其不得不作出供述的时侯，贯穿于审讯始末的人性化审讯策略才会成为支撑审讯对象自愿、主动供述的一根"拐杖"。

第六章　职务犯罪审讯的信息利用

第一节　审讯信息的估算与检测

审讯就是审讯人员利用己方所掌握的一切有利于推动审讯活动顺利进行的信息，通过不断地向审讯对象输出有效信息，刺激审讯对象的心理，以获取审讯对象掌握的犯罪信息的信息交流活动。审讯人员所掌握信息的质量影响着审讯对象是否愿意接受信息的程度。审讯人员无论在审讯以前还是在审讯中，清晰地了解自己所掌握的信息含量是非常重要的，不同的信息在审讯中会发挥不同的效果。审讯人员清楚地了解自己所掌握信息的底牌，就是要深入地对己方所掌握的信息进一步地作好估算和检测工作，以期知道每一条信息所包涵的内容、隐蔽的价值，以发挥其最大的功效。

一、审讯信息的审前估算

每一位审讯人员都知道在审讯前做好充分的准备工作的重要性。职务犯罪初查活动为做好审讯前的准备工作提供了先决的职业保障。线索初查成熟以后，再进行突破、审讯活动，这是对职务犯罪审讯工作的顺利开展极其有利的。目前职务犯罪审讯实行的主要是团队合作。审讯人员并不一定就是初查人员，为了案情的保密需要，大部分承担审讯任务的侦查人员往往都是临时受命，这就需要审讯人员在听取初查人员关于线索情况汇报的基础上，仔细全面的了解案件线索情况，重新作出自己的估算。

审讯前的信息估算，就是审讯人员对初查中获取的线索材料信息重新进行评估和推算，主要包括：

（一）涉案的具体信息估算

初查越能达到精细化要求的，初查中获取的信息量就会越庞大。对所有信息逐条深入分析，就能领悟信息的内在含义，预测该条信息将来能够在审讯中发挥怎样的作用。

1. 评估犯罪事实

初查中如果能够获取直接证明审讯对象犯罪事实的证据，是直接决定审讯成功的底牌。如某副处级领导干部为某房地产企业提供帮助以后，假借购房名义低价以 35 万元购得一套住房，在未支付任何定金和预付款的情况下，直接以高价 86 万元出售给第三人，从第三人手中收取了 51 万元差价。初查中获取的证据使得审讯势如破竹，当谈到该节事实时，该审讯对象叹着气说："你们连这样隐蔽的事情都查清楚了，我真是佩服你们了"。遂交代了自己收受贿赂近 300 万元的犯罪事实。

要在初查中获取能够证明职务犯罪的直接证据，在通常情况下是极其困难的，这也是在侦查贿赂犯罪案件中先要突破相关行贿人口供，再行突破受贿人口供的主要原因。初查中往往收集到的只能是职务犯罪事实可能存在的指向性信息。如受贿嫌疑人确实利用了职务便利为某企业或某人谋取了利益，提供了某些方便，这就需要审讯人员对其利用了哪些职务便利、提供了哪些便利条件、谋取了怎样的利益进行深入分析。由于初查条件的限制，有些信息往往只是粗犷式的印象，如某受贿嫌疑人与某些企业、某人关系密切，交往甚密，却未能获取具体的谋取利益情节，这就需要审讯人员进一步通过现有的线索进行仔细的推算，通过了解他们之间通话的频率、次数、时长，或者交往的时间、次数、地点等情况，衡量他们之间关系密切的程度，以此确定该条信息可能在审讯中起到的作用以及可能收益的回报。

初查中获取的关于犯罪事实方面的指向性信息，是审讯人员必须重点予以关注的首要内容，应当尽心逐条分析，比较对照。并且能够预测审讯对象供述时可能最先供述的犯罪事实，从而使审讯人员做到心中有数。

2. 推测犯罪动机

犯罪动机是审讯对象实施职务犯罪的心理动因，了解审讯对象为什么会犯罪、在实施某节犯罪事实时存在怎样的心理状态，将有助于推动审讯的进程。有些审讯对象是受到社会不良风气的影响；有些审讯对象是受到女色的诱惑；有些审讯对象是因为家庭困难或手头拮据；有些审讯对象是因为受到行贿人"轰炸式"的进攻；等等，不同的犯罪动机对于审讯策略的运用均具有启示作用。如某犯罪嫌疑人在面对某商人的前两次 5 万元、10 万元的行贿时都能做到无动于衷，当该行贿人第三次登门送上 50 万元现金时，挡不住其猛烈的轰炸，缴械投降。当在审讯中供述这一情节时，该犯罪嫌疑人声泪俱下，懊悔不已，审讯人员也为其甚为惋惜。犯罪动机的剖析不仅能表露出审讯对象悔罪的诚意，也能巩固审讯对象供述以后与审讯人员达成合作的稳固程度。

3. 窥测审讯对象的脾气性格

总结职务犯罪审讯实践经验，直接用能够证明犯罪事实的证据去撬开审讯对象供述的案例是少之又少的，绝大多数情况下审讯双方都要进行一番心理战，通过寻找审讯对象心理的薄弱之处寻找审讯的突破口。从这一点上讲，了解审讯对象的脾气性格尤为重要，但是反观职务犯罪侦查实践，初查都偏重于犯罪事实和犯罪嫌疑人个人信息的收集，却常常忽略了对审讯对象性格、脾气等心理因素的分析研究。

初查中收集审讯对象有关脾气性格方面的信息内容也应当是重中之重的初查工作，主要途径是通过向与审讯对象熟悉的人群了解其性格特征，能够深入掌握其以往在特殊事件中表现出来的典型特征，既能表明初查工作的深入细致，也能对审讯对象起到震撼的作用。

4. 匡算审讯成果

精细化初查能够为预测审讯结果提供现实依据，当然这取决于审讯人员丰富经验的实践结果。经验不足的审讯人员往往对审讯过程捉摸不定，对审讯结果忐忑不安。而经验丰富的审讯人员可以通过对信息的逐条分析，根据对审讯对象职权范围权力的大小、履职时间的长短、为利益相关知情人或行贿人谋利的程度、家庭资产的规模、性格脾气及贪婪程度等信息进行综合分析，大体推算出审讯对象可能涉嫌职务犯罪的深度，由此可以为审讯提供既定的任务目标，指明审讯的路径。

5. 从忽略的信息中再生信息

审讯人员了解掌握涉案信息，贵在仔细、深入。初查人员是对审前信息掌握的最为全面的人，审讯人员在听取初查人员关于线索情况的介绍时，应当认真听取，做好必要的记录，不要随意打断汇报者的思路，影响其思维与记忆的连续性，以免其在不经意间漏掉某些极为重要的信息。每个人对信息的主观认识是不同的，负责具体初查的侦查人员在介绍案情时，还有可能有意或者无意地漏掉一些相关的信息，或者在介绍中掺杂个人的主观判断，提供一些没有事实依据的信息。据此，审讯人员应当客观地加以分析，从其带有偏见的信息中分辨出信息的真伪，调整自己对信息含义的理解，整理出自己的审讯思路。对于汇报中涉及的不甚明了或主要的信息，审讯人员应当进行刨根问底式的追问，确定信息的来源和渠道。

听取初查人员对线索的详细介绍后，翻阅具体的初查材料也是审讯人员应尽的义务。直观地查阅初查的第一手资料更能增进审讯人员对信息的理解，从中发现被初查人员忽略的情报信息。例如，某审讯人员在详细查阅审讯对象的履历中发现，该审讯对象所处的是一个较为平常的岗位，从中无法推测出其可能涉案的重点环节，但是无意间发现其曾经外调二年的单位却是一个"油水"甚丰的单位，这条信息丰满了整个案件的情节，审讯中，审讯人员针对这一情况进行了猛烈追击，事实证明，审讯对象涉嫌受贿的主要犯罪事实均集中于他外调的两年时间。

从信息中再生信息是基于对原有信息的仔细分析、深度剖析，还信息的本来面目。有这样一个案例更能给我们以启示：举报人与被举报人原系姘居关系，举报人的举报内容极其简单，在两人关系亲密期间，她（某国有企业车间出纳）曾对他讲过一句话："今天我们分掉了一笔钱"。该线索仅仅就一句话，内容极其简单。先后辗转于某基层检察院、某公安分局与纪委之间，大家都只当它是一个聊天的闲话而已，而某侦查人员听到这条消息以后，则认为是一条极具价值的线索，依据只是基于他们姘居的亲密关系。事后查证，她伙同车间主任、会计三人共同贪污车间废料款 18 万余元。

（二）结合全案综合评估

通过"系统抓，抓系统"的方法查处窝串案是当前检察机关深入查办职务犯罪的主要途径，对全案的信息进行综合分析可以进一步明晰个案的具体情况，对个案的突破创造更为有利的审讯环境。评估的方法主要有两个：

1. 框定全案的范围

综合分析全案的信息对具体审讯人员具有积极的指导意义。有时为了保密的需要，在向审讯人员布置审讯任务时，故意隐蔽全案的信息，而只向审讯人员介绍个案的具体信息。事实上，向审讯人员详细介绍全案的信息有助于审讯人员了解指挥人员的真实意图，促进审讯人员及时、迅速地推动全案连续、快速地突破。

指挥人员和审讯人员都应当全面地了解全案信息，通过对个案信息的具体分析，综合匡算全案的实际价值，也有利于有限的侦查力量进行合理的配备。

2. 从全案的角度进一步分析个案信息的价值

将个案中的信息放置于窝串案全案的范围进行评估更能体现信息的实用价值，而且能够再生出更多有利于个案审讯的助推信息。

如果审讯人员所审讯的对象是窝串案突破中的首个对象，派生出来的信息就会告诉审讯人员，突破此案是突破全案的前提，对突破全案具有引领和试探的作用。假设欲将首个审讯对象设置为从宽典型，那么对审讯就会提出快捷、稳准的要求，只要审讯对象快速认罪，供述主要犯罪事实以后就对其采取宽松的强制措施，审讯人员对审讯对象使用的审讯策略会有较大的回旋余地。还可以通过对其采取宽松政策，鼓励其检举揭发，创造从宽处理的条件从而起到羊群仿效的效应，减轻后续审讯其他犯罪嫌疑人的审讯压力。反之，欲将首个审讯对象设置为从严典型的话，那么审讯的力度就应当适当加强，以起到威慑其他犯罪嫌疑人抗审的作用。

如果审讯人员所审讯的对象是全案中的重点对象，那么审讯的重心就应当放在查明其全部犯罪事实之上，通过其实现全案的全线突破，以此作为战役的重点，牵连或深挖出其他犯罪嫌疑人。

如果审讯人员所审讯的对象是全案收尾阶段的审讯对象，则可以充分运用前期侦破个案所引发的社会效应，收到树倒猢狲散的多米诺骨牌效应。

（三）制定审讯计划

1. 详细分析案情

侦查人员应当根据初查所收集、获取到的情报、信息、资料和案情介绍，具体分析研判突破对象的基本情况，具体包括：一是了解和掌握所需突破的涉案对象、涉案行贿人和利益相关知情人的涉案情节，做到了然于心。二是分析研判突破对象的脾气性格，为询问、讯问打好基础。三是将突破对象放置于全案，分析其重要性，明确询问、讯问的目的和任务。

2. 清晰思路

思路清晰是询问、讯问取得成功的前提保障。明确询问、讯问思路有利于审讯人员与指挥人员之间的沟通，做到步调一致；也有利于主审人员与副审人员之间相互配合，行动默契。并且要阐明询问、讯问的方向和路径以及需要注意的事项。

3. 讯问的方法、步骤

讯问中采取什么样的方法。先问什么，后问什么；先问哪节涉案事实，后问哪些涉案问题，设计好顺序和层次；如果碰到问题，采取怎样的补救措施，规范好询问、讯问的步骤。

4. 初查材料的备用

熟练掌握初查中获取的情报信息资料，分析研判需要运用哪些情报信息资料；预测何时、如何运用此种情报信息资料；采取什么样的策略迷惑询问、讯问对象；如何适时采取强制措施或谋略，达到询问、讯问之目的。

5. 选准突破口

选择什么样的情节、细节作为突破方向；选择什么样的案例、榜样作为攻击目标；在何时、采取何种方法一击致胜。询问、讯问突破的选择尤为重要，提纲中既可以选择第一突破口，还可以根据线索初查的具体情况，预先准备好第二、第三突破口，突破口越多，询问、讯问就越显得顺利。

二、审讯信息的审中检测与重新估算

审讯的成效取决于审讯人员发送信号、传递审讯信息的能力，而审讯对象反馈信息的表现则是检测审讯人员发送信号、传递审讯信息效果的依据，对审讯信息进行检测有助于提高审讯人员发送、传递审讯信息的正确性和针对性。

直接传递信息是审讯的主要方法，但是在审讯对象采取抗审策略时，直接传递信息往往会遇到审讯对象的竭力阻断，而对审讯信息进行合理的加工处理能够促进信息传递的有效性。

（一）信息分割处理法

一条信息是由许多小信息组合而成的，或者说一个信息集是无数个信息的汇总。在审讯中，一般而言，对于不涉及犯罪事实方面的信息，审讯人员可以完全地释放信息，如说对于法律知识的解释，对于"坦白从宽，抗拒从严"政策的说教，审讯人员应当对其含义进行全面的释法说理，以典型的案例、身边的事例，引经据典，以便让审讯对象完全明白供述的好处。

涉及犯罪事实或需要保守使用的信息时，即是审讯人员占据审讯优势的底牌，就需要谨慎使用，在确实需要使用时，应当点滴使用，逐步增加信息的含量，以检测信息传递的有效性。在发现该信息不起作用的时候可以及时转换话题，如果发现该信息起到作用，则可以继续跟进，适当增加信息的输出量，进一步攻击审讯对象的抗审心理。

1. 发送概然信息寻找审讯对象防御的重点

在审讯的前期阶段，需要审讯的内容广泛，可以牵扯的话题很多，怎样将话题引向深入尤其重要。在此阶段，泛泛而谈不会起到任何效果，还容易浪费审讯时间，单刀直入可能不失为一种策略，但是在审讯对象抗审心理尚极为强烈的时候可能起不到好的效果。此阶段，审讯对象的戒备心理较强，使用一些盖然性的信息可以不致引起审讯对象的警觉，在不经意间发现审讯对象准备防御的重点方向。

假设审讯对象李某涉嫌在负责某工程项目中收受好处，审讯人员通常会问："你的工作职责有哪些，与哪些建设单位或哪些具体的人联系？"这是一条盖然性的信息，没有具体地指向，但其中隐含着广泛的信息内容。通过审讯对象的回答，审讯人员可以从中发现审讯对象急于隐藏的真实信息。如审讯对象在回答问题中介绍了土建工程、材料供应等项目，却故意忽略了装饰工程，那么装饰工程就极有可能是审讯人员应当关注的重点讯问目标。现实情况是如果审讯对象在此阶段正好也进行了住宅装修，两条互不关联的信息碰撞在一起，审讯对象就极有可能从中获取好处。还有，在建设工程实际施工过程中，文件中表明的建设方极有可能仅仅是名义上存在的单位，而往往会通过转包、外挂等方式，实际操作者另有其人。如果审讯对象在具体回答问题时刻意地遗漏具体施工负责人，而初查足够精细，审讯人员已经掌握了详细名单，那么该施工负责人就是审讯中应当关注的重点方向。

2. 发送局部信息，寻找审讯对象心理薄弱环节

发现审讯对象的心理薄弱环节，是审讯得以成功的基础，通过对初查中获取的信息进行综合分析，可以为审讯人员提供必要的分析依据，关键还在于审讯中的具体实施。原先分析认为是关于审讯对象心理薄弱之处的信息，通过审讯也可能发现并非如此，而通过审讯人员策略的调整，也能将某些信息转化为审讯对象心理薄弱环节。

亲情感化一直是审讯中的常用策略，但是如果发现审讯对象家庭关系紧张，夫妻形同陌路，那么大量运用亲情感化信息就如对牛弹琴、毫无进展。

审讯是针对审讯对象心理反应进行多方或全方位扫描的过程，以此确定审讯对象心理软肋存在的相对之处并予以重点讯问。在对审讯对象的心理进行全方位扫描的过程中，过量地传递信息实无必要。会让审讯对象体察到审讯人员的漫无目的，反而会增强审讯对象的抗审心理。在此阶段，审讯人员发送的信息应当是片段的，是将大含量信息分割开来择量发送的，一旦发现传递信息的效果不佳，就可以及时转换话题，做到伸缩自如。

3. 点滴出示证据促进审讯对象及时供述

前面我们已经谈到关于犯罪证据的出示务必做到点滴出示，点滴出示证据就是利用信息分割法，通过传递信息的局部来检测审讯对象的心理反应。审讯中有一种小技巧，就是向受贿嫌疑人出示行贿人已经供述的证词，如果将行贿人的证词全部拿给审讯对象阅视，一是不利于双方供词的核准，二是存在指供诱供的嫌疑，三是不再具有扩大审讯效果的可能性。在向审讯对象出示该份证词时，可以出示供词的首页和尾页，向审讯对象传递出行贿人已经作证的信息的一小部分信息，从这一小部分信息中让其领会关于犯罪事实的全部信息，这既有利于核准行贿人已作供述的那部分犯罪事实，也有利于审讯对象供述出行贿人尚未供述的另一部分犯罪事实，并且纠正相互供述中的矛盾。

在审讯对象供述犯罪事实的过程中，审讯对象会就某些犯罪细节提出异议，或者确因记忆模糊记不清作案时的地点或金额，或者基于试探审讯人员究竟掌握其犯罪事实的程度，或者为了以后翻供设置陷阱而故意说漏、说错犯罪的情节、金额、地点等因素。审讯人员据此可以根据自己所掌握的信息对其予以点拨或提醒，细节信息的提醒可以暗示审讯对象，审讯人员所掌握"全部犯罪事实"的程度，点醒审讯对象如实地供述全部犯罪事实，不要抱

有任何的侥幸。

分割使用信息，既表明了审讯人员掌握了一部分犯罪信息，又蕴含着审讯人员所掌握的信息还远远不止这些信息的深远意义，让审讯对象自己去猜、自己去想，以此扩大信息的作用。通过审讯对象的客观反应，检测出审讯对象供述犯罪事实的程度，是完全供述还是局部供述，还是有所隐瞒；是如实供述、自愿供述，还是依然心存不服。

（二）组合信息加工法

教科书中一直强调，审讯中应当找准审讯对象的心理软肋予以攻击。事实是审讯对象往往是对审讯予以全方位心理抗审的，除极少数审讯对象由于极度牵挂子女的利益或者亲情感召被迅速摧垮以外，大多数职务犯罪审讯对象都会在接受审讯前做好充分的心理抗审准备，审讯中的心理施压实质上是对审讯对象的抗审心理进行的全方位的扫描和施压，只有在全方位的施压过程中才能比较出其心理存在的薄弱环节，对于审讯对象而言，这种心理薄弱环节，仅仅是审讯对象在遇到全方位施压后感受到的一种四面楚歌的状态，在其预作供述时的一种心理借口。

有鉴于此，即使审讯对象确实存在心理薄弱环节，仍需对其抗审的原因进行全方位的分析，对其抗审的心理进行全方位的"轰炸"。只有在审讯对象感受到全方位的心理压力后，才会折射出其心理薄弱环节。而这种全方位的心理施压手段，需要审讯人员对自己掌握的所有信息进行合理的"加工"，只有如此，才能发挥信息应有的作用，试探和检测审讯对象现实的心理反应。

1. 有序的组合信息

审讯过程中隐含着各种各样的信息，审讯人员对自己所掌握的信息应当熟记于心，在向审讯对象传递信息的过程中都不可东一榔头、西一棒槌，分散信息的作用力。每一条具体的信息有其自身特定的特性与功效，将相互关联的信息组合成一个信息集，则更能发挥信息的作用。在对审讯对象进行心理施压阶段，向其解说有关法律政策是施压的基本手段。但是单从法律规定的威慑中并不一定能让审讯对象屈服，同时配合以利益得失的分析、案例的分析，能够增强法律的威慑力。以此为基础，审讯人员还可以传递出犯罪事实已经被发现的证据，并且还可以人性化审讯作为铺垫，这样就能对审讯对象的多重抗审心理结构发起全方位的冲击，发挥信息组合拳的作用。如此，审讯对象就会出现左右招架、顾前难以顾后的状况。

在对审讯对象的涉案事实进行询问时，如果审讯人员能够连贯地发出连环套的问题，也能使审讯对象在回答问题中出现前后矛盾、谎话难以自圆的状态，由此就能检测出审讯信息的真实性、可靠性、有效性，继而推动审讯活动的顺利进行。

2. 巧妙地借用信息

借用信息就是将原本无益或者有害的信息，结合审讯的现实状况予以巧妙组合的传递。比如结合审讯对象强烈抗审或者沉默的态度，借用与此相类似的案例及时地予以回击，使其明白沉默是徒劳无益的，强烈抗审只会得到法律的严惩。在审讯中，有时会接到一通说情的电话，说情对办案是有害的，但巧妙地加以利用也能坏事变好事。审讯人员可以当面告诉审讯对象："人家很关系你，但是事实归事实，在确凿的证据面前，我们无法违反办案的原则，如果你能及时地供述，根据法律规定，可以尽量地给你提供方便。"通过人性化的交流软化犯罪嫌疑人的抗审心理。

审讯对象的抗审反应是检测审讯信息有效性的依据。认同审讯人员观点的反应说明审讯人员审讯方面的正确性；相反，否认审讯人员问话的反应也能检测出审讯的方向。在审讯初期，审讯人员会问审讯对象一些基础性问题，审讯对象往往会采取回避的态度予以否认。例如"你与哪些人员经常联系？"审讯对象会对某个人表示不熟悉甚至说"不认识"，事后证明，他们关系相当密切，此时审讯人员就可以借用其原先回答"不认识"的信息反向对其诘问。"前面说不认识，现在又说关系不错，你们之间到底存在什么样的问题？"对于审讯对象前期回答的无论是对是错的信息，审讯人员都应当牢记于心，往往能够在后续的审讯中恣意利用，借题发挥，成为反诘审讯对象的利器。

3. 利用隐藏信息

人们说话有时候只说半句，通过不直接表示意思的方法深藏信息的含义，更能引起别人的关心和深究。审讯中，审讯人员经常会说"你看着办"，"你现在这种态度，最后的结果会怎样，你自己心里有数"。其实此类问话通常的含义就是影射"抗拒审讯，必然会受到法律的严惩"。

在审讯中，直接传递信息，表明信息的含义，有时并不能得到应有的效果，而运用一些深藏含义的问话反倒能直抵审讯对象的心理，让其知晓问话的深意，产生偏偏联想，从而检测出抗审的程度。比如针对审讯对象收受实物的情节，"你家里有块××牌子的手表吧？""你家里的那幅名画哪儿来的？"类似半透明、半直接的问话隐意着"我们已经完全掌握了你的犯罪证据"的深刻含义。

4. 比较分析信息

矛盾的出现往往是通过比较才能发现的。这里的比较分析是将供述与其他证据材料（包括同案犯罪嫌疑人的供述、重要知情人提供的材料、初查材料等）进行对比或对审讯对象前后供述进行比较。比较分析的前提条件是审讯人员必须全面熟练地掌握案件材料，当审讯对象供述出现矛盾时，应立刻引起警觉并在适当的时候选择适当的时机予以利用。

在实际的审讯中，审讯对象的谎言是笼统且又掩饰的，审讯人员无法直接确定揭露对象，只有设定确实的谎言对象，或者帮助审讯对象设置谎言，引导审讯对象对确定的对象说谎，再通过揭露谎言达到心理限制的目的。如某个受贿犯罪嫌疑人在接受审讯时，将收受他人财物的时间撒谎说成了某项目开发前的几月几日，将收受财物的场境说谎说成了大家坐在一起吃饭时收钱。但是经查询发现那天已经是开标后，同时也并不存在一群人聚在一起吃饭的场景。谎言被揭穿，相应就会给审讯对象增加心理压力，这更加有利于审讯对象在接下来的审讯过程中如实供述。

（三）测谎鉴定信息

随着科学技术的不断发展，测谎技术已经广泛运用于职务犯罪审讯活动之中。与普通刑事犯罪审讯中运用测谎技术的目的相比，职务犯罪审讯中运用测谎技术另有其不同的含义。刑事审讯中运用测谎技术主要是通过鉴别"有否说谎"来确定受测对象是不是犯罪嫌疑人。而职务犯罪审讯中运用测谎技术的目的则不同，职务犯罪审讯对象就是犯罪嫌疑人，并且通过初查，审讯人员内心确信犯罪事实也应当是客观存在的，从表面上看，运用测谎技术的意义并不大。但是，在职务犯罪审讯中运用测谎技术仍然对审讯有着现实的指导意义。

首先，在职务犯罪审讯中运用测谎技术，可以通过受测人员是否说谎的表现辨别出哪些犯罪事实客观存在，而哪些犯罪事实应当予以修正。有助于审讯人员辨明信息的真假，指明后续审讯的方向，进一步提高审讯人员的信心。

其次，审讯人员处在审讯对象的对立面，审讯对象时常也不会相信审讯人员的真话，需要有第三者站在公平的立场对其作出正面的答复，才会相信审讯人员所传递信息的真实性。使用测谎技术就是用科学的技术对其态度的最好确定，不容置疑地对其抗审心理产生震慑。

再次，测谎技术是当前最科学的检测信息真伪的科技手段，公说公有理，婆说婆有理，审讯双方的信息交流在对抗中需要借助测谎技术予以评判。以此可以否定审讯对象的否认，揭露审讯对象的谎言，降低其抗拒审讯的信心。

最后，职务犯罪审讯的内容极为庞大，在 24 小时时间限定的情况下，时常感觉时间不够用。而使用测谎技术通常又费时费力，在条件不充分的情况下，可以尝试人工测谎代替机器测谎。熟谙中医诊断学的审讯人员可以运用中医搭脉的方式体察审讯对象的脉象，判断审讯对象的应讯心理。由于是肢体接触，在搭脉前应当委婉征得审讯对象的同意。近距离的肢体接触能够对审讯对象的抗审心理产生强烈的震撼感，双眼直视仿佛直捣审讯对象的心底。

（四）反复估算鉴别信息

首次审讯的目的除欲使审讯对象供述犯罪事实以外，还存在核实初查信息的双重目的。审讯的过程也是对初查中获取的信息进行不断的复核，辨别其真伪的过程。随着审讯活动的推进，势必会产生大量的新信息，这就需要审讯人员将审讯中发现的新信息，结合原先已知的信息进行随时的反复预测、评估、推算，以便发现信息的真实内涵，确定下一步审讯的方向。每一个审讯人员根据自己的涵养、知识和经验的不同，对信息会产生不同的认识，在随时变化的审讯活动中，将这种推算称为估算尤为贴切。

三、审讯信息的审后检测

审讯对象作出有罪的供述以后，只有证据的应证才能证明犯罪事实的客观存在，尤其是首次审讯中的供述，只有及时地核实证据才能决定是否立案，或者满足犯罪构成的法律要件。根据审讯对象的供述，及时地开展外围取证核实工作非常重要，供述的及时应证不仅能为及时立案奠定基础，而且能为后续的侦查、诉讼工作指明方向。

（一）及时核实证据

供述本身并不足以定罪，需要其他证据的应证，才能确定犯罪事实。审讯对象的有罪供述为查明犯罪指明了方向，同时也提供了便捷的取证路径。此时，侦查人员应当在第一时间集中于外围取证工作，最好是在审讯对象供述的同时开展同步取证。首次供述后的外围取证应当着重围绕三个方面的重点证据进行。

1. 主要犯罪事实

审讯对象交代的主要犯罪事实是案件得以成立的核心内容，才能够锁定案件性质、案件事实的框架。及时获取主要犯罪事实的证据，能够使案件立于不败之地。

2. 供述不够清楚的重大事实

许多审讯对象即使在供述阶段，基于趋利避害心理的需要，对其供述的事实仍旧会有所辩解，对其供述的情节有所保留，使得事实处于含糊不清的状态，这部分事实务必及时予以查清，通过外围的取证查明事实的真实面目，以尽早确定该节事实是否构成犯罪。实践中，由于审讯对象的狡辩，有些事实处于罪与非罪、此罪与彼罪之间，侦查人员务必引起重视，及时补证，并及时提审，在最短的时间内核正事实。

3. 容易造成证据灭失的犯罪事实

在考虑获取主要犯罪事实的外围证据的同时，尤其要关注证据容易灭失的犯罪事实。客观上，有些犯罪事实不及时取证，例如，是否利用职务便利的证据在某些案件中较为关键，需要其他人佐证，如果不及时取证，证言就可能发生变化。另外，有些审讯对象的供述如果处于不稳定状态，供述容易发生变化的，也务必及时取证，再通过提审及时地锁定事实，使其不能随意地变动供述。

（二）发现新的犯罪事实

及时地外围取证还有一个重要功能是发现新的犯罪事实，或者说是发现审讯对象欲想继续隐瞒的犯罪事实。职务犯罪持续时间长、作案次数多，审讯对象在供述其犯罪事实时，通常会交代一部分犯罪事实而隐瞒一部分审讯人员尚不了解的犯罪事实。通过外围取证，侦查人员可以发现遗漏的犯罪事实，如受贿人甲仅交代收受行贿人乙数节犯罪事实，而隐瞒了另外数节犯罪事实，或者受贿人甲仅交代了收受行贿人 A、B、C 等人的犯罪事实，而隐瞒了收受行贿人 D、E 等人的犯罪事实，从而扩大办案效果。事实上，有些案件虽然经过了纪委"两规"的处理，然而经过侦查部门的外围取证，仍然留有继续深挖的余地。

（三）识破陷阱

即使审讯对象作出有罪的供述以后，仍需对其供述的真实性进行识别，通过外围取证及时甄别其是真供还是假供。需要注意以下两点：

一是当发现审讯对象的供述确实属于虚假供述的，应当予以剔除，从其假供的信息中也可以推测出他的认罪态度，仍然处于抗拒审讯的状态。如果在审讯对象供述的当时，怀疑其供述是虚假的，应当及时地外围取证，有力的驳斥其谎言，适时地调整审讯策略。

二是要仔细地分析审讯对象的供述，对其供述有所保留的细节进行分析，是属于记忆模糊，还是有意识的回避。尤其需要提防的是审讯对象故意地设置陷阱，让审讯人员往里钻，以期伺机进行翻供。这是审讯人员务必防范的翻供伎俩，务必在审讯中洞察并对有关犯罪事实的细节予以澄清。

总之，对于审讯对象的供述，审讯人员应当坚持实事求是的原则，分清有罪、无罪；分清重罪与轻罪的情节；对于确实存在的疑难问题，要注意分辨，及时查明，有必要时还可以通过专家鉴定的方式予以解决。

第二节　反馈信息的分析与控制

1949 年，英国人维纳在火炮控制中发现了反馈的概念，出版了《控制——关于在动物和机器中控制通讯的科学》一书，提出了信息、反馈与控制三个基本要素，奠定了控制论的基础。信息反馈是指由控制系统把信息输送出去，又把其作用结果反馈回来，并对信息的再输出发生影响，起到制约的作用，以达到预定的目的。

作为审讯系统控制者的审讯人员，是首先输出信息的，无论审讯人员传递出怎样的信息，作为信息接收者的审讯对象都会作出自然或刻意掩饰的信息反馈。不论审讯对象处于抗审状态，还是供述状态；也不论其是主动地有意识反馈，还是被动地无意识反馈，审讯对象都会以某种语言、行为的形式表现出来。这种反馈的信息有时是以强烈的语言、肢体行为表现出来的，通常可以被审讯人员轻易的理解；有时这种反馈信息会因审讯对象故作镇定、刻意隐瞒而难以被审讯人员轻易地捕捉。

审讯中审讯人员需要进行针对性的问话，这就需要对审讯对象的反馈信息进行深入的研究。据此审讯人员才有可能针对反馈信息的正确意思表示，选择自己进一步传递信息的策略行动，以期采取针对性的审讯技巧，引导审讯对象逐渐改变自己的抗审态度，作出对审讯人员有利的信息反馈，最终达到控制审讯对象反馈信息的目的。

一、反馈信息的甄别

人们遇到外来信息的刺激后，作出的反应是各不相同的。但总体来讲，审讯对象面对审讯人员的发问，其反应无非是抗拒或者愿意供述犯罪事实两种。从程度而言，却可以从以下六种形态加以仔细甄别，这有助于帮助审讯人员认清审讯的形势，控制审讯的局面。

（一）抗拒谈话的行为表现

对抗审讯是审讯中的常态，审讯对象或以言辞激烈、动作粗暴等硬抗的方式对抗审讯；或以否认、反诘、沉默等软抗的方式对抗审讯，审讯人员通常都能够从其明显抗拒意思表示的反馈信息中得以鉴别，在此不做赘述。

对抗审讯的反馈信息涵盖于审讯的全过程。对不同阶段反馈出来的抗审信息应当采取不同的审讯策略。审讯伊始，审讯对象的对抗情绪最为明显。在对抗的状态下审讯人员想要通过平稳的方式与审讯对象进行正常的信息交流，显然是不切实际的。此时，针对审讯对象反馈出来的抗审心理，审讯人员唯一可以选择的策略就是向其接连不断地传递出心理施压的信息。当然，心理施压既可以强烈的方式实施，也可以平稳的态度输出，这要根据审讯对象的性格脾气和审讯现场的即时气氛综合评定。

通过审讯人员的心理施压，审讯对象的抗审心理会有所收敛，这为审讯双方正常的信息沟通创造了一个较为缓和的审讯环境。在此阶段，从审讯对象表面的反馈信息来看，其已经进入愿意接受审讯的状态，不论是其真心愿意，还是被迫接受。实际上由于趋利避害心理的影响，一旦受到审讯人员过激的心理刺激，或者说审讯人员的心理施压正中审讯对象痛处的话，那么审讯对象就会迅速产生较大的心理起伏，摆出即时的抗审姿态。针对此时的抗审信息反馈，审讯人员应当具体分析，作出相应的策略选择。如果审讯人员传递的信息正好击中审讯对象的心理软肋，那么即使审讯对象反馈出强烈的抗审心理，审讯人员仍然应当继续施压，通过简单的心理施压方式及时攻破审讯对象的心理防御；如果审讯对象是出于心理焦虑，感受到心理施压的强度，面对供述后的结果产生害怕而造成抗审的举动，那么审讯人员应当在保持现有心理施压强度下，进一步进行供述与否的得失分析，引导其放下思想包袱，作出供述，必要时还可以出示证据，督促其加快供述的欲望；如果是由于审讯人员的过激行为引起审讯对象抗审心理反弹，那么审讯人员应当及时地反省自己的审讯策略，调换审讯主题，纾解审讯双方的紧张关系，引导审讯对象重新回到愿意接受审讯的状态。

即使到了供述阶段，审讯对象在供述中仍然会隐含着抗审的成分。有的是在供述一节或数节犯罪事实以后，出现戛然而止的供述反应，其意图在于试探审讯人员究竟掌握了哪些犯罪事实，"掌握的我就交代，不掌握的我就不交代"。有的是在逐渐交代犯罪事实的过程中，忽然感受到越交代罪行就越严重，从而产生后怕的心理，也就产生了顿时抗审的反馈信息。无论审讯对象出于怎样的心理，当审讯对象在供述中出现抗审反复的反馈信息预兆时，审讯人员都应当做好策略选择的针对性准备。一是以鼓舞与肯定为主，催促其继续供述；二是关注其供述的连贯性，不要轻易打断其供述，即使心存异议也应当耐住性子；三是当其供述出现短暂停顿，欲意窥测审讯人员的反应时，审讯人员应当在供述后的得失分析的"得"字方面下功夫，坚定其供述的决心；四是尽可能地将其注意力始终聚焦于供述犯罪事实上，而无暇顾及思考供述后的可怕后果。

（二）感兴趣话题的行为表现

审讯对象开始迎合审讯人员抛出的谈话主题、与审讯人员开始适当地进行语言上的交流，这说明审讯进程已经朝着审讯人员预设的方向前进。引起审讯对象感兴趣的话题往往并不直接奔向犯罪事实的主题，却为审讯双方信息的相互传递营造了良好的交流环境。此时，审讯对象的行为主要有以下不同表现形态。

有些审讯对象对于认为属于自己专长的、与犯罪事实无关的话题会产生浓厚的兴趣，常常会夸夸其谈，自我炫耀。说到得意之处甚至会忘乎所以。针对此类审讯对象，审讯人员应当及时揭穿其不实之处，对其无休止浪费审讯时间的行为予以适时叫停，给其心理上造成受挫感，以此提升审讯人员的知识涵养，为后续审讯做好铺垫。

有些审讯对象欲盖弥彰，对某些事实会刻意的描述，寻找各种理由证明自己的无辜。对于此类审讯对象，审讯人员可以让其畅所欲言，尽情表露，然不知欲用谎言掩饰谎言，最能为审讯人员所识破。待到合适的时机，审讯人员就能连珠提问，不断揭露其谎言，阻断其退路，迫使其作出供述。

有些审讯对象热衷于表述自己如何努力地工作，以此证明自己廉洁从政的形象，提升自己高尚的道德系数。针对此类审讯对象，审讯人员应当揭穿伪装，以其涉嫌赌博、嫖娼、包养情妇等违法违纪行为降低其人格道德品质，促使其进一步供述犯罪事实。

有些审讯对象则以示弱的反馈信息，不耻降低自己的人格，千方百计地讨好审讯人员，对审讯人员的提问唯唯诺诺，推三阻四，顾左右而言他，以表象的对答掩盖其欲逃避审讯之实。对于此类审讯对象，审讯人员应当当即揭穿其虚情假意，使其端正受审的态度。

事实上，所谓感兴趣的话题，对于审讯对象而言都是以此转移审讯人员的注意力，欲通过表象的合作掩盖其抗拒之实，纾解其受到审讯带来的沉重心理压力。而对于审讯人员来讲，感兴趣的话题能够营造一种融洽的审讯环境，便于审讯双方信息的相互传递，借此将话题逐渐引入到关于犯罪事实的主题上来。感兴趣的话题实质上是从对抗向实质性审讯转化的过渡性措施。

（三）退出谈话的行为表现

度过了感兴趣话题的"审讯蜜月期"，审讯的主题就会引向犯罪事实的交锋上。随着审讯人员关于犯罪事实的诘问，并对审讯对象进行全方位的心理施压，部分审讯对象会直接进入供述的状态，而一部分审讯对象在感到话不投机、对己不利的状态下会出现退出谈话的迹象。审讯对象通常会通过语言、行为直接表示出其不满的抵触情绪，更多的则是以微表情、微动作的形式表示其不满。

1. 在语言信息反馈中，审讯对象会大声地说："你们讲的都是对的，我讲的都是错的，不讲了"或者谨慎地嘀咕："不让我讲，我就不讲了"等等类似的语言表示其"无辜"与"无奈"。退出谈话的语言信息反馈通常是伴随着行为表示一并作出的。

2. 在行为动作上，有些审讯对象会身体靠向椅子后背，眯起眼睛作不想说话状；有些审讯对象会不耐烦地站起身来，来回踱步，以缓解心头的压力；有些审讯对象会侧身过去，面向副审人员，尤其当副审人员"开小差"时更是如此，以此躲避主审人员的凌厉攻势；有些审讯对象会呈现双臂抱胸动作，无论属于"（1）前臂和前臂抱合；（2）对握上臂抱合；（3）双臂抱胸；（4）握上臂加握肘抱合；（5）握上臂加抱胸抱合；（6）对握上臂高位抱合"① 的哪种姿势，还是双手十指相扣的动作，均是保护性动作，结合身体侧靠背的动作，均预示着审讯对象意欲退出谈话。

3. 在微表情方面，审讯对象作出双眼眯紧、嘴巴紧闭，以手遮眼、遮嘴、抚摸嘴角、鼻下或者冷笑做出不屑一顾的神态等，都显示出其具有退出谈话的意思反馈。

审讯对象退出谈话的迹象是一种危险的信号，有碍审讯双方的信息交流，务必引起审讯人员的高度重视，适时转换谈话的语气，将其拉回重新对话的话境。顺利地渡过此关，审讯活动将会出现光明的前景。

（四）陷入沉默的行为表现

实践反复证明，沉默是审讯陷入僵局的最危险状态，会给审讯活动带来更大的难度。关于如何应对沉默，将在第七章"职务犯罪审讯的信息阻塞与反阻塞"中加以详细阐述，在此不做赘述。

（五）听取建议的行为表现

经过实质性的审讯以后，审讯对象会在态度上有所改变，出现一些表示屈服的征兆，并在言语上提出一些问题，征求审讯人员的意见。

1. 手臂与双腿姿势的改变

表示屈服的一个症状是犯罪嫌疑人放下腿或手臂形成的屏障，基本上不再翘腿或者放下手臂置于身体两侧。这种防御性程度较小的姿势暗示着犯罪嫌疑人在精神上已经准备向讯问人员"敞开心扉"。在心理退缩阶段，犯罪嫌疑人出现某种配合性姿势的情况并不少见，如手撑着下巴甚至捂住嘴巴；手的移动，如犯罪嫌疑人或许会把手置于脸颊一边，尤其是把手从脸部移开，同样表

① ［英］德斯蒙德·莫里斯：《肢体行为——人体动作与姿势面面观》，文汇出版社2002年版，第12页。

明犯罪嫌疑人打算"敞开心扉"。

2. 默认

当犯罪嫌疑人默默地点头对讯问人员的主题概念表示同意时，传达的是这样一种信息：他在内心接受了讯问人员的说法。此时犯罪嫌疑人在心理上就处于可以向其提出选择性问题的精神状态了。

3. 变换姿势

犯罪嫌疑人改变姿势开始逐渐直接面对审讯人员，这是其已经做好了要说真话的心理准备的明显迹象。这种改变可能是犯罪嫌疑人身体转向审讯人员或者小心地向讯问人员前倾身体。

4. 目光接触的变化

犯罪嫌疑人正在考虑说出真相的最可靠的表征可以通过观察其面部表情得知，尤其是目光接触。正在仰望天花板或看向一边的犯罪嫌疑人突然收回目光往下看地板就是屈服的一种表现。这种目光往下的改变表明犯罪嫌疑人正处于一种"情绪丰富"的状态中，并经历着重要的情绪波动。[1]

当出现以上状态时，职务犯罪审讯对象往往还会向审讯人员提出有关问题寻找答案，"如果某些人在审讯中不交代问题，你们会怎么处理？"审讯人员通常予以回答的是："那个人就是你，不讲么肯定会受到从重处罚。"或者提出这样的请求："如果我讲了，你们能否对我取保候审？""如果我讲了，你们能否对我从轻处理？"

审讯对象出现的以上情况，表明审讯对象的供述欲望已经接近于临界状态。此时审讯人员可以相应的采取以下策略：一是晓之以理、动之以情，进一步说明供述的得失利弊。二是设置一个两难选项，即一种选择较为体面，如由于生活困难、家庭困难收受贿赂；由于受社会环境、周边环境的影响而失足犯罪；由于碍于情面推辞不掉而无奈受贿等等。同时提供审讯对象的另一种选择则包含会引起人们反感、厌恶的，冷酷无情的动机，如故意刁难、设置障碍、敲诈勒索、强行索要、贪得无厌等情节。前提是务必使审讯对象相信审讯人员已经充分掌握其涉嫌犯罪的确凿证据，如果审讯对象不选择情节较轻的选项，那么任何人都会相信最严重的案件情节。这是一个强制心理限制、高度强迫的两难选项，迫使审讯对象在两个选项中选择有罪供述。三是构建一个罪责的理由，让其顺堤下坡。

---

[1] ［美］佛瑞德·E. 英鲍、约翰·E. 莱德、约瑟夫·E. 巴克利、布莱恩·C. 杰恩：《刑事审讯与供述》，中国人民公安大学出版社 2015 年版，第 279－280 页。

（六）供述起始阶段的行为表现

1. 逐步交代

审讯对象的供述往往是从犯罪情节较轻或者犯罪数额较小的犯罪事实开始交代，在审讯人员的步步紧逼之下，其交代的范围会逐步扩大，最后交代情节严重的犯罪事实。由于职务犯罪延续时间长、作案次数多的特点，审讯对象往往会对其供述有所保留，是否能让其较为全面、彻底地交代全部犯罪事实，很大程度上取决于审讯人员的能力水平。

2. 附带申辩

伴随着供述，审讯对象经常会提出各种辩解理由，以此说明自己犯罪的原因，推卸部分罪责，试图减轻处罚。辩解的理由通常包括：碍于情面或迫于无奈实施了犯罪；有些钱物是人情往来而非权钱交易；是工作关系、朋友关系而非利用职务便利等。以此说明部分事实是违法违纪行为，不是犯罪行为，或者系罪轻行为。

3. 时有反复

供述的心理是审讯对象迫于审讯的压力和内心的焦虑产生的，在逐步供述自己犯罪事实的过程中，审讯对象越交代就越害怕受到更重的处罚，从而产生供述心理阻断。有些审讯对象除已经交代的犯罪事实以外，不再选择继续供述；有的审讯对象时供时断或者推翻以前的供述，全盘否认；有的审讯对象甚至重新回到强烈的抗审状态。产生此种情况的原因是错综复杂的，主要源于审讯对象畏罪心理的严重程度，但与审讯人员的审讯策略运用得当与否也不无关系。

二、抵制负反馈

审讯对象在接受审讯人员的指令性问话后，经过自己的分析和加工，会对问话作出自己的反应，这种反应对于审讯人员来讲就是一种信息的反馈。审讯对象反馈回来的信息无非有两种情况：一种情况是认可审讯人员的问话，这对于审讯显然是有促进作用的；另一种情况则是否认审讯人员的问话，这对于审讯的深入开展显然是不利的。借用信息论关于信息反馈的概念，我们将有利于审讯的反馈信息称为正反馈，而将不利于审讯的反馈信息称为负反馈。

审讯一般都是从对抗开始，审讯对象进入审讯室以后，在抗审意识较强的阶段，其面对审讯人员的问话基本上都是以谎言或否定的形式作出反应，负反馈信息较多。随着审讯的逐步推进，负反馈信息会逐步减少，相反正反馈信息会逐渐增加，但是直至审讯对象愿意供述犯罪事实之时，仍然会掺杂一些负反馈信息。在此意义上讲，审讯就是要不断地抵制或削弱审讯对象的负反馈，促进其逐量增加正反馈，直至其完全彻底地供述犯罪事实。

（一）驳斥谎言

在审讯中，审讯对象为了逃避法律的制裁，基于趋利避害的本能，时常会对其实施的犯罪事实予以掩盖，说谎成为审讯对象对抗审讯的主要伎俩。相反，审讯人员通过揭露其谎言，则是审讯中的主要技巧。

1. 观察发现谎言

美国电视连续剧《别对我说谎》，讲述的是心理学家卡尔·莱特曼博士通过观察犯罪嫌疑人面部的微表情判断其是否说谎的故事。事实上，微表情是由美国心理学家艾克曼在上世纪80年代提出的概念，是指那种在脸上出现后旋即被压抑下去的细微表情，且持续的时间一般只在0.04秒至0.2秒，普通人是难以捕捉到的，即使通过专门培训的心理学家，也只能分辨出其中一小部分。

对于审讯对象应答审讯人员问话的反馈信息，审讯人员不仅要仔细分辨其回复语言中的信息，还要结合其全身的行为动作进行分析，更要结合自身所掌握的信息进行综合比较，才能确定其反馈的信息是真话，还是说谎。

揭露审讯对象的谎言，会给审讯对象造成更大的心理压力，增加其内心的焦虑情绪。

2. 直视其眼睛

分析审讯对象是否在说谎，实际上有两种科学的方法。一种是倒置叙事法。就是让审讯对象把原先讲述的事实倒过来重新描述一遍。由于大脑对说谎的部分内容需要额外的工作，倒过来叙述谎言就会存在困难。另一种是场境描述法。对于说谎的人来讲，他在排列谎言的时间顺序和事实经过时，往往无暇编排事件发生时的场景细节，然而对于事先已作准备的审讯对象而言，他会将记忆中的某个时间段发生过的事件转嫁到他所讲述的谎言故事中来，这就会给审讯人员发现谎言设置障碍。不过，只要审讯人员思维敏锐，追问整个事件发生、发展详细的时间顺序，就能从中发现其说谎的痕迹，从而找出事实真相。

关于人们是否在说谎，最新的实践表明，说谎的人与说实话的相比，通常无法从其行为举止上加以分辨，主要的区别在于人脑的思维。识别谎言的策略在于通过诱导让其自行露出马脚。一种方法是利用反方驳论法，即在审讯对象在对某一问题作出自己立场的角色叙述后，让其以反对方的角色再对该问题进行表态。在审讯对象站在敌对方的角色对自己的观点进行批驳的过程中，就会混淆其观点立场，自觉不自觉地流露出自己的真实观点来。实践中在审讯对象否认罪案时，审讯人员通常会予以反诘："你以为你没有受贿，那么假如你是审讯人员的话，手里掌握有证据，你会作何感想？"在这种问话的语境中，审讯对象往往会身陷尴尬的境地，立显其谎言无从立足。另一种更高明的方法是聚焦问讯法。说谎的人与说实话的人在说话时都会发生眼神游移的现象。视线不停的移动，只是表明他在努力地回忆事件的经过，并不能说明他是在说谎。审讯中审讯人员的眼睛死死地盯着审讯对象的眼神，让其眼睛无法随意游动，就会使其注意力无法分散，额外地增加大脑的负担，更加容易暴露出说谎的异常迹象。

在审讯对象叙述的过程中，如果审讯人员一时无法辨别其反馈的信息是否在说谎，那么就不宜轻易地对其答话予以反驳，可以通过继续引导的方式让其继续说谎，说谎话多了，就能增强审讯人员分辨谎言的能力。当确认审讯对象在说谎时，可以即刻予以批驳，以此震慑审讯对象，增加其心理焦虑。必要时，审讯人员可以适时地拿出证据予以揭露，这正是审讯人员掌握审讯对象不知道的信息的优势所在。以此击溃审讯对象顽固的对抗心理。

3. 利用矛盾

任何审讯对象只要选择了对抗审讯，就会撒谎，这是审讯中一个不争的事实。谎言说多了就会产生矛盾，审讯人员要善于发现审讯对象前后供述之间存在的矛盾，发现供述与初查中获取的情报信息材料之间的矛盾，发现审讯对象为了逃避法律追究而胡编乱造的谎言。结合审讯策略，通过揭露矛盾，利用矛盾攻击审讯对象的心理软肋，达到查明犯罪事实的目的。

审讯中的"窍门"就在于尽可能地让审讯对象多说话，正所谓"言多必失"，审讯人员的问话要言简意赅，关键之处要简明扼要。审讯经验表明，审讯中滔滔不绝地说个不停的审讯对象一般是很容易开口交代罪行的，而沉默不语、绝少开口的审讯对象才是"难啃的骨头"。审讯中要善于引导审讯对象开口说话，有时甚至说些与案件事实无关痛痒的事情，对于沉默寡言型的审讯对象只要其开口说话，就能引导他逐步转移到审讯正题上来。谎言说多了，自然而然就会引发矛盾之处，矛盾多了就能利用矛盾，以矛攻矛，以盾攻盾，不攻自破。

4. 坚持既定的审讯方向

方向性问题是做好任何事情的决定性因素，如果方向选错了就会造成审讯工作的无序和混乱。第一，审讯必须坚持既定的方向，在审讯前就应当预定好审讯步骤、阶段性任务和最终目标。为了确保审讯方向的正确性，有条件时应当预先设计多个审讯突破口。一个突破口有时只能查清某一节事实或情节，并不能突破全案。多个突破口同时突破后，才能彻底瓦解审讯对象的抗审心理，深挖其余罪，并进一步深挖窝案串案。第二，灵活运用突破口，坚持审讯既定方向。突破口之间并非是孤立的单一选择，他们通常是相互依存、相互牵连的。当出示证据、讯问某节事实时，正是威慑审讯对象心理、减弱其抗审心理之需，也同样是发现矛盾、利用矛盾之时。灵活运用突破口，能够起到更好的维护既定审讯方向的作用。第三，选择不同的突破口，及时修正审讯方向。当审讯遇到阻力，选择某个突破口不起作用时，应当及时调换其他突破口，对审讯方向作出调整。如将审讯对象最为担心的事情作为突破口没有效果的时候，可以转换话题，继而以不涉及案件事实的亲情关系中挖掘出的突破口作为进一步的试探；如在以削弱审讯对象侥幸心理作为审讯策略不起效时，不妨将减轻其畏罪心理作为审讯突破口，及时调整方向，但不能妨碍削弱其抗审心理的审讯总方向。方向选择准了，对审讯对象的心理势必形成强大的攻势，甚至会达到不攻自破的效果，能进一步扩大战果。

（二）阻止否认

否认实施了犯罪行为是审讯对象应对审讯的常用计策，在职务犯罪审讯中是司空见惯的常事。除极个别心理抗压能力极差的审讯对象会主动供述犯罪事实以外，绝大部分审讯对象都会以"不知道"、"没有"来回答审讯人员。面对审讯对象的否认，审讯人员必须予以制止。因为审讯对象的反复否认对审讯非常不利，这会加剧审讯对象的抗审心理，形成一种心理优势。

对于审讯对象的否认，审讯人员一方面应当正面堵击，以审讯人员已经掌握其涉嫌犯罪的确凿证据说服审讯对象，另一方面应当循循善诱，以"可能记不清了"、"时间长，记不起来了吧"、"好好想想"等问话，让审讯对象的回答从坚决否认转变为"我记不起来了"、"好像没有"等。其实这样的转变已经预示着审讯工作有了长足的进步。"记不清"、"好像没有"、"让我想想"表述的是有与没有的两面性，介于即可能没有犯罪事实，又可能有犯罪事实之间。这样的表态有利于审讯对象思想认识的转变。

对待审讯对象的否认，英博等人建议使用"友善的—不友善的"方法，也被称作"一对傻瓜"的策略，其实就是通俗讲的"红白脸"战术。一名审讯人员示以友善的同情心，一名审讯人员则示以不友善的非难，当然也可以由一名审讯人员同时饰演两种角色，但其必须具备超强的审讯能力。据说这种方法对安静和迟钝型的审讯对象更为有效。

阻止审讯对象的否认之后，必然会引起审讯对象的不悦，审讯对象往往会用各种理由或者借口试图扭转审讯中的不利局面，这是抗审阶段最为激烈的过程。审讯人员可以采取各种手段方法对审讯对象提出的异议进行反驳。审讯对象一旦感觉到异议全然无用，就会从积极参与抗审中撤退下来，逐渐变得沉默，此时是审讯活动的关键转折点，针对审讯对象状态低迷的情况，绝不能让审讯对象真正采取沉默的选择，以免审讯陷入僵局。审讯人员必须同时采取行动，调动审讯对象积极参与到审讯中来，以免失去已经获得的心理优势。

（三）削弱审讯对象负反馈的震荡幅度

在审讯的强对抗阶段，审讯对象的反馈信息中往往充斥着较多的谎言，其回答审讯人员的态度也基本上是予以坚决的否认，此时，负反馈的震荡强度也是最激烈的。随着审讯的深入和心理施压的逐渐见效，审讯对象的谎言会慢慢减少，否认的态度也会从坚决转向软化。例如，同样是回答"不知道"、"没有"的声音会从高八度的理直气壮，转向轻声的、犹豫的声调，态度也会软化，转而采取"记不起来了"、"让我想想"等词语。相反，审讯对象回答问话中的有利于审讯的正反馈信息则会逐渐增强，形成如图所示的震荡规律：

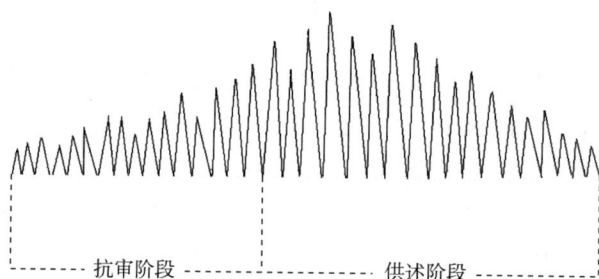

图 6 - 2 - 1   正反馈信息发展趋势

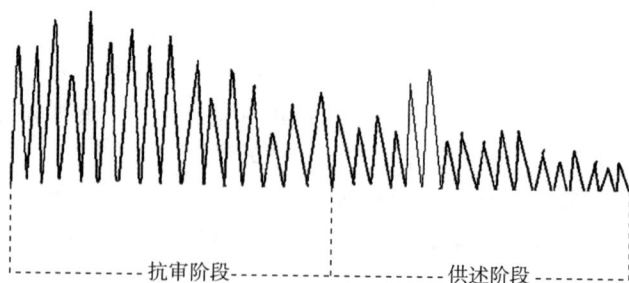

图 6 - 2 - 2   负反馈信息发展趋势

审讯的技巧就是要不断地消除审讯对象的负反馈，将其负反馈的震荡幅度控制在审讯人员有能力掌握的范围内，同时不断地促进审讯对象增加其输出正反馈的信息含量，直至其如实供述犯罪事实。

三、接受正反馈

审讯就是要不断地削弱负反馈，促进正反馈，抵制负反馈能够压制审讯对象的抗审心理，而促进正反馈能够增进审讯对象的交罪动机，正反两方面同时作用才能达到促使审讯对象供述的最终目的。

（一）肯定其态度的转化

从抗拒审讯到态度逐渐转化，再到供述犯罪事实，是审讯对象心理变化的三部曲。抵制负反馈起到了压制审讯对象抗审心理的作用，然而光凭压制抗审心理尚不足以促进审讯对象的供述心理。从正面对审讯对象进行说服规劝，才是促进审讯对象供述的原动力、润滑剂。

1. 抬高道德价位

对审讯对象进行心理施压，目的是降低审讯对象的道德系数，揭露审讯对象的违法犯罪行为触犯了国家法律和社会公德，使其增强罪恶感。然而一味地心理施压有时往往适得其反，审讯对象会抱着"破罐子破摔"的心理抵抗到底，这也是实践中造成审讯僵局的主要原因之一。在降低审讯对象违法违纪方面的道德系数的同时，对其善良一面的行为予以肯定，抬高其社会认知、良心发现有着积极的作用。如"你是犯了法，但你不是坏人，只要如实配合司法机关把事实调查清楚，仍然存在从轻处罚、重新做人的机会。"

2. 肯定其应讯态度的转变

施加心理压力是审讯的需要，在保持心理施压的基础上，为审讯对象铺垫一条供述的路径极其重要。审讯对象在应讯过程中的态度转化有助于拉近审讯双方的心理距离，既体现出审讯人员公正的形象，又能促进审讯对象对于审讯人员的信任。实践中有两个方面的问题值得引起审讯人员的反思：一方面是审讯人员应当回归理性。审讯人员往往以审讯对象的敌对面出现，双方之间容易产生对抗、反感的情绪。事实上，审讯人员的理性定位应当是参与案件调查的第三人，审讯对象的供述不会给审讯人员带来任何好处。审讯对象的供述只是为公诉人员提起公诉和法官最后的定罪量刑提供依靠，只会给其本人带来有益的帮助。另一方面，在审讯对象作出供述以前，审讯人员往往忽视了审讯过程的笔录制作。无论是抗审的表现，还是态度积极转化的表现，都没有以笔录的形式予以固定，这显然对审讯是不利的，也会对后续制服翻供产生不利影响。制作抗审过程的笔录有两方面的作用：一是可以告诫审讯对象：你的抗审态度是针对法官的，应讯态度的好坏直接影响到最终对你的定罪量刑。二是一旦遇到翻供的情况，审讯过程的笔录将会起到积极的遏制作用。

3. 肯定其以往功绩

职务犯罪嫌疑人都有一段过往的发展史，且职级越高的领导干部都有一段光彩的奋斗史。肯定审讯对象以往所取得的成绩与荣誉，可以唤醒审讯对象的责任感，辨明自己所犯错误的危害性，促进其产生供述的最后决心。

（二）阻断退路

从抗审到供述是一个逐渐发展的过程，有利于审讯的正反馈信息也会逐量递增，但发展的过程不可能顺风顺水，有时会出现反复的迹象，这就要求审讯人员必须具有掌握审讯局势的能力，一旦发现审讯对象有退出交流的迹象，应当及时阻断其撤退的后路，逼迫其继续向好的方向进步，尤其要把握两个关键阶段。

1. 供述临界阶段

供述临界阶段是审讯对象大脑思维最复杂、思想斗争最激烈的关键时刻，进则供述犯罪事实，退则返回抗审状态。且一旦退回抗审阶段，就如在煮水即将沸腾之际突然浇上一盆冷水，重新加温的难度丝毫不亚于重新煮水，有时还会陷入僵持的尴尬境地。

在审讯对象反馈的正信息表明其已面临供述临界状态时，审讯人员应当提起百倍精神，集中注意力，紧紧堵住审讯对象可能撤退的后路，促使其选择供述。

2. 供述阶段

审讯对象开始供述以后，审讯人员眼见大功告成，心中往往会有所松懈。此时其实是审讯对象供述心理最为犹豫反复的阶段，应当引起审讯人员高度重视，采取继续紧迫式的方法亦紧亦推地鼓励审讯对象连贯不断地供述更多的犯罪事实。

此阶段的重点在于阻断审讯对象停止或退出供述的后路，以鼓励为主打消其犹豫不决的心理，坚定其继续供述的决心，引导其朝着逐渐供述的方向平稳过度，促使其供述全部犯罪事实。

（三）从反馈信息中发现"秘密"

审讯人员采用心理施压的手段，目的是促进审讯对象开口回答问题，并且希望他讲真话。而审讯对象在趋利避害心理的驱使下，戒备心理极强，即使是真话中也会掺杂着假话，而在说假话中也无法避免地反馈一些真实信息。信息对于每个人的影响和意义也是不同的，一方面，审讯人员需要具有敏锐的发现意识，从信息中去挖掘信息，另一方面，审讯人应当主动地创造条件，通过问话的技巧去引发审讯对象说出真实信息。当然，信息更需要比对，初查工作越精细，收集的信息越丰富，参照比对的信息也就越扎实，也就越能从审讯对象的反馈信息中发现更多的信息含量为侦查人员所利用。

1. 从个人基本概况中发现线索

通常，在审讯之初，审讯人员会照本宣科地讯问审讯对象的经历（简历）、职权范围等个人基本情况。大多数审讯人员只将其作为审讯的流程，少部分审讯人员则用心留意，会从中发现一些线索。比如说任职的时间起讫，可以推测出审讯对象可能涉案的时间段。而职权范围是渎职类犯罪审讯必须深入、仔细探究的重点问题，它同样对贪污、贿赂等侵财类职务犯罪的审讯起到重要的作用，通过了解职权范围可以基本匡算出审讯对象可能涉案的大致数额和大体的涉案范围。例如，某镇分管城建的副镇长蒋某某，任职时间不到三年，经初查表明，由他经手负责的工程总额在 300 万元左右。审讯中，蒋某某一口气交代了受贿 100 余万元的犯罪事实，超出了审讯人员的预想。年轻的审讯人员欣喜若狂，而指挥人员却发现了其中的蹊跷，指令审讯人员重新再审。事后证明，蒋某某受贿金额只有 10 万余元，基本与其履职时间和职权范围大致相当，而其原先交代的受贿 100 余万元实属诳供。

2. 从人际关系中挖掘信息

犯罪嫌疑人与哪些人交往甚密是引领初查活动深入开展的信息导向，它同样也是推动审讯活动引向深入的一条路径。首先可以从审讯对象与相关人员的认识经过着手。如果是经人介绍认识的，那么介绍人是谁，他是否也有可能涉案；如果是找上门来的，那么其请求的事项是什么；如果是同学、亲戚、朋友，那么他们之间是否存在权钱交易的可能性。虽然审讯对象会对上述情节有所回避或隐瞒，却恰恰证明其心中有鬼，"此地无银三百两"。其次可以从审讯对象与相关人员的密切程度进行考量。审讯对象是否与其经常会面、聚会、喝酒；经常出入的地点、时间；有否共同的不良嗜好，如打牌、赌博、出入歌舞厅等。这些信息隐含着职务犯罪的可能性。再次可以从双方交往的细节着手。如双方的交往是否集中于节假日；是否"家庭聚餐"；有否在搬家、生病、喜庆等特定情况出现时予以探望或祝贺；他与她之间是否在深夜有过亲密的举动等等。了解此中关系能够引申探查职务犯罪可能存在的严重程度。最后可以从审讯对象有否利用职权为他人提供过帮助着手，如给予项目、提前付款、为他人谋利等等。此中信息则直接指向权钱交易。如果审讯对象开始反馈此方面的信息了，那么离供述犯罪事实已经不远了。

心理施压制造的是一种讯问的法定环境，但它只是为审讯所预设的一种铺垫。想从审讯对象的口中发现一些秘密，理当营造出审讯双方可以交流沟通的"询问"氛围。过度的施压并不能使审讯对象屈服，往往会使其产生反感的情绪，尤其是针对性格沉闷、爱钻牛角尖的审讯对象，过度施压会将其逼向沉默，陷入审讯僵局。有理不在声高，款款引导更易突破审讯对象的抗审心理，也充分体现了审讯人员掌握审讯局势的高超技能。

3. 从强烈的对抗中发现供述临界心理

审讯对象临近供述临界心理之际，通常表现出垂头丧气的情绪。从理论上讲，人们承受心理压力都存在一定的底线。临近供述临界心理状态，有些审讯对象的表现却大相径庭，反其道而行之，以强烈的抗审态度或卑劣的自残等手段，企图蒙混过关。其实，此中表演恰恰证明审讯对象的抗审能力已经接近于崩溃的前夕，临近供述状态。此时，审讯人员切不可慑于审讯对象的语言、行为威胁而有所退却，应当审时度势、针锋相对地进行还击，充分领会最后一根稻草压死骆驼的道理，迅速击溃审讯对象最后一搏的心理防线。

第七章 职务犯罪审讯的信息阻塞与反阻塞

第一节 审讯信息阻塞的原因

在电讯信息传输的过程中，由于受到雷电气候等外在不利因素的影响，信号会相应减弱或发生信号阻断的现象，这就是信息传递过程中的阻塞。审讯中，审讯双方天然的对抗性决定着审讯信息传递存在着信息阻塞的可能性，抑或是必然性。

从一般意义上讲，有审讯就会有对抗，也就会产生信息的阻塞。通常情况下，随着审讯进程的推进，这种信息阻塞的现象自然会慢慢地化解，但当遇到审讯对象强烈抗审的时候，就会造成信息的强烈阻塞，形成审讯僵局。这是本节主要研究的重点方向。

何为僵局？汉语词义表述为相持不下的局面。笔者参阅了大量的打破审讯僵局的经验文章，基本主题都是讲述如何熬过相持对抗阶段，找到心理软肋和突破口，以此打破审讯僵局。不能否认相持对抗阶段是审讯活动中最复杂、最艰巨的阶段，但是把僵局简单的理解为相持对抗还是有所不妥。每一次审讯的情况各不相同，相持对抗的强度也不尽相同。如果在审讯前，审讯人员已经掌握了审讯对象构成犯罪的证据，无论审讯对象是否交代都能认定其犯罪且刑期在 10 年以上有期徒刑，那么要不要供述就无所谓了，也就谈不上僵局。关键在于，在职务犯罪审讯过程中，审讯人员掌握的情报信息尚不足以认定其犯罪，必须要有其口供作为佐证，才能认定其犯罪。从此意义上讲，只有在遇到难以突破口供的特殊情况时，才能称得上真正意义上的审讯僵局。审讯僵局势必会造成审讯信息的强烈阻塞，使审讯活动难以为继。

造成信息的强烈阻塞，形成审讯僵局主要有以下几个因素：

一、审讯对象的性格因素

人的性格的形成既有先天的成分，又是长年生活经历的积淀。在审讯人员掌握有同等信息的前提下，审讯进程的顺畅与否，往往取决于审讯对象的性格类型。直爽型、理智型甚至暴躁型的审讯对象是审讯人员通常喜欢接触的审讯对象，而在审讯中有两种现象需要审讯人员高度警惕。

（一）性格沉闷的审讯对象

性格直爽的审讯对象很难在审讯人员的心理施压下保持镇定的态度，面对审讯人员的问话总会或多或少地作出相应的回答，使得审讯双方问答之间的信息传递趋于正常的语境，此种审讯局势也易于审讯人员掌控。

性格沉闷的审讯对象通常心思缜密，对审讯人员的问话不会轻易作答，他们会在心里反复权衡，前后左右地思考，企图窥测审讯人员问话里的含义，寻找审讯人员问话中的漏洞，发现审讯人员掌握的信息量，这类审讯对象通常具有较强的反侦查意识。例如，某高速公路总指挥骆某某，在建筑工地上遇到建设方人员送礼时，总会当场予以训斥，将其中的礼金、礼卡予以当场退回，将其中的香烟、水果等物品予以"没收"，当场分发给现场的工作人员，以展示其廉洁的外表。而当建设方人员单独送礼上门时，则会欣然接受。审讯中审讯人员询问其与工地包工头聚众打麻将套取钱财的情节时，他振振有词的予以反诘："我们是打'卫生'麻将（不设赌资），这些包工头生活糜烂，晚上经常夜不归宿会影响第二天的工程质量，我把他们组织起来，是为了他们好，还可以防止他们向其他人行贿。"当审讯人员询问其与情妇"开房"30多次的情节时，他坚决予以否认，即使审讯人员当场播放他与情妇出入某宾馆的录像时，其甚至无耻的抵赖："我们只是红颜知己，开房并不表明就是你们想象的那种男女关系，我们相互鼓励，促膝谈心到天亮不可以吗？我们犯了哪条法律？"

性格内敛、沉闷的审讯对象大多少言寡语，对审讯人员的问话通常要经过深思熟虑，瞻前顾后。要么在审讯中保持相对的沉默，即使回答询问的话语也只是只言片语；有的"聪明"过人，回答问题滴水不漏，始终保持着极高的戒备心理，甚至寻找机会予以反诘，刺激审讯人员引起烦躁、暴怒的心理，由此强烈阻断审讯双方的信息交流，形成审讯僵局。

针对性格沉闷的审讯对象，审讯人员应当引起高度警觉，应当采取相应的审讯策略，务必打破僵局，将其制服，在本地形成典型案例，以儆效尤。

（二）性格沉闷的行贿人

行贿人是介于讯问与询问之间的审讯对象。在现行的法律规定内，行贿人在审讯中占据着天然的优势条件。根据《刑法》第389条规定：为谋取不正当利益，给予国家工作人员以财物的，是行贿罪。在实践操作中，由于"谋取不正当利益"较难把握，大部分行贿人会在供述相关行贿事实以后旋即转化为证人，只有极少数行贿人会被定罪量刑，而且根据《刑法》第390条的规定，行贿人在被追诉前主动交代行贿行为的，可以减轻处罚或者免除处罚。也就是说，即使行贿人构成行贿罪，在其主动供述以后仍然有机会转化为证人，免受刑事处罚。对于行贿人来讲，能扛就扛，尽量不供述行贿事实是他们在趋利避害心理下应对审讯必然的心理反应。因为不供述就能免除刑事追究是他们的第一选择，毕竟供述行贿事实以后，其供述的行为"有害于"受贿人的"朋友之情"；"有害"于受贿人为自己提供的"帮助"、获取的既得利益；会遭到周围人群的"唾弃"。况且，即使在迫不得已的情况下，只要适时作出供述，仍然能享受法律规定"免予刑事处罚"的优惠待遇。对于行贿人，审讯人员也要讲究审讯策略，重在解释供与不供的利益得失，引导行贿人尽快供述。

相反，对于审讯人员而言，审讯行贿人的难度要远远大于审讯受贿人的难度。客观上，职务犯罪案件的突破又存在着两次突破的过程，即先予突破行贿人或利益相关知情人的口供，再予以突破受贿人或其他职务犯罪嫌疑人的口供。由于在第二波审讯受贿人或其他职务犯罪嫌疑人时，审讯人员已经掌握了行贿人或利益相关知情人犯罪事实的证据，对于相关犯罪事实的框架已经基本了解，审讯难度就会相对地降低。而在突破行贿人或者利益相关知情人时，由于审讯人员尚未掌握具体的犯罪事实相关证据，只是掌握了初查中获取的可能存在犯罪事实的指向性信息，故其审讯难度就会相对较大。如果遇到性格沉闷型的行贿人，就有可能产生信息阻断，形成审讯僵局。

对待性格沉闷的行贿人，审讯人员应当做好以下几项工作：

1. 重点初查行贿人

职务犯罪案件的突破客观上存在两次突破的现实，且突破行贿人的难度往往又超过突破受贿人，这就要求侦查人员加强对行贿人和利益相关知情人的初查工作。初查实践中，侦查人员往往将初查的视角聚焦于犯罪嫌疑人，却忽略了对行贿人和利益相关知情人的重点初查，这值得侦查人员反思。在重视对犯罪嫌疑人进行重点初查的基础上，将初查工作的重点逐步转移到对行贿人或利益相关知情人身上，会带来两个方面的好处：一是通过对行贿人和利益相关知情人的重点初查，能够更多地发现犯罪嫌疑人可能存在的基本概况，了解行贿人和利益相关知情人的基本情况，减轻审讯中的压力。二是根据现时行贿人多头行贿的特点，从重点初查行贿人入手，可以发现其他隐藏颇深的犯罪嫌疑人，有利于案件线索的滚动深挖。在审讯中做到有的放矢，让其不仅交代向首要犯罪嫌疑人行贿的事实，并"虎、蝇"兼取，兼而获取其向其他犯罪嫌疑人行贿的信息。

2. 找准审讯突破口

根据初查的相关规定，在突破案件阶段，接触犯罪嫌疑人之前，必须先行突破行贿人或利益相关知情人，这也是职务犯罪案件得以成立的先决条件，而精细化初查为案件线索的突破提供了先决条件。在遴选突破对象时必须坚持两项原则：一是主次兼顾，既要针对主要的犯罪嫌疑人遴选相应的行贿人或者利益相关知情人，又要兼顾可能深挖窝串案的多头行贿的行贿人。二是由易及难，结合考量行贿人的性格脾气、行贿企业的影响大小、是否人大代表、对其掌握信息量的多寡等各种因素。尤其是在遴选突破案件的首个审讯对象时，要尽可能避免将性格沉闷的行贿人或利益相关知情人作为遴选首选目标，以免影响突破工作的顺利进行。

二、审讯对象的心理因素

面临审讯场景时，性格开朗的人较难承受审讯人员施加的心理压力，供述犯罪事实较为爽快；而性格沉闷的审讯对象较能承受各种心理施压，自我消化能力强，如果性格沉闷的审讯对象心智不正，附带着偏执、自闭等不良心理影响，那么在审讯中就会认死理，容易形成审讯僵局。

（一）病态心理

病态心理是一种人格不健全的表现，表现为固执、敏感、多疑、情绪不稳定、心胸狭隘、好嫉妒、易钻牛角尖。自我评价高，且往往贬低别人。在日常生活中，表现为喜欢独处、退缩、孤僻、胆怯、沉默和怪癖、不爱社交、缺少朋友。具有病态心理的审讯对象在面临审讯的绝境以后，焦虑心理会持续增强，产生嫉妒的不安全感，过分地自我克制、自我保护；产生持续性的情绪抑郁低落；有些还会因为微小的精神刺激突然爆发出非常强烈的愤怒和冲动，以自残或攻击性的行为对抗审讯。

1. 性格偏执

性格偏执的审讯对象认死理、爱钻牛角尖。他们有一套自己的价值评价体系，在日常生活中也是人们不喜与之纠缠的人。在审讯中遇到此类对象，也常常让审讯人员头痛不已，"话不投机半句多"，容易形成相持不下的场面。他们一味地否定审讯人员的观点，认为审讯人员的说理释法都是在欺骗自己，持有极强的戒备心理，生怕陷入审讯的"圈套"。他们固执地认为有人在报复陷害自己，常常会说："周围比我问题严重的人多的很，你们为什么不抓他们，偏偏来抓我。"以此表示自己的冤屈与清白，对审讯人员充满敌意。有些人自认为自己专业水平高，贬低审讯人员的能力，看不起审讯人员，不屑与审讯人员交流。还有些审讯对象具有极强的侥幸心理，"死猪不怕开水烫"，不管你问什么，我就是不作答，抱有"打死我也不说"的顽固抗审心理，以此阻断信息交流。

2. 性格自闭

性格自闭型的审讯对象通常具有自卑、自责、自私的心理特点。他们明知任何反馈都不能说服审讯人员而解脱自己，将一切不利于自己的问话都拒之门外，将自己严实地包裹起来，以近乎沉默的状态企图逃脱审讯。他们面对必然承担的犯罪后果，产生强烈的自责心理，绝望于找不到一条好的出路，陡生强烈的畏罪心理，在前途无望的绝境下，只能以无声的表示陷入沉默，死扛审讯。有些审讯对象还伴有极度的自私心理，一切以自我为中心，毫不顾忌家庭、子女、父母、妻子的情感刺激，只要不予追究刑事责任，哪怕天塌下来也不在乎，此类审讯对象几乎找不到任何兴奋点，没有激情，对于审讯人员的刺激无动于衷。

3. 无赖心态

无赖一般是指刁蛮、撒泼、蛮不讲理的人。生活中如果遇到这样的人，人们唯恐避之不及。在审讯中，一般以行贿人居多，通常表现出"两面人"的本色。先是摆出一副极力讨好的嘴脸，在遇到审讯人员言词正义的训诫后，他则立即翻脸不认人，表露出凶狠的模样："别看你们在这里厉害得很，等我出去以后你当心点。"

耍无赖的审讯对象往往心理扭曲、畸形，他们不讲道理，不懂规矩，不要脸皮，做事无底线，以近乎下作、流氓的姿态对抗审讯。

作为国家工作人员为主体的职务犯罪嫌疑人，通常具有基本的处事原则，但在对抗审讯的过程中，为了逃脱法律的制裁，个别审讯对象也会表现出无赖的情形。如某乡镇书记，在进入审讯室后，直嚷嚷："你们凭什么把我抓进来"，"你们怎样把我叫进来的，就得怎样把我请出去。"边说着人就横躺在地上，把双脚高搁在审讯台上，无视自己的身份和审讯室的规矩。不管审讯人员怎样劝说、训诫，横竖一条心就是赖在地上不起来。

审讯中经常还会遇到一种无赖的现象就是赌誓，这在社会地位相对偏低的行贿人身上较为常见。他们不仅赌咒发誓，有时甚至发狠地将赌誓对象牵扯到父母、妻儿身上，以图蒙混过关。

总结成一句话，耍无赖的审讯对象就是死缠烂打、蛮不讲理。他们的行为严重影响着审讯活动的正常秩序，阻断了审讯信息的交流与传递。

（二）妄想心理

审讯前，一般审讯人员都已掌握了审讯对象涉案的证据或者掌握了审讯对象可能涉案的指向性犯罪信息,如果审讯对象不如实供述犯罪事实,审讯人员不会自动地停止审讯活动。但是,对于审讯对象而言,如何逃脱审讯是其最大的心理乞求,在这样的心理驱使下,即使审讯对象认为审讯人员已经发现了自己的某些犯罪事实,仍然会在心里祈求蒙混过关,以此横下一条心,以沉默、否认来对抗审讯,企盼"奇迹"的出现。

1. 不相信审讯人员已经发现了犯罪事实

职务犯罪都是隐蔽型犯罪,犯罪嫌疑人在实施犯罪的过程中,都有着较强的反侦查能力。性格固执的审讯对象始终不相信审讯人员已经发现了自己的犯罪事实。尤其是贿赂犯罪,天知地知、你知我知,只要自己不说,审讯人员就无从知晓,他们一味地认为审讯人员是在"欺骗"自己,企图从自己的供述中套取证据。

2. 不相信审讯人员已经掌握了犯罪证据

即使审讯人员已经了解了某些犯罪事实,也只能是了解而已,并没有什么证据,这是大多数审讯对象初期认识审讯的基本心理状态。尤其是在贿赂犯罪证明体系突出表现为言词证据的现行法律框架下,具有强烈抗审意识的审讯对象大多在接受审讯前已大致了解这一情况,凭借于此,横下心来否认犯罪。即使行贿人已经交代,其仍会坚信"我不说,你们也拿我没办法。"坚决地从心底排斥审讯人员已经掌握证据的事实,企图蒙混过关。

3. 坚信"同盟"牢不可破

对于行贿人来讲,曾经有求于人,自己得到好处,出卖受贿人是良心上过不去的一道坎。正如某位建筑公司的董事长在内部会议上讲的话一样:"业主单位是我们的衣食父母,该送的就得送,送了别人钱,反贪局来调查时死活要捂住自己的嘴巴,绝不能出卖别人,否则就是害了别人也害了自己,公司形象受到损害,以后接业务就难了。如果保住了别人,别人就会感激,以后就会给你做更多的业务。"而作为犯罪嫌疑人,他坚信自己有恩于人,是牢不可破的"朋友"关系,不相信"朋友"会出卖自己。有些受贿嫌疑人在行贿人白手起家到事业有成的过程中给予了极大的帮助与扶持,况且行贿人曾经不止一次向自己做过承诺、保证甚至赌誓,始终认为行贿人够义气、值得信赖,"即使我讲了,他也不会讲。"此种心理状态会在犯罪后长期得到强化,从而形成顽固的抗审心理。

(三)极端心理

真正的审讯僵局的形成在实践中是较为少见的,通常表现为首次审讯中基本陷入沉默,绝口否认犯罪事实。待检察机关风险决策立案、刑拘后才逐渐松口。有个别的审讯对象要等到逮捕后才勉强松口,且只交代少量犯罪事实或时供时翻。他们偏执地看待法律规定，具有顽固的抗审心理，爱走极端。

1. 反社会心理

国家工作人员普遍受过正规的教育，一般具有较高的素质。具有反社会心理的审讯对象往往在日常工作、生活中表现出积极向上的精神状态，而将其歪曲的心理隐蔽于内心，轻易不为别人所发现。反社会心理的形成与其个人的家庭出身、成长经历以及对社会、历史不正确的认识有着密切的联系。某位县政协副主席，大学毕业后从学校老师、副局长、镇长、镇党委书记直至县政协副主席，一路进取，在别人眼里可谓事业有成。可其本人觉得世事坎坷，家庭不和睦，怀才不遇。在审讯的环境中则将心中的扭曲表现的淋漓尽致：恶言攻击党和政府，痛斥世道不公，仇视法律和审讯人员。对待审讯人员的诘问，不是不屑一顾就是胡编乱造瞎说一气。具有反社会心理的人是公务员群体中的害群之马，务必竭力制服。

2. 宗教迷信

信奉宗教的人有一套符合自己道义的处世哲学，轻易不会改变自己的信仰和行为规则。而崇尚迷信的人则具有一种盲目、愚昧的自救心理，他们不会轻易接受审讯人员的说教。对待此类审讯对象，策略得当则迎刃而解；反之，策略不当则容易造成死磕硬碰的局面。

3. 自残自杀

自残自杀是审讯对象在面临审讯所带来的诸如畏罪心理、自卑心理、屈辱心理、焦虑心理等多种不良心理胶着下产生的愤世嫉俗、急于解脱的极端行为反应，以此企图逃脱法律的制裁，保全自己的名誉，对于审讯活动是极其有害的。他不仅严重阻断了审讯活动的顺利进行，而且后果严重的还将殃及审讯人员，反而使得相关审讯人员受到纪律、法律的事后追究，应当严加防范。

有鉴于此，审讯实践中，有些审讯对象利用这一契机，假装重病，甘愿自残，制造混乱，企图乱中取胜，逃脱审讯的困境。有一位审讯对象在审讯中突然卧倒在地，左手捂着胸口大声嚷嚷"心绞痛"，审讯人员匆忙通过绿色通道将其送到医院，医生告诉审讯人员："哪里是心绞痛，心绞痛还能大声叫唤吗？"

因此对于拙劣的抗审手段，审讯人员必须具备较强的辨别能力，对其及时加以遏止，以防在社会上流传造成不良后果。对于真实的自杀自残，务必严加防范。而对于假装重病，冒充自杀自残的行为则应当严厉打击，树立典型案例，长期坚持就能在当地形成良好的办案氛围，相应地减轻审讯的压力。

三、审讯人员的自身原因

造成审讯僵局，主要原因是某些审讯对象具有顽固的抗审心理。但是不可否认，审讯人员审讯技能不专业、审讯技巧运用不当也是造成审讯僵局，阻断审讯双方信息交流的客观原因之一。

（一）信心不足

遇到审讯对象顽强抗审的时候，当证据都已经摆在审讯对象的面前了，审讯对象就是不承认、不交代，有些审讯人员就会黔驴技穷，毫无办法。"我就是不交代，看你怎么办。"事实上，遇到这种情景，即使是经验丰富的侦查人员有时也会心里发怵。

审讯实践反复证明，信心在审讯中是居于第一位的要素，是开启审讯成功之门的一把金钥匙。坚持、再坚持，审讯人员通过强大的内心透露出的必胜信心，会压垮审讯对象抗审的神经。遇到审讯对象强烈抗审的时候，实际上也是审讯对象内心最难熬的时刻，在审讯室封闭的环境中，审讯对象的抗压心理简直可以用"煎熬"两个字来形容，只要审讯人员再加一把力，审讯对象就会败下阵来。反之，在这关键的深刻，审讯人员一旦表现出一丝犹豫，审讯对象就会知道审讯人员快要坚持不住了，反倒会提升审讯对象的抗审意志。此消彼长，就会形成审讯僵局。

信心是一个琢磨不透的东西，信心不足在年轻审讯人员之中较为常见，有时候会跑到老同志、领导那里去抒发情绪，这也影响了别人的情绪，要知道在审讯遇到困难的时刻，相互鼓励才是正道，务必克服信心不足的消极情绪。

（二）初查不细

观察以往的审讯实践，审讯中经常会出现审讯人员无话可问，审讯双方长时间地无语对答的尴尬局面。分析原因，固然有审讯人员经验不足、审讯技巧运用不熟练的原因，最主要的还在于审讯人员所需要掌握的信息不够充足。

审讯人员应对审讯所需的信息主要来自于初查活动。审讯的目的是揭露犯罪事实，但职务犯罪的犯罪事实及其证据很难在初查活动中直接获取，初查活动只能收集到怀疑犯罪事实客观存在的指向性信息，而这些指向性信息又是无法在审讯中直接抛出来揭露犯罪事实的。从这层意义上讲，审讯的过程，实际上是审讯人员不断地通过运用各种审讯技巧刺激审讯对象的心理，撬动其心理发生变化，从而使其自愿、主动供述犯罪事实，达到揭露犯罪的目的。

然而，在职务犯罪审讯中，刺激审讯对象心理发生变化的信息不可能是犯罪事实本身，只能是能够影响其心理变化却又与犯罪事实并无直接关联的辅助性信息，例如情感因素、心理因素等方面的信息。检讨当前的初查工作，侦查人员更多地关注与获取职务犯罪事实有关的指向性信息，而严重忽视了审讯对象心理因素等方面的信息收集。初查是奠定审讯的坚实基础，侦查人员在初查中务必在重视收集的犯罪事实方面的信息的同时，兼顾并更加重视收集审讯对象的心理因素信息，做足审讯前的功课，才能提升审讯的专业化水平。

（三）策略不当

造成审讯双方审讯信息阻断的原因，从审讯人员角度检讨，既有初查不细、信心不足的客观原因，还有审讯人员运用审讯技巧策略失当的原因。

1. 一味施压

从心理学角度分析，每个人都有其承受心理压力的极限，当审讯人员施压的力度超过了审讯对象承受心理压力的极限，审讯对象就会被迫地供述自己的犯罪事实。受传统心理施压思维的影响，有些经验不足的审讯人员简单、粗暴地使用不断心理施压的方法，毫不顾忌审讯对象的真实心理感受，即使审讯对象选择心理退缩的关键时刻，仍旧一味施压，不知道调节心理施压的强度，其结果必然是直接导致将审讯对象逼入继续退缩、沉默、抗审的"死胡同"，形成审讯僵局，阻断信息交流。

2. 行为过当

一味施压仍然无法迫使审讯对象供述犯罪事实，就会反向导致审讯人员自己产生焦虑情绪。如果审讯人员手中掌握的证据材料尚不足以达到直接定罪的标准，那么这种焦虑情绪就会在审讯人员之间，甚至在整个侦查部门中蔓延。害怕突破不了审讯对象的口供导致审讯失败，害怕立不了案导致审讯对象被释放并带来严重的办案"后遗症"，情况严重的时候，不够冷静的审讯人员就会动手动脚、恶语相向，甚至采取变相刑讯逼供的行为，一些案件中出现庭审阶段控辩双方围绕此情节是否属于非法证据应予排除的激烈交锋，究其根源正在于此。

一味施压、行为过当不仅容易造成审讯双方的信息阻断，即使迫使审讯对象供述犯罪事实，仍会大大降低办案的质量，造成不良的影响。况且，一味施压、行为过当也是造成刑讯逼供的直接原因。

3. 不具专业性

师傅带徒弟是现今职务犯罪侦查、审讯活动的基本方法，师傅的水平限制了徒弟水平的发展，缺少一整套可以用来衡量、测评审讯人员实际审讯水平的程式化审讯方法。审讯专家、审讯权威缺失，审讯活动专业化发展的欠缺，直接导致审讯信息的阻断在所难免。

第二节 审讯信息传递的反阻塞策略

审讯中最怕碰到沉默寡言型的审讯对象。当审讯对象拒不说话,而手头掌握的证据材料尚不足以对其认定犯罪的时候,审讯人员所能选取的审讯技巧策略也已几乎用尽,这才真正陷入审讯僵局。对抗审讯的技巧也从反面对此给予了佐证。《审讯与供述》一书中介绍:对抗警方审讯的五种技巧(不招供)摘自"free BEAGLES",对动物权利保护者(和其他人)的建议,其中关于如何在警方审讯中不让自己或同伴获罪,作者是这样说的:(1)保持沉默。(2)保持沉默。(3)想象墙上写着"我行使保持沉默的权利",在整个审讯过程中一直盯着这些字。(4)时不时地打破沉默要求请律师。(5)培养对审讯者的憎恶之情,以使自己不致落入他的圈套而开始说话。读懂这五条建议,归纳起来其实质就是两个字:"沉默"。这才是真正意义上的僵局。

遇到审讯僵局,绝不能草率处置。鉴于职务犯罪审讯对象身份的特殊性,盲目的拘捕会使案件的后续处理陷于困境,而轻易地放弃有时又会带来麻烦无穷的"后遗症"。处置审讯僵局,可以从以下步骤进行。

一、引导思维模式

在抗审阶段,审讯对象会对身处的审讯环境表达强烈的不满,会以各种语言和行为的方式坚决否认犯罪事实的存在,并且会对审讯人员的问话提出各种理由的反驳,力争在抗辩中争取主动地位,企图说服审讯人员放弃审讯。显然,审讯对象的任何抗审策略都不会得逞。在审讯人员成功的阻止了审讯对象的否认与异议以后,审讯对象存在两种策略选择趋向。

大多数职务犯罪审讯对象在抗审失效、黔驴技穷的情况下会产生心理转化,逐渐接近审讯人员,听取审讯人员的合理建议。而少部分仍然不想轻易放弃抵抗的职务犯罪审讯对象,对于他们而言,就只有一条路可选,那就是从心理上退出审讯,陷入沉默。一旦审讯对象陷入沉默,就会阻断审讯双方信息的交流。此时,阻止审讯对象陷入沉默状态是关键,通常的应对策略是软化审讯对象的抗审心理,引导将其从即将陷入沉默的边缘拉回到正常的交流沟通状态中。

(一)以情开路,激发兴趣

人类与动物不同,最伟大之处就在于人类是讲感情的。审讯对象选择抗拒甚至沉默,自有其原因。面对审讯感到害怕、对审讯人员的仇视对后果的恐惧等等，这些都是他内心的情感表现，只有以情制情才能消除其内心的焦虑。

在审讯中遇到审讯对象选择沉默时，关于案情内容的任何讯问都是徒劳的，只会增强其抗审心理，增加其反感心理，继续询问案情只会使审讯活动走向死胡同。为了打开他的话匣子，审讯人员必须从无关案情的其他地方寻找其感兴趣的话题，以此撬动他的嘴巴，只要其选择了开口说话，其他问题就能迎刃而解。

可以从其家庭亲情入手，以亲情感人。如对父母长辈的孝心、对妻子丈夫的眷恋、对子女的疼爱。例如，某位处级干部在接受审讯时，恰逢其女儿还有半个月就要参加高考，焦虑、愤恨使他选择了沉默。在谈到他女儿的时候，他忍不住说出实情，在得到承诺以后，他交代了罪行。此后审讯人员及时与学校取得联系，封锁其父亲的消息，让其女儿留校复习，遂顺利通过高考。

也可以从其工作入手寻找共同话题，发现其工作中的成绩，激发其自豪感和责任心；从其业余爱好入手寻找共同话题；从其社交圈入手寻找共同熟悉的人，如崇敬的某位人物；还可以就天南海北、天文地理、历史现状等方面畅所欲言。只要是能激发其感兴趣的话题，让其开口说话，然后逐步引向审讯主题，最终就能达到目的。

（二）敞开心扉，予以尊重

审讯人员敞开自己心扉的目的在于鼓励审讯对象同样敞开心扉，一头冷一头热绝不会形成融洽的交流环境。首先，要多给予鼓励，赞美他的长处和优点，无论是道德上、工作中、生活中的优点都可以给予肯定，哪怕是在审讯过程中的些许进步也要及时给予充分肯定，以满足其原有的国家工作人员身份所体现的好面子、虚荣心等心理需求。不到非不得以尽量减少批评责怪，批评责怪只会引起审讯对象的逆反心理。过度的批评与责怪会使审讯人员之前所做的努力付之东流。其次，要给予足够的尊重。人的内心是渴望得到尊重的，尤其是身陷于审讯室的审讯对象内心更加渴望得到审讯人员的认同。尊重主要体现在对审讯对象的人文关怀上，如问寒问暖、问饥问渴、关心其身体状况等。有时审讯对象提出来要喝水、抽烟，正是其心理软化的迹象，试图与审讯人员改善关系的某种试探。最后，给予适度满足。除前述给予其生理上的满足外，给予其心理上的满足更能转变其抗审态度。比如审讯人员可以假设这样两个案例，一个贪官穷凶恶极、贪得无厌，另一个是迫于无奈、心存悔意，让其选择，然后告诉他，"我们想你应属于迫于无奈的那个人吧。"采取两项选择法能够满足其心理需求，使其选择正确的答案，转变抗审心理为悔罪心理。

（三）求同存异，建立关系

人对任何事物的认识都会存在差异，正面看一个圆，它是圆的，而侧面观察会发现它是扁的。

当审讯对象选择沉默的时候，审讯人员采用其所感兴趣的话题可以激发其交流的欲望。交流中即使是双方均爱好的事物也会产生认识上的差异，如果认识相同时可以鼓励其继续，存在差异时则应当迅速回避。俗话说"话不投机半句多"正是如此，审讯对象反感的话题只会让其退回到原地。

当交流逐渐进入到案件主题时，沉默型审讯对象一般都不会彻底交代，而是以试探性的方式进行叙述，这种叙述时常还附带着条件，充斥着狡辩。比如，将收受某人财物辩称是人情往来；将收受某人财物设置为子虚乌有的投资回报等等。对于其叙述，审讯人员要不断鼓励，让其叙述完，如果中间打断其叙述并予以驳斥，审讯对象就会知道谎言逃不过审讯，又会再次陷入沉默。要知道设置条件、谎称人情等情节均可以在后续的审讯或侦查过程中得以澄清，而收受他人财物的事实则必须由其亲口供述的道理。必要的时候，可以先行将此节可以认定为犯罪的供述予以笔录固定，以此作为继续施压的依据。笔录固定后还可以正面告知：口供不是定案的唯一证据，证据材料才是定案的唯一依据。此时无论审讯对象如何狡辩，都为时已晚。

激发兴趣、求同存异是促进审讯双方交流、沟通的前提，审讯信息论的原理揭示：只有通过交流、沟通才能使审讯双方建立起相互信任的关系。

二、调节心理施压

沉默是审讯对象从心理上退出审讯的最为顽固的抗审反应，除了引导审讯对象的思维模式转向交流沟通，还要对其心理反应进行适度的压力调节，促进其抗审思维逐渐转化。

（一）观察退出反应

审讯对象会在心里退缩阶段表现出各种不同的身体姿态，审讯人员必须高度警惕。任凭审讯对象长时间地保持退出审讯的心理姿态，或者施之以不恰当的审讯措施，就会逐渐巩固审讯对象的抗审心理，如果审讯人员不采取有效的措施，一旦审讯对象陷入真正的沉默，就会造成实实在在的审讯僵局。心理退缩的时间越长，就越容易巩固其抗审心理，也就越不容易打破审讯僵局。实践中，造成审讯对象强烈抗审，形成所谓的"零口供"案件往往与之有关。因此，仔细分析、认真研究审讯对象的退缩心理状态，对消除沉默、打破审讯僵局有着现实的指导意义。对于审讯对象的退缩心理可以从其头部、四肢、身体以及综合反应来全面审视。

1. 头部表情

审讯对象的头部会转向一侧或者另一侧，通常会作仰视状，有时候会低垂脑袋，目的在于避开与审讯人员的目光接触；眼神呆滞，通常向着一个方向，表现出茫然的样子；脸部表情松弛，眉毛、前额、鼻子、嘴巴、耳朵等各个部位均不会有过多的动作，看起来是一副满不在乎或心不在焉的样子，对审讯人员的问话通常不以为然，抱有强烈的抵触情绪。

2. 四肢反应

审讯对象的双手会自然地垂放于椅靠上；在有支撑物时，他会用一只胳膊撑住其头部；有时会配合闭眼的动作作出沉默或入睡状；有时则做双臂抱胸状，表现出一种心理自我保护的意识。双脚大部分时间会紧紧收缩，贴靠座椅；也会作出自然伸直状或者作出跷"二郎腿"的动作，表现出若无其事、无所谓的样子，但"二郎腿"的抖动频率不会过大。

3. 身体反应

审讯对象的身体会自觉的转向他侧，更多的时候是不经意地转向审讯不专业或态度较为平和的那位审讯人员，意在避开主审人员的猛烈攻势。保持此种状态较长时间后，有些审讯对象会试探性地站起来，在小范围内慢步来回走动，以期化解心中烦闷的情绪。

4. 综合反应

失去抗审优势以后，心存顽固抗审心理的审讯对象的表现通常是较为安静的。他心中明确知道：一切从语言、动作上的抗审都是徒劳无益的，其强烈抗审的外在表现只会迎来审讯人员进一步针锋相对的制约。于是他就会转向内心的退缩，阻断与审讯人员的信息交流。他会安坐一旁，不再与审讯人员进行任何形式的争论，也不再对审讯人员的审讯主题抱有任何兴趣，让审讯人员自顾自地不厌其烦的独白，只当是"耳旁风"，表现出你讲你的，我就是"听不见"的样子。

针对审讯对象的强烈抗审姿态，尤其是为了打破沉默的僵局，审讯人员应当洞察沉默所带来的严重危害，以寻求对策。

（二）侵入私人空间

人与人之间存在一种空间效应，即当有人闯入我们身体周围一定范围内时，会让我们感觉到不自在，甚至有威胁感，这时候人们做出的各种反应，就属于"私人空间效应"。在电梯这样一个狭小的空间里，人与人之间的距离非常近，人们相互进入彼此的私人空间，大部分人几乎不由自主地抬头，将眼睛盯着跳动的楼层，希望快点逃离这个狭小的空间，这就是他人侵入我们私人空间时会让我们产生不舒服的感觉。在公共场所选择座位时，例如在车厢内，人们往往会最先选择两端距离最远的座位，最后才会去选择中间的位置。因为两端的位置只有一边有人靠近，我们的私人空间相对较宽敞。私人空间看不见、摸不着，每个人所承受的空间大小也与个人性格、经历、与人的亲密程度相关。相对来说，女性比男性的私人空间范围更大；内向性格的人比外向性格的人私人空间范围更大；在心情低落时比平时的私人空间范围更大一些。但总体来说，人们对一般接触对象的私人空间都在 0.6 米至 1.5 米之间。

当人与人之间进行沟通交流时，私人空间始终影响着人们的交流方式。例如，陌生人初次见面，进行礼貌性的握手时，两人双脚站立的位置往往在 0.5 米到 0.6 米，双方仅仅会通过略微弯腰来相互接近。而较为亲密的人见面握手时，往往双脚站立距离较近，通常不需要通过弯腰的方式接近对方。另一种情形是，当人们相互挑衅时或发生争执时，往往会向对方靠拢，展现出一种进攻的姿态，因为侵入到他人的私人空间内常常展现出一种轻蔑、冲动甚至威胁。这样的表现也可以运用到审讯中。审讯室中，审讯人员占据主导地位，可以通过私人空间效应，制造一种"威胁"、"压制"审讯对象的作用。通过私人空间效应，同样也能拉近审讯人员与审讯对象的心理距离，促进审讯双方的信息交流。

"一旦讯问人员识别出犯罪嫌疑人在审讯中处于心理退缩状态，讯问人员获取犯罪嫌疑人注意力的一个有效技巧就是移动自己的椅子使身体靠近犯罪嫌疑人，正如本书第五章所介绍的，人与人之间的身体距离越近，心理也越近，这是公认的事实，对于犯罪嫌疑人而言，他很难去避开讯问人员的主题。

在审讯开始的时候，讯问人员应当坐在距离犯罪嫌疑人大约四英尺的位置。一旦犯罪嫌疑人出现心理退缩现象，讯问人员就应当慢慢移动椅子靠近犯罪嫌疑人。讯问人员的动作应当是渐进的、不引人注目的过程，而且看上去应当是讯问人员的兴趣和同情的自然结果。讯问人员突然抬起椅子并放到犯罪嫌疑人面前，似乎准备要'鼻子对鼻子'地对质谈话，这种动作会分散注意力，既不合适也没有必要。

讯问人员首先应当把自己的身体移到椅子前面的边缘，上身向犯罪嫌疑人倾斜。这种姿势的改变立即缩小了讯问人员与犯罪嫌疑人之间的距离。此后，讯问人员应当以渐进式的方式拉动自己的椅子向犯罪嫌疑人逐步移动。

在向前移动椅子的时候，讯问人员不应把注意力放在移动椅子上面并停止谈话。讯问人员应当继续谈话并保持与犯罪嫌疑人的目光接触，不要在移动椅子时向下看。在讯问人员靠近时，有的犯罪嫌疑人对于讯问人员的话语会增加警惕，但通常不会意识到这是由于讯问人员的身体接近而造成的。犯罪嫌疑人只会感觉到或察觉到他在说谎时变得越来越不自在。

讯问人员在考虑移动椅子、靠近犯罪嫌疑人之前，应当对情势进行仔细评估，因为任何过早的动作都会毁掉先前营造的氛围。一般而言，只有在犯罪嫌疑人没有直视审讯人员、处于安静的状态并已经作出过否认犯罪和提出过异议时，才能以这种方式接近犯罪嫌疑人。

讯问人员在逐步移动椅子接近犯罪嫌疑人时，应当仔细审视犯罪嫌疑人对空间接近的行为反应。任何防御性的行为，如建立更牢固的屏障、犯罪嫌疑人的椅子向后移动或者是挑衅的面部表情，都在提醒讯问人员应当保持距离。建立更近的空间不是为了恐吓犯罪嫌疑人，也不是为了显示自己的权威地位来压制对方。如果犯罪嫌疑人察觉到上述任何一种动机，都会陷入一种'或战或逃'的本能反应：回到否认有罪阶段（战），或者终止讯问（逃）。再次强调，讯问人员建立空间接近的目的是保持犯罪嫌疑人的注意力并在情感上更靠近犯罪嫌疑人。"[1]

贴近审讯对象，可以拉近审讯双方之间的心理距离。同样，侵入审讯对象的私人空间，也能够强烈刺激其心理反应，增强其内心压力，从中可以观察审讯对象的心理变化程度，伺机发现可以利用的信息。

遇到审讯对象无理蛮抗时，审讯人员可以贴近审讯对象，在其侧前方或正面对其训斥，效果显然强于审讯人员在既定位置上的隔案训斥。

需要表示同情或安抚时，贴近审讯对象轻轻抚拍其肩部可以安抚其激动或者烦躁的心情，也能对其某种心境表示出同情。抚拍只能是在其肩部或者背部，表示一种亲切的关系，在其头部抚拍则有失尊重，效果会适得其反。抚拍只能是轻微的，超过强度则会引起审讯对象的反感，更要避免强烈的肢体冲突，否则会有刑讯逼供之嫌。

必要时可以进一步贴近审讯对象，与其并排而坐或相对而坐。如此能够拉近双方的心理距离，融洽相互之间的感情，建立起彼此之间的信任关系，有时候还可以通过抚摸其膝盖或者手握手交谈，更能进一步促进和巩固双方的关系，但这样做必须征得审讯对象的默许。

在审讯对象面前边走边审讯也是吸引其注意力的一种有效策略。踱步不宜过急，应当缓步而行；问话应当一字一顿，坚定有力。而在其面前过多的晃动，反而会引起审讯对象的反感。

背后是人们心里最薄弱、最害怕的地方。针对具有严重退缩心理的审讯对象，绕到其背后对其进行问话，会强烈刺激其心理，使其产生忐忑不安的心理反应。即使审讯人员默不作声，审讯对象也会因不知审讯人员将做出怎样的举动而心生紧张、害怕之情。以此可以吸引审讯对象的注意力，回归相

---

[1]　［美］佛瑞德·E.英鲍、约翰·E.莱德、约瑟夫·E.巴克利、布莱恩·C.杰恩：《刑事审讯与供述》，中国人民公安大学出版社2015年版，第272页。

互交流的常态。

（三）加强目光接触

"有罪的犯罪嫌疑人在使用语言无法改变讯问人员对其有罪的信心并放弃这种努力后，如果有必要，他可能会连续几个小时维持一种情感游离状态，目的是尽力抵制坦白供认。基于此，对于讯问人员而言，识别心理退缩的症状并使用特定技巧维持犯罪嫌疑人对主题的注意力是非常重要的事情。"① 吸引审讯对象的注意力，阻止其撤出审讯的心理企图，在逐渐靠近审讯对象的同时，更重要的是能够与其建立起眼神的接触。

眼睛是心灵的窗户，由此可以观察对方的内心世界，通过审讯双方眼神的接触，更能建立起一种交流沟通的平台。

1. 建立眼神接触的方法

在审讯中，如果遇到审讯对象的目光转移他处，处于思维游离状态，或者低下头去，拒绝再与审讯人员交流的时候，审讯人员应当"提醒"审讯对象抬起头来或者坐正姿势，遵守审讯室的规矩。审讯实践中，审讯人员通常是用一种严厉的、命令的口气责令审讯对象，事实上并不能起到很好的效果。即使审讯对象听从审讯人员的指令，保持的眼神接触也是短暂的，他会在迅速看审讯人员一眼后，仍然把眼光转向别处，有时甚至根本不理会审讯人员的指令，根本不看审讯人员，如此反而引起审讯对象的反感情绪，加深审讯对象的抗审心理。责令审讯对象抬起头来、摆正姿势是最简单的方法，但其实效果并不大，此处我们强调的是"提醒"二字，即应当用委婉的语气让他抬起头、摆正坐姿，而非以命令式的口气去责令其如此这般。

建立眼神接触的主动权始终在于审讯人员一方，审讯人员并不能要求审讯对象主动地与审讯人员建立起眼神接触，但是审讯人员可以主动地去寻求与审讯对象建立起眼神的接触。更为灵活的方法是：审讯人员可以搬把椅子，坐到审讯对象的对面，调整自己的坐姿，尽量身体前倾，坐在椅子的前沿，几乎头碰头地去与审讯对象保持对话。如果审讯对象变换坐姿，审讯人员可以移动自己的座椅，始终使自己的位子处于审讯对象的视线以内，逐渐形成相互之间的目光凝视。一旦审讯双方建立起目光交流的形态，那么审讯对象即使想撤出交流也是较为困难的。

2. 配合眼神接触，适时变换问话主题

审讯对象之所以存在撤出审讯的心理障碍，主要是基于对当前审讯主题不

① ［美］佛瑞德·E. 英鲍、约翰·E. 莱德、约瑟夫·E. 巴克利、布莱恩·C. 杰恩：《刑事审讯与供述》，中国人民公安大学出版社 2015 年版，第 270 页。

感兴趣，在绝望而无力反抗的状态下所作的另一种极端的选择。所以适时地调整问话的主题是非常有必要的。

在建立眼神接触的过程中，审讯对象对于审讯人员的问话不感兴趣，就又会将眼光转向别处，中断与审讯人员的交流，这是审讯中经常出现的状态，因此审讯人员应当及时调整问话主题，在向审讯对象抛出一些主题概念的基础上观察其反应，以此再次或者反复尝试与审讯对象建立目光接触，增进双方交流沟通的可能性。

3. 审讯人员在建立眼神接触时应持的态度

尝试与审讯对象建立眼神接触，取决于审讯人员从自己的眼睛中所能体现出来的态度。首先，审讯人员在尝试与审讯对象建立眼神接触的过程中，眼神应当是柔和的，这是建立眼神接触的基础，只有柔的眼神才会让审讯对象静下来，保持与审讯人员的眼神接触，听取审讯人员问话。反之，如果审讯人员的眼神接触是凶狠的，那么审讯对象的目光一接触到审讯人员的眼神就会迅速逃避。其次，审讯人员的眼神应当是诚恳的，表露出的含义是欲与审讯对象建立起一种平等交流的迹象，吸引审讯对象将其游离的思维关注到交流上来。再次，审讯人员的眼神应当是坚定的。透露出审讯人员不达目的誓不罢休的精神状态。最后，审讯人员与审讯对象的眼神接触是反复进行的，眼睛代表着审讯人员的心，维持眼神交流能够促进审讯双方重新建立起信息交流的畅通渠道。

（四）适时使用有效证据，吸引审讯对象的注意力

证据是审讯人员所掌握的最具价值的信息。审讯中的证据含义具有双重性：一是刑事诉讼法意义上的证据，这是审讯人员据以保密的底牌，不能轻易出示；二是能够有效揭露审讯对象谎言，虽然与犯罪事实无关，却又能有效刺激审讯对象心理反应的客观事实。证据出示法是指在职务犯罪审讯过程中，审讯人员选择适当的时机，采用恰当的方法，有计划、有步骤、有技巧地运用证据，促使审讯对象如实供述的审讯方法。

1. 选择有利的时机

侦查实践一再证明：同一证据由于出示的时机不同，会产生完全不同的效果。选择时机得当，即使出示少量的证据也会使审讯对象对抗心理崩溃，促使其如实供述；选择时机不当，则达不到证据出示的预期效果，有时还会使审讯局面更加僵持。因此，证据的出示应当选择合理的时机。

（1）审讯对象思想动摇时

在审讯对象陷入进退两难、内心处于非常矛盾之际，审讯人员适时出示些许证据材料，会给审讯对象造成进一步的心理压力，迫使其就范，如实交代犯罪事实。

（2）审讯对象的抗审伎俩被揭穿时

审讯对象在审讯过程中自相矛盾、谎言不断暴露时，往往心虚，内心焦灼，六神无主。此时，审讯人员及时抛出证据，审讯对象不得不考虑自己虚假供述的后果，权衡利弊后为争取好的态度而选择如实供述。

（3）审讯对象试探摸底时

职务犯罪审讯对象往往心理素质较好，认为自己的犯罪行为不会留下任何线索，对审讯人员的讯问充满了质疑，有时会采取反审讯伎俩，此时审讯人员气定神闲的讯问，辅之以些许证据，最好是将书面材料放在审讯桌前，对审讯对象造成的心理压力可想而知。

证据出示必须以审讯对象确信审讯人员已经掌握其犯罪事实为前提，一般在动摇反复阶段或供述阶段出示较为有利。在动摇反复阶段出示证据能够进一步使审讯对象内心确信审讯人员已经掌握有充分证据，促进其主动供述的决心。在供述阶段出示证据能够进一步摧毁其仅存的侥幸心理，加快供述进程。而在审讯前期阶段或相持对抗阶段出示证据则往往起不到任何作用，反而会泄露审讯人员底牌，增强审讯对象的抗审心理。

2. 出示方式

证据的形式有书证、言词证据等，出示证据的方式也可以是多元化的。

（1）以书证为主

书证是最固定化的证据，当审讯人员掌握有书证时，对审讯对象会产生强烈的震撼。如受贿款项是银行往来，受贿财物是房产、车辆等，相关书证的出示能充分证明犯罪事实的存在，无可争辩。

（2）语言暗示

审讯人员可以采用语言暗示的方法说出与犯罪事实相关联的内容或情节，从侧面揭露与犯罪事实有关的片段情节，也可以明确说出与犯罪事实本身无关联的其他情节，通过暗示引起审讯对象的联想，进而使其产生错觉，误以为连这些细节都已经被掌握，那么其他犯罪事实也会被掌握，从而惧怕证据的威慑力，选择如实供述。

（3）点滴出示证据

审讯人员掌握的证据不可能是全面的，在首次审讯中往往只掌握了少部分的证据或者仅仅是初查中所获取的情报信息，这些资源是及其宝贵的，如果全部抛出，一方面会让审讯对象完全了解审讯人员的底细，知道该交代哪些犯罪事实，进而隐瞒其他大部分犯罪事实。另一方面，如果审讯对象仍然拒绝供述就会使审讯陷入僵局。

出示证据必须坚持少量、点滴的出示原则，只有在出示少量证据取得成效的前提下，才可以逐量增加出示的证据量，以此换取审讯对象主动供述其大量的犯罪事实。如果审讯人员出示证据后未能引起审讯对象任何反应，则应当立即停止证据出示，更换其他审讯策略继续审讯。

3. 注意保密

在证据出示环节，应当进行模糊化处理，最好以点滴出示证据的形式，避免泄露侦查意图，更不能使审讯对象摸清审讯人员掌握的证据底数。证据的出示应当以探明审讯对象的态度为目的，以不暴露审讯人员掌握证据的虚实为底线。

三、疏通信息阻塞通道

审讯对象显示出退缩心理以后，审讯人员应当及时发现这种迹象，在其撤出审讯、退缩心理还没有得到巩固的边沿，想方设法将其拉回到交流沟通中来，只有如此才能实现审讯双方的信息交流。但是在现实的职务犯罪审讯中，有些审讯人员欠缺专业的水准，未能及时发现审讯对象的退缩心理，反而继续施压，不断地加大施压力度，其后果必然会导致审讯对象的退缩心理越加巩固，最终形成僵持局面，审讯对象长时间地陷入沉默，不再理会审讯人员的任何问话。在这种困境的局面下，审讯人员需要具备高超的审讯技巧，将错就错，将审讯活动进行到底。

（一）在对抗中制造供述临界状态

审讯的上策始终是与审讯对象保持相互之间的信息交流，在交流沟通中获得审讯对象的信任与供述。如果审讯对象抗审心理极其顽固，或者由于审讯人员的不专业，确实造成了审讯僵持的局面，下策就只能是针锋相对，趁机制造供述临界的机会，突破其口供，此中必须把握三条规律。

1. 继续施压，制造供述临界状态

从理论上讲，任何一个人都有承受心理极限的一个点，在审讯中只要超越了这个极限点，审讯对象就会被迫地作出供述。审讯对象陷入长时间沉默以后，在一时无法消除其退缩心理的前提下，只能依靠继续施压的策略，以图达到其供述临界极限。过去审讯不受时限，依靠长时间的体力消耗战是常策；而现在审讯受 24 小时限时的约束，施压更应当具有针对性，以图在短时间内强烈刺激其抗审心理，尽量使其达到供述临界状态。

2. 打拉结合，制造供述临界状态

即使在不断施压的同时，给审讯对象预埋一些退路也是非常必要的，进则达到供述临界，退则回到信息交流常态。

3. 寻找审讯对象心理变化起伏的有利时机，制造供述临界极限

即使审讯对象长时间的陷入沉默，在审讯人员不断施加心理压力下，审讯对象仍然会产生心理变化，关键在于审讯人员能否把握住机会，将其推到供述临界关口。

事实上，审讯对象是在自知无法抗拒审讯人员的攻势时，才产生了退出审讯的心理，在审讯人员不断施压的进程中，他会越发地退避三舍，而其退缩的表现又会迎来审讯人员新一轮更为猛烈的心理施压，其应讯心理则越加紧张、害怕。在这样一个怪圈中，选择供述还是选择继续抵抗，实质上中间只存在一张薄纸，只要捅破了这层纸，审讯对象就会从抗审的状态瞬间转化为供述。但是值得引起审讯人员重视的是，此类审讯对象即使在作出供述的选择后，往往也只是供述出一小部分犯罪事实，内心仍然会隐藏着强烈的抗审欲望，如果审讯人员稍不留意，翻供或者重回沉默则是常态。

（二）疏通信息阻塞的方法

沉默型对抗始终是审讯中遇到的最大难题，而软硬兼施始终应当是审讯的主线。软并非是一味地服软，必须有硬作为支撑。施展软审讯法就能解决问题固然欣喜，如果遇到审讯对象仍然拒不开口，形成强力阻塞的时候，可以适时辅之以硬审讯，选择审讯对象心理稍有松动可趁之机，分散其注意力，采取突然施压法，逼迫其开口说话。

1. 挤牙膏法

挤牙膏的经验显示：你再用力也不能将一支牙膏一次性全部挤出，只能一点点向外挤。在审讯对象心理稍有松动的时候，施之适当压力，挤出一节犯罪事实，也是巨大的胜利。即便是挤出一些违法违纪行为，也预示着审讯正朝着有利方向发展的趋势。

2. 压弹簧法

弹簧都会反弹。同理，在审讯对象心理变化起伏时，突然采取激将法施加压力，迫使审讯对象做出心理反弹，即使是其做出暴跳如雷的举动，也是打破沉默的开始，消除沉默就会迎来交流。

3. 捅阴沟法

阴沟阻塞只能靠铁棍硬捅。在审讯对象心理犹豫、话到嘴边、欲说不说的时候，突然加快审讯节奏，伴随着急促的催促和猛烈的训斥，迫使审讯对象把欲说之话吐出来，是审讯绝招。通过如此一捅，审讯对象往往会交代出犯罪事实。

第八章 职务犯罪程式化审讯方法的构建

第一节 职务犯罪审讯与供述的模式调整

犯罪嫌疑人、被告人的供述对于刑事案件事实具有基础性证明作用，在职务犯罪案件的事实查明中，犯罪嫌疑人、被告人的有罪供述更是不可或缺的。纵观司法证明历史可以看到，相对于实物证据和其他言词证据，人们对犯罪嫌疑人、被告人的口供表现出一种更持续稳定且强烈的追求。相应地，法律制度对讯问方式、方法乃至整个讯问模式也在进行着不断的调整，从生理强制到心理强制再到心理限制是一个可观察并可合理预期的发展过程。

一、刑事案件对审讯活动的内在需求

刑事案件对审讯活动的内在需求来自于口供在刑事案件事实查明中的基础地位和重要功能，对犯罪嫌疑人、被告人口供的需求有其内在依据。

从犯罪证明的角度看，犯罪嫌疑人的供述在证明的功能方面不仅仅是一种证明案件主要事实的直接证据，而且提供了一个可确定案件主要事实的较完整的证据链。如果犯罪嫌疑人的供述是真实的，就可以顺藤摸瓜，以犯罪嫌疑人供述为线索，扩大证据的搜寻范围和结果，然后通过犯罪嫌疑人供述与其他证据的印证关系，由"瓜"顺"藤"而追溯并确定案件主要事实，这在整体思路上是一种"由他人告知真相"的证明思路。如果没有犯罪嫌疑人的供述，侦查人员将首先缺少了一种能够证明案件主要事实的直接证据，也缺少了一个由犯罪嫌疑人提供的具有最大现实可能的证据链，在这种情况下，侦查人员将不得不依赖间接证据来建立全案的证据网络或证据链，并由此推论案件主要事实。这是一个复杂的逻辑和经验相结合的推论过程，整体思路上是一种"自己发现真相"的证明过程，过程本身和最终结论都具有较大的不确定性，这种不确定性得不到关键性证据的直接支持，侦查人员往往会感到心无所凭，不敢轻易地确认通过这种证明思路发现的有关案件主要事实的结论。如果说普通刑事案件中犯罪嫌疑人的供述和被害人陈述能够构成一种最具现实可能性的证

据链的话，那么行受贿案件中犯罪嫌疑人和行贿人的供述与证言也就是一种最具现实可能性的证据链，由于职务犯罪案件特别是行受贿案件通常缺乏能够证明案件主要事实的实物证据，对犯罪嫌疑人供述和行贿人证言的依赖相对于普通刑事案件更高，现实情况是，没有犯罪嫌疑人的供述和行贿人证言，几乎无法对犯罪嫌疑人定罪处罚。

从犯罪嫌疑人的角度看，一般不愿自动供述是一个基本事实。犯罪嫌疑人是最现实的机会主义者，总是从自利的角度选择对自己最为有利的诉讼行为。美国刑事审讯专家佛瑞德·E. 英鲍、约翰·E. 莱德、约瑟夫·P. 巴克利和布莱恩·C. 杰恩在其所著《刑事审讯与供述》中坦诚的告诫人们："1. 许多刑事案件的侦破，即使由最合格的警察部门来侦查，也只能通过有罪者的承认或供认才能实现，或者是依赖于查询其他犯罪嫌疑人获得信息。2. 除了那些在实施犯罪的过程中当场被抓的现行犯外，犯罪分子通常都不会承认他们的犯罪行为，除非在保障隐私的条件下对其讯问，而且讯问可能会持续数小时。3. 与那些守法的公民处理普通的日常事务相比，讯问人员在与罪犯，其中也包括可能实际上是无辜的犯罪嫌疑人打交道时，必须采取必要的非常手段。"[①]"诚然，依照一般职场上、商业上或一般行为的标准来看，讯问中的所有这些做法都是'不道德'的，但是，本案中所涉及的问题并不是普通的、合法的、职场上、商业上或社会上的事件，而是事关一个人剥夺他人生命的问题，而且这个人在剥夺其同类的生命时没有遵守任何公平竞赛的规则。杀人犯不会因为给他宣读或讲解其行为违反了道德规范就会走向坦白供认之路。简单地给他笔和纸并相信他会因为良心受到谴责而供认罪行，根本就是徒劳的。此外，我们要记住这个观点：从罪犯的角度看，任何讯问对他来说都是不吸引人的、不情愿的。对他来说，讯问就是鼓动使他说出真相的'肮脏把戏'，因为这样做肯定不是为了他的利益。讯问人员在对付犯罪嫌疑人时必然需要采用较低水平的道德标准，不能像遵守道德和法律的公民处理他们的日常生活事务时所期望的那种标准。"[②]

刑事审讯制度和审讯活动是犯罪证明的口供需求与犯罪嫌疑人一般不愿自动供述这一结构性矛盾的制度性产物。一方面是国家对于犯罪证明的口供需求，另一方面是犯罪嫌疑人一般不愿自动供述的现实，在自然状态下无法解决

---

① ［美］佛瑞德·E. 英鲍、约翰·E. 莱德、约瑟夫·E. 巴克利、布莱恩·C. 杰恩：《刑事审讯与供述》，中国人民公安大学出版社 2015 年版，第 2 页。

② ［美］佛瑞德·E. 英鲍、约翰·E. 莱德、约瑟夫·E. 巴克利、布莱恩·C. 杰恩：《刑事审讯与供述》，中国人民公安大学出版社 2015 年版，第 2 页。

这一结构性的矛盾，所以需要法律制度的调整。从理论上讲，调整的方向体现在两个向度上，一个向度是在犯罪证明中降低对犯罪嫌疑人口供的依赖程度，另一个向度是强化犯罪嫌疑人的如实供述义务，两个向度的制度演进和具体实践都有迹可循。但前一个向度在现实中又对犯罪证明的确定性产生一定的影响，甚至在部分类型案件中产生决定性影响，而后一向度又受到犯罪嫌疑人基本人权保障这一"天花板"的限制。

刑事审讯制度还与供述的真实性和供述的合法性（或者可采性）之间存在关联。真实性的标准是真实与不真实，尽管对真实、不真实的标准存在法律真实、客观真实的不同理解，但相对于供述的合法性问题，供述的真实性问题更具确定性。对具体证明对象（证明点）而言，供述要么真实要么不真实，不存在既真实又不真实的矛盾状态，也不允许作出既不真实也不虚假的模糊判断，对供述真实性的判断标准在不同的时期、不同司法制度中并没有太大的变化。供述的合法性标准是合法与不合法，虽然从逻辑形式上看，合法、不合法的划分也是明确、互斥且穷尽的，但是与证据是否可采联系起来看，不合法证据（包括不合法供述）与可采证据、不可采证据之间存在着现实的复杂关联：有些不合法证据是不可采的，如非法证据排除制度中的非法证据；有些不合法证据是直接可采的，如程序上的"无害错误"；有些不合法证据是间接可采的，但要以程序上的相关补救为前提，如法律上允许"补正"或"作出合理说明"的证据。显然合法、不合法与可采、不可采之间的关系远没有供述的真实、不真实问题那么简单和明确。况且供述的合法性或可采性的问题与不同的诉讼证明制度直接关联，其判断标准和具体依据显然没有供述的真实性标准确定或稳定。

刑事审讯和供述制度还与供述活动自身包含的两个逻辑环节有着重要的牵连。这两个逻辑环节分别是：供述还是不供述；作有利于己的供述还是不利于己的供述。如果犯罪嫌疑人选择不供述，也就无所谓有利于己的供述还是不利于己的供述。在犯罪嫌疑人选择供述的同时，他也就同时选择了有利于己的供述或不利于己的供述，两个环节的选择在自然的审讯和供述活动中具有同时性，但从逻辑上区分这两个环节是必要的和具有现实意义的。对于赋予犯罪嫌疑人、被告人沉默权的制度而言，这两个环节明确了犯罪嫌疑人、被告人沉默权的权利内涵：犯罪嫌疑人、被告人首先在要不要供述问题上有自由选择权；在犯罪嫌疑人、被告人选择供述的前提下，其对作有利于己的供述还是作不利于己的供述问题具有自由选择权。对证据的审查判断而言，这两个环节的划分也意味着审查的任务、侧重点有所不同，对前一环节的审查重在审查供述的合法性或供述的可采性，对后一环节的审查重在供述的真实性或可信性，在对证据的"一步式"审查判断模式中，这两个环节及其任务被混同，但在对证据的"两步式"审查判断模式中，这两个环节及其不同任务的区别还是非常明显的。

总之，刑事讯问与供述制度是实体价值与程序价值互动与平衡的制度性产物，又是供述的真实性和合法性（可采性）间冲突关系的"调压器"。国家为惩罚犯罪而查明刑事案件事实的现实需求决定了对犯罪嫌疑人、被告人供述的稳定的需求，趋利避害的本性又使得犯罪嫌疑人、被告人一般不会在不受任何压力或强迫的情况下如实陈述犯罪事实，这意味着要获得犯罪嫌疑人、被告人的供述就不得不依赖"必要的手段"，这"必要的手段"本身即包含两层基本含义：一层是这些手段是必须的，没有这些手段就无从获得供述特别是真实供述；另一层是这些手段必须受到适当的限制，以保障实现审讯与供述制度的实体价值的同时，不实质损害程序正义价值。刑事讯问和供述制度正是犯罪证明的口供需求与犯罪嫌疑人一般不愿自动供述这一结构性矛盾的制度性产物，是实体价值和程序价值、证据的真实性、可信性与证据的合法性（可采性）之间的综合与平衡。

刑事案件中查明案件事实对犯罪嫌疑人、被告人供述的内在需求出现了一些新变化，但并未实质性动摇供述在刑事司法证明中的基础地位和重要功能。

综观被告人供述在刑事诉讼证明中的作用和地位，我们可以发现，供述本身经历了一个由被过分偏重向普通证据理性回归的过程。纠问式刑事诉讼制度下，对被告人供述的偏重成为一种合理选择，为了获得被告人的有罪供述，刑讯成为合法的手段。在当代，由于不被强迫自证其罪原则与相应的沉默权制度的逐步确立，从总体趋势来看，被告人供述在刑事司法证明中的中心地位已经发生了一些重要变化，出现了一种向普通证据理性回归的趋势。与强化犯罪嫌疑人如实供述义务的纠问式刑事诉讼制度比较，在建立了明示沉默权或默示沉默权制度的当代刑事诉讼制度下，可以获得的犯罪嫌疑人供述在整体量上呈现萎缩趋势，其证明价值整体上也相应地被看低。但与此趋势表面上相矛盾的另一现实是，被告人合法性、自愿性供述的证明价值在现代又得到了局部扩张。如在当代英美法系国家的刑事诉讼中，犯罪嫌疑人的自愿性供述又被赋予了更高的权重。英美国家刑事诉讼中存在诉的认否制度，如果在自愿的、了解有罪供述的法律后果的情况下，被告人对控方指控予以承认或对整体犯罪事实作有罪供述，那么这种承认或供述会被作为认定其有罪的充分依据，法官可以依据被告人的承认或有罪供述对其定罪和处刑，法庭调查和法庭辩论的诉讼程序也因此无必要继续进行。大陆法系国家虽然也逐步重视被告人供述的合法性、自愿性，但对供述的证据地位和证明功能却赋予了比其他证据较低的权重，被告人的供述不能免除庭审过程中对其他证据的法庭调查，口供证据补强规则的确立显然是对口供证明价值的审慎对待，大陆法系国家对待被告人供述的处理方式体现了追求案件实体真实的传统。

综上，在现代刑事诉讼制度下，犯罪嫌疑人、被告人供述在整个证据和证明体系中的地位和功能呈现出以下特点：整体萎缩，但又局部扩张。刑事诉讼中，只要存在着对查明案件事实的现实需要，就存在着对犯罪嫌疑人、被告人供述的现实需求。

二、"强迫"、"限制"等基本概念厘定

语词是概念的外在表现形式和表达工具，不同的人可能用同一语词表达不同的意义或对象，反过来，同一意义或对象可以通过不同语词表达，为避免语词使用上的混乱有必要对"强迫"、"生理强迫"、"心理强迫"与"心理限制"等概念进行必要的辨析、厘定。

何谓"强迫"？自然语言意义上的"强迫"概念具有宽泛的语义，百度百科中对"强迫"的解释是"施加压力使服从；迫使。是建立在自己意志的情况下来迫使别人服从"。"强迫"又是一个法律上的重要概念，在联合国《公民权利和政治权利国际公约》第 14 条 3（g）对"不得强迫自证其罪"的表达中用的是 compel，美国的《权利法案》第 5 条对"不得强迫自证其罪"的表达中用的也是 compel，compel 的基本含义是"强迫，迫使；强制发生，使不得不"。我国 2012 年修订后的《刑事诉讼法》第 50 条引入了"不得强迫任何人证实自己有罪"规则，用的是"强迫"概念。法律禁止性规范中的"compel（强迫）"与我们日常生活中使用的"强迫"概念有密切联系，但显然也有较大区别，前者是指施加压力的手段和程度超越了法律的许可范围，为法律所禁止的行为，后者除了前者涵盖的范围，还包括施加压力的手段和程度未超越法律的许可范围，未为法律所禁止的行为。至于后者用什么概念或语词来表达，那是另一回事。

相对于"刑讯逼供"、"暴力"、"威胁"、"引诱"和"欺骗"等概念，"强迫"概念的内涵外延有更大的盈缩空间，在 2012 年《刑事诉讼法》修订后新增"不得强迫任何人证实自己有罪"规则后，该规则中的基本概念"强迫"与"刑讯逼供"、"暴力"、"威胁"、"引诱"和"欺骗"等概念的关系如何，值得深入分析。笔者认为"强迫"概念涵盖了"刑讯逼供"、"暴力"和"威胁"概念，而难以涵盖"引诱"、"欺骗"概念，故将"强迫"与"引诱"、"欺骗"并列更为合适。另一个问题是：除"刑讯逼供"和"暴力"之外，"强迫"与"引诱"、"欺骗"的方法本身都存在一个度，如果把我们一

般经验意义上的所有"强迫"、"引诱"和"欺骗"都归入法律禁止的"非法方法",一般人很难接受,这也与司法实际不符。很明显,法律不可能禁止所有形式和所有强度的"强迫"、"引诱"与"欺骗",只有超越必要强度的"强迫"与"引诱"、"欺骗"才构成法律禁止使用的非法方法,没有超过法律规定的形式或强度的"强迫"与"引诱"、"欺骗"的方法可以采用。对于如何在法律用语上表达这两种不同程度的"强迫"与"引诱"、"欺骗",主要有两种方法:一种是将两种不同程度的"强迫"、"引诱"与"欺骗"都视为"强迫"、"引诱"与"欺骗",然后再对整体的"强迫"、"引诱"与"欺骗"进行合法与不合法性的区分。这种处理方式较好地协调了"强迫"、"引诱"与"欺骗"概念在自然用语和法律用语之间的自然联系,但这种处理方式会导致这些方法与"不得强迫自证其罪"规则之间的表面上的局部矛盾——毕竟合法的未超出法律限度的强迫也是一种强迫,承认这种强迫的合法性,就意味着这种意义下的强迫自证其罪是正当的。另一种处理方法是将法律上的"强迫"、"引诱"与"欺骗"概念与日常使用的"强迫"、"引诱"与"欺骗"进行严格区别,这种区分之下,在法律上"强迫"、"引诱"与"欺骗"概念仅被视为法律禁止的策略行为,而不包含日常语义理解上视为"强迫"、"引诱"与"欺骗",但法律上不禁止的策略行为。这种处理方法能够较好地协调其与"不得强迫自证其罪"规则之间的关系,但在概念使用上显然又有任意分割、剪裁语词的自然语义之嫌。为明确起见,在本书的语境中,我们将在第一种语义下使用"强迫"概念,除非在具体语境下将"强迫"限定为法律上禁止的施加压力的策略行为。当然对"强迫"行为的合法性判断又具有特别重要的意义,基于司法实践的需要,区分合法的强迫行为和非法的强迫行为是必要的,为区别这两种不同法律效果的"强迫",我们可以用"限制"表达虽然产生一定压力,但不违反法律禁止性规定的"强迫"策略行为。作这样的辨识,虽然有割裂"强迫"的自然语义之嫌,但对讨论审讯与供述中的"强迫自证其罪"问题无疑是有利的。

法律上禁止的"强迫"(即非法强迫)包括"生理强迫"和"心理强迫"。有人将身体强制与心理强制对应,笔者认为将生理强迫与心理强迫对应可能更合理一些,毕竟将像对犯罪嫌疑人、被告人使用冻、饿、剥夺睡眠等方法归入身体强制方法略显勉强,这类方法不是对身体的直接强迫,而是对身体或生命基本生理需求的剥夺。生理强迫较容易被发现和观察,主要形式包括使用肉刑或变相肉刑。所谓肉刑,是指对犯罪嫌疑人、被告人的肉体施行暴力,如吊打、捆绑、殴打以及其他折磨人的肉体的方法。所谓变相肉刑,是指对犯罪嫌疑人、被告人使用非暴力的摧残和折磨,如冻、饿、烤、晒等。心理强迫相对于生理强迫不易被发现和观察，法律和司法实务对这一强迫类型的关注较晚，其主要形式是威胁等方法。理论上"生理强制"和"心理强制"有联系又有区别，在立法和司法实务中有时会注意到二者的区别，有时甚至有意无意地对二者予以混同。我国《刑事诉讼法》第 50 条规定："……严禁刑讯逼供和以威胁、引诱、欺骗以及其他非法方法收集证据，不得强迫任何人证实自己有罪……"将"刑讯逼供"与"威胁"等策略行为对举，显然是注意到了二者的区别。而最高人民法院《关于适用〈中华人民共和国刑事诉讼法〉的解释》第 95 条第 1 款规定："使用肉刑或者变相肉刑，或者采用其他使被告人在肉体上或者精神上遭受剧烈疼痛或者痛苦的方法，迫使被告人违背意愿供述的，应当认定为刑事诉讼法第五十四条规定的'刑讯逼供等非法方法'。"《人民检察院刑事诉讼规则（试行）》第 65 条第 2 款规定："刑讯逼供是指使用肉刑或者变相使用肉刑，使犯罪嫌疑人在肉体或者精神上遭受剧烈疼痛或者痛苦以逼取供述的行为。"使被告人精神上遭受剧烈痛苦的策略行为主要是威胁及其他精神折磨的行为，将其一并归入"刑讯逼供等非法方法"，显然又在一定程度上模糊了生理强迫和心理强迫的区别。

如前所述，我们将"非法强迫"限定为法律上禁止的施加压力的策略行为，用"限制"表达虽然产生一定压力，但不违反法律禁止性规定的策略行为。生理强迫对应的是心理强迫，同样，生理限制对应的是心理限制。生理强迫和心理强迫是法律禁止的策略行为，而生理限制和心理限制是法律不禁止、审讯人员可以采用的讯问策略。

三、从生理强迫、心理强迫转向生理限制和心理限制

在具体个案中，刑事审讯中的强迫总体体现为特定审讯人员对特定犯罪嫌疑人、被告人的强迫，但这种现象不能掩盖刑事审讯中的强迫是一种社会性和制度化的产物这一本质。刑讯逼供是一种典型的刑事强迫，对于刑讯逼供现象的屡禁不止，有人发出了这样的疑问：到底是人的问题还是制度的问题？实际上，人与制度的这种二元对立的区分方法本身就存在一定问题，制度是人来制定和执行的，人同时是制度化框架中的人。当然这种区分还是有积极意义的，制度和人存在着两个不同方向的共变关系：好制度能够促进个体的良好行为，并形成两者之间的良性互动；坏制度会纵容个体的不良行为，并形成两者的恶性循环。在制度和人的互动中起决定作用的还是制度本身。

作为制度性的产物，刑事审讯活动中的强迫是国家查明案件事实、惩罚犯罪的利益和被告人合法利益矛盾冲突中的倾向性选择，也是刑事诉讼过程中实体真实与程序正当相冲突时的一种倾向性选择。虽然即使在专制的社会中，为

了维护自身的统治利益，统治者也会给予被统治者（包括刑事犯罪嫌疑人、被告人）最低限度的自由和权利保障，但当以国家名义表现出来的统治者利益与被统治者利益发生根本冲突时，统治者无疑会侧重保护自身利益。当刑事案件事实查明的需要与事实查明手段的正当性发生冲突时，统治者自然也会倾向性地保障事实查明的价值目标，因为事实查明是与惩罚犯罪的国家利益紧密联系在一起的，程序正当主要与犯罪嫌疑人、被告人的利益保障联系在一起，况且事实查明手段的正当性问题不像案件事实本身那样具有刚性特征，不同时代、不同国家事实查明手段正当性的标准有所差异，甚至具有实质性的差别。在刑事诉讼审讯活动中对犯罪嫌疑人进行强迫的内在逻辑是：犯罪嫌疑人实施的犯罪是对国家利益的侵害，国家要保护自身的利益必须查明案件事实、惩罚犯罪。出于趋利避害的本性，犯罪嫌疑人一般不会自动供述，而如果没有其有罪供述，惩罚犯罪的目标在许多案件中就会落空。所以，法律制度必须保障国家拥有对犯罪嫌疑人的强迫权，而犯罪嫌疑人在这种国家权力面前更多的是服从和容忍的义务。

生理强迫是诉讼历史上出现较早的强迫形式，刑讯逼供中的肉刑和变相肉刑方法是其典型表现。如果不把强迫的目的局限于获取犯罪嫌疑人的有罪供述，而是宽泛到获取案件证据或裁判依据上，那么神明裁判中的许多形式都明显带有强迫的性质。在步入理性证据制度之后，随着犯罪嫌疑人有罪供述在事实认定中的地位和功能的提升，通过审讯获得犯罪嫌疑人有罪供述的内在需求进一步强化，刑讯逼供的出现就具有了历史的必然性。心理强迫的历史似乎与生理强迫同样久远，只不过其强迫的形式不明显，心理强迫促使犯罪嫌疑人供述的心理机制也更为复杂，因而被人们观察、分析、研究的历史相对较晚。心理强迫和生理强迫二者有着密切的关联，可以说，所有的生理强迫在直接导致犯罪嫌疑人身体痛苦的同时，也间接地导致对犯罪嫌疑人的威胁，当然，心理强迫涵盖的范围可能更广，除了威胁，超越合理限度的欺骗和引诱也可能构成心理强迫。

（一）从生理强迫、心理强迫到生理限制、心理限制——我国的制度变迁与实践

生理强迫和心理强迫的集中体现是刑讯逼供，考察古代的刑讯逼供又不能不考虑这样一个现实：在古代的诉讼文化和诉讼制度中，程序法和实体法没有得到合理的分化，作为刑事犯罪实体惩罚结果的刑罚和作为获取犯罪嫌疑人口供而采取的刑讯手段的刑罚之间并没有严格的区分，这在一定意义上对追溯刑讯逼供的具体起源产生了一定困难。我国古代的刑讯逼供与法律的起源有着密切的关系，在中国法制文明的起源上，有刑"始于兵"的传统观点，认为最

早的法脱胎于军事活动中产生的军法。隶属于刑的刑讯逼供行为或策略是处理异族军事中如何从敌方人员口供中获取对自己有利信息的规范，一般来说，对待异族的行为规范和对待本族内行为失范者的行为规范应当是有区别的，这一点在当今仍有迹可循，军事上对待一名敌方的侦察兵和法律上对待一名普通的刑事犯罪者显然是有区别的。但就刑讯逼供手段在司法体制内的生成和发展而言，显然对外用于"兵"的刑讯方法被自然而然地移入国内法律而用于"民"（犯罪嫌疑人）。

尽管各个朝代对刑讯方法的使用有轻重缓急之别，但是对其诉求稳定性和手段的严厉性、残酷性无疑是中国古代法律最突出的特点。从奴隶制的"五刑"——墨、劓、刖、宫、大辟，到封建制"五刑"——笞、杖、徒、流、死，即使透过字面也可以看出它的残暴。鞭刑是五刑之外的古刑，与笞、杖刑相近，在春秋时期盛行，是整个中国社会影响最大、持续时间最长的一种法外酷刑。西周诉讼审判活动已开始注重运用各种证据，司法审判中创立了"辞听"、"色听"、"气听"、"耳听"、"目听"的"五听"方式，口供被视为最主要的判决依据，为了取得口供，自然要采取刑讯逼供手段。秦代的审讯采取纠问方式，以获取被告人的供认为中心，秦简《封诊式·治狱》中详细而又清楚地记载了秦的审讯方式。汉代依然采取"五听"作为审讯方式，在这种察颜观色的"纠问"式的审讯之下，被告人负有绝对的回答发问的义务，鞫狱的主要目的也在于取得被告人口供，作为定罪量刑的依据，为了取得口供，汉代更广泛地使用刑讯逼供。三国两晋南北朝时期处在中国封建社会的分裂期，"治乱世用重典"，其司法制度明显带有军法色彩，而且在刑讯中更是发明了重枷、测罚、测立等残酷到极至的新方法。隋统治者曾表示要"尽除苛惨之法"，将讯囚开始纳入了比较严格的规范当中，防止了一些冤假错案的出现，但法外的刑讯手段依然惨烈，犯人往往有屈打成招者。唐朝是中国封建社会的鼎盛时期，在"宽仁"、"慎刑"思想的指导下，总结和继承了以往有关证据和刑讯方面的立法经验，审判中重视证据的使用，并对刑讯作了一系列严格的限制。但这些限制规定不可能在实践中得到完全贯彻，尤其是到唐朝中晚期，统治者为了排除异己，巩固统治，实行酷吏政治，刑讯逼供又成为政治和司法制度中难以遏制的痼疾。明朝的厂卫制度是皇权高度集中的产物，它凌驾于司法机关之上，被赋予种种司法特权。厂卫直接参与司法审判，自设特别法庭，任意刑讯问罪，假造证据，严刑逼供之风盛行，使用的刑罚大多是法外之刑。清朝的刑讯手段比明朝毫不逊色，其手段甚至更为多样。整个中国古代刑讯制度的特点就是直接的生理强迫，这种生理强迫的手段也间接地构成了一种心理强迫，而且这种生理强迫和心理强迫在制度内被合法化。

当然，在中国刑讯制度存在过程中，我们也能发现一些对刑讯制度不合理性的批判，也能在一些具体刑讯制度中发现对自身的合理限制。如西周的统治者已经看到逼供的结果会使某些证据背离事实真相，因此强调在口供中要"听狱之两辞"（《尚书·吕刑》），兼听双方意见，而且要注重人证、物证及书证的综合利用。唐律规定，审判时"必先以情，审察辞理，反复参验，犹未解决，事须拷问者，立案同判，然后拷讯，违者杖六十"（《唐律疏议·断狱》）。但对那些人赃俱获，虽"零口供"也可"据状断之"。刑讯必须使用符合标准规格的常行杖，拷囚不得超过三次，每次应间隔二十天，总数不得超过二百，若拷讯数满仍不招供者，必须取得释放。《唐律》还规定了对两类人禁止使用刑讯，只能根据证据来定罪。一是具有特权身份的人，如应议、请、减之人；二是老幼废疾之人，指年 70 岁以上 15 岁以下、侏儒、怀孕或生产的妇女。这两种人"不合拷讯，皆据众证定罪"。但总体而言，相对于刑讯制度本身巨大的制度力量和历史惯性，这种对刑讯制度的批判和限制不可能从根本上动摇刑讯制度。

清末修律大臣沈家本主持拟成的《大清民事刑事律草案》在法律上明确规定禁止刑讯。中华民国成立后，孙中山曾试图废除刑讯恶习，于 1912 年 3 月 2 日颁布《大总统令内务、司法两部通饬所属禁止刑讯文》，宣布："不论行政司法官署，及何种案件，一概不准刑讯。鞫狱当视证据之充实与否，不当偏重口供。"并要求"其以前不法刑具，悉令焚毁"，第一次严肃地在法律制度上提出了废除刑讯，但由于后来北洋军阀、国民党反动派的统治，非法用刑并未彻底废除，尤其对广大共产党人、进步人士更是用刑残酷到了极点。

新民主主义革命时期，中国共产党在实践中不断吸取历史教训，吸收先进的司法原则，逐步确立了废除肉刑和刑讯、重证据不轻信口供等司法原则。新中国成立后，特别是从 1979 年我国第一部《刑法》和《刑事诉讼法》颁布实施，对刑讯逼供的国家治理才走向了规范之路。

1979—1989 年长达 10 年的时间内，中国犯罪形势异常严峻，逼迫国家采取"从重从快"打击严重犯罪的政策导向。与这一社会现实相对应的立法和司法实践是：1979 年《刑法》、《刑事诉讼法》与同年中共中央发布的《关于坚决保证刑法、刑事诉讼法切实实施的指示》，除规定了刑讯者的刑罚责任外（《刑法》），都只把党和政府历来"严禁刑讯逼供"，"禁止以刑讯逼供的方法收集证据"的政治宣言进行了简单移植。最高检、公安部在出台的系列司法解释或相关文件中，也只是重申"重证据，重调查研究，不轻信口供，严禁刑讯逼供"的口号式立场与政治性宣言，在法律尤其是通过刑事程序遏制刑讯逼供方面，未有任何突破性进展。

　　上世纪 80 年代末中国再掀犯罪高潮，犯罪控制与社会安全、稳定依旧成为 90 年代国家治理的重中之重，当时国家颁布的系列法律、法规及相应的司法解释大多只是重复 80 年代"严禁刑讯逼供"的政治立场，即使是 1996 年修订后的《刑事诉讼法》，也依然是沿袭 1979 年刑事诉讼法"严禁刑讯逼供"的口号式宣言，毫无进步。但值得一提的是 1998 年最高人民法院《关于执行〈中华人民共和国刑事诉讼法〉若干问题的解释》与最高人民检察院颁布的《人民检察院刑事诉讼规则》（1997 年通过，1998 年修订）在治理刑讯逼供的刑事司法解释方面有所突破，分别要求刑讯之口供不能"作为定案的根据"、"作为指控犯罪的根据"。尽管存在诸多不足、且在实践中经常被虚置，但它们毕竟在中国司法层面第一次正式确认了非法口供的排除规则。对刑讯现实的深刻反思，促进了社会个体权利意识的觉醒、理论研究者对刑讯的激烈批判，并由此导致公安机关在刑事执法中的信誉危机，这是整个 90 年代中国刑讯逼供治理的基础动因，这一时期的刑讯逼供治理主要表现为公安部内部掀起的几次集中性的运动式治理。具有标杆意义的，是 1992 年公安部《关于坚决制止公安干警刑讯逼供的决定》（公发〔1992〕6 号），其针对刑讯逼供提出的系列对策，奠定了公安部内部治理的基调与具体策略。但由于运动式治理的不足，治理本身不能从根本上遏制刑讯逼供，更无法避免运动后的反弹问题，所以整体的治理效果并不理想。

　　进入新世纪，中国犯罪再创新高，犯罪控制依然是时代社会治理的主题。刑讯逼供渐趋常规化的刑事"程序内"治理。这些制度分别在 2007 年《最高人民法院、最高人民检察院、公安部、司法部印发〈关于进一步严格依法办案确保办理死刑案件质量的意见〉的通知》（法发〔2007〕11 号），2010 年"两高三部"《关于办理死刑案件审查判断证据若干问题的规定》与《关于办理刑事案件排除非法证据若干问题的规定》中大部分得以确立与体现。特别是 2012 年的新《刑事诉讼法》在遏制刑讯逼供方面取得了划时代的进步，如将"尊重和保障人权"写入刑事诉讼法、规定不得强迫自证其罪、明确非法证据排除规则、在审讯过程的控制方面进行了更细化的规范。"可以说，经过一个《通知》、两个《规定》，2012 年新刑诉法在国家统一层面的高度，对审讯过程的控制与逼供口供的排除等方面，已初步勾勒出刑讯逼供的治理图谱，形成了制度化、系统化与常规化的'程序内'治理。"①

　　由于生理强迫和心理强迫之间的密切关系，如果刻意在二者之间进行非此即彼的划分，有时反而牵强、生硬和不尽合理，故在有关强迫的刑事立法中对

---

　　①　陈如超：《刑讯逼供的国家治理：1979—2013》，载《中国法学》2014 年第 5 期。

其进行了一定程度的模糊化混同处理，比如用"刑讯逼供等非法方法"来泛指生理强迫和心理强迫方法，我国现行《刑事诉讼法》及相关司法解释就是这样处理的。《刑事诉讼法》第 54 条规定："采用刑讯逼供等非法方法收集的犯罪嫌疑人、被告人供述和采用暴力、威胁等非法方法收集的证人证言、被害人陈述，应当予以排除。"最高人民法院《关于适用〈中华人民共和国刑事诉讼法〉的解释》第 95 条规定："使用肉刑或者变相肉刑，或者采用其他使被告人在肉体上或者精神上遭受剧烈疼痛或者痛苦的方法，迫使被告人违背意愿供述的，应当认定为刑事诉讼法第五十四条规定的'刑讯逼供等非法方法'。"《人民检察院刑事诉讼规则（试行）》第 65 条规定："对采用刑讯逼供等非法方法收集的犯罪嫌疑人供述和采用暴力、威胁等非法方法收集的证人证言、被害人陈述，应当依法排除，不得作为报请逮捕、批准或者决定逮捕、移送审查起诉以及提起公诉的依据。刑讯逼供是指使用肉刑或者变相使用肉刑，使犯罪嫌疑人在肉体或者精神上遭受剧烈疼痛或者痛苦以逼取供述的行为。其他非法方法是指违法程度和对犯罪嫌疑人的强迫程度与刑讯逼供或者暴力、威胁相当而迫使其违背意愿供述的方法。"

理论上讲，刑讯逼供包括生理强迫和心理强迫，我国立法中也将心理强迫——"威胁"列入了刑讯逼供的手段予以规制，但我国对刑讯逼供的治理主要还是集中在生理强迫——肉刑或变相肉刑方面，对心理强迫问题，实务界和理论研究者尚未给予充分关注。"即便法律法规得以落实，侦讯能力继续提高，但只要审讯依然是刑事侦查获取犯罪信息的重要方式，口供依然是控方起诉与法官断案的重要证据，即使肉体拷讯逐渐销声匿迹，但审讯中的精神压迫、欺骗、诱供、诡计等心理操作术，依然是审讯者当前与未来的主要审讯策略，其不仅可能操作嫌疑人而违背供述自愿性，且同样会导致冤假错案。因此，有人提出中国应该从刑讯逼供转向心理强制的审讯方式。目前的刑事侦讯还主要停留于遏制肉体拷讯层面，至于如何规范心理强制的审讯方法，目前较少进入研究者的视野，这应该是理论界未来的重要研究方向。事实上，诱供比刑讯逼供更可能造成错案。"①

"尽管如此，从 1979—2013 年的'大历史'、特别是 2000 年后的'长时段'来看，中国刑讯逼供的治理确已逐步走向程序化与常规化的运作逻辑，公正客观地对待嫌疑人与被告人成为历史所趋。但是 30 多年来，由于国家始终陷于'合法性焦虑'之中——即摇摆于犯罪控制与权利保障的两重压力、纠缠于社会安全与刑事司法合法性的双向挑战（且前者一直存在，而后者随

---

① 陈如超：《刑讯逼供的国家治理：1979—2013》，载《中国法学》2014 年第 5 期。

着时代的发展，其要求愈来愈高）——刑讯逼供的治理历程并不一帆风顺：从原则性与意识形态的口号式宣言，到时断时续的集中性、运动式治理，最终演变成制度化、专业化的程序内治理，并初步形成了'过程—结果'的双重控制、国家权力对审讯权力的单方制衡的刑讯逼供治理格局。"①

刑讯逼供包括生理强迫和心理强迫，在对刑讯逼供进行系统的立法司法规制后，生理强迫和心理强迫被禁止，审讯活动只能在合法的制度框架下进行，而合法框架下的审讯活动从其特点讲就是生理限制和心理限制下的审讯活动，从生理强迫到生理限制、从心理强迫到心理限制这一审讯模式的转型，是法律制度的刚性要求，也是公正、科学审讯的内在需求。

（二）从生理强迫、心理强迫到生理限制、心理限制——美国的制度变迁与实践

刑讯逼供并不是我国刑事司法制度下的特产，美国刑事司法制度下有一个大致对应的名称：三级审讯。所谓三级审讯，是美国民众对美国警察通过肉体痛苦和心理折磨方法来获取嫌疑人有罪供述的广泛化和制度化审讯实践的形象化名称，"维克沙姆委员会"将三级审讯界定为"通过给被审讯者带来肉体或心理上痛苦以获取犯罪信息的做法。"三级审讯的具体形式多种多样，主要包括公然的肉体暴力、长时间的连续性的隔绝审讯、剥夺睡眠、饮食、长期监禁、公然的人身伤害威胁等。

1. 三级审讯的产生

伴随着警察制度在英国的建立，在 19 世纪中期，美国大部分城市也建立了警察制度。由于早期的警察机关不受独立的司法机构控制，许多警察机关充斥着暴力和腐败。又由于 19 世纪美国警察获取证明嫌疑人供述的能力十分有限，所以三级审讯从美国警察诞生之日起就被全面接受。到 19 世纪末，三级审讯早已成为美国警察审讯嫌疑人的基本行为模式。

20 世纪早期，虽然美国警察审讯中的暴力情况经常见诸报纸和大众媒体，但最初警方对此的应对策略是要么矢口否认，要么置之不理。随后政府和有关协会逐步对该问题有所回应，比如 1910 年召开了"国际警察局长协会"年会、1912 年成立"参议院联邦执法人员刑事执法情况调查专门委员会"。前者在其所作的年会决议中，对三级审讯方法进行了谴责，但参会的许多警察局长们否认存在三级审讯行为，反而把板子打在辩护律师、新闻记者和被告人身上，认为三级审讯是他们的捏造和夸大之物。后者在其所作的调查报告中为三级审讯作了一番不着边际的辩护，比如认为由于警察审讯时没有其他人在场，

---

① 陈如超：《刑讯逼供的国家治理：1979—2013》，载《中国法学》2014 年第 5 期。

所以有关警察审讯中施暴的可信证据难以取得；大众媒体等有关警察审讯的唯一信息来源于对联邦执法人员的访谈；即使有确信证据证明存在警察滥用权力的行为，国会也只能通过立法禁止联邦执法中的三级审讯，对州警察的刑事执法则无能为力。另外，为回应媒体的关注和国会对警察滥用权力的调查，一些州开始制定反对三级审讯的法律，但这些立法大多内容宽泛，更多具有口号宣示的象征性意义。到1931年，全美有27个州制定了禁止三级审讯的法律，但在此期间，这些法律并没有对三级审讯产生实质性的消除或限制作用。

2. 三级审讯的鼎盛时期

从1911年到1931年这20年被视为三级审讯的鼎盛时期。与我国当代的刑讯逼供治理效果总是与特定时期的犯罪形势和国家的刑事政策相联系一样，美国三级审讯的鼎盛时期也是美国社会犯罪的高发时期和政府对犯罪高调开战的时期，查明案件事实、打击犯罪的现实需要压倒了对正当程序和嫌疑人、被告人合法权利保障的要求，三级审讯大行其道。另外，媒体和社会公众对三级审讯的抨击更加激烈，一些专业性的组织开展了一系列对羁押审讯中警察滥用权力的调查，并发布了一系列报告。但也有警察参与到对三级审讯的舆论大论辩活动中，为三级审讯辩护并寻找正当化理由。

3. 《威克沙姆报告》及其后的三级审讯行为

为回应社会舆论对三级审讯的批判和制度改革的呼声，美国总统胡佛于1929年5月20日成立了"全国守法与执法专门委员会"，主席由前司法部长乔治威克沙姆担任，所以被称为"威克沙姆委员会"。该委员会于1931年1月7日提交的"威克沙姆报告"中的《执法中的非法行为报告》，对美国警察在审讯中广泛使用三级审讯的情况进行了系统的披露，并对刑事讯问制度的改革提出了建议。《威克沙姆报告》所产生的社会轰动效应是先前任何组织的调查报告或舆论报道所不能企及的。它对美国警察制度的合法性和美国警察的公正执法形象构成了严重威胁，为应对这种威胁，重树警察公正执法形象，联邦调查局从内外着力抑制警察的三级审讯行为。

从20世纪30年代到40年代，警察机关的领导者们和社会进步运动改革家们这两个不同的群体走到了一起。虽然这两个群体追求的改革目标和具体观点上存在较大差异，"警界改革者们强调通过改革审讯方法以产生更加准确、高效和更具可接受性的案件结果。他们对于改革审讯的结构，甚至审讯中的内容都不感兴趣。通过所谓的科学方法来替代三级审讯，审讯可以继续由警察掌控、秘密进行，可以更为有效地服务于治罪的目的、服务于案件的构建以及定罪。相反，那些致力于社会进步的改革精英与法律精英们强调限制国家权力，并且建立机制，将警察的审讯实践纳入正当程序的宪法保障之中。与警察的领导人不同，那些致力于社会进步的改革精英们不仅对警察审讯的内容，而且对审讯的结构改革有兴趣，他们希望打破警察在被告人最容易受到强制、警察最容易从他们那里获得那些最可能决定其命运的证据的阶段上的权力垄断"①，但这并不影响他们对消除三级审讯的共同努力和最终结果。

在美国，三级审讯的衰微与退出还与发生在 20 世纪 50—60 年代的警察职业化运动有着密切的关联，可以说是寻找三级审讯的替代性方法的需求促进了美国警察的职业化进程；反过来，日益发展的警察职业化进程加速了三级审讯尽快地退出历史舞台。为了回应各种负面报道与观点，警察培训与教育逐步开展有意识的改变警察的工作态度和职业规范，以此改善警察执法形象被恶名化的现状。警察职业化的过程进一步强化了警察的这一认识：三级审讯不仅是无效的，而且是不符合专业化要求的令人无法接受的手段，应当而且可以用更科学的职业化（专业化）的审讯方式替代三级审讯。这一时期，各种警察培训手册和培训活动大量出现。随着警察职业化教育的提升、相关培训方案的扩展和警察职业化理念的进一步巩固，警察在刑事讯问中的态度和行为发生了深刻的改变，三级审讯作为美国刑事司法历史上制度性的产物和美国警察常态化的行为模式逐步退出了历史舞台。

如果说整体上的社会舆论构成了美国警察摒弃三级审讯方法、转向职业化和重塑警察公正执法形象的外在压力和动力的话，那么立法和司法（特别是司法）对警察权力的限制和对刑事被告人不被强迫自证其罪权利的保障具体落实构成了美国警察刑事审讯模式转变的内在压力和动力。特别是 60 年代发生的米兰达案件及其判决，对三级审讯方法的退出更具有直接深远的影响。1966 年首席大法官沃伦在联邦最高法院作出裁决，确认米兰达在接受讯问以前有权知道自己的宪法第五修正案权利，警察有义务将它告知嫌疑人，告知权利之后，才能讯问，否则讯问所获得的有罪供述不具有可采性，应当排除。

"20 世纪 30—40 年代，强制审讯开始衰落。尽管这一衰落进程存在着地区间的不平衡——三级审讯在有的地方存续的时间比其他地方长一些——但是，到 20 世纪 60 年代，美国警察的羁押性审讯从本质上已经转变为心理强制的过程。"②

---

① ［美］理查德·A. 利奥著：《警察审讯与美国刑事司法》，刘方权、朱奎彬译，中国政法大学出版社 2012 年版，第 64 页。

② ［美］理查德·A. 利奥著：《警察审讯与美国刑事司法》，刘方权、朱奎彬译，中国政法大学出版社 2012 年版，第 62 页。

四、讯问模式转型下供述自愿性与可信性的证明与反驳

供述的自愿性和供述的可信性是两个有关联但又有明显区别的概念，供述的自愿性是与供述可采性紧密联系的，而可信性是与证明力紧密联系的，这两个概念如果转化为我国传统证据法中的概念，大致相当于合法性和客观性（真实性）。我们国家对于证据合法性和证据证明力的审查判断程序没有明确区分，属于"一步式"证据审查判断模式，英美法国家通常将证据的可采性问题放在庭前的独立听证程序中解决，而证据的证明力判断交由正式庭审中的陪审团行使，这属于"两步式"的证据审查判断模式。

（一）对供述自愿性（合法性）的证明与反驳

英美国家（特别是美国）的刑事诉讼制度中控辩双方对供述自愿性证明、反驳以及法庭对供述可采性的审查判断是通过审判阶段的相对独立的庭前听证程序完成的。当控方欲将被告人的供述作为证据使用时，辩方有权要求由法官主持庭前听证，在这一程序中，控方必须证明被告人的供述是自愿的，而不是强迫的，否则该供述就不具可采性，也就不能在正式庭审中提交法庭。在对供述自愿性进行审查和判断时，是不需要考虑供述的可信性（真实性）问题的。在美国，禁止采用被告人非自愿性供述来证明其犯罪的法律规定主要来源于宪法的两条规定：第十四次宪法修正案中的"正当程序"——未经法律的正当程序，一个人的生命、自由和财产条款不得被剥夺；第五次宪法修正案中规定的"不得在任何刑事案件中被迫自证其罪"——这一宪法保障后来成为米兰达规则的基础。控方对供述的自愿性承担证明责任，与其说控方需证明供述的自愿性，不如说控方需要排除供述的非自愿性（强迫性）。非自愿性（强迫）的范围非常广泛，涵盖了我们所称的生理强迫、心理强迫，还涉及超越限度的欺骗和引诱等行为。我国2012年修订后的《刑事诉讼法》对证据合法性（包括供述合法性）的证明也有了比较明确的法律规定，第54条规定："采用刑讯逼供等非法方法收集的犯罪嫌疑人、被告人供述和采用暴力、威胁等非法方法收集的证人证言、被害人陈述，应当予以排除。收集物证、书证不符合法定程序，可能严重影响司法公正的，应当予以补正或者作出合理解释；不能补正或者作出合理解释的，对该证据应当予以排除。在侦查、审查起诉、审判时发现有应当排除的证据的，应当依法予以排除，不得作为起诉意见、起诉决定和判决的依据。"第55条规定："人民检察院接到报案、控告、举报或者发现侦查人员以非法方法收集证据的，应当进行调查核实。对于确有以非法方法收集证据情形的，应当提出纠正意见；构成犯罪的，依法追究刑事责任。"第56条规定："法庭审理过程中，审判人员认为可能存在本法第五十四条规定的以

非法方法收集证据情形的，应当对证据收集的合法性进行法庭调查。当事人及其辩护人、诉讼代理人有权申请人民法院对以非法方法收集的证据依法予以排除。申请排除以非法方法收集的证据的，应当提供相关线索或者材料。"第57条规定："在对证据收集的合法性进行法庭调查的过程中，人民检察院应当对证据收集的合法性加以证明。现有证据材料不能证明证据收集的合法性的，人民检察院可以提请人民法院通知有关侦查人员或者其他人员出庭说明情况；人民法院可以通知有关侦查人员或者其他人员出庭说明情况。有关侦查人员或者其他人员也可以要求出庭说明情况。经人民法院通知，有关人员应当出庭。"第58条规定："对于经过法庭审理，确认或者不能排除存在本法第五十四条规定的以非法方法收集证据情形的，对有关证据应当予以排除。"上述法律规定分别明确了非法证据的范围、检察机关对非法取证行为的法律监督职责、审判人员对非法证据的法庭调查职责、当事人在非法供述证明程序中的最低义务、检察院证据合法性的证明责任、证据合法性的证明程序、证据合法性证明的最终处理结果。在我国，对供述合法性的证明和审查判断，其主要依据是上述法律规定和相关的司法解释，理论上，我国对非法供述的排除涵盖了生理强迫和心理强迫两大类，但规制重点还是生理强迫（主要表现为肉刑或变相肉刑），心理强迫（主要形式是超越限度、对审讯对象采用精神上遭受剧烈痛苦的方法，迫使其违背意愿供述的威胁）虽然依据司法解释也列入了"刑讯逼供"的范围，但在司法实践中很少看到仅仅因为心理强迫（威胁）而排除供述的案例，至于因影响审讯对象"自愿性"的欺骗、引诱方法为由排除供述的情况更是少见。

（二）对供述可信性（真实性）的证明与反驳

对供述可信性的证明范围和证明方法通常取决于反驳供述可信性的理由。法庭审理中对供述可信性的反驳（对供述不可信的主张）通常由被告方提出，被告方支持供述不可信的理由可能是被告人在审讯中受到了法律禁止的"强迫"，也可能是被告人属于"精神脆弱"的一类特殊对象，在后一种情况下，被告人可能会提供有关的心理学证据，并力图证明对于普通大众而言算不上强迫的审讯，可能对于一个精神疾病患者就是一种强迫。对于被告方的第一方面的理由，控方可以用审讯过程不存在法律禁止的"强迫"行为来反驳，可以利用的材料可以是审讯人员的证言（说明），当然，比较客观的证据还是记录审讯过程的录音录像资料。但对于被告方第二方面的理由，控方如果仍用上述方法来反驳，便有些顾左右而言他、文不对题之嫌了，这种情况下的控辩对抗取决于被告方心理证据的质量和控方反驳心理证据的能力，这不可避免地与心理学鉴定意义与心理学专家证人出庭制度发生了关联。

（三）证明供述自愿性和可信性的证据

由于审讯是在与外界隔绝的封闭空间中秘密进行的，一般人无从了解审讯过程中到底发生了什么，而真正了解这一过程的审讯人员和审讯对象又是审讯活动是否合法、供述是否自愿这一争议问题的利益攸关方，让他们来证明供述的合法与否、自愿与否，无疑会变成一场"公说公有理婆说婆有理"的"发誓竞赛"。如果说对于生理强迫（如刑讯逼供）尚有一些物证、勘验、检查笔录等相对客观性的证据，那么对于心理强迫（主要表现为威胁）基本上无法拿出客观性的证据材料来，对于欺骗和引诱行为的证明同样存在这样的问题。好在现代刑事审讯制度发展出了审讯过程的录音录像制度，有了这项制度，就使得法庭对审查审讯过程中到底发生了什么有了基本依据，就使得法庭对供述是否出于审讯对象的自愿、是否合法成为可能。另一方面，自愿性中的"自愿"是一个心理事实问题，供述的可信性问题也与供述人特定的心理素质间接相关，所以证明供述的自愿性和可信性不可避免地与心理证据发生关联。

证明供述自愿性和可信性的心理学证据通常表现为心理学专家证言。英美国家有关心理学专家证言采纳的一个基本原则是"只有在法官或陪审团的知识和经验范围之外，提供给法庭科学信息的专家意见才具有可采性。"传统上许多法庭以此为由拒绝采纳专家证言，认为专家证言提供对证言可信性的评估侵犯了本属于陪审团的权力，在陪审团本可以通过其知识和经验而决定的事项中添加了"特殊的可信性光环"。但随着实践中对案件事实查明的科学化和准确性要求，法庭对专家证据的采纳逐步持一种更加开放的态度。在美国，对心理学专家证言的采纳标准与一般专家证言的采纳标准并无不同，该标准前期采用的是"弗赖伊标准"，后期采用的是"戴伯特标准"。按照弗赖伊标准，一项专家证言只有建立在该学科"广泛接受"的理论基础之上才是可采的，该标准在使用中受到了一些批评，如认为该标准在范围的界定上是不明确的，认为该标准对可信性的界定限制是不必要的等。后来在司法实践中发展出了戴伯特标准。戴伯特标准列出了专家证言可采应考虑的因素，具体来说，这些因素包括：（1）专家的技术和理论是否可以或已经被证实，即专家的理论能经受客观质疑，或仅仅是主观的结论而不能作为可信度评估的方法；（2）这些技术和理论是否能经受同行的评论和公开发表；（3）在运用这些技术和理论时已知的或潜在的错位率；（4）标准和操控的现实存在及维护；（5）在学术圈中，这些技术和理论是否被广泛接受。显然戴伯特标准与弗赖伊标准不同，在戴伯特标准中，"广泛接受"只是影响法庭决定专家证言可采性的因素之一。依据美国《联邦证据规则》第702条，只要专家证言能有助于陪审团理解证据、决定事实就可以被采纳。可以说，戴伯特标准和《联邦证据规则》已经突破了传统专家证言的采纳标准，专家证言的采纳并不限定于陪审团的一般知识和经验，专家证言只要有助于陪审团并和案件有关即可被采纳。在美国，不同法庭在对心理学证据采纳方面的做法存在较大差异，有些法庭对采纳心理学专家证言持比较开放的态度，有些法庭则持更加审慎的限制态度，这里非常关键的一个问题是心理学专家证人自身的品质，特别是心理学专家证人关于该领域的知识以及他反驳反对意见的能力。

即使是在英美法国家，要运用心理学专家证言证明错误的供述和心理脆弱有时会造成失误、导致不公也是比较困难的。在面对心理学专家证言时，审判人员会比较典型地去维护警察及相关组织的正义性。对于警察组织来说，认识或接受错误普遍被认为是失败，当发生错误时，他们很少有想从中吸取教训的动机，做出必要的修改以避免日后该错误再出现。对法官而言，他们对心理学专家证言持过分谨慎态度的主要理由是：（1）这类证据会超出法官的知识范围；（2）认为心理学测评的结果大多建立在被告人自编的材料基础之上，而这些材料具有天然的不可信性；（3）担心司法一旦打开服从的闸门，会存在一定的风险，会阻碍一个人为自己的所作所为应承担的责任。对此有关专家提出了建设性的意见："其实，警察或是审判组织，应该用开阔的胸怀来面对案例必须接受新理念和科技进步。心理证据通常是'软证据'，但是随着与有争议的案件相关的测评技巧和理论的进步，这类证据的科技基础极大地得到改进。""法官应该客观公正地对待心理证据。从有效性和科学地位上看，心理证据显然不会和 DNA 证据一样，但由一位经验丰富的有能力的临床心理学家所作出的全面评价，经常能洞察到被告对审问和拘禁的可能反应，这些能帮助陪审团作出深刻思考。"①

在我国，许多刑事案件中也会涉及心理评估，但心理评估的目的和用途显然与上述英美国家心理评估的目的和用途差异很大。我国刑事诉讼过程中的心理评估主要用于确定被告人的刑事责任能力问题，几乎没有运用心理评估检测供述人供述能力的案例，当然也难以见到在排除非法供述方面运用心理专家证言的案例，显然在对供述自愿性、合法性及可信性进行审查判断方面，我国与英美国家在思考问题的层次上还是存在重大差异的。

五、讯问模式转型下供述审查判断模式的变化

虽然警察审讯阶段在先，审判阶段法官对供述的审查判断活动在后，但毫

---

① ［英］吉斯力·H. 古德琼森著：《审讯和供述心理学手册》，乐国安、李安等译，中国轻工业出版社 2008 年版，第 565 页。

无疑问，审判阶段法官对供述审查判断的侧重点和标准会"反制"警察在审讯阶段的审讯行为。在我国的审判阶段，法官对口供审查判断的侧重点和标准相对简单、明确和稳定，其侧重点主要集中在审讯人员的审讯行为上，对于审讯行为对犯罪嫌疑人、被告人的"自愿性"是否构成损害并不是其直接和主要关注的问题，这种口供证据的审查判断模式体现了权力控制的模式特点。其判断的标准就是有没有违反法律的明确规定，具体讲就是有没有违反禁止刑讯逼供和以威胁、欺骗、引诱的方式获取口供的法律规定。英美法国家特别是美国，法官对供述的审查判断侧重点主要集中在供述是否是犯罪嫌疑人、被告人自愿作出，如果供述不是出于犯罪嫌疑人、被告人自愿作出，就被视为侵犯了宪法提供给犯罪嫌疑人、被告人的"不被强迫自证其罪"的权利，就会被法庭排除。对供述的这种审查判断体现了美国对犯罪嫌疑人、被告人权利保障模式的特点，其审查供述的标准也随着司法实践的发展呈现出一些变化和差异。下面以美国为例，考察其供述的审查判断侧重点及其标准的变化情况。

如上所述，美国法庭决定供述的可采性在很大程度上取决于法庭如何解释"自愿性"，在自愿性的判定上，美国最早采用的还是英国的习惯法，将自愿性与可信性等同起来，相应地，把不自愿等同于不可信。在这种模式下，如果供述受到了警察的威胁和许诺等强迫，就推定该供述从一开始就不可信，也因此不可采。

后来，联邦最高法院对犯罪嫌疑人、被告人供述的审查从供述是否可信转向了供述是否是出于犯罪嫌疑人、被告人的自愿。在新的审查判断模式下，供述的可信性或真实性不再与供述的自愿性发生关联，不管供述本身是否真实，那些通过暴力、暴力威胁、不使用暴力的许诺及超期限的审讯所获得的供述被判定为缺乏自愿性，因而不可采。但供述审查判断侧重点及模式的转变也带来一个新的问题：供述自愿性的判断标准问题。在米兰达规则出台之前，对供述自愿性的判断基本上采用的是"整体环境性"的判断标准，就是在判断供述是否属于自愿时，法庭必须考虑审问时周围的"整体环境"，该整体环境涵盖了被审讯者的个性、审讯的条件、审讯人员的行为等诸多因素。显然，这种"整体环境性"的审查更多地体现了个案审查特点。

米兰达规则是检测供述自愿性的"黄金规则"。美国联邦最高法院试图通过米兰达规则实现两个目的：遏制警方的不当讯问行为；给予羁押中被审讯的犯罪嫌疑人提供一个理性抉择的机会，以决定是否在审讯中作出对自己不利的供述。实施米兰达规则后，虽然在刑事审讯中还存在一些肉刑和变相肉刑的生理强迫的案件，但这已属例外，警察讯问方式更多地转向了对犯罪嫌疑人的心理威胁、欺骗和控制。联邦最高法院始终如一地谴责和批判那些压服犯罪嫌疑人意志的心理技巧，这些技巧（包括警察讯问训练手册中推荐的欺骗和控制技巧）都是以孤立和控制犯罪嫌疑人为目的的各种心理策略。米兰达规则要求警察在讯问犯罪嫌疑人之前必须明确告知下列内容"1. 你有权保持沉默，你对任何一个警察所说的一切都将可能被作为法庭对你不利的证据。2. 你有权利在接受警察询问之前委托律师，他（她）可以陪伴你受讯问的全过程。3. 如果你付不起律师费，只要你愿意，在所有询问之前将免费为你提供一名律师。4. 如果你不愿意回答问题，你在任何时间都可以终止谈话。5. 如果你希望跟你的律师谈话，你可以在任何时间停止回答问题，并且你可以让律师一直伴随你询问的全过程。"这些权利犯罪嫌疑人可以行使，也可以放弃，放弃只能是由犯罪嫌疑人或被告人"自愿地、会意的、理智地"放弃，否则所获得的供述也不可采，放弃的自愿性还会受到所有审讯环境的影响，任何威胁、欺骗和哄骗其放弃其权利的证据都有可能成为犯罪嫌疑人、被告人不是自愿放弃这些权利的证据。我们一般将米兰达规则视为对犯罪嫌疑人权利保障的黄金规则，但米兰达规则的功能不仅表现在对犯罪嫌疑人羁押审讯时的权利保障方面，其另一个方面的重要功能是为法庭对供述自愿性的审查判断提供了一种外显的、形式化的检测模式和标准。原则上遵守了米兰达规则就保障了供述的自愿性，证据就是可采的；反之，违反米兰达规则所获得的供述必定违反了供述的自愿性，因而不可采。从联邦最高法院关于 Colorade v. Connelly 案的裁决中可以发现，其不愿因为个案中的特殊因素而放弃或变更米兰达规则所确立的对于自愿性的检测模式和标准。

弗朗西斯卡·科尼案的案情及审判情况如下：弗朗西斯卡·科尼（Francis Connelly）走进丹佛街头的警察局，说他因一起谋杀案想要自首。警方并没有意识到他有精神疾病，向他宣读了米兰达规则后录了口供。第二天上午，科尼开始意识迷糊，说有一个"声音"让他从波士顿来到丹佛（相距几千公里的距离）自首犯了谋杀罪。在有关科尼的供述是否可采的听证中，一名精神病医生证实科尼患有慢性精神分裂症，当受到他所称的让他离开波士顿到丹佛认罪或是自杀的"上帝的声音"时，他正在发病期。根据这位精神病医生的判定，科尼在做出供认的时候正受到"幻觉"的命令。这种精神状态干扰了他的意志能力；也就是说，干扰了他做出自由和理性选择的能力。这位精神病医生进一步证实，科尼理解了他的法律权利，接受自首可能是由于那个"声音"的要求。这就是促使科尼来认罪的心理原因（精神分裂症）。在精神病学的基础上，法庭驳回了科尼所有的陈述，认为他向警方所做的最初陈述和他后来对米兰达权利的放弃都是"不自愿的"，不是理性和自由意志的产物。法庭的理由是，尽管警方行为得当，在获得科尼的供认时也没有采取强迫手段，但是，科尼的疾病摧毁了他的意志，迫使他供认。科罗拉多州高级法院肯定了这一决定，认为"没有警方的强迫并不能代表不自愿性就不会发生，一个人做出理性判断和自由选择的能力可能会受到像外部压力一样的某种形式的精神疾病的影响"。但是，美国最高法院撤销了这个案件的判决，因为警方没有不恰当的行为，在第五修正案的正当程序范畴之内，科尼的供认和他对米兰达权利的放弃都是自愿的。不过，其中两名法官对此表示了不同的看法，他们指出，科尼没有"使用这一基本权利——使用健全的头脑来做出重要决定，包括可以被剥夺自由甚至是生命的决定"，而且"因为一个人在患精神疾病时所做的陈述而将其拘禁也是玷污了最基本的正义感"。

自科尼案后，美国法庭已经从认为供述证据的可信性、精神状态因素与对自愿性的判断有关，转到了仅仅依靠在本质上是否有警察暴力来判定自愿性了——审讯中存在警察暴力，供述就是不自愿的，不存在警察暴力，供述就是自愿的。

米兰达规则对供述自愿性的检测固然重要，但其适用也存在不足，其不足集中表现为犯罪嫌疑人放弃米兰达权利并不意味着审讯就获得了自愿性的保障，也并不意味着就此免除了正当程序对自愿性的检测，简单讲，放弃米兰达权利后的供述仍要受到正当程序对自愿性的检测，仍有可能被判定为违反自愿性而不可采。正当程序对自愿性的检测和米兰达规则抛开了对供述可信性的关注而侧重于从正当程序方面保障供述的自愿性，这固然必要，但对保护犯罪嫌疑人的正当利益而言，这并不充分。Hourihan 对科尼案的影响曾作出如此评价："法庭为了行使的简便性和一致性，将可信和'自由意志'的保护放在一边，偏离了本该通过观察被告的心智来决定他或她的供认的自愿性。"有关专家建议在判断对米兰达权利的放弃是否有效以及供述的可信性时，包括智力作用在内的精神状态因素与能力显然是相关且主要的，因此法庭将来考虑强迫性时，或许要更多地转回来考虑作出不自愿供述的心理因素，并且认为，在美国，随着戴伯特标准替代弗赖伊标准，法律审判中引入与强迫性供述、不可信供述有关的心理证据的范围将逐步扩大。

六、我国讯问模式转型的进路

法律对强迫供述的禁止是基于同一个问题的两个方面：一方面强迫供述过程中存在公权力的非法的强迫行为，另一方面这种非法的强迫行为侵犯了犯罪嫌疑人、被告人的理性的自由选择的权利，前者主要针对强迫供述过程和手段的非法性，后者主要针对强迫供述结果的危害性。英美国家对讯问制度的规制重在后者，而我国对讯问制度的规制较注重前者。

讯问制度的规制主要体现在三个层面上。核心层面上刑讯制度首先要禁止生理学强迫，该强迫的主要形式是肉刑或变形肉刑，这也是我国禁止刑讯逼供制度的主要内容。在第二个层面上刑讯制度要禁止心理强迫，这种强迫的主要形式是威胁，即通过给犯罪嫌疑人造成极度精神痛苦的方法获取供述，这虽然在立法及司法解释上已归于刑讯逼供，但实务中因这方面的理由而排除证据的情况非常罕见。在第三个层面上刑讯制度还要禁止其他形式的心理强迫，这些形式主要包括欺骗、引诱等，对这些方法的禁止虽已写入法律，但在实务中因此排除相关供述的情况更为罕见。我国的刑讯制度规制目前重在第一层面，第二层面稍有涉及，第三层面在供述排除的司法实务中尚未涉及。我们可以合理的预期，在刑讯逼供作为制度化的产物退出司法实践之后，第二层面和第三层面规范的内容将逐步进入司法规制的视野。

为使讯问制度的设计更加规范化和科学化，在考虑心理因素对供述可采性及可信性的影响时，应当将讯问对象区分为一般群体和特殊群体。对于心理压力对一般群体的供述是否构成强迫的判断，应该使用较特殊易感群体更高的统一的一般化的标准，至于具体心理压力对特殊易感群体的供述是否构成强迫的判断，应当采用比一般群体稍低的标准，并注重个案特别因素的综合考量。

在我国要实现讯问模式的转型可以职务犯罪审讯为切入点，待取得成效后再以点带面，推动整个刑事讯问制度的转型。之所以选择职务犯罪审讯为切入点，其理由有二：一是职务犯罪案件（特别是受贿案件）对供述证据的需求更为迫切，控方获取供述的压力更大，如果能够在职务犯罪案件审讯中较好地实现讯问模式的转型，那么将其经验逐步推广到其他普通案件的讯问转型上，应该相对容易些。二是职务犯罪案件的审讯虽然面临更多的压力，但也有缓解压力的途径或渠道，其缓解审讯压力的渠道和途径就是精细化的初查工作。职务犯罪审讯的成功与否在很大程度上取决于初查的精细化程度，如果初查工作做得细致到家，证据材料和案件相关信息掌握充分，就能够大大缓解审讯的压力，实现审讯的突破。

要实现职务犯罪审讯模式的转型必须注重抓好以下几方面的工作：

（一）强化非法证据排除制度和违法责任追究制度的建设与落实

如果说职务犯罪审讯治理和模式的转变需要从"疏"与"堵"两个方面入手，那么强化非法证据排除制度和司法责任制建设无疑属于"堵"的一面。讯问模式的转型需要一个过程，在讯问模式由传统到现代的转型的早期，强化对以传统刑讯逼供为核心的非法证据排除制度和司法责任制的建设与落实仍具有基础地位和重要功能。

2012 年修改后的《刑事诉讼法》在总则中写入了"尊重和保障人权"条款，并在立法层面上确立了非法证据排除规则，成为了人权保障的具体制度。修订后的非法证据排除规则和相关制度中明确了非法证据排除规则中的"非法证据"范围、非法证据排除的诉讼阶段、非法证据排除的程序启动、非法证据排除的证明责任、对证据合法性的证明方法、非法证据排除中的证明标准等一些重大问题。当然，我国《刑事诉讼法》对非法证据排除制度的规定还遗留了一些问题：在非法言词证据范围方面，以引诱、欺骗等方法取得的证据是否属于排除的范围不太明确；对非法实物证据的排除实际上设置了很高的门槛，赋予了法官很大的自由裁量权，这可能导致非法实物证据在事实上无法得到排除；关于"毒树之果"是否排除的问题，立法上没有明确回应，这不利于从根本上遏制非法取证。

随着《刑事诉讼法》的修订，我国非法证据排除制度较以前更为完善，在立法和司法加大对非法取证惩处力度的前提下，非法取证被发现和惩处将逐步成为大概率事件。非法证据排除制度和违法责任追究制度的建设与落实将进一步压缩传统刑讯逼供行为的存在空间，审讯人员对刑讯逼供的选择将逐步由"不敢为"、"不能为"转换为"不愿为"。

（二）审讯人员审讯理念的转变与业务能力的提升

要使审讯人员充分认识到传统的刑讯逼供方法不仅侵犯人权、违反法律规定，而且在查明事实的方法方面也是不专业、不科学和不稳定的。应当加强讯问业务能力训练，使侦查人员既熟悉现代信息条件下有关犯罪信息发现、收集的各种途径和技术，又熟悉犯罪嫌疑人审讯心理的专业化人才。有关审讯业务能力培训提升方面的工作，国外的经验值得借鉴，在审讯专业能力的系统训练和提升方面，我国还存在许多不足，需要进一步改进。

（三）加强职务犯罪侦查信息化建设，扩大职务犯罪证据和相关信息的收集范围

职务犯罪侦查中的信息，是检察机关对与犯罪或与犯罪人相关的信息，采取各种手段和方法搜集、整理、研究和加工后进行传递和利用的资料，它具有提供侦查线索从而启动侦查程序，推进侦查进程，并通过信息获取反映案件真实情况的证据等重要功能。能否全面掌握大量涉案或可能涉案的情报信息，能否迅速关联、整合和分析相关情报信息，决定了检察机关能否在职务犯罪侦查、审讯活动中确保情报信息优势，主导办案走势，成功查处案件。通过加强职务犯罪侦查的信息库建设和使用，能够在一定范围和程度上减弱对犯罪嫌

人供述的高度依赖。

（四）加强职务犯罪初查工作，实现初查的精细化

在坚持初查的依法原则、保密原则、协同原则的基础上，应着重突出初查的精细化原则。精细化初查在两个向度上有利于减轻侦查人员通过非正常手段获取犯罪嫌疑人供述的巨大压力。一方面，经过精细化初查能够发现证明犯罪嫌疑人犯罪的有关信息，尽可能的获取能够证明犯罪嫌疑人犯罪事实的实质性证据。有了这些信息特别是实质性证据的支撑，侦查人员对犯罪嫌疑人如实供述的过分依赖感就会减轻，这直接有利于职务犯罪侦查模式由重犯罪嫌疑人供述向重犯罪嫌疑人之外的其他证据适度调整；另一方面，精细化初查所获得的相关信息还有助于侦查人员利用这些信息对犯罪嫌疑人合法施压，以此获得犯罪嫌疑人自愿性的供述。这种合法、合理的取证方式，既保障了犯罪嫌疑人的合法诉讼权利，又保证了犯罪嫌疑人供述的证明价值，可谓一举两得。

（五）其他方式

如在立法或司法上适度确立职务犯罪的刑事推定制度，适度降低职务犯罪案件的证明标准，以此减轻侦查人员偏重犯罪嫌疑人供述的内在压力；尝试在侦查阶段建立适合我国国情的"辩诉交易"制度，提高审讯人员在博弈中的议价能力；进一步完善犯罪嫌疑人如实供述的约束与激励机制，一方面赋予侦查部门和侦查人员对于犯罪嫌疑人如实供述的更多的激励资源、措施和手段，使其在与犯罪嫌疑人就是否如实供述的博弈中具有更强的议价能力，另一方面要注重激励承诺和兑现的时间差问题，能够及时兑现的尽量及时兑现，实在不能即时兑现的，要保证承诺和兑现的确定性、稳定性和一致性，这既涉及公、检、法之间的默契与配合问题，更涉及各自的司法权威和职业声誉问题；完善犯罪嫌疑人与污点证人的分化、激励机制；完善侦查阶段信息的管控与有效利用，在职务犯罪侦查中，侦查部门和侦查人员对职务犯罪信息的分割、控制、利用更为明显，其秘密性特征也最为突出。总体上看，在我国职务犯罪侦查模式下，侦查阶段的信息变化过程主要是一个单向的信息传输和变化过程，是一个双方信息优劣势逐步均衡化，并逐步转化为侦查人员信息优势的过程。这种信息结构的调整和调整后出现的新的信息不对称状态，是一种制度性设计所追求的结果。通过职权主义侦查模式单方向提高侦查人员获取相关犯罪信息的能力，以保障侦查博弈中侦查人员对犯罪嫌疑人的信息优势。对犯罪嫌疑人获取案件相关信息的能力予以限制，使其始终处于罪案调查信息方面的绝对劣势。这种制度性设计有利于侦查人员利用其信息优势，结合其他相关因素和措施，对犯罪嫌疑人进行合法限度的心理施压，促使其在最大程度上与侦查人员合

作，以实现双方利益的共赢。

第二节　职务犯罪审讯阶段的科学划分

审讯是一个循序渐进的不断发送、传递、反馈信息的连贯的过程，审讯活动是一个有机结合的整体，直至审讯对象作出有利于审讯方的供述为止。即使如此，科学地对审讯活动作出阶段性划分仍然对审讯工作的开展颇有益处。

传统的职务犯罪审讯阶段性划分将审讯活动划分为试探摸底、相持对抗、反复动摇、供述交罪四个阶段，一直以来对职务犯罪审讯活动起着引领和指导作用。这种划分对以往职务犯罪侦查审讯工作作出了积极有利的贡献，但是，随着法制建设的进步，特别是审讯受到 24 小时时间限制的约束，我们有必要对这种传统的划分方法进行重新审视，探明其优劣所在，重新加以科学的界定。

一、传统职务犯罪审讯阶段划分的优劣评析

我国的职务犯罪侦查作为一项专门的刑事侦查活动，起步较晚，更多的是借鉴了公安机关查处普通刑事犯罪案件侦查活动的经验。我国《刑事诉讼法》关于刑事诉讼程序的设计主要是依照查办普通刑事犯罪案件的规律来设置的。然而职务犯罪案件的侦查与审讯显然有其自身的特点，揭示和区分两者的特点，有助于职务犯罪侦查审讯活动的专业化进程。

（一）职务犯罪审讯与普通刑事犯罪审讯的差异

职务犯罪侦查是刑事犯罪侦查的主要组成部分，职务犯罪侦查与审讯活动可以借鉴和遵循普通刑事犯罪审查与审讯的一般规律，但又有其自身的显著特点，必须予以区分，以此提高职务犯罪审讯水平。

1. 侦查审讯对象的主体不同

普通刑事犯罪案件中的侦查对象是自然人，对其犯罪主体构成要件没有特别的要求，而职务犯罪的主体是国家工作人员，这是职务犯罪区别于普通刑事犯罪案件的主要特征，法律亦因此赋予检察机关对这一特殊人群行使独立的刑事侦查权。

（1）国家工作人员更具有人性的理性

他们通常表现为文化程度高、社会地位高、社会阅历丰富，是非分辨能力强等特点，他们一旦涉嫌职务犯罪，成为审讯对象以后，对审讯人员传递的信息的分辨能力就会越强，从而体现出反审讯能力强的特点，这正是职务犯罪嫌

疑人审讯难度大的症结所在。在审讯中，职务犯罪审讯对象极具理性，他会仔细分析审讯人员所传递出来的信息含量，猜摸审讯人员究竟掌握了怎样的犯罪事实和证据材料，是掌握了一些还是全部，以及掌握了哪些犯罪事实。有时还会通过反诘的方式试探审讯人员，企图窥测审讯人员所掌握的信息含量，以此作为其采取下一步行动的策略选择。"不到黄河不死心，不见棺材不落泪。"这是绝大多数职务犯罪嫌疑人在审讯中所坚持的心理状态。同样，当职务犯罪审讯对象在明显感知到犯罪事实已经暴露，即使其不认罪，审讯人员亦能根据已经掌握的证据对其定罪的现实压力下，职务犯罪审讯对象也会更加理性地分析判断自己现时所处的环境，趋利避害地作出对自己相对有利的有罪供述。在审讯实践中，往往职务越高的犯罪嫌疑人更会表现出他们理性程度更高的一面，也就是说他们交代的更为爽快。这是因为职务越高通常犯罪数额就会越大，犯罪的次数也会越多，暴露的可能性也就越大；他们还熟知党内汇报制度，对他们实施审讯也就预示着组织的认可，预示着审讯人员已经掌握了部分证据。适时的说明这种情况是敦促其尽快供述的一种有利手段。

　　在谈到理性问题时，人们总会反诘，难道普通人就不具有理性？难道普通人的理性就比职务犯罪嫌疑人的理性要低？理性是人的天性，每个人都有判断是非标准的不同理性存在。就普通刑事犯罪案件的杀人、抢劫、贩毒等极其严重的刑事犯罪而言，犯罪嫌疑人一旦供认有罪就有可能被处以死刑的最严厉处罚，他们的理性告诉他们绝不能轻易认罪，即使审讯人员已经掌握了充足的证据，也要死扛到底，以此保留一丝生还的幻想。就此而言，在世界轻刑化趋势之下，职务犯罪通常不会被处以死刑的极刑，与前述严重刑事犯罪的审讯相比，审讯难度较低。就职务犯罪审讯对象而言，他们的理性更多的表现为在趋利避害的心理驱使下，在基本犯罪事实得以基本确定的前提下，他们尚有选择从轻、立功、减轻处罚方面适当的回旋余地，他们控制自身理性的能力更强。

　　国家工作人员长期接受职业教育是提升其理性的很好途径，他们不仅长期坚持政治理论、法律政策、纪律规章等文件、会议精神等的学习讨论，还参加各种会议和培训，尤其是接受廉政方面的学习教育，这些都提升了国家工作人员对职务犯罪危害性的理性认识，同时也使国家工作人员对一旦实施职务犯罪后将要面临的侦查、审讯活动有了更理性的认识，如果说审讯是一种特殊的教育的话，那么，平时的长期的廉政自律教育就是一种普遍的面向国家工作人员大众的告诫式、警示式、群体式"审讯"。如果在廉洁自律教育中传递出"没有一个人逃的脱审讯"的信息，在当地形成"走进审讯室没有一个人不交代问题"的氛围，那么就能减轻职务犯罪审讯的难度。

（2）充分认识对职务犯罪道德含义的评判

道德是人的本能，更是后天养成的合乎行为规则和准则的东西，是社会生活环境中的意识形态之一，是做人做事和成人成事的底线。它虽然看不见、摸不着，却客观的存在，一个人道德系数的高低，是由其人格的各个方面组成，自有世人所评判。

就职务犯罪嫌疑人而言，他实施了职务犯罪，我们可以界定他道德低下，但正确的讲，只能说他在利用职务方面的犯罪行为属于道德低下的范畴，却不宜将其整个人格都归结为道德低下。在审讯实践中，有些审讯人员将职务犯罪嫌疑人的一切思想行为均视为反面，对其人身、人格进行攻击，这势必会导致审讯对象的厌恶和反感，造成双方信息交流的阻断，这是形成审讯僵局的劣势策略之一。

作为国家工作人员，在滑向职务犯罪泥潭之际，他失陷于道德的底线，在这方面是为人们所不齿的。然而，职务越高、权力越大的国家工作人员，他在实施职务犯罪以前都有一个漫长的进步期，他为单位或者社会均作出过较大的贡献，他的努力换来了进步、提拔的空间，即使在其暗地里实施职务犯罪的同时，也在明处为社会、单位做着贡献。审讯中明确地划分其哪部分属于道德含义低下、哪部分则有可歌可颂之处非常重要，肯定和揭示其功过是非，有助于唤醒其道德的理性回归，使其改变抗审的姿态，屈从于自己的道德压力，供述犯罪事实。即使是针对"五毒俱全"的职务犯罪嫌疑人，他们虽然可以称之为道德极其低下，在审讯中仍应区分其他"四毒"与"贪毒"的界限，对于职务犯罪审讯而言，"吃、喝、嫖、赌"四毒仅是违纪，而职务犯罪审讯的目的是肃清其"贪毒"，揭露其"四毒"是为了更好地揭露其"贪毒"进行铺垫的。"四毒"的罪过较轻，能够先行被审讯对象所接受与认可，这也是职务犯罪审讯中通常选择的突破口，通过"四毒"的确认揭示其道德低下、不仁不义，有助于其陷入道德危机的困境，激发其供述"贪毒"的勇气。当然，即使在此时，适度地盘点其人格道德中的亮点，如敢作敢当、甘愿接受处理、告别过去、重新做人等，仍然是引领其认罪、悔罪的指路明灯。

现实生活中，人们对于职务犯罪现象的认识却是充满矛盾的。总的来说，对之嗤之以鼻、深恶痛绝。在深受传统封建法制思想的影响下，对于贪官都蕴藏着"不杀不足以平民愤"的思维，在现实社会中又反映出一种"仇官"、"仇富"的心态，好像"判得越重就越解气"。然而在人们善良的内心深处又表现为一种不适时宜的同情心。在办案过程中经常会遇到这样的情况：一是对于社会中出现的公款吃喝、"红包"等不正之风习以为常，听之任之，很少有检举揭发的勇气，甚至发现了职务犯罪的迹象也事不关己，生怕受到打击报复而只是内心愤愤不平，这也是导致检察机关案源不够丰富的客观原因之一。二是对小贪官或者与己关系良好的贪官抱有同情心。侦查人员经常能够听到这样的质疑。对于同一个犯罪嫌疑人在破案以前，他们会问"像这样的人你们都不查？"在判决后，他们同样会问，"像他贪的数额又不大，你们也查？"甚至说检察机关吃饱了没事干，放着大贪官不查仅查小的。三是人们在不同时期和不同环境中对职务犯罪的道德评判是显然不同的。人们一方面竭力赞成严肃查处贪官，另一方面又对行贿人、利益相关知情人作出不同的发声。用两种不同的道德标准作出评判：送钱时信誓旦旦，绝不讲出来，发案了就没有了骨气，出卖朋友。这给利益相关知情人和行贿人造成了极大的负面心理压力。作为行贿人，在面对周围人员的不屑指责中，往往会产生翻证的动因，这也是审讯利益相关知情人和行贿人的难度大于审讯职务犯罪嫌疑人的主要原因。

（3）深刻理解职务犯罪嫌疑人对实施职务犯罪的罪恶感受

对于杀人、放火、抢劫等严重刑事犯罪，人们天然地会产生强烈的罪恶感、愤怒感，是每一个人的道德标准所不能容忍的。作为国家工作人员，其道德标准和人性理性都决定着他们都绝少涉足其中。相对于职务犯罪而言，它是国家工作人员独有的涉足犯罪，只有国家工作人员才有权实施此类犯罪。为什么国家工作人员绝少涉及严重刑事犯罪，甚至都不涉足抢劫、抢夺、诈骗、盗窃等侵财型刑事犯罪，而恰恰对职务犯罪丧失道德立场，这是我们应当深究的问题。国家工作人员涉足职务犯罪的原因众多，有职务犯罪你情我愿、隐蔽性强的原因；也有社会风气不良的影响等。但从主观上讲，往往与职务犯罪嫌疑人丧失了道德标准、失去了人性理性、降低或丧失了罪恶感不无关系。每个职务犯罪嫌疑人在回顾首次作案的情形时，都会记忆犹新地描述当时的紧张情景，罪恶感油然而生，但随着时间的推移，罪恶感就会逐渐消退，直至麻木不仁。有的视职务犯罪为人情往来，假借各种名义收敛钱财，视职务犯罪为家常便饭，直至接受审讯才委屈的高呼自己不懂法律。更有的职务犯罪嫌疑人明目张胆、不计后果、大肆搜刮钱财，家藏数亿现金，而无视法律后果。

深窥职务犯罪的现实，经常会出现这样一种现象：实施职务犯罪的嫌疑人犯罪数额越大，其所居职位就越为重要，其手中掌握的权力成为其换取不义之财的筹码。他们身居要职，通常都是能力强、水平高的领导干部，实应成为领导干部的楷模，却偏偏与职务犯罪联系在一起，甚为可惜。能力强、水平高的人往往身居要职，他们通常都会成为欲借其手中权力获取巨额回报的"有心之人"猎鹿的对象，群起而围攻，直至将其拉入职务犯罪的泥潭而不罢休。此类现象理当引起职务犯罪预防工作的重视，对他们加强教育与保护，使他们的才华能够得到施展，为社会多作贡献。

在审讯中，审讯人员应当高度重视职务犯罪审讯对象的这些特征信息，找准其心理软肋，寻回其对所犯职务犯罪的罪恶感，提升其良性方面的道德谴责，使其回归理性，自愿供述犯罪事实。

2. 职务犯罪作案的隐蔽性强、侦查难度大

职务犯罪通常表现为持续作案时间长、次数多的特点，例如南京市原市长季建业作案时间长达二十余年，作案次数众多。在首次作案获得成功以后，犯罪嫌疑人在惯性思维的驱动下，会出现持续作案的连续性举动，随着犯罪成功经验的积累，其贪欲膨胀，侥幸心理持续扩张，在没有外因予以阻止的前提下，职务犯罪嫌疑人一般均不会自动地停止作案。这反映出事物的两面性，一方面，随着犯罪经验的积累，作案手段越来越隐蔽，反侦查能力越来越强，且随着其职务的升迁，犯罪被发现的难度就会增大。另一方面，随着犯罪嫌疑人作案次数的积累，从外表表露出来的犯罪迹象就会增大，发现犯罪的几率也会增加。职务犯罪的隐蔽性特点为侦查工作传递出的信息，值得我们在审讯中引起重视。

（1）审讯人员所掌握的只能是一些涉嫌职务犯罪的指向性信息

普通刑事犯罪一般是先发案，经报案或发现犯罪事实以后顺着犯罪的痕迹寻找犯罪嫌疑人，程序流畅，难度在于如何寻找犯罪嫌疑人。而职务犯罪的侦查是先确定侦查的对象，即犯罪嫌疑人是先行明确的，而后反向寻找其犯罪事实。由于职务犯罪隐蔽性的特点，反向寻找其犯罪事实的过程是艰难的，且都是在立案以前的初查活动中予以完成，尚无法采取立案以后刑事诉讼法所赋予的侦查措施，故初查一般只能获取指向性信息，直接获取定罪的证据较难。

（2）获取言词证据是突破职务犯罪的唯一途径

普通刑事案件的案发都留有犯罪现场或者客观的犯罪后果，而职务犯罪的持续性和隐蔽性已经将犯罪的直接痕迹统统抹去。在职务犯罪侦查中，如果说贪污犯罪、渎职犯罪尚有迹可循的话，那么贿赂犯罪就是职务犯罪案件中查处难度最大的类型，且该类犯罪在职务犯罪案件中所占比例极高。贿赂犯罪的"一对一"特征更加凸显出其犯罪的隐蔽性。在当前的侦查模式中，突破行受贿双方的口供成为侦破此类案件的唯一途径。在现行的证据规则框架下，没有行受贿双方的供述，案件铁定是无法定案的；即使有一方的供述而无对应的相关供述，案件也几乎无法定案；只有当行贿方的供述与受贿方的供述相同或基本相符时，受贿犯罪才能成立。因此贿赂等职务犯罪案件一般都存在两次突破、两次审讯的问题，即先行突破审讯行贿人或利益相关知情人，然后再突破犯罪嫌疑人，然后通过他们的供述追查赃款的来源、去向等相关证据，以此体现"重证据、轻口供"的原则。如果没有供述，在贿赂

等职务犯罪既无犯罪现场,又无犯罪后果的侦查活动中,预想直接获取证明犯罪事实的证据实为困难。在没有口供的情况下,犯罪事实亦难认定,就无从谈起"重证据、轻口供"。

(3) 职务犯罪案件的审讯难度大

从职务犯罪隐蔽性特点出发,其审讯难度主要体现在:犯罪嫌疑人都有前期充分的准备,反侦查能力强;犯罪嫌疑人理性程度较高,能够理性分析审讯人员传递的信息含义,据此作出明晰的分析判断,获知审讯人员的意图;职务犯罪是多次、持续作案积累起来的犯罪,审讯人员掌握的只是指向性犯罪信息,没有实质性犯罪证据,且这些指向性犯罪信息也只是少许的、部分的,审讯人员需要通过这部分指向性信息去获取犯罪嫌疑人涉嫌犯罪事实的全部信息。难度之大可见一斑。

3. 与普通形式审讯即时性相比,职务犯罪审讯的优势在于具备前期初查的有利条件

普通刑事案件发案以后,根据案情的严重程度,公安机关通常均会当即立案,并开展侦查活动,当抓捕到犯罪嫌疑人即刻就会审讯,对于审讯人员来讲,审讯的前期准备工作是相对短促的,有时甚至对犯罪嫌疑人的情况根本无从了解。而职务犯罪审讯则完全不同,在对职务犯罪嫌疑人审讯前,审讯人员都可以针对其进行了长期的初查活动,理论上讲,可以对审讯对象的一切情况进行深入调查,有必要时还可以通过偶遇、跟踪的方法直接"面向"审讯对象,了解其性格、心理、行为举止。而且职务犯罪的突破与审讯的主动权掌握在侦查部门的手中,如果时机不够成熟,可以自由选择突破、审讯的时间,只待条件成熟,再予突破审讯,由此保证了审讯的成功率。初查为职务犯罪审讯打下扎实基础,为职务犯罪审讯创造了一切有可能的先决条件,体现了初查工作的重要性。

以上特点揭示出职务犯罪审讯与普通刑事犯罪审讯的不同特点,为审讯活动的开展及职务犯罪审讯阶段性的划分提供了研究基础。

(二) 传统职务犯罪审讯阶段划分的误区

传统的刑事审讯将审讯活动划分为试探摸底、相持对抗、反复动摇、供述交罪四个阶段。由于职务犯罪专业审讯起步较慢,借鉴和学习了刑事审讯中的许多方法经验,而且将传统的刑事审讯阶段划分的方法原样照搬到职务犯罪审讯中,忽略了职务犯罪侦查审讯活动自身的特点,在以往审讯不受时限的条件下无冲突,但在审讯受 24 小时限制的条件下就凸显出其不少弊端,值得反思。

1. 试探摸底阶段实无必要

吴克利老师认为:摸清犯罪嫌疑人的底细是审讯过程中"初始阶段"的

首要任务。经常有人把它称为试探摸底阶段。它是每一起成功的审讯案件必须经历的阶段。它的特点表现在犯罪嫌疑人与审讯人员都处在相互摸底的阶段，不仅审讯人员要知道对方的底细，而且犯罪嫌疑人也要知道审讯人员的底细。审讯人员了解犯罪嫌疑人的目的，是为了制服犯罪取得审讯的成功。而犯罪嫌疑人了解审讯人员，是为了逃避法律的惩罚。因此在此阶段双方的表现都是非常警惕、注意力非常集中，都希望在最短的时间内，以最快的速度了解对方，来掌握审讯初始阶段的主动权。犯罪嫌疑人摸底的主要目的就是想知道审讯人员到底知道犯罪嫌疑人多少犯罪事实、掌握了哪些证据、还有哪些证据没有被掌握。而审讯人员想知道的内容就是犯罪嫌疑人到底干了哪些事、犯了哪些罪行、如何根据其特点使其如实交代自己的罪行。要知道犯罪嫌疑人到底犯了哪些罪行，除了审讯人员已经掌握的线索之外，还要依靠犯罪嫌疑人自己来供述线索和犯罪事实。可见对犯罪嫌疑人的充分了解，才是审讯取得成功的基础。[①]

不可否认，万事开头难，把握审讯的开局就能控制审讯的全程，因此初始阶段尤为重要。但是在职务犯罪审讯初始阶段设置试探摸底阶段并不符合职务犯罪审讯的本质要求，容易误导审讯人员，使其错失审讯时机、拖延有限的宝贵时间。理由如下：

（1）充分了解犯罪嫌疑人的底细应当在初查中完成

初查的目的是尽可能地了解犯罪嫌疑人涉案的犯罪事实和有助于审讯活动开展的一切相关信息，包括审讯对象的基本情况。在当前审讯受 24 小时时间限制的条件下，传统的试探摸底阶段应当完成的任务大多可以提前到初查活动中予以实现。在当今强调专业化侦查（包括专业化初查、专业化审讯）的时代背景下，初查的专业化水准决定着审讯的专业化水平。想要在 24 小时规定的审讯时限内完成审讯任务，就应当尽可能地压缩审讯的前期时间，让位于实质性审讯阶段，给后期供述交罪阶段留出更多的宝贵时间。浙江省人民检察院原副检察长何永星同志早在 2000 年浙江省检察机关第五次侦查工作会议期间就反复强调：务必重视侦查工作重心前移，重视审讯工作的前展性研究，必须重视初查工作。初查是职务犯罪侦查工作的核心与基础，如果初查工作做的足够精细，那么就可以省略试探摸底阶段，使审讯人员在审讯前就已经掌握审讯对象的底细，而使审讯对象无从了解审讯人员的底细就直接进入实质性审讯阶段，节省了 24 小时有限的审讯时间。

---

① 吴克利：《审讯心理学》，中国检察出版社 2012 年版，第 139 页。

（2）试探摸底思维是拖延审讯时间的主要原因

大多审讯人员都经历了从审讯不受时限到审讯受 24 小时限制的过渡期，审讯的思路也承接了审讯不受时限的传统审讯思维，这种思维模式可谓根深蒂固。其弊端主要表现为：一是认为在短时间内绝无获取口供的可能性，或者在 24 小时内想要拿下口供困难重重。这种思想状态在侦查干警中大有市场。受此思想的影响，变相采用先询问（或谈话）再传讯进行审讯或者审讯后利用刑拘间隙时间变相延长审讯时间就成了职务犯罪审讯实践的变通方法。二是在审讯不受时限的历史背景下，检察机关普遍不重视初查，以试探摸底代替了应当在初查中完成的既定任务，致使试探摸底阶段无限延长，这也是审讯不受时限历史时期的普遍现象，短则三五日，审讯难度大的则长达几星期、几个月。试探摸底成为初查不足的替代品，致使许多检察机关至今仍然不够重视初查。三是受审讯不受时限首次审讯就要查明审讯对象全部犯罪事实，即几乎达到侦查终结标准的审讯思维影响，试探摸底成为一个漫长的阶段。审讯人员游离于试探摸底之中，严守自己的底细，绝不透露口风，广撒渔网，漫无边际地海阔天空。目前这种传统的试探摸底的思维模式仍根植于 24 小时受限的审讯之中，人为地浪费了审讯时间。

（3）试探摸底是审讯的手段，贯穿于审讯的始末

审讯人员想要摸透审讯对象的底，审讯对象同样想摸透审讯人员的底，并非是审讯初始阶段的独有特征。审讯活动是审讯双方反复较量的过程，也是审讯双方不断相互摸底、逐渐透底的过程。即使到了审讯对象开始供述或者供述犯罪事实以后，仍然会以各种方式企图了解审讯人员的底细，以图掩盖其尚未被审讯人员发现的犯罪事实。在审讯的初始阶段，审讯人员希望在最短的时间，以最快的速度了解对方，知道其到底干了哪些事、犯了哪些罪行，这显然是极其困难的事，如果能实现这一目的也就意味着审讯活动的结束。如果试探摸底阶段的任务是了解审讯对象的基本情况，那么就应当前置到初查活动中去完成，审讯的第一阶段再设置试探摸底实无必要。

2. 相持对抗阶段界限不清

对抗是审讯的本质属性。除了极个别犯罪嫌疑人一进入审讯室就能慑于法律的威严主动地供述其犯罪事实以外，绝大多数审讯对象从进入审讯室的那一刻起就保持着对抗的心理。现阶段，在犯罪知识信息传播且逐渐透明化的背景下，审讯对象的反审讯能力日渐增强，有些审讯对象甚至在审讯的初始阶段就体现出极强的抗审心理，或指责检察机关武断将其传讯；或以沉默的姿态强烈抗议对其进行审讯；或者反客为主，辱骂、训斥审讯人员；更有甚者采取暴力、自残的手段抗拒审讯。试想在这样的状态下欲实现传统的试探摸底实为不

能之事，只会直接进入相持对抗阶段。即使在审讯对象交罪阶段，仍然会出现反复动摇、时供时翻的现象，时常会恢复到相持对抗阶段，很难对相持对抗作出明确的时段界定。

另外，相持对抗是审讯中表现出来的一种形式，从字意上很难明确此阶段的审讯任务。

3. 反复动摇实为供述交罪的表现形式

传统的反复动摇阶段"是以犯罪嫌疑人反复动摇的心理状态来确定的。犯罪嫌疑人从拒不认罪的对抗心理状态，经过与审讯人员的信息交流，产生了趋向于供述认罪的动摇的心理状态，由于这种心理状态具有不稳定的特点，随时都可能向其他方面转化，所以反复动摇是犯罪嫌疑人在这一阶段显著的心理特点。"[1]

反复动摇阶段实为审讯对象思想出现动摇，预备作出供述的供述心理临界阶段，把握这一关键时刻决定着审讯活动的成败。以普通杀人刑事案件为例，犯罪嫌疑人出现思想动摇，临界供述状态时可为动摇反复阶段，一旦承认杀人即为供述交罪阶段。而职务犯罪尤其是贿赂犯罪则是由多头行贿、多节甚至数十节犯罪事实构成，审讯对象即使供述出一节或数节犯罪事实以后，仍然会出现停顿、对抗的心理状态，也就会出现无数个供述临界心理状态，人为地划分出反复动摇阶段有些不切实际。况且，职务犯罪审讯对象即使在开始供述以后，仍然会出现犹豫不决、时供时翻的心理状态，甚至重返对抗相持状态。在职务犯罪审讯中，反复动摇与供述交罪相互穿插，实为一个阶段，很难清晰地予以区分。

另外，传统的审讯阶段性划分缺乏对审讯对象供述以后如何巩固犯罪嫌疑人口供，巩固其认罪、悔罪心理的研究，此阶段对于以言词证据为主的职务犯罪审讯活动尤为重要，对此本书将在第八章第三节"软化审讯对象抗审心理的程式化审讯方法"的第九步"巩固审讯对象供述后的悔罪心理"中予以一并阐述。

二、美国刑事审讯阶段划分的借鉴

关于域外刑事审讯阶段的划分，由于我们所处条件的限制，无法获取翔实的资料，在此仅以美国旧金山大学法学院副教授查理德·A.利奥所著的《警察审讯与美国刑事司法》一书中所介绍的美国警察审讯阶段划分做些分析。"现代心理审讯方法就是用来说服犯罪嫌疑人——与所有表象、逻辑与常识相

---

[1] 吴克利：《审讯心理学》，中国检察出版社 2012 年版，第 176 页。

反——实际上供述对他们有利。美国警察审讯是建立在感化、欺骗以及偶尔的心理强制逻辑基础之上，操纵犯罪嫌疑人对自己的处境，选择和自我利益的理解。美国警察审讯有四个不同的阶段：软化犯罪嫌疑人阶段、米兰达警告阶段、真正的审讯阶段以及认罪后审讯阶段"①。

（一）美国刑事审讯阶段划分的介绍

1. 软化犯罪嫌疑人

"侦查人员故意将犯罪嫌疑人叫到警察局，这样便可将犯罪嫌疑人孤立于其熟悉的环境、朋友、家庭或者其他任何可能增强其抗拒审讯心理的社会支持来源。侦查人员还希望犯罪嫌疑人到自己（警察）的地盘上的审讯室中接受审讯，以便对审讯的时间、空间和策略进行控制。通过孤立犯罪嫌疑人，剥夺其社会支持，在警察的地盘上进行讯问，侦查人员相信，他们可以将面临警察压力的犯罪嫌疑人之脆弱性放大到极致。他们的目的是创造一种最有利于供述的结构和心理条件。

一旦犯罪嫌疑人进入审讯室，侦查人员就会与之互动以使其产生心理上的软化。第一步就是建立起一种亲善关系。审讯人员会问些背景性的问题，进行短暂的谈话，可能还要对犯罪嫌疑人进行恭维或者逢迎，由此来创设一种没有威胁、非对抗化的审讯环境。侦查人员应当身着便装，举止友好，以便让犯罪嫌疑人放松，拉近彼此间的距离。在这个阶段，侦查人员应尽量降低审讯的意义，将审讯伪装成普通的会谈。与实际情况相反，审讯人员还要尽量创设一种与犯罪嫌疑人之间仅仅是为了侦破案件而进行信息交流。

通过与犯罪嫌疑人建立亲善关系，并制造一个审讯人员需要犯罪嫌疑人帮助的假象，审讯人员应尽量掩盖其已经将犯罪嫌疑人预断为有罪之人、其唯一的目的就是审讯犯罪嫌疑人的事实。审讯人员应试图将审讯伪装成一个友好的共同解决问题的过程，并且表示其最为关心的是犯罪嫌疑人的利益——这一错觉在之后说服犯罪嫌疑人相信供述于己有利的时候将会起到重要的作用。与其他审讯阶段一样，审讯人员会尽量通过各种审讯策略来获取战略上的优势以控制犯罪嫌疑人。正如一个侦查人员告诉我的那样'我并不关心案件形式是强奸、抢劫还是杀人……你首先要做的就是与那个家伙建立友好关系……我想这样你就可以让任何人说任何问题'"②。

---

① ［美］查理德·A. 利奥著：《警察审讯与美国刑事司法》，刘方权、朱奎彬译，中国政法大学出版社2012年版，第105页。

② ［美］查理德·A. 利奥著：《警察审讯与美国刑事司法》，刘方权、朱奎彬译，中国政法大学出版社2012年版，第105页。

2. 越过米兰达警告阶段

"美国法律要求警察在审讯前必须对犯罪嫌疑人进行著名的米兰达警告，要告诉犯罪嫌疑人其具有保持沉默、有国费律师为其辩护的宪法权利，以及其所说的一切都可能在将来的法庭上用作对其不利的证据。通常在审讯中，侦查人员会照着米兰达卡片或表格宣读如下内容：

（1）你有权保持沉默；

（2）你说的任何内容都可能在法庭上用作对你不利的证据；

（3）你有权请律师；

（4）如果你请不起律师，将会为你免费指定一名律师。

除此之外某些警察机关还会告诉犯罪嫌疑人一些其他权利，如'如果你愿意回答警察的问题，你也可以在任何时候停下来，然后要求律师帮助，警察不会继续对你进行提问。'

在这一'四重式'警告之外，1966 年联邦最高法院还要求控方承担证明在开启任何合法的审讯程序之前，'犯罪嫌疑人已经明知、自愿且明智地'放弃了米兰达权利这一'沉重的证明负担'。因此，侦查人员经常在完成这一'四重式'警告之后，还要再问下列两个问题：

（1）你理解这些权利吗？

（2）你知道有这些权利的情况下，还愿意与我谈谈吗？

然后，侦查人员一般会要求、引导或者试图说服犯罪嫌疑人在放弃米兰达规则权利的表格（或者卡片）上签字。如果侦查人员没有恰当地告知犯罪嫌疑人米兰达规则权利，或者没有获得犯罪嫌疑人恰当的回答，那么犯罪嫌疑人的任何陈述在理论上都应当被排除在审判程序之外。

乍一看，米兰达规则可能会给审讯人员带来巨大的麻烦。毕竟，米兰达规则要求侦查人员告诉犯罪嫌疑人其陈述可能导致自己归罪；警察只有在征得犯罪嫌疑人同意之后才能对其审讯；犯罪嫌疑人有权终止审讯。或许根本的问题在于，米兰达规则要求侦查人员告知犯罪嫌疑人他与警察处于对立关系中。通过告诉犯罪嫌疑人，他们彼此之间并无共同利益，米兰达警告会威胁到侦查人员通过现代审讯结构所追求的战略优势，会暴露他们积极试图掩盖的内容。在这个意义上讲，米兰达警告的过程虽然历时短暂，但却是整个审讯过程中最诚实的一刻。

不过，正如我们随后将看到的那样，米兰达警告的仪式并未对美国的警察审讯实践带来任何实质性影响。几乎所有的犯罪嫌疑人都放弃了他们的米兰达规则权利，或者在法律上可以解释为弃权。而且，几乎没有哪个供述由于违反米兰达规则而在审判阶段被排除。美国警察已经通过成功的适应米兰达规则而削弱了规则的影响。"①

3. 促使犯罪嫌疑人由抵赖转向认罪

"审讯人员一旦获得了犯罪嫌疑人明示或者默认的弃权（一般在米兰达警告表格下方签上其姓名的首字母），审讯的语气、内容和力度都会发生巨大的变化。一般在警告完毕之后，审讯程序就开始了——审讯人员开始从问犯罪嫌疑人问题到告诉其答案，再要求其供述。的确，审讯的方法多种多样，有的侦查人员会一如既往地如同软化阶段一样友好，即便其已开始采用那些精心设计的心理审讯手段；有的审讯人员则会变得更自信、更具控制性，却依然保持一种对犯罪嫌疑人没有威胁的姿态；还有的审讯人员则表现的极具攻击性，有的时候甚至是纠缠不休。但是，无论侦查人员此时选择了何种人际关系模式来处理其与犯罪嫌疑人之间的关系，其审讯的惯技如出一辙，即通过制造其与犯罪嫌疑人之间有着共同利益的假象来模糊侦查人员的对抗性角色；让犯罪嫌疑人认为审讯人员是来帮助其实现自己利益的人；说服犯罪嫌疑人相信只有满足侦查人员的要求才能实现自己的目的。实际上几乎每个审讯都是立足于或明或暗地传递下列信息：犯罪嫌疑人认罪将获得各种有形或无形的好处，或避免利益损害，最好是将犯罪情况和盘托出，或至少说出犯罪的某些方面。

每个审讯人员都必须面对如何说服犯罪嫌疑人相信供述符合其理性的自利行为。即便与那些人们最看不起的行业中的销售人员相比，审讯人员也处于相当不利的地位，他们所推销的东西——归罪与监禁——是所有人最不喜欢的东西。但是，审讯人员却有大多数推销人员梦想的制度性权力（以及相应的欺骗、操纵和强制其说服对象服从的能力）。正如我们已经看到的那样，早在20世纪40年代，审讯培训业就已经设计出帮助审讯人员摆脱前述困境，促使犯罪嫌疑人从抵赖到认罪，而后进行全面供述的技巧、方法与策略。侦查人员为此不仅要掩盖自己的对抗性角色，而且还要改变犯罪嫌疑人对自己的处境、选择和每个选择的可能后果的看法。例如，他开始会认为供述是逃脱绝境的最佳方法，是对自己最有利的做法。审讯人员尽量说服犯罪嫌疑人相信自己已经落入陷阱，无路可退，削减其否认侦查人员指控之信心；如果他做出陈述则为他提供一条减轻罪责（如果定罪）、减轻刑罚的出路；犯罪嫌疑人的认罪实际上是终结审讯和避免最糟糕结局（例如，侦查人员希望他们相信：如果他们顽固抵赖，将受到严厉的对待或者从重处罚）的途径。

---

① ［美］查理德·A. 利奥著：《警察审讯与美国刑事司法》，刘方权、朱奎彬译，中国政法大学出版社2012年版，第106－107页。

将现代审讯视为一个有着明显的劝说犯罪嫌疑人服从和供述逻辑的、结构化、渐进性的目标导向的过程相当重要。它不仅仅是警察所标榜的对话，或你一言我一语的交谈。它也不是什么随机性的一套方法或者一门心思只关注事实真相。它有多个步骤，具有反复性和多重心理结构，这些是其经常取得成功的原因。尽管审讯的技术有数百种，但是我们还是可以将美国警察审讯的策略与方法概括成几个重要的模式，在美国警察审讯的实践中，这些策略与方法经常以固定的顺序出现。

警察审讯人员经常使用一些反向刺激去摧毁犯罪嫌疑人的抗拒心理，驳斥其狡辩，从而降低其自信，使其产生顺从、沮丧、恐惧和无力情绪。一旦犯罪嫌疑人心理崩溃，警察就会使用一些正向刺激手段，让犯罪嫌疑人看到鉴于其有限的选择及可能的后果，配合警察审讯、承认犯罪事实或者犯罪的某些方面是其目前所能做出的最佳选择。总体而言，正反两方面的刺激使得犯罪嫌疑人将审讯看作一种协商，其中对自己有意义的选择很少，但通过认罪至少他可以终止沮丧的程序，趁早获得一个较好的结果。这个方法的逻辑在洛杉矶的警察培训手册中得到了有力体现。这个手册告诫侦查人员，审讯时必须对犯罪嫌疑人讲：'是你干的。我知道是你干的。我们有绝对的证据证明。但是犯罪原因不同意味着你面临的结局也可能不同，所以，为什么不跟我们说说你的犯罪原因呢'"①。

（二）美国刑事审讯阶段划分的启示

虽然查理德·A. 利奥没有从警察的角度详细说明刑事审讯阶段划分的标准和意义，但我们可以从中发现刑事审讯阶段的划分对审讯工作的指导意义。

1. 审讯的初始阶段是审讯活动的关键，左右着审讯活动的进程，这在中外警界的认识中都是达成了共识的。美国刑事审讯将审讯初始阶段定义为软化犯罪嫌疑人阶段有着双重目的。

目的之一是规避米兰达规则。美国法律规定犯罪嫌疑人享有沉默权，犯罪嫌疑人如果选择了沉默权，就可以享有拒绝接受审讯的权利。对于美国警察而言，如何逾越米兰达规则，促使审讯对象放弃米兰达规则，是横档在美国警界眼前的一道门槛。通过长期不懈的努力，美国警察成功总结出一套超越米兰达规则的方法，建立起一种亲善的关系，使其产生心理上的软化。

目的之二是通过建立审讯双方的亲善关系，创建起一种没有威胁、非对抗式的审讯环境。

---

① ［美］查理德·A. 利奥著：《警察审讯与美国刑事司法》，刘方权、朱奎彬译，中国政法大学出版社 2012 年版，第 114 页。

因此，已故的美国西北大学知名犯罪学与刑法学教授，被誉为"现代侦讯实务之父"的佛瑞德·E. 英鲍等人反复强调："我们强烈建议在大多数案件中，在讯问犯罪嫌疑人之前应当对他们进行一次非控制性的询问"①。

"在着手开始真正的询问之前，让犯罪嫌疑人独自在询问室待上5分钟左右的时间是适当的。有罪的犯罪嫌疑人在房间内独处的时候，会思考他自己实施的这起犯罪，询问人员可能会有哪些证据把他和犯罪联系起来，以及因为这起犯罪他可能要面临的结果。这个自省的阶段往往会提高犯罪嫌疑人在询问开始时感受到的忧虑和恐惧程度。一些有罪的犯罪嫌疑人会陷入沉思，并对其困境感到非常担忧，以至于询问人员进入房间时他们会大吃一惊，而且他们的眼神和整体外观立即显示出他们认为自己的隐瞒会被揭穿。另一方面，无罪的犯罪嫌疑人即使有一些担忧，在询问人员进来时通常也会轻松地转过来面对询问人员。尽管理所当然地存在关切，但他们的目光看起来是'轻松自在的'，而且他们的外观会给人好感。"②

"在讯问前进行一次非指控性的询问的好处之一在于，讯问人员可以使在询问期间展现出的友好、随和的态度与讯问开始时呈现出的更加严肃、坚决的态度形成鲜明对比。讯问人员这种行为举止的明显反差有助于向犯罪嫌疑人灌输一种自信与真诚的意识，而这是一次成功讯问的基本所在。"③

英博等人的建议与警界的实际操作不谋而合，在审讯初始阶段制造一种假象，将讯问视作一种平常的询问，拉近审讯双方人员之间的心理距离，既起到规避米兰达规则的效果，又能使审讯活动顺利地进入警察预设的审讯进程。

2. 米兰达规则是美国法律对审讯程序所作的一项规定，我国法律则并未赋予审讯对象保持沉默的权利。我国是实行羁押式审讯制度的国家，根据《刑事诉讼法》第118条规定："侦查人员在讯问犯罪嫌疑人的时候，应当首先讯问犯罪嫌疑人是否有犯罪行为，让他陈述有罪的情节或者无罪的辩解，然后向他提出问题。犯罪嫌疑人对侦查人员的提问，应当如实回答。但是对与本案无关的问题，有拒绝回答的权利。"因此，我国刑事审讯中无须顾及米兰达规则，但是在审讯实践中，当在软化犯罪嫌疑人抗审心理阶段适时地告知审讯对象其所享有的基本权利，以此完善审讯活动的合法程序。

---

① ［美］佛瑞德·E. 英鲍、约翰·E. 莱德、约瑟夫·P. 巴克利、布莱恩·C. 杰恩：《刑事审讯与供述》，中国人民公安大学出版社2015年版，第177页。

② ［美］佛瑞德·E. 英鲍、约翰·E. 莱德、约瑟夫·P. 巴克利、布莱恩·C. 杰恩：《刑事审讯与供述》，中国人民公安大学出版社2015年版，第177页。

③ ［美］佛瑞德·E. 英鲍、约翰·E. 莱德、约瑟夫·P. 巴克利、布莱恩·C. 杰恩：《刑事审讯与供述》，中国人民公安大学出版社2015年版，第178页。

应当告知犯罪嫌疑人的权利义务包括：对侦查人员的提问，应当如实回答的义务；对与本案无关的问题，有拒绝回答的权利；有权自行辩护；有权委托律师辩护；如实供述自己罪行可以依法从宽处理的法律规定；对于笔录记载有遗漏或者差错的，犯罪嫌疑人可以提出补充或者改正。

讯问犯罪嫌疑人时，应当告知犯罪嫌疑人将对讯问进行全程同步录音、录像，告知情况应当在录音、录像中予以反映，并记明笔录。

3. 美国刑事审讯第三步"真正的审讯阶段"并没有将审讯中出现的试探摸底、相持对抗、反复动摇等各种表现形式进行阶段性细化，而是将审讯对象从心理上进入审讯角色之后至其开始供述犯罪事实之前这一整体过程作为一个完整的阶段，颇为合理，值得借鉴。

4. 认罪供述阶段的描述正如英博等人在莱德九步审讯法中提出的"第八步——让犯罪嫌疑人口头陈述各种犯罪细节"，"第九步——将口供转换为书面供词"一样，完成书面供词即宣告审讯结束。

完成书面供词即宣告审讯结束符合刑事犯罪案件审讯的一般法则。鉴于我国刑事证据证明规则的标准，以及言词证据在职务犯罪尤其是贿赂犯罪证明体系中的重要性和单一性，职务犯罪审讯对象在首次供述以后往往仍然存在心理反复，出现翻供翻证的现象。因此，如何巩固审讯对象的交罪悔罪心理、固定已经供述的口供实为审讯人员需要继续完成的审讯任务。

三、职务犯罪审讯阶段划分的重新构建

我国检察机关对职务犯罪审讯的研究，并没有针对职务犯罪审讯的特点，对审讯的阶段性划分提出科学合理的划分方法，仅是参照公安机关刑事审讯的阶段性划分，照搬照抄，也将职务犯罪审讯的阶段区分为试探摸底、相持对抗、反复动摇、供述交罪四个阶段。在此，笔者根据职务犯罪审讯自身的特点，以及对长期的职务犯罪审讯实践的感悟，借鉴公安机关刑事审讯阶段性划分和域外关于刑事审讯阶段性划分的合理成分，提出职务犯罪审讯阶段性划分的方法，供同仁参考。

（一）职务犯罪审讯阶段性划分的原则

职务犯罪审讯活动是一个极其复杂的变化过程，任何一个审讯对象鉴于自身的社会阅历和心理特征，面临审讯时都会产生不同的心理变化和抗审反应。况且，鉴于每一位审讯人员不同的社会阅历，心理特征和审讯策略的不同，通过心理刺激也会激发审讯对象不同的心理变化和抗审反应。人为的过细分割职务犯罪审讯阶段实无必要，但是合理地划分职务犯罪审讯阶段仍能对职务犯罪审讯活动起到积极的指导作用。

划分职务犯罪审讯阶段应当遵循以下原则：

1. 进一步细化审讯任务

合理地划分审讯阶段有助于分解、细化审讯任务，通过明确各阶段审讯的具体任务，实现各阶段的审讯目的，逐渐击垮审讯对象的抗审心理，最终完成审讯对象如实供述犯罪事实的终极目的。

2. 结合审讯对象的抗审心理合理划分审讯阶段

审讯活动是针对审讯对象不同的心理反应进行制约和反制约的心理较量过程，审讯对象有怎样的抗审反应，审讯人员就应当采取相应的反制策略对其进行心理干预。审讯对象心理反应的不同表现亦是审讯阶段划分的参照依据。

3. 审讯阶段的划分应当既明确又宜粗不宜细

总体上讲，审讯活动是一个连贯、渐进的发展过程，审讯对象的表现既有试探摸底、相持对抗，也会撒谎耍赖、反复动摇，甚至死扛到底、翻供翻证，并且各种表现常常相互渗透，前后更迭。机械地区分审讯阶段反而有碍于审讯人员的策略选择，而适当地区分审讯阶段则有助于增强审讯人员对审讯对象的心理分析，采取灵活的审讯对策完成阶段性审讯任务。

（二）职务犯罪审讯的阶段性划分

根据以上分析，笔者拟将职务犯罪审讯阶段分为软化犯罪嫌疑人抗审心理阶段、实质性审讯阶段、供述交罪阶段、供述后巩固悔罪心理阶段四个阶段。

1. 软化犯罪嫌疑人抗审心理阶段

美国刑事审讯的第一个阶段是软化犯罪嫌疑人，其真实目的是超越米兰达规则，使犯罪嫌疑人错误地放弃沉默权，从而使审讯活动能够继续。而我们提出的软化犯罪嫌疑人抗审心理阶段的目的则是不同的。

在职务犯罪审讯中，审讯对象进入审讯室以后一般会出现两种不同的情况：第一种情况是审讯对象采取强烈抗审的姿态，在这样的情况下，试探摸底显然是不可能的，甚至审讯人员想要进行任何问话都是勉为其难的。在此情况下，审讯人员的首要任务是打压审讯对象抗审的嚣张气焰，目的是让表现出脾气暴躁、凶恶谩骂、自伤自残等现象的审讯对象回归正常的理性，进入愿意接受审讯的常态。面对审讯对象强烈抗审的姿态，审讯人员一般可以采取两种审讯策略：一是以硬对硬的策略。用训斥的语气予以压制，或者以莱德九步审讯法第一步——直面指控犯罪，作为回应。此阶段一般会延续数十分钟至两、三个小时不等的时间，无论审讯对象如何叫嚣，待其精力耗尽或者慑于审讯的压力，审讯对象就会自动或者不情愿地陷入接受审讯的状态。对于此类审讯对象，审讯实践反复证明，他们往往属于外强中干、性格外露直爽的类型，一旦感受到大势已去就会爽快地供述犯罪事实，并且交代的也比较彻底，翻供的机会也低。二是以柔克刚的策略。从法律政策教育切入，但是问话的语气必须是坚定的，引导其自觉地端正态度，摆正自己所处的位置。

审讯对象进入审讯室后出现的第二种情况是以貌似常人正常的反应对抗审讯。这种情况较为复杂，审讯人员应当从其表象中迅速地作出判断，从其貌似冷静的神态中分辨出他内心真实的感受——是城府很深的审讯对象，还是感到害怕而假装镇定。

由于职务犯罪嫌疑人一般情况下都是初犯，均不可能是累犯，初次面对审讯都会产生害怕、紧张的心理，这是审讯人员应当利用的绝佳时机。然而在传统的试探摸底教条式审讯思路影响下，随着审讯双方相互试探摸底的时间顺延，审讯对象的紧张、害怕心理就会随着环境的改变而逐渐消退。对于感到紧张、害怕的审讯对象，审讯人员应当抓住时机，省略心理软化阶段，直接进入实质性审讯阶段。因为审讯的常用手法就是施加心理压力，对于此类审讯对象，其进入审讯室受到审讯环境所释放的天然压力就已经足矣，继续适当施压，通常经过二至三个小时就能使其开始供述犯罪事实。

进入审讯室后表现的城府较深的审讯对象通常是较难审的，他们通常性格内向，反审讯能力较强，值得引起审讯人员的高度重视。对于此类审讯对象，必须先予法律政策教育对其进行心理施压，软化其抗审心理，既可以采用直面指控其犯罪的方法，也可以通过疏导其心理的方法进行，或者双管齐下。

划分软化犯罪嫌疑人抗审心理阶段的目的非常明确，即让审讯对象从强烈抗审的心理状态转变到愿意接受审讯的状态。无论审讯对象在作案时或者作案后采取了怎样的反侦查手段，做好了怎样对抗审讯的充分准备，此阶段的任务就是消除其既定思维模式、端正其态度接受审讯。这样符合信息论审讯的基本原理，只有审讯对象摆出愿意接受审讯的姿态，审讯双方的信息传递才有可能实现，否则审讯人员传递出的审讯信息就会被其阻断，无法正常交流。审讯对象表现出愿意接受审讯的姿态后，审讯活动就应直接进入实质性审讯阶段。以此尽量压缩审讯时间，使审讯对象在24小时有限时间内供述犯罪事实得以实现。

必须强调的是，审讯的初始阶段制造出审讯双方之间一种沟通的关系尤其重要，它能为审讯双方之间的信息传递提供良好的交流环境，为进入实质性审讯阶段打下良好基础。

2. 实质性审讯阶段

审讯对象愿意接受审讯是第一阶段达到的一种表面现象，并不表明审讯对象真心实意地愿意听取审讯人员的问话，只不过是其抗审的强烈姿态有所软化，应当以审讯人员自我感觉能够实际控制住审讯局势作为第一、第二前后两个阶段的划分标准。

进入实质性审讯阶段后，审讯的目的性更为明确，就是运用各种审讯方法、手段、技巧、谋略，务必使有罪的审讯对象供述自己的犯罪事实。因此，审讯人员的任务相当严峻。

一旦进入实质性审讯阶段，潜在的对抗性就会增强，无论是针对审讯对象的心理施压，还是针对审讯对象的犯罪事实进行询问，都会引起审讯对象的高度警觉，对抗、否认、谎言、欺骗是审讯对象在此阶段的主要表现形式。为了完成审讯任务，审讯人员必须要有充分的思想准备，预先设计好多重审讯步骤，反复地对审讯对象的多重心理结构进行心理干预，以此完成审讯双方之间艰难的信息交流，让审讯对象接受其最不愿意接受的观念——供述犯罪事实，接受应有的法律制裁。尽管审讯的技巧成百上千，无法一一赘述，但是审讯人员必须以设计好的策略，固定地、有序地递进式深入推进。概括起来就无外乎正向刺激和反向刺激两种方法。

"警察审讯人员经常使用一些反向刺激去摧毁犯罪嫌疑人的抗拒心理，驳斥其狡辩，从而降低其自信，使其产生顺从、沮丧、恐惧和无力情绪。一旦犯罪嫌疑人心理崩溃，警察就会使用一些正向刺激手段，让犯罪嫌疑人看到鉴于其有限的选择及可能的后果，配合警察审讯，承认犯罪事实或者犯罪的某些方面是其目前所能做出的最佳选择。总体而言，正反两方面的刺激使得犯罪嫌疑人将审讯看作一种协商，在其中自己有意义的选择很少，但通过认罪至少他可以终止沮丧的程序，趁早获得一个较好的结果。"[1]

反向刺激就是阻止审讯对象的否认，消除其抵赖。反向刺激的审讯手段主要包括：直面指控审讯对象的犯罪事实；不断驳斥审讯对象提出的不合理辩解理由；适时地出示相关证据，使审讯对象充分相信审讯人员已经掌握了指控其犯罪的证据；反复地进行心理施压和心理干预，灵活地调节施压力度等。

正向刺激则是促使审讯对象充分认识当前的处境，只有认罪才是其唯一出路。主要的审讯策略包括：供述与不供述的利益得失分析；分析为什么犯罪的原因，构建供述的合理借口；人性化审讯，为审讯对象提供力所能及的帮助；采用"承诺"与"威胁"相结合的方法，激励和说服审讯对象相信供述才是符合其理性的自利行为等。

为了实现实质性审讯阶段审讯信息的顺畅传递，审讯人员务必扮演好自己

---

[1]　[美]查理德·A.利奥著：《警察审讯与美国刑事司法》，刘方权、朱奎彬译，中国政法大学出版社2012年版，第115页。

的角色。审讯的最佳组合莫过于"红白脸"战术，一般应由白脸的审讯人员承担反向刺激的审讯任务，表露出不信任和敌意，而由红脸的审讯人员承担起正向刺激的重任，一方面鼓励审讯对象作出供述，另一方面更重要的是调整白脸审讯人员的施压力度。在过度施压的情况出现时，适时地进行斡旋，从而控制审讯的节奏，掌控审讯局势，有利于审讯信息在审讯双方之间得以流畅地传递、接受与反馈。

3. 供述交罪阶段

审讯对象表示认罪是实质性审讯阶段向交罪供述阶段转化的分水岭。普通刑事案件审讯对象一旦表示认罪，供述阶段的审讯就会相对容易，因为审讯人员通常都掌握有证明犯罪的证据，如现场勘验获取的痕迹、血迹；犯罪嫌疑人是否具备作案时间、条件的证据等。而审讯对象的供述如果能够与之相吻合，那么就能宣告审讯的结束。然而根据职务犯罪及其审讯的特点，审讯对象开始供述犯罪事实，仅仅是审讯取得成功所迈出的第一步。理由是职务犯罪是隐蔽性犯罪，一般没有案发现场，审讯人员通常都不掌握有第一手的直接证据；鉴于职务犯罪作案持续性长、长年累积作案的特点，审讯对象在供述时有一个先供哪些犯罪事实，后供哪些犯罪事实，或者不供述哪些犯罪事实的选择性问题存在；鉴于当前贿赂犯罪多头行贿、多向受贿的特点，审讯人员在初查中得到的仅仅是一些指向性信息，即使在突破个别行贿人之后，也无法掌握受贿嫌疑人的全部犯罪信息。

因此，审讯对象在开始出现供述迹象时，都会反复斟酌、权衡利弊，以先交代较轻的犯罪事实，或者交代一两笔犯罪事实来试探审讯人员的反应，如果审讯人员沾沾自喜，脸上流露出得意的神情，审讯对象一旦发现苗头不对就又会迅速返回抗审状态。即使审讯对象对部分犯罪事实作出流畅的供述以后，仍会保留、不交代部分自以为审讯人员不知晓的犯罪事实（在绝大多数情况下，审讯人员是确实不掌握的）。所以在职务犯罪审讯中，即使审讯对象开始供述，仍然存在着对抗、试探等因素，且这种趋势隐含的抗审心理仍然丝毫不亚于实质性抗审阶段。针对这些特点，审讯人员务必把握好审讯节奏，引导审讯双方信息交流的流畅运营，以取得审讯的最大成效。主要策略有：

（1）成足在胸，坦然处之

审讯实践中经常会出现这样的现象：好不容易等到审讯对象终于开始供述了，经验不足的审讯人员未待其供述完毕，就急于离开审讯室去向领导汇报，待到领导催促其回到审讯室，形势已发生了根本变化，审讯对象不再继续供述，甚至对前面的供述也全部推翻。当审讯对象开始供述时，审讯人员首先要平衡自己的心态，仿佛告诉审讯对象：你所讲的其实全部在我们的掌握之中，之所以让你讲，完全是为你考虑，让你有得到从宽处理的机会。在审讯对象供述犯罪事实时，审讯人员要认真分析，不能心不在焉，当审讯对象供述完一节犯罪事实以后，审讯人员要以短促的连接词发送出"继续讲"、"接着讲"、"讲下去"等信息。告诉审讯对象："我们掌握的情况还远不止这些"，引导审讯对象继续供述其他犯罪事实，使其无暇思考抗审的对策。

（2）不停的予以鼓励

积极鼓励是审讯对象开始供述后审讯人员应当采取的首要策略，对其态度转变、开始供述的勇气予以肯定，是促使其继续供述的外在动力。当审讯对象在供述中出现稍作犹豫、停顿时，审讯人员应当及时分析利益得失，指明继续供述才是其唯一取得从轻处理的出路。

（3）构建一个富有说服力的罪责理由

审讯对象从前期抗拒审讯到愿意供述之间存在着一个心理转折期，由于审讯对象在前期抗审中把否认犯罪封的很死，即使预备供述仍然在内心转不过弯来，尤其是职务犯罪审讯对象"好面子"心理状态的存在，在预备供述时仍需要一个说明自己前面为什么抗审，而现在为什么想讲真话的理由，这时就非常需要审讯人员为其构建一个具有说服力的罪责理由，以便使其迈过心理从不供述到供述的坎，审讯俗语称之为"借梯下坡"。

通常的做法就是设置一个犯罪嫌疑人实施犯罪的合理理由：审讯对象之所以会犯罪是由于行贿人的百般纠缠，而无法推卸；是因为受到社会不良风气的影响；是由于自己放松警惕，偶然犯错；是实施犯罪时正好遇到自己或者家庭生活拮据，急需用钱；是被迫的收受财物，并非是索贿等。将犯罪的动因推卸给他人或者社会，以此降低其罪恶感，引导其自愿供述犯罪事实。

（4）适时出示证据

在审讯对象出现供述停顿或不愿意继续供述时，适时地出示一些证据，是点拨审讯对象继续供述的有力推动力。审讯对象在供述中出现供述停顿是在试探、窥测审讯人员到底掌握了其多少犯罪事实，审讯人员出示证据的目的是告诉审讯对象，审讯人员还掌握着审讯对象尚没有供述的其他犯罪事实，督促其继续供述。

（5）把握笔录制作的灵活性

口头供述必须转化为书面的笔录证词才具有法律效力，供述笔录应当与供述的过程同步进行。通常在审讯中由主审人员负责讯问，副审人员随着审讯对象的供述同步完成供述笔录实，在时机成熟时就可以将供述笔录让审讯对象签字捺印，完成供述笔录。切不可在首次制作笔录中采用问一句答一句的机械方法，否则，审讯对象会从审讯人员的问话中察觉出审讯人员究竟掌握了哪些犯罪事实,哪些犯罪事实是审讯人员所不掌握的,由此就会阻断审讯对象继续供述的动力。尤其在审讯对象供述出审讯人员并不掌握的犯罪事实时,审讯人员千万牢记不能随意插问细节或行贿人的名字、读音等,这显然就是在告诉审讯对象:这节犯罪事实,我们是不掌握的。

4. 巩固犯罪嫌疑人供述后的悔罪心理阶段

首份言词证据的完成即可以宣告审讯成果的初步实现。传统的审讯阶段划分将后续的审讯工作统统归纳在供述阶段以内,显然是极不科学的。由于这种粗略的划分,实践中审讯人员很少关注对后期审讯的研究,许多案件中都出现了提审程序简单化的倾向,刑拘后提审一次,逮捕后提审一次,侦查终结前再提审一次,满足于完成法定的审讯三次论。

现实是,职务犯罪嫌疑人在审查起诉和法院审理阶段的翻供率奇高,许多地区的翻供率均超出60%,有的地方竟出现无案不翻的奇怪现象。究其原因:主观上是由于犯罪嫌疑人的心理状态发生了变化,从侦查阶段的认罪悔罪心理转回到了对抗拒罪心理。客观上是由于"隔离"状态逐渐宽松的条件造成的,审讯对象之所以会选择供述,客观原因是法律规定"威胁"下的隔离状态。在侦查审讯阶段,对审讯对象的"隔离"几乎是完全阻断的,审讯对象所能接受的唯一信息来源只能是审讯人员。侦查阶段虽然也有审讯对象企图进行翻供,这是受同监室其他犯人教唆或律师初步介入的影响。由于审讯对象始终处于审讯人员的直接监管之下,其翻供往往能被审讯人员及时制服。到了审查起诉阶段,审讯对象脱离了审讯人员直接监管的范围,隔离的状态有所改善,其通过律师会见能够了解更多对其有利的信息,翻供成为其另一种选择。此阶段由于审讯对象尚未完全脱离检察机关直接监管的范围,审讯对象仍然心存顾虑,审讯人员的及时介入也能改变翻供的状态。然而到了法院审理阶段,案件已成事实,审讯对象完全脱离了审讯人员能够涉及的监管范围,隔离状态明显改善,审讯对象对犯罪事实信息的掌握已等同于公诉人员,他就会从案件事实中寻找对其有利的信息,抱着不翻白不翻的心理实施真正的翻供行为。

由此,我们不得不加强对审讯对象供述以后的审讯活动的研究,进一步巩固审讯对象的交罪悔罪心理,努力做到让其不能翻、不愿翻、不敢翻,如此才能巩固审讯成果。供述后巩固犯罪嫌疑人交罪悔罪心理阶段的主要任务有:

(1) 固定供词

固定供词是巩固审讯对象交罪悔罪心理的关键。案件质量的好坏,犯罪事实清楚与否,在一定程度上都体现于供述笔录的固定与否,它是衡量审讯人员专业化水平的标杆。至于供述笔录的制作方法,笔者在《职务犯罪规范化侦查》一书中已作详细解说,在此仅就供述笔录的固定程式再作些赘述。

第一步：制作笔录。制作笔录是转化审讯成果的第一步，既简单又要视情况而定。一是制作笔录力求自然流畅。副审人员在审讯过程中同步实录尤为最佳，当审讯对象供述完毕及时送上阅看签字既可完成，以免审讯对象力探笔录究竟而出现反悔现象。二是突出重点，不求完美。突出重点就是笔录内容要符合犯罪构成四要素的基本条件；不求完美就是不拘泥于深究蛛丝马迹，刨根问底。太过纠缠于某些情节会使审讯对象产生怀疑，甚至产生反感、反悔的情绪，对及时完成笔录制作不利。三是在制作笔录过程中，要适当稳定审讯对象的思想情绪，安抚其心。加强沟通交流，使其无暇他想而不留反悔的余地。四是制作笔录旨在平稳过渡，不要拖泥带水，笔录完成预示着成果转化的初步完成。

第二步：亲笔供词。笔录完成后，要争取审讯对象的亲笔供词，其作用是显而易见的。首先，亲笔供词系审讯对象自己主动书写，其证据有效性更胜过笔录供词。其次，亲笔供词能够巩固审讯对象的悔罪、交罪心理，对审讯对象此后的翻供心理起到积极的预防作用，即使其翻供也只能证明其认罪态度较差，只会给其带来从重处罚的后果。最后，通过审讯对象的书面亲笔供词，可以探测审讯对象的悔罪程度，详细书写犯罪情节的证明其悔罪心理较为巩固，而简单书写犯罪事实则说明其悔罪心理有待进一步加强。让审讯对象亲笔书写供词还应注意以下几点：一是亲笔供词必须征得审讯对象的同意或自愿，力求书写过程的自然流畅，不得强迫其书写。二是审讯人员可以对审讯对象亲笔书写提出要求，对于审讯对象提出的请求可以适当予以协助，如书写格式、遇到难字等情况。但不能就犯罪事实部分给予具体指导，免涉指供、诱供之嫌。三是有条件时或者出于审讯对象提出请求时，应当在制作笔录之前先让审讯对象亲笔书写供词，更能体现审讯对象交代犯罪事实的自然和主动，然后在其完成亲笔供词的基础上再制作笔录。

第三步：再次制作笔录。待审讯对象完成亲笔供词后，第二次制作笔录非常重要。第二次制作笔录应当建立在第一次笔录和亲笔供词的基础之上，其作用在于进一步巩固审讯对象的悔罪心理，旨在完善第一次笔录的不足。具体可以围绕下列事项展开：一是对尚未供述清楚的犯罪事实或情节刨根问底，力求水落石出。二是讯问关键细节。对犯罪的时间、地点、数额以及是否利用职务之便等细节问题予以进一步核实，最后予以确认。三是对某些犯罪情节是否构成犯罪或者涉嫌此罪或彼罪尽早予以控制，避免后期认定上的困难。四是对第一份笔录或者亲笔供词中存在的矛盾及时进行筛选、梳理和澄清。五是全面记录，完善笔录。对犯罪时的情境、审讯时的交罪过程进行全面的记录则更加完美。

第四步：具结悔过。完成两次笔录后，审讯对象的悔罪心理已经基本上得到了巩固，对待审讯的态度已经根本转变，此时审讯人员可以趁热打铁，让其主动书写思想认识，究其犯罪根源、犯罪动机，对自己的犯罪行为作出客观评价，深刻认识。

第五步：摄像明录。摄像明录要求审讯对象面对摄像机，对其犯罪事实作再一次的重复供述，并就其思想认识作进一步的深刻阐述，进一步说明其交代系自愿、主动供述，而非审讯人员的强迫所为。在其心理打上深深的"烙印"，形成板上钉钉之实，巩固其悔罪定式心理，严防翻供。

以上五个步骤力争在一次审讯中一气呵成，时间不够时，则力争完成三至四个步骤。

第六步：及时提审。基层检察机关承担着繁重的查案任务，侦查力量又相形见绌。在完成审讯成果转化的前提下，由于其他牵连案件的查办或者本案中需要相继突破其他利益相关人、行贿人或者证人，往往忽视了对审讯对象的及时提审，审讯对象被拘入看守所后造成了控制上的"真空"时间。此时，审讯对象恰好有机可乘，可以对其接受的审讯和现实进行反省，在同监犯人的商讨、教唆下，悔罪心理会有所反复，这正是其立即翻供或者今后翻供的病根所在。因此，及时提审也是关键环节，应当引起高度重视。

及时提审非常重要，能够进一步巩固审讯对象的悔罪心理，巩固审讯成果。在提审中要对重点犯罪事实和犯罪情节进行反复讯问。即使是谎言千遍也会变成真理，更何况是审讯对象交代的是客观犯罪事实。对审讯对象进行反复操练，会在其心理上形成既定事实的既定思维，由此可以巩固其既定悔罪心理，使其更难产生翻供动机。

第七步：重复亲笔供词。再次重复亲笔供词或许多余，但在犯罪事实基本查清后，让审讯对象进一步书写详细的亲笔供词，作出进一步深刻检讨实为必要。因为案件移送审查起诉之后，审讯人员对审讯对象就会相对失去控制，作此前期预控能够防患于未然。

这是笔者长期从事侦查实践总结出来的"七步供述固定法"。面对当前翻供现象像瘟疫一样蔓延的现状，笔者采用"七步供述固定法"所办的案件，审讯对象无一出现翻供的现象。当然要想顺利完成"七步供述固定法"，必须征得审讯对象的同意和配合，这必须以人性化办案为前提。使用"七步供述固定法"，即使审讯对象出现翻供情况，也不会对审判结果造成丝毫影响。①

严格意义上讲，第一步、第二步属于供述交罪阶段的范畴，而第三步至第

---

① 尹立栋：《职务犯罪审讯控制论》，中国检察出版社 2015 年版，第 292 页。

七步可以归结为供述后巩固犯罪嫌疑人交罪悔罪阶段。反复固定审讯对象的供词，能够牢牢固定审讯对象交罪悔罪心理，达到使审讯对象"不能翻"的目的。

（2）补强外围证据

供述是指引侦查审讯人员寻找外围证据的指路牌，在获取审讯对象的供述以后，侦查人员应当快速、及时地开展外围取证工作。需要强调以下几点：一是根据审讯对象供述的主要犯罪事实及时获取相关证据，排除虚假供述的可能性，当外围取证与供述存在出入时，应及时提审予以核准。二是关注有争议的犯罪情节，迅速区分罪与非罪、此罪与彼罪的界限，确定案件框架。三是尤其要重视容易被忽略的犯罪细节。审讯对象供述以后，突出的一点就是要找准今后可能对案件认定、办理带来麻烦的关键之处。事实证明，职务犯罪审讯对象在被刑拘、逮捕以后，会对其以前所作的相关供述形成既定的思维定式，有时候想要让其改变原有的供述或者修正原先供述中的细节实属不易。往往越是审讯人员紧盯着的情节，审讯对象越会觉得其中存在"问题"，从而固守其原有的供述，如此就会影响到案件的最终认定。所以，对于可能影响案件事实认定存在的问题应当尽早在审讯对象尚未认识到问题的存在时，在其供述犯罪事实以后的前期阶段予以解决。

另外，供述还存在一个获取证据的时间差问题，随着时间的推移，有些证据很可能永久灭失。同步审讯、同步取证相当重要，外围获取的证据还需要及时提审，唯有如此，才能形成牢固的证据链，达到板上钉钉，使审讯对象"不敢翻"的目的。

（3）维持合作的诚意

审讯都是从对抗走向合作的，审讯对象的供述表明审讯对象采取合作的一种诚意。如何将这种合作的关系保持的更长久、更稳定是审讯人员务必关注的问题。一方面，打击职务犯罪必须体现"稳、准、狠"的方针政策。如果说前述内容是达到使犯罪嫌疑人"不敢翻"、"不能翻"的动因，那么理性认定犯罪能起到使犯罪嫌疑人"不想翻"的作用。在案件突破、立案、侦查阶段必须突出一个"狠"字，如果侦查早期就一味地软，那么就很难发现线索、查出案件，侦查人员只有抱着一腔热血，奋战沙场，才能主动发现证据、获取证据。而到侦查终结、尘埃落定之时，则要回归理性，更加体现出"准"和"稳"。有些侦查部门将模棱两可的犯罪事实移送起诉，即使未被公诉部门拿掉，也会被法院在最终判决时剔除，这正好为犯罪嫌疑人的翻供和律师的辩护提供了很好的借口，值得反思。与其让别人做"好事"，不如自己理性的认定，这取决于侦查人员对犯罪事实和法律知识的认识能力和判断能力。侦查人员必须认真审视全案，结合办案实际，充分体会"就低不就高"、"能轻则轻"、"坦白从宽，抗拒从严"等刑事司法政策，坚决执行"可定可不定的不定"，能认定"认罪态度好"、"自首"、"检举立功"的坚决认定，并且在《侦查终结报告》中予以充分说理阐明，以此表明侦查部门的立场态度，添加对犯罪嫌疑人说服教育的力度，达到使犯罪嫌疑人"不想翻"的目的。[①] 另一方面，审讯对象慑于法律的威严，为了逃避被隔离的心理压力，如实供述出自己的犯罪事实后，基于趋利避害的本能反应，仍然存在"有利可图"的心理需要。这就需要审讯人员予以"配合"，即也要收集犯罪嫌疑人无罪、罪轻的证据，这也符合法律精神的客观要求。实践中，侦查人员在这方面的认知还是相形见拙的。如果在犯罪事实清楚、证据确实充分的前提下，不翻就能获取上述"好处"，无缘由地翻供只会给其造成加重处罚的后果，面对如此事实任何犯罪嫌疑人都会理性地选择不翻供。

（4）把握好审讯的衔接

在现行法律规定一次审讯受 24 小时时间限制的条件下，再想通过一次审讯就查明审讯对象的全部犯罪事实显然是不切实际的，衔接好前后次之间的审讯尤为重要。

首先，首次审讯是解决职务犯罪案件立案问题的决胜阶段，此次审讯的宗旨在于"伤其十指，不如断其一指"。只要审讯对象供述出部分犯罪事实，抑或仅供述出一节犯罪事实，就预告审讯活动初战告捷。审讯对象供述出部分犯罪事实以后面临的首要心理反应就是即将被采取怎样的强制措施，审讯人员应当针对审讯对象不同程度的抗审心理采取相应的审讯策略。在首次审讯的结尾阶段针对抗审心理仍然较强的审讯对象，审讯人员应当严厉的对其进行警告，采取刑拘的手段是对其抗审态度的严重处罚，以此继续对其进行心理施压，以利于为第二次审讯的继续进行做好铺垫。而对于在首次审讯中交代态度较好，或者已经交代大部分犯罪事实的审讯对象，审讯人员应当对其予以安抚，肯定其交罪的态度，婉转解释刑拘策略的意义，顺利过渡到下次审讯。

其次，刑拘阶段是继续突破拓展案件的关键阶段。职务犯罪审讯对象在被刑拘以后，人生首次遇到颠覆性的低位，紧张、害怕的心情不言而喻，心理七上八下，心理反应最为脆弱，此时是彻底摧垮其抗审心理的最佳时机，审讯人员应当抓紧时间及时提审，扩大审讯战果。此阶段同样也是巩固审讯对象交罪悔罪心理的最佳时机，应当反复提审，使其供述既成事实。

再次，逮捕后的首次提审相当重要，必须牢牢控制。对于强烈抗审的审讯

---

① 尹立栋：《职务犯罪规范化侦查》，中国检察出版社 2015 年版，第 148 页。

对象，通常是突破其口供、拓展审讯成果的最后机会，如果丧失此次机会，审讯人员即使使出吃奶的力气也往往只能取得事倍功半的效果。而对于抗审态度较好的审讯对象，则要充分向他说明逮捕的含义，委婉地为其提出从轻、减轻处罚的出路，增进双方合作的诚意。

最后，务必重视侦查终结前的最后一次审讯。最后一次审讯活动的主要任务就是：核准、敲定犯罪事实、犯罪情节、犯罪数额、犯罪细节；理性地对审讯对象在供述中的积极态度予以充分肯定，对存在的可以从轻或减轻的情节予以充分的说法说理；就案件移送审查起诉后可能出现的情况与其进行说明，规劝其认罪伏法，巩固其悔罪心理；就办案过程中可能存在的问题征询审讯对象的意见建议，消除彼此之间认识上的分歧和误解，促进双方合作的诚意。

第三节　软化审讯对象抗审心理的程式化审讯方法

鉴于职务犯罪审讯对象个体的差异以及具体案情的不同，审讯人员所采取的审讯方法、技巧也是各不相同的。针对审讯对象在审讯中出现的不同表现和心理反应，审讯人员也会采取相应的策略。由于没有经过统一的专业培训，各地检察机关或者说每一个审讯人员在长期的审讯实践中，经过经验的不断总结积累，都形成了一些适合当地实际或个人特性的审讯方法，但这些方法零散且没有形成共识，因而不能对职务犯罪讯问活动提供一种系统的普遍化的方法论支持。

虽然审讯系统是复杂的、千变万化的，但是深入探究可以发现，审讯活动仍然是有一定的规律可循的。在长期的侦查实践中，笔者始终困惑于没有一套实用的程式化审讯方法作为指导。通过实践与思考，笔者参考莱德九步审讯法的经验，设想与总结出一套程式化审讯方法，供同仁参考。

一、第一步：软化审讯对象抗审的表面心理，建立审讯双方信息交流的平台

（一）辨别审讯对象有罪无罪

审讯活动首先需要辨明审讯对象是否系有罪之人。对于职务犯罪审讯对象而言，由于在传唤前设置有初查环节，这一具有职务犯罪侦查独有特色的环节为避免无罪之人接受审讯提供了有利的保障。只有当侦查人员通过深入仔细的初查活动，形成对初查对象确实涉嫌犯罪的内心确信，才会将其传唤

予以审讯，如果被传唤的人属于无罪之人，那么只能说明初查质量存在问题。

职务犯罪侦查实践中，对犯罪嫌疑人的审讯一般都是建立在两名以上行贿人或利益相关知情人已作供述的基础之上的，犯罪事实客观存在，犯罪事实所指向的主体对象也是明确的，只是需要犯罪嫌疑人的口供作为佐证。在当前受贿人普遍存在多头受贿的现实背景下，受贿人多向受贿的供述，既可以合理排除某个行贿人的虚假供述，也不会因为个别行贿人的虚假供述而提高受贿人被无辜定罪的概率。这一点也提醒我们，如果涉案的案件只涉及单节犯罪事实的话，那么此类案件应当引起审讯人员的高度重视，防止可能错误地锁定犯罪嫌疑人，导致后续诉讼活动的被动局面。

（二）区分审讯对象的性格

审讯对象的性格对于审讯活动的开展有着极大的影响，审讯人员的审讯策略的选择在极大程度上是依附于审讯对象的个体性格特征的。美国刑讯研究专家英鲍教授等人依据犯罪嫌疑人的个人特点、犯罪类型、实施犯罪的可能动机，以及犯罪嫌疑人对提问所作的初步的行为性回复，将犯罪嫌疑人大致分为两类：情感型罪犯和非情感型罪犯。

情感型罪犯是指该犯可能经历过巨大的悔恨、极度的精神痛苦，或者对他所犯罪行的后果感到愧疚。这种个体都具有强烈的道德负罪感，在审讯过程中，情感型罪犯可以通过其行为识别出来，因为他们往往由于侦查人员的言词和行为而产生情绪波动。正是基于其存在"良心不安"的情感，对此类犯罪嫌疑人最有效的审讯策略与技巧就是使用同情的方法——对犯罪嫌疑人实施的犯罪行为及其当前的困境表示理解和同情。

非情感型罪犯是指通常不会因为实施了犯罪行为而感到良心不安的人，他会将自己与受害者在心理上隔绝开来。[①]

事实上，对审讯对象是否属于情感型对象进行区分，在审讯开始阶段是很难做到的。况且职务犯罪审讯对象的道德罪恶感一般较低，即使在作案之初或者作案过程中有过反省，随着职务犯罪的连续性、隐蔽性、长期性也会得到持续弱化。

根据审讯对象在职务犯罪审讯中的特征表现，笔者认为将审讯对象宽泛地划分为性格内敛型和性格外露型更易把握，对审讯技术的运用也更具有操作

---

① ［美］佛瑞德·E. 英鲍、约翰·E. 莱德、约瑟夫·E. 巴克利、布莱恩·C. 杰恩：《刑事审讯与供述》，中国人民公安大学出版社2015年版，第171页。

性。区分审讯对象的性格特征，审讯人员应当在初查后期材料汇总时就予以重点关注，还可以在审讯初期根据其具体表现予以实际分辨。

1. 性格外露型审讯对象的初始表现

性格外露的审讯对象在进入审讯室以后通常会有两种举动：一种是以"抗议式"的冲动方式对抗审讯，这是审讯对象以攻为守采取的反审讯伎俩，企图以强烈的抗审吓退审讯人员，终止审讯。事实是，此类审讯对象往往只是"雷声大雨点小"，他们通常也是最容易突破的对象。但是也有例外的情况，一般而言，强烈抗审的举动一般不会超过半个小时，而采取强烈抗审策略持续时间超过 2 个小时以上的审讯对象则应当引起审讯人员的高度重视，他们抗审意识较为顽固，即使被审讯人员勉强压制，内心仍然存在强烈的不服情绪，且会迅速地撤出审讯，陷入沉默。

另一种性格外露的表现是喋喋不休。他们会反反复复地絮叨自己是无辜的，被冤枉的；叙述某件事情也会唠唠叨叨，说个不停；对审讯人员的问话则是拐弯抹角、兜圈子，说不到犯罪事实这个点上；始终想在言语上占据上风。事实上言多必失，只要审讯人员深谙此理，讲究审讯策略，就能从其答话中找出矛盾和谎言。

2. 性格内敛型审讯对象的初始表现

性格内敛型的审讯对象相比性格外露型的审讯对象，审讯难度较大。他们通常表现为"沉默寡言、神态镇定"。性格内敛的审讯对象心思缜密，不会以较多的言语或较大的动作幅度示人，少有兴奋点，审讯人员不细密观察很难发现他们的心理反应，鲜能找到言语上的刺激点。审讯人员在观察性格内敛型审讯对象的表现时，要注意分辨出胆小的审讯对象。胆小的审讯对象受制于审讯室的天然压力、内心的胆怯和对后果的不堪设想，也会流露出上述某些反应。对于胆小的审讯对象，审讯策略的选择主要是通过心理疏通的方法让他们把心中想说的话讲出来，而过度的施压则会把他们逼入沉默的死角。

（三）审讯技巧

无论审讯对象在审讯初期表现出怎样的抗审态度，都是审讯规律的特定反映，审讯的第一步就是要将审讯对象对抗审讯的行为、心理纳入到正常的范围里来。对此，审讯人员应当反思审讯的规律，一方面，审讯对象在审讯之初都是选择对抗的，审讯人员的目的就是不断地削弱审讯对象的抗审心理，最终实现审讯双方的合作。另一方面，审讯对象在审讯之初都会认为审讯人员会采取激烈的心理施压策略。相反，如果审讯人员采取反其道而行之的软化审讯对象抗审的措施，将会收到更好的效果。并且将这种软化审讯对象抗审心理的思维贯穿于审讯全过程，才能更好地控制住审讯的局势发展。

1. 正面评述审讯对象的可取之处，安抚其心

进入审讯室之前讯问对象一般都会对审讯环境和审讯人员的行为模式有一个基本的心理预期，想象中的审讯会是一个责难、训斥、施加强大的心理压力的过程，并为此做好了充分的对抗准备。如果审讯人员在陈述性问话中穿插运用反向思维模式，客观地评价审讯对象的可取之处，将会使审讯对象产生惊愕、温暖的感受，使其心理预期和现实感受产生巨大的落差，这种心理的落差能有效地融洽审讯双方的对立情绪，拉近审讯双方的思想距离，营造出审讯双方信息交流的良好环境。

职务犯罪审讯对象不同于道德低劣、罪大恶极的普通刑事犯罪嫌疑人，他们除了涉足职务犯罪为人们不齿外，其身上的可取之处还是可圈可点的，在审讯实践中可以根据实际情况灵活运用。

2. 说明审讯的规矩，端正其现实的态度

为了实现审讯中的信息交流，必须维护好审讯秩序。一方面，审讯人员作为审讯全程的主导者，自身要恪守法律的规定，规范自己的行为举止。另一方面，审讯人员也要告诫审讯对象遵守审讯的规矩，端正应讯的态度，使得审讯双方的信息交流能够在审讯人员易于控制的环境中顺利推进。

3. 分析审讯对象犯罪的可能原因，为其以后的供述埋下伏笔

审讯人员可以通过社会现状的分析，结合审讯对象犯罪心理的综合分析，寻找审讯对象犯罪的真实动机，也就是让审讯对象自己归位属于哪种类型的人：是道德和情感上人皆唾弃、鄙视的小人，还是一个行为上虽有过错，但道德上、情感上"情犹可恕"的普通人。将这种对比强烈的问题尽早地植入审讯对象的脑海，让这种矛盾的冲突在审讯对象的心里反复权衡，有利于软化审讯对象的抗审心理，一旦时机成熟，正确的一面就会战胜负面心理，增加供述的动机。

4. 探究审讯人员的客观归位，搭建更加有利于信息交流的平台

与起诉人员和审判人员不同，侦查中审讯人员的职责是查明案件事实真相，理应以事件或事实调查者的身份出现，属于客观上的第三者身份。故此，审讯人员刻意以局外第三人的身份出现，而不是以追诉者的身份出现，更能软化审讯对象的抗审心理，增进彼此间的信息交流。

（四）给审讯人员的一些提示

审讯的开始阶段尤其重要，它不仅影响着审讯的轨迹何去何从，甚至直接决定着审讯的最后成果。在此阶段，注意一些细节尤为紧要。

1. 审讯人员必须在内心树立起必胜的信心，信心来自于对初查材料的详细解读与研判。

2. 审讯人员应当注意自己的着装，神情上流露出一种威严的神态，同时又是理智、平和和富于人性的，从外观、神态上都要给审讯对象一种好感。

3. 审讯伊始，审讯人员绝不能急于求成，任何急于求成的迹象都会表露出审讯人员心中无底，其效果只会适得其反。

4. 审讯人员进入审讯室，应当随身携带的唯一一件道具是一叠案件材料，材料的厚度应当足够厚实，放置于审讯台上时神情应当坚定，以便引起审讯对象的关注和遐想，但动作幅度不宜夸张，让审讯对象感到证明其犯罪事实的证据充足，显示审讯人员已经做好了充分的准备。

5. 开始审讯以前，最好将审讯对象单独留置于审讯室中，时间掌握在 5—10 分钟为宜。这个自省的阶段往往会提高犯罪嫌疑人在讯问开始时的忧虑和恐惧的程度，有助于后续审讯活动的顺利进行。

6. 审讯人员在进入审讯室的时候，既要彬彬有礼，又要坚守自己的职业尊严，不宜与审讯对象太过热情。

7. 对于审讯对象的称呼，如果审讯对象年龄较轻，可以直呼其名；如果审讯对象年龄偏大，可以尊称其姓，如老王、老李、老张等，审讯对象年龄偏大者不可连名带姓地直呼，也不宜尊称审讯对象的官职。

8. 对审讯人员的称呼。一般而言，审讯人员不宜告诉其自己的全名和官职，可以告诉审讯对象自己姓什么，让其称呼自己为"王同志"等日常称谓。在必要时，领导出场，介绍其官职，则有利于对审讯对象施加压力。

9. 在设置有审讯台的审讯室中，审讯人员应当关注先占的优势。一般而言，主人总是先行占领有利的位置，后入的客人处于心理的弱势。有条件的检察院可以设置候审室，待审讯人员就位，一切准备就绪后再传唤审讯对象进入审讯室，更能体现审讯人员的权威性和优势心理。即使审讯对象已经就位，也应当由副审人员先行进入审讯室，待主审人员进入时，副审人员可以让审讯对象站起身来，待主审人员招呼其入座时才能坐下身去。这样的安排有助于提升审讯人员的主导地位，提醒审讯对象遵守审讯规矩。为了促进审讯双方的信息交流，审讯人员可以适时地离开审讯台，走近审讯对象，或者搬把椅子与其实现近距离的平等交流。在审讯中，审讯人员发表意见或者问话时，要尽量多用"我们"的复词，少用"我"字，我只代表个人的意见，而"我们"通常表达的是审讯人员集体的意见，或者检察机关的意见，或者民众的普遍认识。这样的陈述更能使得审讯对象加深印象。

二、第二步：奠定犯罪事实已经暴露的审讯基础

审讯对象之所以愿意自动供述犯罪，主要原因是犯罪事实已经暴露或者主

观上认为犯罪事实已经暴露、即将暴露，或确信必然暴露。

从一般常识而言，职务犯罪审讯对象被传唤就意味着犯罪事实已经暴露，这一点在审讯对象被通知传唤之时就会产生感知。但其仍然采取抗审的态度，主要是出于两点考虑：一是侥幸心理和畏罪心理作怪，二是将信将疑地相信犯罪事实已经暴露，但审讯对象无从知晓犯罪事实已经暴露的程度。因此，在审讯中尽早地确定犯罪事实已经暴露，不断地递进犯罪事实已经暴露的程度，有助于摧垮审讯对象的抗审心理，使其交代更多的犯罪事实。

作为犯罪嫌疑人与行贿人或利益相关知情人，他们对犯罪事实已经暴露的主观认识显然是不同的，应当妥善地予以处置。

（一）对犯罪嫌疑人的处置

职务犯罪案件的突破存在着两次突破的现实，即先行审讯、突破行贿人或者利益相关知情人，再审讯、突破犯罪嫌疑人。审讯人员应当尽快地告知有些证人（包括行贿人或者利益相关知情人）已经被传唤或刑拘、并且尽量使其相信这些证人已经作出对其不利的供述。当然，至于是哪些证人则应当保密，绝不能轻易透露证人的姓名等相关信息，尤其是关于犯罪事实的具体信息。

对于职级越高的犯罪嫌疑人，应当尽早向其说明办案的层级汇报制度，使其明确具有一定官职和社会地位的犯罪嫌疑人，检察机关是不可能无缘无故地草率地对其传唤、审讯的，审讯人员所掌握的初步信息、材料或证据是经过多个层级的领导审查确认的，以此奠定犯罪事实已经暴露的基础。从而缩短审讯对象供述交罪的过程，也有利于打消其寄希望于"后台"、"保护伞"的幻想。

一般而言，接受审讯的职务犯罪嫌疑人对于部分犯罪事实已经暴露是知晓的，关键在于扩大犯罪嫌疑人对事实已经暴露的感知程度，即要让其充分相信犯罪事实已经全部暴露或者大部分犯罪事实已经暴露。一方面，审讯人员要坚决保守已经陈述犯罪事实的证人的信息，让犯罪嫌疑人自己去猜，无限地扩大认知暴露的程度；另一方面，可以利用审讯隔离时间推延的有利条件，逐渐向其灌输还有更多的证人陆续地被传唤进来揭露其犯罪事实的信息，促使其变被动为主动，尽快供述自己的犯罪事实，争取得到从宽处理。

（二）对行贿人和利益相关知情人的处置

审讯首个被传唤的行贿人或利益相关知情人的难度是最大的，原因在于：一是审讯人员所掌握的只是通过初查所收集的可能涉及职务犯罪的指向性信息以及在此基础上的合理性怀疑，基本上无法掌握证明犯罪事实客观存在的实质性证据；二是审讯对象深知职务犯罪隐蔽性的特点，不会马上相信审讯人员已经发现了犯罪事实；三是审讯对象存在着严重的供述阻碍，一旦供述犯罪事实就会产生"是我害了对方"的心理负担，且会受到对方的痛恨和社会的负面评价，这是行贿人和利益相关知情人极不情愿看到的结果。对应的策略有：

1. 综合分析初查中获取的信息，有针对性地将存在心理软肋，或者具有较多的有助于突破审讯的辅助性信息的行贿人或利益相关知情人列为首个突破的遴选对象，这有助于筑牢犯罪事实已经暴露的基础。

2. 充分运用法律的现有规定，主动供述就能获得从轻处理的结果。只要行贿人或者利益相关知情人愿意主动供述，为案件突破提供便利，可以视为一种立功表现，从而得到从轻或者免除处罚的结果。

3. 设法降低行贿人或者利益相关知情人的供述负担。实践中，根据受贿人多向受贿的特点，可以同时传唤两名以上的行贿人或者利益相关知情人同时接受审讯，将他们投入"囚徒困境"之中，谁先陈述予以释放，不陈述犯罪事实的予以刑事拘留，促成他们相互之间的竞争效应。如此，可以极大地释放行贿人和利益相关知情人供述后的内心负疚心理，降低审讯的现实难度。

一旦职务犯罪嫌疑人作出供述，且被刑拘、逮捕以后，根据其供述的犯罪事实，再行寻找相应的证人予以印证，审讯的难度就会迅速降低。

三、第三步：延伸展开审讯主题

职务犯罪审讯对象基本上都是第一次进入审讯室，不同于普通刑事犯罪的"二进宫"、"三进宫"，由于传唤所形成的自然的法律威慑和隔离所带来的内心不安，会对他们的心理造成巨大的恐惧、焦虑和压力，这种天然形成的心理压力状况是其他审讯策略所无法达到同等程度的效果的，此时是审讯人员应当抓住的良好时机。在完成第一步软化审讯对象抗审的表面心理的过程中，应当顺带完成第二步的审讯工作，奠定犯罪事实已经暴露的基本事实。一旦审讯对象表露出愿意与审讯人员展开语言交流的迹象后，审讯人员应当及时把握审讯的局势，控制住审讯对象原先所形成的自然心理压力程度，迅速地展开主题审讯。

主题的展开并非是毫无章法的，它是有规律可循的。传统的试探摸底的方法绝不可取。漫无目的、海阔天空、广撒渔网的试探摸底式的陈述主题只会使审讯对象逐渐地感受到审讯人员其实心中无底，使其原先的心理压力消失于无形，反而增强了审讯对象的抗审心理，从而浪费了宝贵的 24 小时审讯的有限时间。即使审讯人员后续展开针对性的心理施压策略，但通常效果都不会很明显，平添了审讯的难度。

所以，在完成第一步和第二步的审讯步骤后，立即进入主题审讯是非常必要的，其目的是"在很大程度上为犯罪嫌疑人实施的犯罪行为提供一个'道德上的借口'或者最大程度地减少其犯罪行为的道德责任。一些'主题'可以为犯罪嫌疑人提供一根帮助他走向供述的'拐杖'。"① 这样，在审讯对象保持有天然的心理压力状态下，迅速引入审讯主题有助于审讯对象能够较为容易的接受审讯人员提出的主题观点。

（一）审讯犯罪嫌疑人适用的主题

主题展开的目的就是降低犯罪嫌疑人罪恶感或者为其提供一个"道德上"的借口。借鉴英鲍等人提出的主题思路，结合职务犯罪审讯的特点，笔者提出如下主题设想，供大家参考。

主题一：假设在相同的条件或情况下，其他任何人也会同样作出相同的事情，对犯罪嫌疑人表示同情。

在审讯中，深度假设与剖析犯罪的可能原因，为审讯对象设置一些恰当的理由，将极大地有利于促进审讯的成功。同时，审讯人员可以将包括自己在内的其他任何人的感受予以解释："只要是一个正常的人，包括我在内，在遭遇这种情况时，都有可能把持不住自己，产生思想上的动摇，与你一样作出相同的事情。"给予审讯对象一种心理上的平衡，为其供述提供一个合理化的借口。

主题二：最大限度地减少犯罪行为的道德严重性，减轻犯罪嫌疑人的罪责感。

展开此主题，就是要最大限度地减少审讯对象的罪恶感，给予其一些道德和精神上的慰藉。让他知道自己所做的事情不是最坏的，还有许多人的行为比他有过之而无不及。

为了实现这一主题的效果，审讯人员务必注意自己的行为举止，切忌使用不文明的语言。审讯人员使用训斥、谩骂等粗俗词语不仅会降低审讯对象的道德认同，使审讯对象产生反感的心理，而且会使审讯对象对审讯人员的人品、道德产生怀疑，从而增强其抗审心理。

主题三：为犯罪嫌疑人提出一种比已知或推断的更少令人厌恶且在道德上更能让人接受的作案动机或原因。

职务犯罪嫌疑人对于实施犯罪的真实动机往往是讳莫如深的，他们在实施犯罪之时或者连续作案的过程中，在心中已经对犯罪的真实动机作了扭曲与掩饰，这正是审讯对象拒绝供述的一大心病。为审讯对象设置一个能够让普通人认可的作案动机或理由，能够更快地为他们丢掉心理负担、作出供述

---

① ［美］佛瑞德·E. 英鲍、约翰·E. 莱德、约瑟夫·P. 巴克利、布莱恩·C. 杰恩：《刑事审讯与供述》，中国人民公安大学出版社 2015 年版，第 189 页。

铺垫下台的阶梯。

就贪贿类职务犯罪而言，只要审讯对象供述出侵占、收受财物的事实，就预示着审讯的成功。至于"人情往来"、"没有利用职务之便"、"朋友馈赠"、"不是索贿"等情节自可以在后续的侦查中由相关的证据予以排除。审讯中，审讯人员不宜深究于犯罪的真实动机，人为地阻断审讯信息的传递，尤其是在审讯贿赂类犯罪嫌疑人时，审讯对象对于收受财物的供述具有证据的唯一性，只要其作出供述就能从法律层面上认定其构成犯罪，而某些客观存在的从重情节自有其他证据和法官的自由心证予以客观评价。

主题四：通过谴责其他人的行为，对犯罪嫌疑人表示同情。

趋利避害心理是人的本性，当人们犯了错时，总会设法找出一些理由，减轻自己的责任，或者将责任推卸给他人，以此求得自己心理的平衡。审讯中，审讯人员通过谴责其他人的利己行为，可以极大地降低审讯对象的抗审心理，分解其内心的焦虑。

（1）谴责行贿人

行贿人通常是与受贿人关系密切的"铁哥们"、"好兄弟"，一旦行贿人先行背叛自己，这也是受贿人最为痛恨的事，行贿人的供述将使他们之间的行受贿犯罪事实彻底暴露。谴责行贿人有助于揭露行受贿犯罪的起因和本质。揭露行贿人的真实面目，不仅在道义上应当让行贿人承担起相应的责任，减轻受贿人在审讯中感受到的罪恶感，而且能够明确告知审讯对象犯罪事实已经暴露的即成事实，减轻其内心的供述阻力。

需要提醒审讯人员的是，依法保护行贿人的合法权益，即在谴责行贿人时，不能指名道姓，只能是虚拟地泛指。同时，审讯人员应当根据多头受贿和多向行贿的现实特点，指出受贿人所接受财物的行贿人并非只有一人，已经有多名行贿人对其受贿犯罪予以了指正，隐瞒行贿人的真实姓名还有助于扩大已经供述行贿事实的行贿数量，规劝审讯对象尽快认清形势，作出供述。

（2）指责同案犯

人都有趋利避害的天性，无数的审讯实践告诉我们，在共同犯罪案件中，审讯对象在供述时，均会将责任尽可能地推卸给同案的其他犯罪嫌疑人，以期减轻自己的罪恶。有鉴于此，审讯人员应当充分掌握审讯对象的供述心理，在其供述前主动地指责同案犯，降低审讯对象的罪责感，减轻其主动供述的心理压力。

同时审讯两名以上同案犯，就会将他们置于"囚徒困境"之中，背叛对方势必成为审讯的最终结果，而谁先供述将获得一定程度的好处。

在共同犯罪案件中，选择重点审讯对象先予突破尤为重要。一般而言，选择负次要责任、起次要作用的从犯较为适宜，能够更快地获取相关的供述。

在采取这种谴责同案犯的讯问技巧时，讯问人员必须谨慎的进行，千万不要作出具有下列效果的评论：对同案犯的谴责可以减轻犯罪嫌疑人对于他自己实施的那部分犯罪行为所应负的法律责任。对于这种讯问技巧的运用，笔者需要强调的是，讯问人员应当避免使用任何"辩诉交易"的方式来换取犯罪嫌疑人提供证明同案犯的证据。任何对可能的减刑或其他优惠待遇的讨论都应有检察官来启动，而不是讯问人员。再次重申，在建议使用这项技巧时，笔者只是推荐进行道义上的谴责，即用对犯罪嫌疑人在某个"满脑子罪恶念头同伙"的影响下，遭遇到"不幸经历"表示同情的方法。①

（3）谴责其他人或者社会环境

产生腐败现象的原因是复杂的，既有犯罪嫌疑人主观因素，也有社会环境的客观因素。审讯人员通过探究审讯对象实施职务犯罪的主客观原因，可以借机寻找影响其实施犯罪的其他人或社会环境，加以谴责，以此说服审讯对象进行辩解或者作出供述。

有些案件的诱发是由于家里缺失一位"廉内助"，个别案件的发生缘于夫妻关系的失衡，还有一些案件中，犯罪嫌疑人的"亲近者"成为了助长其实施职务犯罪的媒介。通过谴责这些人的行为，可以有效地激起审讯对象供述的欲望。

可以谴责现实的社会环境。有些人攀比心较强；有些人上行下效；有些单位制度虚设、监管不严；有些行业"潜规则"盛行；有些地方不正之风严重。采取前述类似的方法对领导、单位、社会进行谴责，将责任归咎于单位、领导或者社会同样是非常有效的。

主题五：客观公正地评价功过是非，激起审讯对象的理性回归。

客观的对审讯对象人生中的精彩一面、工作中取得的成就等进行公正的评价，有助于审讯对象对审讯人员产生好感。一方面会提升审讯人员客观、公证、文明的形象，另一方面审讯对象过往的成就能提升其内心的自豪感，产生"功可以抵过"的错觉，认为自己的成绩是主要方面，而所犯的错误只是小小的一个污点，是能够得到大家的谅解的，从而激起其供述的动机。

当然，在评价其成绩的过程中，适当地运用一些恰如其分的恭维之词，更能够提升审讯对象的理性回归，增进审讯对象对审讯人员的信任，有利于审讯双方的信息沟通。

---

① ［美］佛瑞德·E. 英鲍、约翰·E. 莱德、约瑟夫·P. 巴克利、布莱恩·C. 杰恩：《刑事审讯与供述》，中国人民公安大学出版社 2015 年版，第 215 页。

主题六：指出控告人或者行贿人等证言的言过其实或者夸大事实会给审讯对象带来极为不利的影响。

任何事物都存在正反两个方面，无论是日常生活中的琐碎小事，还是经由媒体曝光的公众事件，沉默的一方都会陷入不利的局面，而据理力争的一方都将占据舆论的制高点。如果审讯对象不供述犯罪事实或者不进行申辩，那么已经陈述的证人证言，例如行贿人的供述将给其带来极为不利的影响。实践中，夸大已经供述一方的证词的危害程度有利于激发另一方审讯对象辩解的冲动。有些审讯对象在遇到这样的问题时会异常激动，他们绝不容许"曾经的朋友"，在自己遇上麻烦时再在自己的伤口上撒一把盐，有时候他们宁可直接认罪也要揭穿和贬低对方的人格。

夸大审讯对象的责任、减轻其他人的责任也是这一主题展开的策略之一。这种策略更适合于审讯渎职类犯罪，诱使审讯对象承认自己应当在滥用职权、玩忽职守、刑讯逼供等渎职侵权类案件中承担的个人责任。

这一主题的展开，还可以通过夸大犯罪的数额达到良好的效果。在贿赂类犯罪中，犯罪的数额直接影响着最终的量刑。审讯人员指控犯罪肯定掌握有一定的证据，如果审讯对象不申辩，也就无法避免对他的指控可能存在夸大其词的可能性。对于夸大的犯罪数额，审讯对象通常会火急火燎，急于辩白，只要其愿意交流，审讯人员总能从中获得对查明案件事实有用的信息。

另外，审讯对象的应讯态度也是审讯人员可以借以夸大的主题内容。

"夸大其词"实质是营销学中的一种推销策略。审讯人员所要兜售的是人世间最为恶劣的产品——犯罪事实，审讯的难度可想而知。实际上法学家的理想色彩显然与司法实务存在着严重的认识差异，而事实是审讯双方之间确实存在着一种讨价还价的余地。作为首先出价的审讯人员势必要将砝码提高一些（这与最终的客观认定无关），然后审讯对象还价——说出犯罪事实的真相。

主题七：向犯罪嫌疑人指出其罪行的严重后果，及时阻断其犯罪实际上是在挽救他。

对于初次犯罪或者处于犯罪早期阶段的犯罪嫌疑人而言，及时地被查处对其来讲并不一定是一件坏事，理性的人都应当知道，随着犯罪的继续，犯罪的性质将越来越严重。及时的阻断他们继续犯罪，实质上讲是在避免他们的犯罪后果更加严重。犯罪嫌疑人在实施犯罪的过程中会产生稍纵即逝的悔过自新的念想，在被传唤、拘留、逮捕的时候也会有强烈的反思："假如我当时早点收手就不至于会有今天的后果。"因此，在审讯中适时地提出这个主题，有助于审讯对象认识到"晚被抓还不如早点被抓"的好处，以此可以避免今后可能遇到更大的麻烦。

审讯人员采用这一主题时，要设法让审讯对象相信审讯人员是来帮助自己的，对于他以后可能达到的严重犯罪后果来讲，目前的犯罪事实相对而言是微不足道的，由此可以提升审讯对象供述的信心。

主题八：说明审讯对象系窝串案中被牵涉的次要对象，降低审讯对象的敌对情绪。

消除审讯对象敌意的方法就是说明审讯对象案发的理由。通过借口他的问题是由于多头行贿、多向受贿的特点而牵连出来的，或者是在办案中顺带出来的，就能够消除他心中对审讯人员的怨气。

假设审讯对象是在查处窝串案中被牵扯出来的次要对象，对于审讯来讲存在两大有利之处：一是告诫审讯对象，他并非是本次办案的主要目标，他仅仅是被顺便牵连出来的次要目标，有获得从轻处理的机会。二是告诫审讯对象，在检察机关查办案件的过程中，先被叫进来的反而是问题较小的人，对他而言其实是有利可图的，即优先供述就能取得从轻处理的条件，而且还为他们创造了检举他人犯罪的立功机会，对他个人而言这些都是极为有利的。即使查处的是个案，假设这样一个窝串案的背景主题也是极为有效的。

主题九：围绕共同犯罪中的责任主次，充分说明先供述的好处。

针对共同犯罪的审讯对象，同时传唤是最佳的方法，况且在审讯前巧妙地设计一次他们相互之间"见面"尤为重要。如此就会让他们产生犯罪事实已经暴露的心理事实，并且相互猜忌，由此不自觉地陷入囚徒困境之中。

对于陷入囚徒困境中的共同犯罪嫌疑人而言，供述只是时间早晚问题，关键在于共同犯罪中各自承担责任的划分。先供述的一方往往能为审讯人员所认同，而后供述的则其辩解较难具有说服力，由此说明这一主题将会加快审讯对象供述的进程。

主题十：通过过渡性主题，以案释法，为审讯对象提供启发。

以案释法的主题讨论，是以已经被查处过的第三人的实例为审讯对象树立起一个榜样。一般而言，以案释法的主题选择不宜单独适用。这一主题只是为辅助主题一至主题九中任一主题的展开而进一步采取的深入讨论，如此更能体现以案说法的针对性。

以案释法的主题应当选择那些切合实际情况的现实案例。案例中的犯罪动机与处境应当尽量地与审讯对象相似，如果案例中的人物是审讯对象知道的"熟人"则效果更佳。案例的启发应当从正反两个方面进行选择，从严或者从轻的，但其最终的结果都是暗示着审讯对象主动说出事实真相的好处。

以案释法的主题在大多数情况下还可以起到过渡作用，通过以案释法的主题延伸，将主题的讨论从此一主题顺利地衔接至其他主题。有时候，当审讯人员在开始展开主题前，发现没有很好的直接的主题切入，也可以通过运用第三者的事例叙述引申出其他主题。

审讯对象具有相同的特征，可以根据以上主题任意展开。又由于他们具有各自不同的特点，如性格不同、所涉罪名不同、年龄不同等，还可以增设其他的主题予以展开。

（二）审讯行贿人适用的主题

对于行贿人审讯主题的展开，除了借鉴前述主题以外，还可以增设如下主题。

主题一：围绕行贿犯罪的构成要件，说明主动供述的好处。

根据《刑法》的规定："为谋取不正当利益，给予国家工作人员以财物的，是行贿罪。"《刑法修正案（九）》和相关司法解释的相继出台，对行贿犯罪打击的力度相对加大，有利于惩治腐败的标本兼治。并且对行贿人从宽处罚的条件和幅度作了重要调整，对行贿犯罪减轻或者免除处罚设定了更为严格的适用条件，明确行贿人在被追诉前主动交代行贿行为，只有在"犯罪较轻的，对侦破重大案件起关键作用的，或者有重大立功表现的"三种情况下才可以减轻或者免除处罚。

以上三种情况既符合查处行贿犯罪的客观实际，也为审讯中的主题展开提供了法律依据。姑且不讨论行贿人的行为是否符合为了"谋取不正当利益"的条件设置，即使其行贿行为构成了行贿犯罪，仍然有减轻或者免除刑罚处罚的机会。对于行贿犯罪较轻的，只要主动供述，就自然能得到审讯人员的谅解；对于侦破重大案件起关键作用或者有重大立功表现的，其决定的主动权主要取决于检察机关的是否认同，在很大程度上则表现为审讯人员是否予以认可。其前提都是建立在行贿人主动供述的基础之上，说明此中道理将极大地调动行贿人供述的积极性。

主题二：围绕行贿中的从重情节，充分说明过分的抗拒将不会有好的结果。

审讯人员应当转变以往与行贿人强烈对抗的既定思维模式，与行贿人之间达成理解、合作的牢固基础。

在审讯中，审讯人员应当充分地向行贿人或者相关利益知情人说明如果抗审，就有可能被处以刑罚；如果主动配合审讯人员查明受贿犯罪事实，那么法律的规定也将为其铺设一条"网开一面"的后路，两害相权取其轻，趋利避害是人的本性，以此敦促行贿人或者利益相关知情人尽快地供述相关的涉案事实。

主题三：揭露受贿犯罪多向受贿的特点，证明行贿人不供述实无用处。

在当前实际发生的贿赂犯罪案件中，受贿人收受多名行贿人的财物是一个普遍存在的规律。审讯人员应当尽早地让其明白：一方面，查处既定的受贿人是坚定的目标，志在必得，"即使你不交代，还有其他的行贿人会如实交代，你不愿意交代，并不影响对受贿人犯罪事实的法律追究"。另一方面，"你现在不主动交代，如果受贿人交代以后，那么将对你产生极大的不利后果，有可能被追究刑事责任"。

主题四：围绕行贿人供述的心理障碍，消除行贿人供述的顾虑。

行贿人拒绝供述的心理障碍主要在于：受贿人为行贿人谋取了既得利益，如果主动供述有违做人的基本常理，产生"是我害了他"的矛盾心理，并且往往为周围的人所不齿。突破行贿人的口供，主要是消除其心理障碍，让其内心压力有所释怀，主要策略有：

一是指出受贿人已作交代，受贿人已主动交代将大大地降低行贿人供述的道德责任，促使行贿人及时供述。

二是将行贿的责任归责于受贿人，如行贿人之所以行贿是由于受贿人的故意刁难、设置障碍，或者索取贿赂，这将消除行贿人的道德责任，也同时获得法律上的免责条件，这为行贿人的供述铺垫好一个极为有利的心理基础。

三是将行贿的责任归责于社会。为其行贿寻找一种让人谅解的"借口"，将为其供述寻求心理上的平衡。

四是将案发的原因归责于其他行贿人。"你并非是第一个被传唤的对象，还有其他人被同时传唤，你不主动讲清楚问题将使你自己处于一个极为不利的地位。"如此，将有效地消除行贿人供述的心理忌讳，促使其尽快的供述行贿事实。

另外，建议有条件时，可以针对某一特定的受贿人，同时传唤多名相关的行贿人，将他们设置于一种人为的"囚徒困境"之中，使他们相互猜忌、相互竞争，争相主动供述。

（三）审讯性格内敛型审讯对象适用的主题

在职务犯罪案件中，审讯人员深刻感悟到，审讯性格内敛型审讯对象与审讯性格外露型审讯对象相比难度更大。莱德九步审讯法中将犯罪嫌疑人区分为情感型和非情感型两类，审讯非情感型犯罪嫌疑人的难度大大地超过审讯情感型犯罪嫌疑人。与此相比，两者实有异曲同工之妙。区分情感型与非情感型存在一定的难度，对于未经专业培训的审讯人员而言，是否属于性格内敛型还是性格外露型审讯对象，则可以在审讯中一眼洞穿。

主题一：讨论说出真相的好处。

性格内敛型审讯对象天生多疑，对审讯人员抱有极强的戒备之心，与此类审讯对象交流，必须首先说服其相信犯罪事实已经暴露，在此基础上与其讨论说出真相的好处。当然，如此尚不足以使其即刻作出如实的供述，还要选择其他的主题，对其心理反复刺激，才能激起其与审讯人员的信息交流。

主题二：设法围绕违纪事实或者轻微的犯罪情节，寻找审讯双方进一步交流的途径。

职务犯罪的一个显著特点就是持续性犯罪。在审讯中，围绕犯罪事实展开主题是必然的，然而将其全部犯罪事实一股脑儿地全部展开显然是不现实的。事实上，只要审讯人员能够针对某些犯罪事实掘开缺口，那么细水长流，审讯对象交代的犯罪事实就会逐渐扩大，从此一发不可收拾，直至交代全部犯罪事实。

针对性格内敛、抗审能力较强的审讯对象，审讯人员在围绕犯罪事实展开主题之前，可以先行准备下列两个辅助主题，为进一步围绕犯罪事实的主题展开打下基础。一是围绕审讯对象违法违纪行为展开主题。违法违纪行为往往是诱发职务犯罪的主要根源，通过此一主题的展开，揭露审讯对象的违法违纪行为，一方面可以揭示审讯对象的犯罪根源，从中引申出犯罪事实这一核心主题。另一方面，通过揭露其违法违纪行为，可以打击其自认为的道德尺度，从而降低其抗审的内在动力。二是围绕审讯对象违法犯罪的轻微情节展开主题。职务犯罪审讯对象通常是先从供述一些小额的违法犯罪情节开始的，审讯人员在针对抗审能力较强的审讯对象时，必须耐得住性子，切记不可急功近利，要从小处入手，从大处着眼，最终全线击溃其抗审心理。

另外，在审讯行贿人时，揭露其自身的违法违纪行为或者轻微的犯罪情节也是极其有用的，比如行贿人包养情妇、偷税漏税、偷逃注册资金等行为都可以成为交换其供述行贿事实的砝码。

主题三：假设一些特定情节供审讯对象琢磨。

职务犯罪尤其是贿赂犯罪，绝大多数审讯对象都具有抵御审讯的心理准备，有些抗审能力强的审讯对象还会顽固地抱有"即使行贿人说了，只要我不说，你们也拿我没有办法"的侥幸心理。

针对审讯对象的这种心理表现，审讯人员可以假设一些第三者的案例予以说服。通过这些案例，审讯人员向其透露这样一种信息：行贿人不是傻子，出于自保，行贿人也会留一手，受贿人的受贿事实还是会有行贿人或其他人证明的。以第三者案例的形式假设一些情节，更能给审讯对象一些遐想的空间，暗示的作用往往超过明示，而直接地说出这些事即有诱供的嫌疑，且不会让其轻易信服，只有在或真或假，将信将疑中，才能使审讯对象的抗审心理逐渐退化。

当然，如果审讯人员掌握有确实的犯罪细节的信息将有助于主题讨论的深入推进。假如行受贿现象的情景能够再现；行贿人到其家中送钱时，他老婆也曾在场；或者赃款赃物被启获；或者串供的情节被发现；等等。结合这些详细的特定情节的展示，能够迅速地催化审讯进程向前发展。

主题四：围绕情感展开主题。

情感因素是审讯得以成功的主要外在动力，即使对于抗审能力极强的审讯对象，只要寻找到其情感的归属，也往往能够一锤定音。

职务犯罪审讯对象都具有较高的认知理性，初查中尽可能收集一些情感信息，能够解决审讯中的不时之需。例如，父母年迈多病、子女面临高考或就业、儿女婚嫁在即等情节都将唤起审讯对象的高度关注，以此为主题可以打开审讯对象紧闭的抗审心理。

而对于行贿人而言，其遇到的重大事项也往往是攻击其情感的利器。对于承建工程的"包工头"，建设工程的关键时段和发工资的日子是其最为关注的，妥善处理好与传唤的关系，将有助于其如实、迅速地供述行贿事实。例如，有个某地龙头企业的董事长被传唤并刑拘后，银行即刻派员上门催讨一笔尚未到期的巨额贷款，当审讯对象得知这一信息后心急如焚。检察机关即邀请银行工作人员来院与其谈妥贷款的续贷事宜，在情感因素的影响下，审讯对象爽快地交代了他向多人行贿的事实。

主题五：围绕审讯对象感兴趣的话题展开主题。

人们为什么会交谈甚欢，主要是对谈话的内容兴趣甚浓。对于抗审心理极强的审讯对象而言，直奔主题、单刀直入犯罪事实往往会遭到审讯对象的强烈抵抗。此时，审讯人员如能采用迂回渐进的策略也不失为主题展开的上策。

一是从审讯对象的人生轨迹开始交流，在讨论其业绩中肯定有功绩的一面，诱发其深入地与审讯人员进行探讨，从中发现其存在的阴暗面，借此引申到其涉嫌犯罪事实的主题上来。二是从审讯对象的业余爱好方面开展交流，业余爱好往往是审讯对象最感兴趣的话题，能够借此打开审讯对象的话匣子。三是从审讯对象感兴趣的包括政治时事、历史人文等话题开始交流。以上主题均是为犯罪事实主题展开而设置的辅助话题，切忌浪费太多时间，以免让审讯对象导入错误的轨迹。

主题六：围绕审讯对象家庭收入收支平衡、资产状况展开主题。

对于贪污、贿赂等犯罪数量特别巨大的犯罪嫌疑人，可以围绕其家庭收入、收支平衡、资产状况等问题展开主题，这也是审讯职务犯罪嫌疑人的一种传统方法。其目的是通过家庭正常收入与其实际资产总额进行对比，找出其中的巨大差额，以巨额财产不明挤压其供述贪污、贿赂等犯罪事实。

在展开这一主题的审讯中，审讯人员应当更多地将注意力关注于资产的投资方向和赃款去向的"蓄水池"。比如投资股市造成巨额亏损；投资企业获得利润；投资亲属的企业予以隐藏等，据此都可以发现犯罪的踪迹。

（四）审讯其他职务犯罪嫌疑人适用的主题

根据涉嫌职务犯罪的罪名不同，还可以设置一些符合犯罪发生、发展规律的特定主题。

1. 针对涉嫌贪污、挪用公款等审讯对象设置的主题

贪污、挪用公款等犯罪，一般而言都有账册可以查阅，或者在账面上都有可以查询的蛛丝马迹，对于此类案件的审讯，可以围绕款项的去向、犯罪情节或者特殊的节点以及赃款赃物的去向三个方面展开主题予以询问。

款项的去向问题是追查贪污、挪用公款犯罪的主要途径，查明款项的去向，追根刨底，就能搞清此笔款项是否属于贪污、挪用的赃款，还是正常的款项往来。在贪污、挪用公款过程中出现的一些特定的情节是个案的典型特征，有助于锁定犯罪事实，而赃款赃物的最终去向既能证明犯罪的归属，又能反过来倒查贪污、挪用公款的款项的来源。

2. 渎职侵权类案件适用的审讯主题

侵财型职务犯罪主要查明的是赃款赃物的去向问题，渎职侵权类案件并非是查找赃款的去向，而是要查明涉案事实的真相。可以从以下四个方面展开主题：一是从造成的实际损失逆向倒查事件的真相。犯罪的严重后果已经发生，犯罪的事实已经存在，通过逆向的询问，确定审讯对象的行为是否构成犯罪，这与普通刑事案件的追查方法相似。二是顺着事件的发生过程顺向查明事件的真相。通过事件的起因、事件发生的经过，查明审讯对象应当在事件发生中所起的作用，以此确定审讯对象是否构成犯罪。三是围绕审讯对象所在单位的制度、工作程序展开话题，查明审讯对象在履职中有否存在违反法律规定、违反单位制度、违反工作流程的行为。四是围绕审讯对象的职责范围、职权范围展开话题，查明其职权行使过程中或不作为行为与造成事件后果之间的因果关系，确定其应当承担的法律责任。

（五）针对不同年龄段审讯对象设置的审讯主题

不同年龄的审讯对象在审讯中的应讯心理是存在差异的，针对不同年龄段的审讯对象，审讯人员可以根据其不同的表现，适当地调整讯问策略。

1. 适用于年纪较轻的审讯对象的主题

刚进入国家工作人员行列的涉案对象，通常年纪较轻、职责权限相对有限，除个别的小官巨贪型犯罪嫌疑人以外，大多数所涉案值均不会太大。审

讯人员可以从其成长的履历展开话题，诸如读书的辛苦、父母培养的含辛茹苦、进入国家工作人员队伍的艰辛等方面切入主题，指出其阅历不深、容易上当受骗，毁了自己的大好前途，以此端正审讯对象的人生态度和正确认识。同时，告诫其悬崖勒马，及时地被查处并非是件坏事，否则后果不堪设想。年纪轻轻，今后还有很长的路要走，跌倒了爬起来，还有重新奋斗的机会。

2. 适用于中年审讯对象的主题

中年是人的鼎盛时期，此年龄段的职务犯罪嫌疑人均位居于人生的权力巅峰，大权在握、阅历丰富且社会交际广泛。面临审讯则表现的从容不迫、处事不惊，且往往心存优势意识。一般而言，此年龄阶段的审讯对象是较难应付的对象，尤其以长期盘踞于某一岗位而晋升无望的审讯对象为甚。

此年龄阶段的审讯对象的另一特点是人到中年工作责任重，家庭负担也重，肩负着单位、家庭双重责任，这是攻克其抗审心理可以予以利用的矛盾点。一方面，以上有老、下有小，整个家庭，甚至亲戚朋友都需要其照顾这方面进行开导，以情动人，规劝其认罪伏法；另一方面，从其工作中敢于担当的作风肯定其取得的成绩，两相对比，说服其选择供述犯罪事实。

3. 适用于临界退休人员的审讯主题

50 岁以后的人群一般已过了人生的巅峰期，有些人就会考虑退居二线或者退休后的生活。"59 现象"是我国职务犯罪的一大特点，此类人群有些是长期作案，在此阶段主要考虑如何"安全着陆"；有些人则是迷茫于退休后的生活，觉得有权不用，过期作废，产生临退休了再捞一把的想法。总体而言，此年龄段的人，长期接受正统思想的教育，具有较高的认知觉悟，在审讯中一般都会正确面对现实的形势，一般不会作无赖般的抵赖。只要审讯人员动之以情、晓之以理，讲事实摆道理，均会主动供述犯罪事实。

（六）主题展开中值得引起重视的问题

审讯对象进入审讯室以后，自然会体会到法律规定和审讯环境带来的心理压力，除采取暴力倾向抗审的审讯对象需要审讯人员采取相应的针锋相对策略予以压制的以外，一旦审讯对象表露出相对平静的迹象以后，审讯人员应当及时地透露其犯罪事实已经暴露的信息，然后立即进入实质性审讯阶段。展开主题是实质性审讯阶段的第一步，应当注意以下事项。

1. 主题展开的一般要求

审讯人员提出的主题都应当是事先准备好的，在提出第一个主题时，应当小心翼翼，具有尝试与过渡性的目的。在展开主题的过程中，审讯人员应当密切地观察审讯对象的行为反应，据此确定是否继续探讨本主题或者需要切换主题。

审讯人员展开一个主题，切忌花费太多的时间，但又不宜草率地频繁切换主题；对于审讯对象的心理反应，审讯人员不应只注意审讯对象的表面症状，而应该透过表象仔细分析其内心真实的意思表示；审讯人员提出主题应该单一地进行，原则上不宜将数个主题同时抛出，混合讨论，如此才能发现审讯对象究竟对哪个主题感兴趣，从而进一步深化该主题，刺激和削弱其抗审心理。

2. 提出的主题务必具有针对性

初查是传唤、审讯的前提，详细的初查材料为审讯人员事先准备好具有针对性的主题提供了先决条件。

3. 避免灌输主题观点

审讯人员应当充满自信，并不表示就要将自己的主题观点强加给审讯对象，这是审讯实践中经常容易犯的错误。审讯对象已经明显表露出对该主题不感兴趣时，审讯人员应当灵活地切换主题。

4. 充分运用行为暂停

英鲍等人在《刑事审讯与供述》一书中提出了行为暂停（behavioral pause）的概念，即在审讯人员提出问话以后，刻意地制造出3—5秒的沉寂状态，使得审讯对象感受到仿佛过了漫长的时间。"这种行为暂停有两个重要的目的。首先，它为讯问人员提供了关于犯罪嫌疑人事实上是否实施了正在调查的犯罪的初步迹象。其次，通过观察犯罪嫌疑人对直接的正面指控的最初反应，讯问人员通常可以洞悉接下来该如何继续进行讯问。"[1]

审讯的目的是增进审讯双方之间的沟通与交流，行为暂停的审讯技巧的运用，仿佛是在告诉审讯对象：我问完了，现在应该轮到你回答问题了。由此可以提醒和督促性格内敛型审讯对象，加强审讯双方之间的信息互动。

四、第四步：结合主题展开，适度施加心理压力，降低审讯对象的抗审心理

主题展开实际上是实质性审讯的第一步，随着主题的深入，审讯对象并不会就此束手就擒，他们会以各种姿态应对审讯人员的问话，总结起来无外乎否认、辩解和谎言三种形式。与此相对应，审讯人员应当结合主题的展开，以反向刺激的方法阻止否认、驳斥申辩、揭露谎言，使得审讯对象相信他已经落入

---

① ［美］佛瑞德·E. 英鲍、约翰·E. 莱德、约瑟夫·P. 巴克利、布莱恩·C. 杰恩：《刑事审讯与供述》，中国人民公安大学出版社2015年版，第181页。

陷阱，无路可走，只有供述才能为自己争取到一条减轻罪责、减轻刑罚的出路，由此降低其对抗审讯的信心。

（一）阻止否认

否认犯罪是每一个审讯对象对抗审讯的最初表现形式，审讯对象否认审讯人员的问话是常见的现象，也有不同的表现形式，审讯人员应当根据即时的情况合理地应对，予以阻止。

1. 认识否认

否认自己有罪或者否认审讯人员的问话，是审讯对象对抗审讯的首要法则，是职务犯罪审讯中司空见惯的常见现象。"在处理犯罪嫌疑人的否认时，有三个主要目标：（1）提前预见犯罪嫌疑人会说出否认；（2）阻止犯罪嫌疑人说出脆弱的否认；（3）评价犯罪嫌疑人说出的否认。"[①]

2. 提前预见犯罪嫌疑人的否认

（1）即将作出否认的非言语性暗示

在非言语层面，说谎的犯罪嫌疑人通常会在表达否认前使用"打断性动作"。"这些非言语症状——伸出手、身体前倾、试图目光接触以及张开嘴巴——以上任何一种动作都表明犯罪嫌疑人想要打断这个主题。说谎的犯罪嫌疑人不会为了坦白而打断讯问人员，他们打断讯问是为了否认。"[②]

（2）即将作出的语言性暗示

事实上，一名未经过培训的审讯人员想要通过非语言暗示性动作去预见审讯对象的否认是相对困难的，但是当审讯对象作出语言性暗示否认时，机敏的审讯人员应当马上引起警觉，在审讯对象尚未说出后半句否认性语言之前，立即打断其陈述，或者继续沿着审讯人员的思路深化原有主题，或者切换到新的主题，以阻止审讯对象说出否认的话语。

3. 忽略脆弱的否认

职务犯罪审讯中，在大多数情况下，审讯对象说出的否认均是一种试探性的策略，其语气一般较为低沉，态度不甚坚决。假如审讯对象已经作出脆弱的否认，审讯人员此时采取的策略应是忽略其否认，只当没听到，不予理睬。其有益之处在于：一是表明审讯人员的立场，二是降低审讯对象的抗审心理。

---

① ［美］佛瑞德·E. 英鲍、约翰·E. 莱德、约瑟夫·P. 巴克利、布莱恩·C. 杰恩：《刑事审讯与供述》，中国人民公安大学出版社 2015 年版，第 246 页。

② ［美］佛瑞德·E. 英鲍、约翰·E. 莱德、约瑟夫·P. 巴克利、布莱恩·C. 杰恩：《刑事审讯与供述》，中国人民公安大学出版社 2015 年版，第 246 页。

4. 遏制强烈、固执的否认

真正在审讯中表现出强烈的、固执的否认的审讯对象，一定是那些性格内敛、抗审心理极强的审讯对象。无论审讯人员采取怎样的主题深入，他们都不会主动供述其犯罪事实，对于如何遏制这些强烈、固执的否认，笔者将在后续的审讯策略中一并予以阐述。

（二）克服异议

英鲍等人进一步指出，异议与否认是两个不同的阶段，在对待异议的处理上应当与对待否认采取不同的策略，这也符合职务犯罪审讯的实际需要。无论从何种角度分析，只要审讯对象放弃直接的否认，进而转化为与审讯人员开展辩论，那都表明一个事实，即审讯的进展已经取得了一个较为理想的效果。

同时，还应当认清异议与否认之间的关系。异议通常是伴随着审讯人员阻止审讯对象的否认以后产生的辩解，这种有条件的、辩解式的异议，是审讯对象用来进一步说明其否认的理由。

1. 异议的表现形式

有些审讯对象会采取防御性的异议作为其无罪的理由。审讯初始阶段，听得最多的回答就是："我又没有送过钱（或者我没有拿过别人的钱），你们凭什么抓我？""你们说我行贿（或者受贿），你们有什么证据？"对于类似的用异议的形式来表示否认真实意图的话语，审讯人员应当严肃地予以阻止。一些审讯对象则会以迂回策略来否认审讯人员的质疑，如"我的收入尚可，家庭收入比较丰盈，我没有必要去拿别人的钱。"另外，随着否认被阻止，大多数审讯对象会对一些特定的情节表示异议。

针对不同的异议，审讯人员的最佳策略是驳斥其异议。

2. 鼓励审讯对象提出辩解

应对审讯对象提出异议的最佳策略，是在阻止审讯对象直接否认的基础上，引发审讯对象对相关主题提出辩解，并且通过表示理解或赞同的话语，鼓励审讯对象继续展开讨论，促进审讯双方的交流与沟通，使得审讯人员进一步了解涉案的犯罪事实信息，在必要的时候予以回击。

3. 转化异议

转化审讯对象异议的最直接方法是淡化审讯对象异议中否认的强度。如"老张，你看，现有证据已经证明你拿了别人的钱，或许由于时间长了，或许你的记忆存在问题，你再好好想想。"有些审讯对象会顺口回答："我记不起来了"、"让我再想想"、"要么你们提醒我一下"等。如果出现这样的变化，那么说明审讯对象已经距离供述的关键时刻不远了。

转化审讯对象异议的另一种方法是缩小审讯对象在窝串案中的影响。如审讯人员通过夸大其他人的犯罪情节，说明审讯对象系窝串案中的"小卒子"，证明整起案件已经全部暴露，以此说动审讯对象率先供述，争取其供述后的可得利益。

根据贿赂犯罪多头行贿、多向受贿的特点，转化审讯对象异议还有一种方法，就是夸大审讯对象的作案动机。如暗示行贿人如果不供述将可能遭遇到的严重后果，借此深入讨论该主题的含义。相反，在审讯受贿人时也可以采取相似的策略转移异议。

当然，在审讯实践中，审讯人员也有可能碰到一时难以处理的异议，此时审讯人员可以表示对异议先予接受，然后采用"但是……"的转折语予以化解。比如："老张，你说没送过钱，我们可以理解，但是某个人（或者某几个人）怎么都说收了你的钱呢？"或者"老张，你说你没有拿过别人的钱，但是怎么有好几个行贿人都说送你钱了呢？"

（三）揭露谎言

审讯中充斥着谎言，审讯的过程实际上就是审讯人员不断通过策略方法揭露审讯对象的谎言的过程。处置谎言的方法无非有两种：直接揭露和转化谎言。

1. 直接揭露谎言

直接揭露谎言的方法必须以审讯人员掌握有确凿的犯罪证据为前提，否则审讯对象一般不会服输。

由于口供在侵财型职务犯罪，尤其是贿赂类犯罪案件事实证明中的特殊证明作用和"一对一"的证明作用方式，即使审讯人员掌握行贿人一方或者受贿人一方的单方供述口供，在审讯中过早地出示证据，对审讯对象的谎言当即予以驳斥，也不会收到较好的效果。审讯人员亮出了底牌，而审讯对象仍然不作供述，审讯就会陷入僵局。

更为常见的情况是，审讯人员亮完了底牌，使得行贿人知晓了审讯人员的底牌，但他只交代审讯人员已经知道的行贿受贿事实，对于审讯人员不知道的向其他人行贿受贿的事实，他再也不会交代。这种案件一般很难再进一步深挖余罪，将其办成大案、要案，单从审讯角度讲，扩大审讯效果也会难上加难。

直接揭露谎言比较可取的方法是鼓励审讯对象不断辩解，谎言多了就会自相矛盾，审讯人员就可以利用其自己陈述中的矛盾，反过来直接揭露其原先的谎言，这将使审讯对象无言以对，从而降低其抗审心理。

2. 转化谎言

前面提到，对于审讯对象作出的脆弱否认或者一般性的谎言，审讯人员大可以不予理睬，关键在于不能让其就一个谎言进行多次重复的说谎，否则会使其把谎言堆积起来成为阻碍自己供述的一堵厚墙，无法逾越。

在审讯人员无法拿出确凿证据之前，忽略其谎言，或者转换审讯主题是应对谎言的良策。

3. 适时地运用测谎技术

虽然刑事诉讼法规定测谎结论不能作为证据使用，但是在侦查实践中，通过测谎技术的运用，却可以为审讯活动提供有益的辅助。

测谎技术具有一定的科学依据，但测谎结论的相对不确定性也是一个必须面对的问题。人们对测谎结论的滥用存在戒心，主要在于其可能错误锁定犯罪嫌疑人，这一点在普通刑事案件中的风险概率会更高。职务犯罪案件的审讯，是有初查活动作为坚实的基础的，对于审讯对象的测谎，基本上不存在测谎中错认无辜为有罪的特别担忧，事实上，经过初查后锁定的审讯对象几乎都会在后续程序中被证明是有罪的，并且证明他在说谎。从这层意义上讲，测谎可有可无，因为测不测谎都能证明审讯对象是在说谎。但是测谎技术在职务犯罪审讯中取得了很大的成就，其不同的目的主要在于：一是利用第三方来证明审讯对象是在说谎；二是进一步增强审讯人员的信心；三是对具体供述细节（如涉案金额）的可信性进行判别。

运用测谎技术的时机是非常重要的。在审讯对象的抗审心理逐渐削弱并得到进一步转化后再运用测谎技术是最佳时机。

建议和说服审讯对象接受测谎的过程实际上也是说服审讯对象尽快供述犯罪事实的最佳时机，审讯人员不应草率放弃。如果审讯对象在接受测谎以前尚未供述罪行，那么在测谎以后，审讯人员更应当抓住宝贵的时机。测谎表明审讯对象的谎言被证实，审讯人员无论从道义上还是心理上都占据了绝对的优势地位，审讯人员应当抓紧时间审讯，力图尽快突破其口供。

随着否认被阻止，辩解和异议被转化，谎言被揭露，大多数审讯对象都会如实地供述犯罪事实。但也有部分抗审心理较强的审讯对象会选择退出谈话。

五、第五步：从反向刺激转向正向刺激，适度调节心理施压力度

否认被阻止，异议被转化，谎言被揭露以后，审讯对象假如还想抵抗的唯一方法，就是退出与审讯人员的交流。

当审讯对象出现心理退缩迹象时，也就是审讯最为关键的时刻。审讯对象无奈地选择退缩，这表明审讯活动已经取得了长足的进步，审讯对象的抗审心理被挤压，审讯人员在对抗中取得了绝对的心理优势。当发现审讯对象心理退缩之时，审讯人员应当及时采取恰当的策略将其拉回到正常的交流谈话中来，避免让审讯对象选择彻底退出，从而形成审讯僵局。

将审讯对象从退缩的边缘拉回到审讯双方信息交流的常态，预示着审讯活动实现了质的转变。此时，审讯对象不再着重考虑是否供述的问题，其主要关心的将是供述后能够换得怎样的好处，以满足其趋利避害的心理。

（一）敏锐察觉审讯对象的退缩心理

"犯罪嫌疑人在心里退缩期间会呈现出多种不同的姿势，最为常见的一种是非正面合作。更确切的说，他会转向一边或另一边，从而避开讯问人员。犯罪嫌疑人会频繁地交叉翘腿，单脚只会有小幅度的摆动。犯罪嫌疑人偶尔会交叉抱臂。更有可能的是一只胳膊呈支撑状，其言语、思想及非语言动作都是比较固定的。"①

（二）重回交流的策略方法

莱德九步审讯法针对审讯对象出现的退缩心理，提出了座椅接近、建立目光接触、使用视觉道具和提出反问等四种方法，以此获取并维持犯罪嫌疑人的注意力，将其劝说回审讯双方的交流沟通中来，这些方法对于职务犯罪审讯也是颇为有益。

1. 缓解心理施压力度

强调适度施压原则，就是在审讯对象出现心理退缩之时，审讯人员要及时地调节心理施压的策略，改变此前使用的进攻性策略为引导式策略，在主题的继续展开中着重讲述供述的利益得失，并且着重强调供述以后的"得"——利益。此阶段最关键的是吸引审讯对象的注意力，激发其继续谈话的兴趣，绝不能再一味地施压，逼其完全退出。

2. 吸引审讯对象的注意力

首先，要设法贴近审讯对象。直面的更亲密、更贴近的方法往往使得审讯对象无法回避审讯人员的问话主题，达到你不听也得听的佳境。审讯人员在贴近审讯对象时，除了考虑人际距离的因素以外，还要避免私人空间的负向效应。

其次，要努力建立起审讯双方的目光接触。如果审讯对象拒绝与审讯人员发生目光接触时，审讯人员绝不能勉强为之，应当在向审讯对象提出另一些主题概念以后，再次重新尝试建立起目光接触的机会。

最后，提出反问。反问的句式通常比陈述句、提问句更具压迫力，具有强调审讯对象需要作出回答的效用。提出反问以后，审讯人员可以略作停顿，期

---

① ［美］佛瑞德·E. 英鲍、约翰·E. 莱德、约瑟夫·E. 巴克利、布莱恩·C. 杰恩：《刑事审讯与供述》，中国人民公安大学出版社 2015 年版，第 271 页。

待审讯对象的答复。另外，在反问中添加涉及其父母、配偶或者尊重的人的评判更能刺激审讯对象的精神。但要注意，在审讯对象出现退缩心理之时，绝不要主动地提起审讯对象供述以后可能出现的实际后果。

3. 适时地出示证据

当试图阻挡审讯对象退缩心理的各种策略方法几乎用尽之时，审讯人员方可以尝试出示证据的审讯技巧。证据出示务必坚持点滴出示证据的原则，如向受贿嫌疑人出示行贿人证词时，可以向他展示笔录的首页和最后一页签名页，以示行贿人已作供述。当然，出示案件侦查中获取的实物证据效果更佳。事实上出示证据的最佳时机应当选择在第六步获取犯罪嫌疑人的信任以后，则更具说服力。

六、第六步：努力获取审讯对象的信任

第六步要紧随第五步立刻施展。将审讯对象从退缩的边缘拉回来以后，并不可能马上建立起审讯双方的融洽关系。审讯对象是否愿意供述，取决于对审讯人员是否信任，而此时正是审讯人员获取审讯对象信任的最佳时机。

（一）策略运用

此阶段最为关键的一点是消除审讯对象的消极情绪，从而使其产生供述的期望而选择可以信任的人，当然，审讯室中能够供其倾诉内心痛苦的唯一对象只能是审讯人员。在此状态下审讯人员应当适时的变换策略。

1. 变换红白脸战术

红白脸战术似乎是国际通用的软硬兼施的审讯方法。有的审讯对象吃硬不吃软，有的审讯对象吃软不吃硬，而抗审心理较强的审讯对象则通常软硬不吃，使用红白脸战术能够反复地、大幅度地调节审讯对象的应讯心理。一方面，较强硬的审讯人员能够对审讯对象施加适当地心理压力，另一方面，较温和的审讯人员能够引导其顺梯下坡，通过一挤一引的方法，引导其顺势供述自己的犯罪事实。

实践中，当审讯对象感受到"白脸"审讯人员强烈的心理施压时，会自觉不自觉地挪动自己的座椅，或者转动自己的身体或头部朝向"红脸"审讯人员一侧。此时，"红脸"的审讯人员应当抓住有利的时机说服审讯对象供述自己的犯罪事实。

红白脸战术通常是要由两名审讯人员承担不同角色的，但是如果由一名经验丰富的审讯人员同时扮演两种角色则更能发挥其有效的作用。"由于审讯人员前后表现的反差较大，犯罪嫌疑人会觉得讯问人员的同情和理解的态度更具

有感染力，进而会使其处在一种更容易坦白的心理状态中。"①

2. 审讯人员应持的态度

为了获取审讯对象的信任，审讯人员总体的表现应当是真诚的。尤其是"红脸"的审讯人员要放慢语速，平心静气地与审讯对象进行交流，从审讯对象的角度思考，帮助审讯对象走出困境，与审讯人员达成某种妥协。审讯人员的语调要充满感染力，以此增强说服力。

3. 领导适时出场

职务犯罪的主体是国家工作人员，他们对于行政职务较高的领导具有自发的敬畏之心和内在的约束力，领导出场亲自参与审讯往往在审讯实践中能够取得较好的效果。

领导出场不能混同于一般的审讯人员，不宜纠缠于审讯中的具体案件情节或细节问题，避免削弱领导的权威性。领导不宜急于出场或频繁出场，过早地出场有时候更会增强审讯对象的抗审心理，错误地认为"审讯人员不行了，需要领导出场了，他们拿我没办法了"。领导出场务必找准时机，在审讯对象愿意听取审讯人员意见时最佳。

在审讯实践中，上级检察机关审讯人员出场帮助下级检察机关审讯犯罪嫌疑人能够起到推波助澜的作用。审讯对象会慑于上级检察机关审讯人员的权威性而降低自己的受审姿态，较快的转换角色交代犯罪事实。

需要提醒审讯人员的是，此阶段也是出示证据和使用测谎技术的最佳时机，可以以此刺激审讯对象的最后一根神经，添加压垮其抗审心理的最后一根"稻草"。

（二）识别审讯对象屈服的征兆

审讯进展到这一阶段，审讯对象的抗审心理已经基本上被压制在一个较低的水平。剩下来的问题就是怎样选择有效的策略鼓励其自愿供述犯罪事实。此时，仔细观察审讯对象是否已被征服的形态非常重要。

1. 愿意倾听

审讯对象最典型的屈服征兆是，将仰望天花板或四处游离的目光转向审讯人员，注意力逐渐集中，认真听取审讯人员的主题。有时候，还会对审讯主题默然地点头表示认同，如此说明审讯对象已在内心接受了审讯人员问话的观点。还有的审讯对象还会在审讯人员陈述主题中插话，征求审讯人员的意见或建议，这都充分表明审讯对象已经临近供述的边缘。

---

① ［美］佛瑞德·E. 英鲍、约翰·E. 莱德、约瑟夫·E. 巴克利、布莱恩·C. 杰恩：《刑事审讯与供述》，中国人民公安大学出版社 2015 年版，第 261 页。

2. 痛哭流涕

哭是因为人们感受到痛苦或悲哀而流泪发声，审讯对象在内心感受到穷途末路时一样会放声痛哭。眼眶湿润、用手捂住眼睛、用手擦拭眼睛、哽咽或者抽鼻子都意味着审讯对象处于哭泣的边缘。

审讯对象开始哭泣的时候，审讯人员应当以情鼓励审讯对象逐渐趋向痛哭，这是审讯人员突破供述的有利时机。此时，审讯人员务必抓住时机鼓励其鼓起勇气开始坦白。同时，审讯人员应当深刻意识到哭泣同样是一种缓解心理压力的情感宣泄，绝不能离开审讯室或者留给审讯对象哭个够的机会，否则，审讯对象往往会在释放了所有的焦虑情绪后重新回到抗审的状态。实践反复证明，审讯对象会在哭够以后迅速转入沉默或冷视的场面。

七、第七步：突破审讯对象的供述临界心理

从第三步主题展开开始，审讯活动进入了实质性审讯阶段，到第六步努力获取审讯对象的信任为止，主题的展开已全面引向深入。审讯人员对审讯对象的心理反应已经有了全面的了解，部分审讯对象已经逐渐开始交代自己的犯罪事实，而大多数审讯对象也开始出现一些顺从的迹象。此时，审讯活动进入了最后的高潮，即怎样突破审讯对象抗审的最后一道坎。

（一）提出选择性问题

当审讯对象感到审讯人员已经充分确信其有罪，并且感知到审讯人员能够有效应对和驳斥任何抗审行为时，审讯对象就会出现一些顺从的迹象，此时，审讯人员就可以向审讯对象提出两难性的选择问题。

1. 提出选择性问题的原理

"所谓选择性问题，就是向犯罪嫌疑人提出两种关于实施犯罪的可能的解释以供其选择。这是一种保颜面的技巧，它使得犯罪嫌疑人在开始说出真相时的心理负担要小一些。"[1]

两种选择中，一种选项是能够引起人们的同情的、体面的、在道德层面上能够使人接受的犯罪原因，另一种选择是包含会引起人们反感、厌恶的、冷酷无情的犯罪动机。提出选择性问题，事实上就是向审讯对象提出关于犯罪原因的两种截然不同的选项，通过鲜明的对比给予审讯对象心理上强烈的刺激，促使其在两难的选择中，根据趋利避害心理的需要作出有利于自己的有罪供述。

"对待职务犯罪嫌疑人可以采取这样的策略，即一种理由的选择较为体

---

[1] ［美］佛瑞德·E. 英鲍、约翰·E. 莱德、约瑟夫·E. 巴克利、布莱恩·C. 杰恩：《刑事审讯与供述》，中国人民公安大学出版社 2015 年版，第 281 页。

面，如由于生活困难、家庭困难收受贿赂；由于受社会环境、周边环境的影响而失足犯罪；由于碍于情面推辞不掉而无奈受贿等。另一种理由的选择则包含会引起人们反感、厌恶的，冷酷无情的动机，如故意刁难、设置障碍、敲诈勒索、强行索要、贪得无厌等情节。前提是审讯人员务必使审讯对象相信审讯人员已经充分掌握其涉嫌犯罪的确凿证据，如果审讯对象不选择情节较轻的选项，那么任何人都会相信最严重的案件情节。这是一个强制心理限制、高度强迫的两难选项，迫使审讯对象在两个选项中选择有罪供述。

对待行贿人则可以设置这样的命题。即一种选择是出于无奈，或因对方设置障碍、故意刁难、强行索取，或因人云亦云、潜规则、人情世故等原因而行贿，第二种选项则是由于为了不可告人的自身目的，甚至是为了谋取不正当利益、非法利益而拉拢腐蚀国家干部。迫使其在两种选项中作出供述。

在为审讯对象设置两难命题的同时，审讯人员从旁要积极地采取行动，提出合理化建议，鼓励其放弃情节恶劣的犯罪动机，选择对其有利的，能够让人接受的犯罪动因，作出犯罪事实的供述。在审讯对象开始解释犯罪动机之时，审讯人员要对其犯罪的动机表示出同情和理解，坚定其供述犯罪的决心，鼓励其连续不断地交代出犯罪事实，取得审讯成果的最大化。"①

2. 提出选择性问题的方法

提供选择性问题就是要减轻审讯对象内心的焦虑和被折磨感，为审讯对象的自愿供述提供一种道德上能够接受的理由，为其供述搭建下坡的阶梯，铺平道路。

首先，要挑选好恰当的选择性问题。选择性问题必须是与审讯对象的犯罪事实有着密切的关联，也就是说，审讯人员设计的选择性问题都是围绕审讯对象有罪而设定的，只要审讯对象认同选项中的任何一个问题，都表明其承认自己有罪。如此，审讯对象就无法逃避有罪的供述。

其次，选择性问题应当是审讯主题的自然延续。从第三步起到第七步属于审讯的实质性阶段，都是围绕不同的主题展开并逐渐深化发展的，选择性问题应当根据主题的深化，在已经陈述的主题中，发现对审讯对象起作用的主题而自然顺势提出，并将需要强调的主题作集中处理。

再次，选择性问题应当聚集于犯罪的原因。在职务犯罪嫌疑人尚未供述犯罪事实以前，审讯人员很难就犯罪的具体情节提出选择性问题。然而，审讯对象的供述往往纠结于犯罪的起因，审讯人员提出的选择性问题可以聚焦于实施犯罪前后的主观动因或事件发生的客观实际。当然，在掌握了审讯对象有关犯

---

① 尹立栋、李树真、张峰：《职务犯罪审讯博弈论》，中国检察出版社 2015 年版，第 255 页。

罪情节以后，也可以对有关细节问题提出选择性问题，细节包括犯罪事实中的相关情节，也包括与正在调查的犯罪行为相关的事件发生的时间、地点和过程。

复次，审讯对象对选择性问题作出认可的时候，可以预料，他将会对不利于其的选项予以否定，而认同对其有利的选项。审讯人员在提出否定性选项时，可以加强语气，严厉地谴责这种行为的不道德性；而在提出肯定性选项时，则应当充满同情和理解；同时，审讯人员务必避免使两种选择同属于否定性选择。

最后，审讯人员提出选择性问题以后，应当仔细地观察审讯对象的反应。如果发现审讯对象确实对审讯人员提出的选择性问题不感兴趣或者不予认同时，审讯人员可以置换主题重新设置新的选择性问题供其参考。一旦审讯对象对选择性问题予以认可，那么就进入了供述阶段。

此外，审讯人员在提出选择性问题时，应当尽可能地避免谈及供述后的真实后果，否则会增加审讯对象供述的顾虑。

3. 提出选择性问题的顺序

提出选择性问题策略的关键在于排除不利于审讯对象的否定性选项，引导审讯对象作出认可肯定性选项的回答。其步骤可以按下列顺序进行：

（1）简单明了地提出两个选择性问题，观察审讯对象的即时反应。

（2）严厉地指出否定性选项的不可取性，从根本上否定该选项。对谴责否定性选项可以加上这样的结尾："老张，我们看你不会是这样的人吧？如果你是这样的人，我们就不会与你谈话。"

（3）重点强调有利于审讯对象的肯定性选项，对审讯对象表示出同情和理解，鼓励审讯对象在内心表示认同并作出积极回应。

（4）提出诱导性问话。充分阐述否定性选项的不可取和肯定性选择的有利之处以后，在问话的结尾阶段，审讯人员应当使用"对吗，老张？"或者"老张，是不是这样的？"等肯定性疑问句，引导或督促审讯对象对选择性问题作出肯定的回答。

在紧凑的实施以上步骤的过程中，审讯人员应当充分调动审讯对象的注意力集中于选择性问题之中，使其坚信只有选择肯定性选项才能使其保住自己的名声和颜面，尤其是对于职务犯罪审讯对象的国家工作人员而言，他们往往会为了维护自己的尊严，而无暇估计坦白可能导致其严重惩罚的后果，从而顺坡下驴，开始如实地供述。

（二）提出最后通牒

一般而言，通过以上步骤的逐步推进，实战中将会有超过90%的审讯对象会在各个步骤的推进中逐渐地选择供述自己的犯罪事实，对于剩下的不到10%的仍负隅顽抗的审讯对象，审讯人员可以采取最后的杀手锏——最后通牒，制造出供述的临界状态予以突破。

最后通牒，意即谈判破裂前的最后通话，是指一方向另一方提出的最后的条件，表面或隐含着如果条件不被接受就处以严厉的惩罚的声明。审讯中使用最后通牒式博弈，往往能起到上佳效果。

1. 通牒的目的

审讯中使用最后通牒的形式，旨在敦促审讯对象如实供述犯罪事实，这符合我国法律"犯罪嫌疑人应当如实供述犯罪事实"的规定。

2. 通牒的形式

审讯人员发出通牒应采取急速催促或者训斥的语气，帮助审讯对象加快思想认识，协助其尽快下定决心，主动、自愿、如实供述犯罪事实。绝不能违背其意志，威逼其作出虚假供述。

3. 通牒的时机

对通牒的时机也应当相应的把握：一是针对性格内向，思考问题反反复复的审讯对象，当其在审讯中表现出犹豫不决，既想供述又下不了最后决心的时候，审讯人员可以采用强硬的通牒手段，协助其痛下决心，悔罪自新。二是当遇到抗审能力超强，耍赖皮或者沉默型的审讯对象时，发出最后通牒与之博弈，也不失为一种险中求胜的良策。

4. 通牒的条件

通牒应当设置通牒中的限制时间，通牒限制时间的设定上一般掌握在30分钟至3小时之间，尤其在审讯活动接近尾声时，将会取得更好的效果。在通牒的有限时间内，审讯人员应当加强教育与引导，积极争取审讯对象尽快如实供述犯罪事实。

八、第八步：控制审讯对象供述的节奏，适时形成书面供词

趋利避害的心理是人的本能反应。从职务犯罪审讯对象开始交代自己的犯罪事实，到较为彻底地供述自己的全部犯罪事实，再到形成书面的笔录或者供词，仍将是一个艰巨的过程。

（一）控制审讯对象供述的过程

1. 鼓励审讯对象自然流畅地供述犯罪事实

审讯对象在对选择性问题的肯定性选项作出认可以后，审讯人员应当抓住其表示认罪的有利时机，鼓励和引导审讯对象开始供述自己的犯罪事实。鼓励和引导是审讯对象在供述犯罪事实期间，审讯人员可取的主要策略。

在审讯对象开始供述犯罪事实以后，开始阶段可以让审讯对象按照自己的供述频率叙述犯罪情节。面对审讯对象的供述，审讯人员必须保持足够的耐心，流露出鼓励和赞许的眼光和神态，对其供述中流露出来的宽慰表现，应当同样表现出宽慰的感受，起码在表面形式上应当做到这一点，并得到审讯对象的认同。在审讯对象供述的过程中，对于审讯对象供述的犯罪事实，审讯人员应当表现出一切尽在掌握之中、胸有成竹的姿态。此外，审讯人员不能随易打断审讯对象的供述。

2. 出现供述停顿时的相应策略

当审讯对象的供述出现暂时的停顿，内心出现是否继续供述的犹豫状态时，审讯人员应当及时对其供述的态度予以肯定评价。对审讯对象供述态度的及时肯定，有助于审讯双方拉近情感上的距离，促使审讯对象连续不断地供述犯罪事实。

当审讯对象出现供述停顿而审讯人员掌握有审讯对象尚未交代的犯罪事实的有力证据时，审讯人员还可以适时地出示部分证据，进一步表明审讯对象尚未彻底交代自己的全部犯罪事实。

总之，无论在审讯对象供述犯罪事实的过程中，还是出现供述停顿时，审讯人员都应当保持一种探求真相、永无止境的态度，并且让审讯对象深深地感受到只有彻底供述自己的犯罪事实，才能满足审讯人员心理的预期。

如果审讯人员认为审讯对象已经基本上交代了全部犯罪事实，并且满足了自己的心理预期，此时审讯活动可以暂时宣告一段落，应当及时地形成首份供述笔录。

3. 深化犯罪细节

根据审讯对象初步供述的犯罪事实，适时地制作第一份简明扼要的认罪笔录非常重要。如果可能的话，可以让审讯对象自己亲笔书写一份供词。

在审讯对象的陈述后，审讯人员应当根据审讯对象供述中不清楚地事实和细节展开讯问。审讯人员在此阶段的任务就是要通过追问的方式，引导审讯对象客观、全面、细致地供述其犯罪事实、情节、细节，特别是引导审讯对象供述出一些不为其他人知晓的细节，如审讯对象作案时的想法等，以便于行受贿双方的供述趋向于基本一致。其中对于赃款去向的询问更要具有敏锐意识，赃款赃物的去向问题虽然不影响案件的定性，但起获赃款赃物能够应证"重证据、轻口供"的原则，且也是遏制审讯对象翻供的最有力"武器"。

审讯人员在深化犯罪细节的同时，另一项重要任务就是深挖余罪。一是分析审讯对象已经供述的情况，在审讯对象仅供述一两笔较轻的犯罪事实后，应当引导审讯对象讲述出企图隐瞒的其余犯罪事实。二是根据审讯人员所掌握的线索信息，在深化了已作供述的犯罪细节以后，适时地予以"点拨"："你认识某人吗？你与他之间有什么往来？"观察审讯对象的反应，引导审讯对象供述出审讯人员尚未完全掌握的犯罪事实，扩大审讯的成果。

（二）适时地将口供形成书面供词

在当前的法律框架内，审讯形成的笔录和亲笔供词是检察官在法庭上指控职务犯罪最主要的言词证据，只要该证据不被证明为非法取得，那就比较容易被法官采信。

固定口供是巩固审讯成果最直接的手段，也是成果转化最为关键的阶段，可以按照笔者在本章第二节中介绍的"七步供述固定法"的步骤予以操作。

1. 制作笔录的要求

制作审讯笔录的基本要求是客观、全面。每一位侦查人员都能胜任此项工作，关键在于责任感，围绕犯罪事实进行实事求是的记录，以此增强笔录的真实性，才能让人信服。

（1）深化犯罪事实的描述

犯罪事实是审讯笔录需要详细记载的核心内容，是审讯活动所需要实现的直接目的。犯罪事实描述的越具体、越详细就越能反映出犯罪事实客观存在的真实性、可靠性，这是案件得以成立、诉讼得以继续、审判得以实现的基础。具体应当针对以下几个方面的细节深入挖掘、详细记录。

①针对犯罪事实。记录犯罪事实的方法有两种：一是原意复制法，根据审讯对象的口述原意记录，尽量接近于本人口述。二是归纳提炼法，对审讯对象的口述进行归纳总结、提炼，在征得其同意的前提下进行记录。实践中，对于首次记录犯罪事实的笔录制作拟采取原意复制的方法进行，更能体现出供述、陈述的真实性、自愿性。而后续的第二次、第三次等审讯中对该犯罪事实的重复记录则可以运用归纳、提炼法。当然，侦查人员如有足够的耐心和责任心，继续使用原意复制法则更为妥当。

②针对犯罪时间。实践中对时间的记录存在着过于确定和过于模糊两种倾向，在笔录制作中应当根据具体情况，区别对待。第一，先记录犯罪事实清晰、时间记忆相对准确的事实。第二，时间过于精确应当得到事后的查证。第三，时间过于模糊应当予以适度界定。

③针对犯罪场境。犯罪场境是实施犯罪事实的外部环境，也是反映犯罪事实客观存在的真实再现。细化犯罪场境描述应当围绕以下因素进行。

第一，天气因素。是常态的晴天、阴天，还是特殊的下雨、下雪天；是白天，还是晚上；是工作日，还是节假日。天气反映出时间，能够促进审讯对象对犯罪事实的记忆力，抑或是某个特殊的有纪念意义的日子，将更能体现犯罪事实的真实性。

第二，犯罪地点。地点的不确定又是职务犯罪审讯中经常出现的现实情况，解决此类矛盾必须牢牢把握犯罪事实客观存在为前提，即犯罪嫌疑人的供述与行贿人等证人的陈述系同一节犯罪事实，且对此节犯罪事实的陈述都较为具体、清晰，仅差犯罪地点相异这一要素。据此可以对审讯对象进行提审，帮助其恢复记忆，达到犯罪地点一致的目的，起码做到有一方的陈述将另一方陈述的犯罪地点予以涵盖，例如，"我记得地点应该是在城东的某茶室，但也有可能在城南某咖啡厅，我有点记不清了"。

第三，具体场境。犯罪地点的具体场境又从另一侧面衬托出犯罪事实的真实性。对具体场境等辅助性因素的描述正是防止和制服翻供翻证现象的良方猛药。如行贿人到犯罪嫌疑人家里送钱，对其家具摆设的描述会让人更加信服，同样也会限制其翻供翻证心理的产生。

④针对犯罪细节。犯罪细节是犯罪事实的进一步深化，犯罪细节的详细记录将会使犯罪事实的确定不可逆转。犯罪细节主要包含以下几个方面：

第一，实施犯罪前的行为表现。职务犯罪大多数表现为敛财性犯罪，在实施犯罪前，犯罪嫌疑人往往有所准备，或与行贿人、利益相关知情人、同案犯之间进行商榷；或主动地进行暗示；或被动地作出表示。商榷的过程实际上就是事前的通谋，笔录中体现这样的细节，更能增强说服力，使审讯对象即使想翻供也无从翻起。

第二，实施犯罪时的行为表现。记录实施犯罪时的语言、行为应当与实施犯罪时的场境相结合，如"我到他家送钱时，他老婆在家，她给我泡了茶就进房间了，于是我们说了这些话"等。实施犯罪的行为细节千变万化，因案而异，均是犯罪者真实思想的外在表现，在笔录制作中应当重点体现。

第三，实施犯罪后的行为表现。职务犯罪往往是熟人之间、"朋友"之间、利益相关人员之间实施的犯罪，实施犯罪以后有时还会有一些言语、行为上的表示，这是收集证据制作笔录应当引起重视的环节，尤其是"以借为名，实为受贿"的犯罪，实施犯罪后犯罪嫌疑人与行贿人之间事后的行为或语言可以进一步分清"借款"与"受贿"的界限。

第四，犯罪事实暴露后的行为表现。犯罪嫌疑人在实施犯罪以后至案发以前，往往会与行贿人、利益相关知情人实施串供、毁证、退钱等行为，深入挖掘此类再生证据，是提升笔录证明力的有利良机，不宜放弃。

⑤针对犯罪数额。犯罪数额是验证职务犯罪情节严重与否的重要指标，犯罪嫌疑人出于趋利避害的需要，在供述犯罪数额中往往会体现出缩小或不稳定的状态，遇到不同的情况，均应客观对待。

第一，认真对待犯罪嫌疑人与相对人供述的犯罪数额不一致情况。侦查人员要客观分析犯罪嫌疑人的心理状态，如果确系犯罪嫌疑人记忆错误的，也不能违背其记忆中的真实表述；如果判断系犯罪嫌疑人故意缩小犯罪数额的，则应当尽快予以修正和确定，还事实于本来面目。

第二，重视对财物的特征描述。敛财型职务犯罪，无论针对的是物品还是金钱，都有其自身的特征，金钱表现为面值、数额、残损、人民币、提货券、外币等。物品体现为体积、质量、形状、外表、价值等不同形式。另外还包括物品和钱财的包装物、附带物，如包装贵重物品或者金钱的纸袋、信封、礼盒等，还有随贵重物品和金钱一起奉送的礼品、香烟、名酒等。仔细记录财物的特征将增强笔录的含金量，在实践制作笔录时，更要证明赃款赃物的去向问题，这是证明犯罪事实客观存在的铁证。

第三，重视对财物特定细节的描述。客观记录财物的独有性、残缺性等证据，更能证明笔录的客观性、真实性，如收受的是某某画家的名画、刻有特殊纪念意义字样的贵重物品等。

（2）细化犯罪构成要件

对犯罪事实的深入描述就是细化犯罪构成要件、增强言词证据的证明力。在深化犯罪事实描述的同时，还应当注意下列问题：一是划清罪与非罪的界限；二是划清此罪与彼罪的界限；三是是否属于利用职务或渎职行为；四是客观记录罪轻、减轻、免予刑事处罚的情节；五是深挖犯罪根源。

（3）体现审讯对象的个体特征

每个人都有自己独特的行为方式和习惯用语，有些还是别人无法模仿的。简单扼要地载明审讯对象的这些个性特征，可以增强笔录的直观性、可读性，有助于提升笔录的真实性、自愿性，如方言、习惯用语、习惯动作。

2. 形成供述笔录应当注意的事项

在满足前述制作笔录的要求以外，审讯人员还要注意以下一些事项：

（1）根据审讯对象的供述自然流畅的完成，切忌面对审讯对象问一句、答一句、记一句。制作笔录最好由副审人员承担，尽量规避审讯对象的视线。在实行全程同步录音录像制度的情况下，笔录制作可由审讯室外专职速记员完成。

（2）恰当地使用"错误"插入法。"错误"插入法由英鲍等人提出，是指在笔录制作过程中，嵌入一些与案情无关的，却又系审讯对象陈述的其他真实情况，以增强审讯对象整体供述内容的自愿性。在职务犯罪审讯的笔录制作中，可以嵌入一些审讯对象的真情陈述，如回答家庭、子女生活情况的陈述，关于时事政治的客观评论，关于赞赏、恭维审讯人员的话语等，以此展示审讯对象在供述时的宽松语境，证明其供述的自愿性，体现审讯活动的非强迫性。

（3）为了更好地突出审讯效果，对于重大的或者重要的犯罪事实或者犯罪情节，进行逐一地审讯并形成单独的讯问笔录尤为重要。这不仅能强化审讯对象认罪的决心，而且有利于公诉人员审查证据，在法庭上就专一的犯罪事实进行质证。

（4）制作完成审讯笔录之后，审讯人员应当牢牢把握审讯时机，询问审讯对象关于接受本次审讯的切身感受。此时是审讯对象最愿意与审讯人员交心交底，说出一些此前或以后都有可能不愿意说的心里话。对于此部分问话内容，审讯人员可以另行制作一份笔录，也可以将其记录在审讯笔录的末尾部分。其有益之处在于：一是有利于审讯人员及时地总结审讯的经验；二是进一步融洽审讯双方的信任与合作关系，并预留下审讯对象翻供时对其进行弹劾的有力材料。

九、第九步：巩固审讯对象供述后的悔罪心理

犯罪嫌疑人即使在作出较为彻底的供述以后，仍然存在着翻供的可能。遏制翻供现象，就是要在审讯对象供述犯罪事实以后，继续维护好审讯双方的信任关系，进一步巩固审讯对象供述后的悔罪心理。

（一）及时地补强证据

审讯人员除了尽可能地从审讯对象嘴巴中了解犯罪的情节和细节以外，务必尽快地收集证据，以便彻底地揭露犯罪的真相。

1. 及时获取相关证言

对于已经掌握的犯罪事实可以尽量细化，对于审讯对象供述的原先并未掌握的重大犯罪事实或者重点犯罪情节，应予优先考虑，及时传唤相关证人核实供述的真实性。

2. 重点获取实物证据

职务犯罪证明中，发现、收集相关物证、书证具有特别重要的意义，在条件允许的情况下，当锁定传唤犯罪嫌疑人时，侦查部门也可以采取同步搜查的措施，出其不意地获取相关书证、物证，为审讯活动打下扎实的基础。

3. 关注再生证据

实施犯罪前的商量过程和实施犯罪后的串供情节能够滋生出再生证据，及时获取再生证据可以增进审讯对象刘审讯人员的信任程度，使得审讯对象无从抵抗。及时地获取上述相关证据，有利于审讯人员在后续的审讯活动中有的放矢，收放自如。

（二）进一步固定供述

在获取外围证据以后，此后的审讯活动应当围绕稳定审讯人员的供述而进行。

1. 深化犯罪细节

审讯对象坦白的犯罪事实、情节越细化，言词证据间的衔接就会越牢固，从而增强证据的证明力。在细化犯罪事实和犯罪情节的过程中，审讯人员应当始终保持坚定的信念，在审讯对象交代不到位时，通过不时地点拨，充分说明审讯人员已经完全掌握其犯罪事实，有些还是审讯对象也不知情的犯罪细节，如行贿人一方在实施犯罪时的一些内心想法或作案细节，以此增强对审讯对象的震撼力，使其供述出尚未交代的且为审讯人员仍未掌握的那部分犯罪事实。

2. 反复提审

审讯对象即使在供述了犯罪事实以后，其供述心理仍然存在不稳定的因素，需要审讯人员予以不断的安抚和磨合。及时提审、反复提审有助于促进审讯双方的信息传递，增进审讯双方的情感交流，加深审讯对象对自己已作有罪供述的记忆痕迹，协助其深挖犯罪的思想根源，添加其企图翻供的心理障碍，使其不敢轻易翻供。

（三）理性认定犯罪

1. 兑现法律政策

案件到了侦查终结、移送审查起诉之时，审讯人员要沉下心来进一步理清工作思路，在行为方式上要更加体现出"准确"与"沉稳"风格。必须认真审视全案，结合办案实际，充分体会"坦白从宽，抗拒从严"等刑事司法政策，坚决执行"可定可不定的不定"、"就低不就高"等规定，能认定"认罪态度好"、"自首"、"检举立功"情节的坚决认定，并且在《侦查终结报告》中予以充分说理阐明，客观表明侦查部门的立场态度，增强对犯罪嫌疑人说服教育的力度。

2. 维护审讯双方的信任关系

在审讯中，加强审讯双方的交流沟通非常必要，尤其要重视侦查终结时的最后一次提审，审讯人员应当对案情进行全面分析回顾，充分阐明犯罪事实，客观评价有利于审讯对象罪轻、无罪情节，兑现法律政策，表明自己的态度，以此促进审讯双方的情感交流。

同时，审讯人员应当对可以预测的、后续诉讼环节中可能出现的情况和处罚结果，向审讯对象作出提示，进一步巩固审讯对象的认罪悔罪心理。

（四）遏制翻供

遏制翻供，除了常规的策略，还可以借助下列手段：

1. 严格执行全程录音录像制度

我国对职务犯罪案件的审讯作出了全程录音录像的规定，标志着我国法律的进步。在坚持"适度"心理施压原则的基础上，开展依法、文明、人性化的职务犯罪审讯活动，全程录音录像势必为遏制和制服翻供提供有力的制度保障。

2. 引入第三方证人制度

莱德九步审讯法提示，在审讯对象开始供述时，可以引入第三个审讯人员参与旁听，见证审讯对象的供述，这种方法值得借鉴。第三个审讯人员应当是此前未参与此次审讯的侦查人员，在审讯对象供述时始终保持中立的形象，在审讯对象交代完全部犯罪事实以后，见证人可以对审讯对象作简要的问话。问话的主要内容是：审讯对象所讲的内容是否真实，审讯对象的供述是否出于自愿，当然，见证人也可以在此就案件中的关键情节作简单重复的提问。随着审讯实践的发展，该第三个审讯人员可以由更具客观中立地位的第三人（见证人）代替。

事实上，在当前检务督察中，要求纪检、监察人员在侦查终结前提审审讯对象，就侦查、审讯中的有关执法情况向审讯对象进行了解，我们可以将这一程序提前至审讯对象供述阶段同步进行，既起到督查办案的作用，又起到见证人的作用，一旦审讯对象在法庭上出现翻供情况，确实需要侦查人员出庭作证时，可以由见证人替代侦查、审讯人员出庭作证，提升审讯对象自愿供述的证明力。

侦查神秘化主要体现在审讯神秘化，一直被法学界所"诟病"。由此设想，在不久的将来，审讯中可以引入纪委人员、人大代表、与本案无关的律师或者其他正直的公民作为供述时的见证人，以此逐渐消除侦查、审讯的神秘色彩，提升检察机关的公信力。

3. 冷酷战略

冷酷战略是博弈参与人一方一旦选择错误的策略，另一方就永远不再给予原谅的博弈方法，博弈论中也称为触发战略（trigger strategy）。将冷酷战略运用于职务犯罪审讯实践中，会有意外的收获，但应当根据审讯的实际情况，有选择地予以合理利用。

（1）冷酷战略是一种告诫

审讯人员采取冷酷战略是对审讯对象选择策略行动的一种警告，如果其不合作，就会成为打击的重点，甚至成为从重处罚的典型对象。通过这种告诫，可以增强其对抗审讯的心理负担，阻断其拒绝供述的后路，引导其与侦查人员进行合作。

（2）前提是审讯人员掌握有确凿的证据

冷酷战略是一把"双刃剑"，应当谨慎使用。在审讯人员掌握有犯罪的确凿证据的前提下，通常能收到较好的效果。然而在没有确凿证据的情况下，滥用冷酷战略也有可能反过来伤及自己，使自己陷入被动局面。

（3）冷酷战略是制服翻供的有力手段

翻供是现今查办职务犯罪案件中出现的高概率现象，尤其在审查起诉或庭审阶段更为常见。为了遏制翻供翻证的严重现象，冷酷战略不失为一计良策，如果证据确凿，或者在补强证据的前提下施以冷酷战略，积极谋求法院的从重处罚，将对翻供现象起到极大的威慑作用。尤其要选准典型案例施以冷酷战略，加强宣传教育才能遏制翻供翻证现象愈演愈烈的势头。

（4）冷酷战略是营造反腐氛围的长远策略

长期坚持妥当的冷酷战略实质上是对职务犯罪分子的一种有效威慑，告诫他们一旦被传唤以后应持的态度：合作就能从宽，抗拒就将从严，翻供则将被处以从重处罚，从而形成过硬的侦查作风，营造一种良性的办案氛围，自然而然就能降低审讯的压力。①

小　结

英德九步审讯法，是英鲍、莱德等人总结出来的一套程式化审讯方法，被广泛地运用于美国的刑事案件审讯活动中。它深刻揭示了审讯对象面对审讯所产生的应讯心理渐进规律，同时也针对审讯对象的各种行为表现，提出了相应的审讯策略。刑事审讯本质是一致的，我们借鉴其规律性的应讯心理和审讯策略，结合我国法律规定和职务犯罪审讯的特点，提出了软化犯罪嫌疑人心理的程式化审讯方法。

1. 审讯对象面临审讯时的心理反应和行为表现是各不相同的，但脱离不了硬抗、软抗与沉默三种类型。审讯的第一步就是要打消审讯对象抗审的态度，软化审讯对象抗审的心理。当然，审讯对象不可能即刻如审讯人员所愿，抗审心理依然存在。审讯第一步的目的就是要让审讯对象端正态度，起码从形式上或者表面上看起来是愿意接受审讯的。

莱德九步审讯法在审讯开始前设置了一个审前会面程序，其方法也是软化审讯对象的心理，但其目的与我们这里讲的第一步是不同的，它是为了规避米

---

① 尹立栋、李树真、张峰：《职务犯罪侦查博弈论》，中国检察出版社 2016 年版，第 257－258 页。

兰达规则，从而让审讯对象表示同意接受审讯。紧接着，莱德九步审讯法第一步就提出了"直面指控犯罪"，这一步值得商榷。"直面指控犯罪"有可能直接导致审讯对象的对立情绪。在职务犯罪审讯中，被传唤的审讯对象都内心深知自己所犯何罪，审讯人员可以跳过"直面指控犯罪"环节，以明示或者暗示的方法提醒审讯对象：他的犯罪事实已经暴露，审讯人员已经掌握了他涉嫌犯罪的证据，以此控制审讯的局势。当然，如果遇到审讯对象强烈抗审的状态时，审讯人员也可以采用强硬的方法，直面指控其犯罪，达到抑制审讯对象抗审心理的目的。

2. 从第三步主题展开开始至第七步突破审讯对象供述临界心理为止，是实质性审讯阶段。

随着主题的展开，具有对抗心理的人总是坚持自己的观点而否认对方的观点。审讯对象的否认被阻止以后，他就会以各种方法为自己的否认寻找辩解，或者对审讯人员的问话提出异议，显然他的辩解和异议都将遭到审讯人员的驳斥和拒绝。在无法说服审讯人员的状态下，审讯对象就会在心理上出现退缩的迹象或者直接退出与审讯对象的交谈。此时是审讯活动最为艰难的阶段。

如何将面临心理退缩的审讯对象拉回到谈判桌前进行正常的交谈是审讯的关键，考量着审讯人员的真实水平。将审讯对象从退缩的状态拉回来以后，审讯局势已经有了长足的进展。此后，审讯人员的策略就是力争获得审讯对象在某种程度上的信任，加强审讯双方之间的交流与沟通，突破其供述临界心理，使其自愿认罪。这一系列的心理变化过程完全符合审讯对象应讯心理的演变规律。

3. 实质性审讯阶段都是围绕审讯主题展开，并逐渐引向深入的。审讯对象迫于心理压力，在第三步至第七步的任意一步都有可能越过后面的步骤而直接认罪，审讯的具体步骤并非是一成不变的。

莱德九步审讯法将审讯主题作了若干细化，避免了审讯中无话可问的尴尬局面，并且能够通过不同主题的深入陈述，及时观察和发展此主题对审讯对象的影响力，帮助审讯人员尽快找到审讯对象抗审心理的薄弱点和突破口，使审讯更具层次性。莱德九步审讯法将审讯主题进行了细化，划分为若干个具有针对性的单一内容的小主题，更具有效性和专业性，我们可以借鉴这些主题，并结合我国职务犯罪审讯具体实践，提炼、整合并灵活运用这些主题，提升我国职务犯罪审讯的整体效率。

4. 普通刑事案件审讯对象一旦认罪，通常预示着审讯活动基本上已经大功告成。鉴于职务犯罪作案次数多、作案时间长等特点，职务犯罪审讯对象即使认罪也往往只能说明初战告捷。职务犯罪审讯对象认罪后通常是从一些违法违纪或者小额的犯罪情节开始坦白的，想要让他供述全部犯罪事实，仍需要经历一个逐步渐进的较长过程。况且，在供述的过程中，审讯对象还会出现反复、动摇的心理变化反应。对某些自认为尚未被审讯人员掌握的犯罪事实予以否认、提出异议，不时地阻断供述，不愿再交代其他犯罪事实，甚至退出谈话，彻底推翻前面已经供述的犯罪事实，重回对抗的局面。

因此，程式化审讯方法并非是简单的步数顺延，它是根据审讯对象应讯心理变化规律，设置的一套具有针对性的审讯方法。

5. 审讯人员对审讯对象供述后的心理状态不够重视，普遍认为审讯对象已经全部或者基本上供述了犯罪事实，已是万事大吉。事实上，审讯对象供述后的悔罪心理更需要审讯人员采取有效措施加以强化和巩固，它是深化犯罪细节、深挖其他犯罪事实、查明犯罪真相、遏制审讯对象翻供的根本保证。

后　记

1986 年，在当时专业书籍极度缺乏的年代，华东政法学院来我院实习的大学生在即将结束实习时送给我一本由苏联 H. N. 波鲁鲍夫著的《审讯中讯问的科学基础》。该书并不厚，却是我接触到的第一本专业书籍，可谓如获至宝，爱不释手。时光飞逝，它一直伴随着我近 30 年职务犯罪侦查生涯，尤其是该书开篇论述的信息论审讯原理为我拓宽了审讯思路，一直影响着我对审讯活动本质的理解和探索。

去年在写作《职务犯罪审讯控制论》的过程中，博弈论、信息论重新燃起了我的浓厚兴趣。在当前法治社会不断进步的历史背景下，保障犯罪嫌疑人的人权被推崇到空前的高度，实践工作者如何寻找到一套切合实际的审讯方法已然是一个时代的命题。

《职务犯罪审讯信息论》想要阐明的是这样一个原理——适度施压原则。即在充分保障犯罪嫌疑人基本人权的前提下，通过对审讯对象施加适度的心理压力，实现审讯对象自愿、如实供述犯罪事实。

或许，这一理念对于具有传统的固定思维的司法实践者而言是一时难以接受的。但是我们不能否认这样一个现实：审讯对象无论是被迫地作出交代，还是自愿地供述犯罪事实，其在形式上、实质上都体现为与审讯人员之间达成了某种不同程度的现实的合作关系。从信息论原理出发，合作的关系尤其是合作的牢固程度取决于审讯双方的信任基础，信任来自于审讯双方的交流与沟通，适度降低心理施压的力度有助于营造审讯信息自然、流畅传递的环境。这自然就排斥了刑讯逼供等违法取证行为的危害性。

从硬审讯法向软审讯法转变，是审讯技术发展的历史潮流，势不可挡。实践需要理论支撑，而理论也需要实践的不断探索和长期积累。现阶段，在审讯人员尚不具备完全的专业化程度的现实背景下，审讯信息论可能无法满足所有案件审讯工作的实际需要。但是审讯信息论从不同的视角为审讯活动揭示了一种全新的思维模式，对审讯活动仍然具有现实的指导意义。职务犯罪审讯对象是国家工作人员，这一特殊群体普遍具有较高的学历，拥有较高的社会地位，也就理所当然地具备较高的人性"理性"，据此，信息论审讯可以在职务犯罪审讯活动中先行先试。

　　审讯具有天然的对抗属性，形成一整套适合时代要求的软审讯法需要长时间的实践历练。审讯信息论为我们提供了一种崭新的审讯思路，不失为一种好的审讯方法。随着侦查人员专业化程度的不断提高，综合运用审讯心理学、审讯信息论、审讯博弈论等方法，最终达到审讯控制论的高度，实现对审讯活动的全程控制，才能最终完成硬审讯法向软审讯法的切实转变。

　　本书既是集体合作的成果，也是对侦查实践工作的感悟和提炼。在写作过程中，得到了中国检察出版社史朝霞主任不断的勉励，特此表示衷心的感谢。

　　实践需要创新、需要紧跟时代的步伐，实践更需要理论支撑。由于我们学识的局限性，书中阐述的观点和做法难免存在错误和不足之处，敬请广大读者和司法实践工作者提出宝贵意见。

尹立栋

2016 年 12 月